经典新读

章关键 著

《周易》暨孔子哲学讲义

复旦大学出版社

　　章关键，1936年生于杭州，祖籍绍兴。2001年退休以来，有感于《周易》所涵孔子哲学的洁静精微，博大深至，重续少年情志，再探经典妙谛，条理心得，先后撰著《周易新义与日用》《想象的智慧》《易象悟道》《周易正学》《孔子哲思百题解》诸书。近年受邀开设《周易》孔子哲学研究班，线上线下结合，定时授课，旨在由《周易》入门而登孔子哲学之堂，以会通三古圣人之意。

宁，神得一以灵，谷得一以盈，万物得一以生，侯王得一以为天下正。"历史经验表明：政治"得一"，政通人和；思想"得一"，殊途同归；文化"得一"，生生不息。放眼世界，西方重"得一"，得上帝之一；穆斯林重"得一"，得真主之一；佛门重"得一"，得菩提之一。中华民族优秀文化传统尤重"得一"，一者，孔子哲学之道也，中正也。然则国学方热，百家争鸣，"一"如何"隐以之显"邪？

　　《帛书易传·要》的"得一而群毕"，与通行本《周易·系辞传》的"天下之动，贞夫一者也"，在语言含义与思想境界上是完全一致的。"一"为"天地之数"山门，"天数五，地数五，五位相得而各有合"。由此突启灵感，乃将孔子哲学集为"十识"，继而引发当今儒学革故鼎新之"十端"。至于是否符合《易传》本义，见中正而达圣意，固待方家指正及以人民为主体的广大社会阶层在长期实践中验证。

　　　　　　　　　　　2022 年 8 月于杭州西湖之滨逸庐

序

孔子晚年苦心孤诣传述《周易》，已为现代考古与研究所证实,将争议长达一个世纪之久的《易传》著述权明确无误地归还孔子,自属天经地义。而全面、深入、系统地研究、发掘《易传》所蕴涵的孔子哲学思想,事关中国哲学建设大局与中华传统文化的创造性继承与创新性发展,更当引起学术界与全社会的高度关注。

太史公曰:"《易》本隐以之显。"隐者,阴阳之道也;显者,筮占之断也。道由无名而确切揭示,断由神妙而彰显义理,此《易传》之功德、孔子哲学之精微也。

诚然,传以经著,经以传显;传附于经,经超于传;古今之通例也。唯就《周易》观之,八卦图象固系伟大人文成果,卦爻系辞亦系重要历史创举,而孔子敏于显微阐幽,广泛发掘融汇"古之遗言",依凭自身丰富的经验、广博的知识与别具一格的思辨慧觉,对伏羲之象与文王之辞进行了创造性的阐释解绎,提出了一系列全新的概念、范畴、命题与创意,谱写成完整、缜密、精到的体系性哲学篇章,其理论意义与现实价值,实已超越前圣,从而无愧于被誉为世界轴心时期位居人文思想巅峰的圣哲大师的称号。

必须明白,传自经发,经传不可分割。欲明传义,必先读经;而读经之道,又须守持传发之义理。二者相辅相成,密不可分。据此,本书上编以"《易》同一道"申述"《周易》暨孔子哲学源流",中编则继之"《周易》明传解卦",至下编而顺理成章地直达于"孔子哲学归原"。

子曰:"得一而群毕。"《老子》接着说:"天得一以清,地得一,宁，神得一以灵，谷得一以盈，万物得一以生，侯王得一以为天下正。"历史经验表明：政治"得一"，政通人和；思想"得一"，殊途同归；文化"得一"，生生不息。放眼世界，西方重"得一"，得上帝之一；穆斯林重"得一"，得真主之一；佛门重"得一"，得菩提之一。中华民族优秀文化传统尤重"得一"，一者，孔子哲学之道也，中正也。然则国学方热，百家争鸣，"一"如何"隐以之显"邪？

《帛书易传·要》的"得一而群毕"，与通行本《周易·系辞传》的"天下之动，贞夫一者也"，在语言含义与思想境界上是完全一致的。"一"为"天地之数"山门，"天数五，地数五，五位相得而各有合"。由此突启灵感，乃将孔子哲学集为"十识"，继而引发当今儒学革故鼎新之"十端"。至于是否符合《易传》本义，见中正而达圣意，固待方家指正及以人民为主体的广大社会阶层在长期实践中验证。

2022 年 8 月于杭州西湖之滨逸庐

序

孔子晚年苦心孤诣传述《周易》，已为现代考古与研究所证实，将争议长达一个世纪之久的《易传》著述权明确无误地归还孔子，自属天经地义。而全面、深入、系统地研究、发掘《易传》所蕴涵的孔子哲学思想，事关中国哲学建设大局与中华传统文化的创造性继承与创新性发展，更当引起学术界与全社会的高度关注。

太史公曰："《易》本隐以之显。"隐者，阴阳之道也；显者，筮占之断也。道由无名而确切揭示，断由神妙而彰显义理，此《易传》之功德、孔子哲学之精微也。

诚然，传以经著，经以传显；传附于经，经超于传；古今之通例也。唯就《周易》观之，八卦图象固系伟大人文成果，卦爻系辞亦系重要历史创举，而孔子敏于显微阐幽，广泛发掘融汇"古之遗言"，依凭自身丰富的经验、广博的知识与别具一格的思辨慧觉，对伏羲之象与文王之辞进行了创造性的阐释解绎，提出了一系列全新的概念、范畴、命题与创意，谱写成完整、缜密、精到的体系性哲学篇章，其理论意义与现实价值，实已超越前圣，从而无愧于被誉为世界轴心时期位居人文思想巅峰的圣哲大师的称号。

必须明白，传自经发，经传不可分割。欲明传义，必先读经；而读经之道，又须守持传发之义理。二者相辅相成，密不可分。据此，本书上编以"《易》同一道"申述"《周易》暨孔子哲学源流"，中编则继之"《周易》明传解卦"，至下编而顺理成章地直达于"孔子哲学归原"。

子曰："得一而群毕。"《老子》接着说："天得一以清，地得一以

目　　录

经典新读：《周易》暨孔子哲学讲义

卦十五　谦(坤上艮下) ……………………… 101

卦十六　豫(震上坤下) ……………………… 103

卦十七　随(兑上震下) ……………………… 106

卦十八　蛊(艮上巽下) ……………………… 108

卦十九　临(坤上兑下) ……………………… 111

卦二十　观(巽上坤下) ……………………… 114

卦二十一　噬嗑(离上震下) ………………… 116

卦二十二　贲(艮上离下) …………………… 118

卦二十三　剥(艮上坤下) …………………… 121

卦二十四　复(坤上震下) …………………… 124

卦二十五　无妄(乾上震下) ………………… 127

卦二十六　大畜(艮上乾下) ………………… 129

卦二十七　颐(艮上震下) …………………… 132

卦二十八　大过(兑上巽下) ………………… 135

卦二十九　坎(坎上坎下) …………………… 138

卦三十　离(离上离下) ……………………… 140

下　经

卦三十一　咸(兑上艮下) …………………… 143

卦三十二　恒(震上巽下) …………………… 146

卦三十三　遁(乾上艮下) …………………… 150

卦三十四　大壮(震上乾下) ………………… 152

卦三十五　晋(离上坤下) …………………… 155

卦三十六　明夷(坤上离下) ………………… 159

卦三十七　家人(巽上离下) ………………… 161

卦三十八　睽(离上兑下) …………………… 164

卦三十九　蹇(坎上艮下) …………………… 168

卦四十　解(震上坎下) ……………………… 171

卦四十一　损(艮上兑下) …………………… 174

卦四十二　益(巽上震下) …………………… 177

目　录

3

下编　孔子哲学归原

上编
《周易》暨孔子哲学源流

　　孔子哲学蕴于《易传》，缘于经文，源自卦象，自然与《周易》同源而合流。唯源固一致，流常起伏。而"《易》本隐以之显"，运作中非无所殊，是故分列五讲如下，存异归同。

第一讲 人更三圣,《易》同一道

《汉书·艺文志》云:"易道深矣,人更三圣,世历三古。"三圣指伏羲氏、周文王和孔夫子,他们不断深入地研发易道,推动社会文明进步,从而反映上古、中古与下古三个时代中华历史文化的发展进程。

传说包牺(即伏羲)设定八卦,并使两个单卦(又称经卦)相互叠加演变为六十四个重卦(又称别卦)。周文王囚居羑(yǒu)里时,忧国恤民,在六十四卦后加注文辞,占卦推断未来。其子周公旦又在各卦六爻后加注文辞,使预测的概率更为缩减(重复程度更低),研判的范围更宽广,史事的内容更丰富,形成《周易古经》。到了春秋末期,孔子结束长达十四年的列国周游,满怀六十八岁高龄的沧桑感和矢志不渝的责任心返回鲁国,修编六经,着重研习传述《周易》。此后,弟子们回忆搜集师说,编纂成十大篇章,继《论语》而问世,通称"十翼",亦称"周易大传"或"易传"。

班固在《汉书》中说"易道深矣",当指易道不断加深,一代深过一代,后代超过前代。然而南宋大儒朱熹却反向而思。他认为"《易》本卜筮之书","圣人观象以画卦,揲蓍以命爻,使天下后世之人,皆有以决嫌疑,定犹豫,而不迷于吉凶悔吝之途,其功可谓盛矣"①。即《易》的功德盛大,表现于筮占,根本在"观象画卦"。所以,倘论易道,包牺最深,此后则一代不如一代了。他直截了当地指出:"文王之心,已自不如伏羲宽阔,急要说出来。孔子之心,

---

① 朱熹《易学启蒙序》。

不如文王之心宽大，又急要说出道理来。所以本意浸失，都不顾
元初圣人画卦之意，只认各人自说一副当道理。及至伊川（程
颐），又自说他一样，微似孔子之《易》而又甚焉。故其说《易》，自
伏羲至伊川，自成四样。"①朱熹将伏羲之《易》、文王之《易》、孔子
之《易》和程颐之《易》分成"四样"，实则四等。四个等级的高低标
准，在于是否说道理。伏羲之《易》一等，因为他画卦而不说。文
王之《易》二等，因为他在卦爻之后系辞，"急要说出来"。孔子之
《易》三等，因为他比文王更进一步，"又急要说出道理来"。至于
程颐之《易》，"微似孔子之《易》而又甚焉"，表明他深受孔子之
《易》启悟，道理说得更多更具体了。显然，从源头上讲易道，程颐
不够格，朱熹也不够格。易道之迭代深化，其功唯归三圣。三圣
之《易》，相互会通，不可分割，更难分等，因为贯穿其间的一条红
线是共守同遵之道。包牺画卦，立象物之《易》，厚奠人文基础；文
王系辞，演断事之《易》，如筑墙立柱，形成经典框架；孔子传述，宣
道义之《易》，通过观卦象之形，探形上之道，究前圣之意，最终构
造成熔铸中华古典文化之美的道德思想与哲学体系的宏伟理论
大厦。子曰："圣人立象以尽意，设卦以尽情伪，系辞焉以尽其言，
变而通之以尽利，鼓之舞之以尽神。"②完整地展示了三圣之道一
脉相承、迭代深化的初心与过程，绝非朱熹所谓"本意浸失，都不
顾元初圣人画卦之意"。

　　朱熹说得对的是，孔子在《易传》中确实讲了许多深刻而充满
智慧的道理。哲人之理，即系哲理。哲理之学，今谓哲学。哲学
就是讲道理，但不是一般地、泛泛地、就事论事地讲道理，而是立
足事物本质，抓住存在的核心要义阐发道理。孔子观包牺之象，
玩文王之辞，得圣人之意。这个意就是"乾坤其《易》之缊邪？乾

---

① 《朱子语类》卷六十六。
② 见《周易·系辞上》。

坤成列而《易》立乎其中矣"①。乾坤者,阴阳之表征也。由此孔子提出了"一阴一阳之谓道",进而推演出天地人"三才之道"。《庄子》说"《易》以道阴阳",抓住了实质。

追本溯源,易道萌生于包牺之象,隐涵于文王之辞,显华于孔子之传。由此可见,《易传》蕴藏的孔子哲学绝不能离开包牺之象、文王之辞。经与传密不可分。传以经著,经以传显,司马迁说"《易》本隐以之显",反映了孔子哲学蔚然成章、《周易》之道流行于世的历史事实。

从包牺之《易》到文王之《易》,其间还经历了夏代的《连山》与商代的《归藏》。前者藏于兰台,后者藏于太卜。《周礼·春官》云:"太卜掌三《易》之法,一曰《连山》,二曰《归藏》,三曰《周易》。其经卦皆八,其别皆六十有四。"郑玄《易赞》指出:"《连山》者,象山之出云,连连不绝。"或说全文多达八万言。《归藏》文字减少,据东汉桓谭《新论·正经》所说,计有四千三百言。晋干宝《周礼注》、宋朱震《易丛说》等记有零散佚文。1993年3月湖北江陵王家台15号秦墓出土的《归藏》,疑系后世所辑。

《连山》《归藏》与《周易古经》同为筮占用书。三者除文字不同外,卦序亦不相同。"连山"之意,近于《周易》之"兼山",山与山连,山与山重,乃《艮卦》之象。列为首卦,看来与当时先民渔猎生活的地理环境相关。《尚书·虞夏书·尧典》载:"咨!四岳!汤汤洪水方割,荡荡怀山襄陵,浩浩滔天。"它反映了山与水对当时社会生产生活造成的重大影响。《归藏》以象征大地的《坤卦》居首,寓万物皆归藏于地之义,它反映着农业的重要性正在人们心目中不断加深认识。《周易》则以乾坤为开门双卦,于自然象征天地时空,于社会象征男女父母,适应西周崇天、尊亲、循礼的社会状况。由《连山》《归藏》而《周易》,统称"三《易》"。三者各有所异,亦有所同。同者,一阴一阳之道也。

---

① 《周易·系辞上》。

第二讲　象数源远，义理流长

　　《易传》问世，给《周易古经》平添"十翼"，使之由"卜筮之书"腾飞经典的高天，在战国时期新兴的士人阶层中产生了广泛影响。举凡《老子》《庄子》《孟子》《荀子》，其中都或多或少地撷取了《易传》的妙义精理。班固《汉书·艺文志》云："六艺之文：《乐》以和神，仁之表也；《诗》以正言，义之用也；《礼》以明体，明者著见，故无训也；《书》以广听，知之术也；《春秋》以断事，信之符也。五者，盖五常之道，相须而备，而《易》为之原。"为什么《易》能成为其他五经之源？《汉书·艺文志》引《系辞传》语作答："《易》不可见，则乾坤或几乎息矣。"并解释《传》文道："言与天地为终始也。"由此可见《易传》独具的精微义理，会通包牺设象与文王演数，不仅涵盖五经常典，而且终始天地，成为继承与发展中华优秀文化传统的源头活水。

　　秦皇焚书，《周易》以卜筮之书而得以幸免。《史记》载《周易》史事及其传承路线较详。《仲尼弟子列传》云："商瞿，鲁人，字子木，少孔子二十九岁。孔子传《易》于瞿，瞿传楚人馯臂子弘，弘传江东人矫子庸疵，疵传燕人周子家竖，竖传淳于人光子乘羽，羽传齐人田子庄何，何传东武人王子中同，同传菑川人杨何。何元朔中以治《易》为汉中大夫。"《儒林列传》续云："齐人即墨成以《易》至城阳相。广川人孟但以《易》为太子门大夫。鲁人周霸，莒人衡胡，临菑人主父偃，皆以《易》至两千石。然要言《易》者，本于杨何之家。"而司马迁的父亲司马谈恰恰受《易》于杨何。父传子记，加之博闻详考，孔子传《易》路径可称翔实分明。对照班固《汉书》，除个别次序或有错置外，基本一致。

西汉易学辉煌一时，由于董仲舒宣扬"天人合一"，加之道家思想盛行，易学主流偏重象数而趋向玄秘。传自杨何的施（雠）、孟（喜）、梁丘（贺）与传自焦赣的京房四家同列学官，声势煊赫，门生广布。京房创纳甲、八宫、世应诸说，用于筮占以测吉凶。孟喜则以卦气说知名，即以四时、十二月、二十四节气、七十二候与六十四卦相配，渲染阴阳灾异，法玄术奇，而谶纬之学开始泛滥于社会各阶层。但民间易学站在古文经学立场上，不废筮占，尤重义理，以费直、高相二家为代表。据《汉书·儒林传》载，费直"长于卦筮，亡章句，徒以《彖》、《象》、《系辞》十篇文言解说上下经"，使经与传密切地结合起来。虽非官学，声名自著。重六十四卦以成四千零九十六卦而撰《易林》的象数派名师焦赣，亦自称曾受学于费氏。总之，西汉易学，象数固盛，然义理之学未尝不传。

东汉的易学，进一步奏响象数号角。其代表人物一是荀爽，倡说阴阳二气升降交通，产生卦变，由此释解经文，谓之卦变说。二是虞翻，师承孟喜，兼学京房，发展卦气说与纳甲说。前者以《坎》《震》《离》《兑》四卦象征四季，以其二十四爻象征全年节气。后者将十天干纳入八卦，配以五行生克，方位转换，扩大卦爻的象征内容与象征意境。而卦爻既然可以"纳甲"，纳天干，自然也可以"纳辰"，纳地支。郑玄的爻辰说由此应运而生。但这位大学者对今文经学与古文经学兼收并蓄，既讲象数，亦宣义理。其《易赞》云："易一名而涵三义：易简一也，变易二也，不易三也。"便是对《周易》的简明义理阐述。值得关注的是，道家也积极地投入易学研究。会稽道士魏伯阳所著《周易参同契》，提出"以乾坤为鼎器，以阴阳为堤防，以水火为化机，以五行为辅助，以玄精为丹基"，阐明炼丹原理与方法，被后世誉为"万古丹经之王"。

《周易》之学自先秦流传两汉，还有一条曾被忽视的路径。站在这条路径始端的，正是自称"善为《易》者不占"的荀子。荀子受

《易》于商瞿的门生馯臂子弓,传给齐人浮丘伯,继而及于陆贾。故陆贾名篇《道基》《明诫》等多引《易传》名句。又有兰陵穆生,少时与楚元王、向生、申生师从浮丘伯,易学颇具造诣。而荀子晚年久居楚地兰陵,著书立说,对楚地易学的广泛流行乃至别成一体,当具不可低估之影响①。

　　在卦变、卦气、纳甲、爻辰等论说之外,象数派还发明互卦:去六十四卦上下二爻,提取中间二至四爻与三至五爻化生下卦,与上卦而互成新卦。倘依次"连互",每个别卦可推出五个新卦。由此各择所需之象,用以解释经文,对号入座,不惮词烦。然而,《周易》的正道真义,恰恰被这一大堆稀奇烦琐的人为造象深深掩盖起来。值此重要时刻,三国曹魏年轻的思想家王弼奋笔而起,作《周易注》,撰《周易略例》,以无可辩驳的道义正理阐明"得象忘言""得意忘象"的要旨,横扫两汉乱象。后人评王弼所据为"老庄之道",其实只看到其中一个方面。从根本上说,他弘扬的是《易传》之道、孔子哲学之道。《周易略例·明象》指出:"夫象者何也?统论一卦之体,明其所由之主者也。""观其象辞,则思过半矣。"这里的"象辞",非指卦辞,而指孔子《象传》的文辞。孔子主张"观象玩辞",探究卦象中的"圣人之意",明确认定文辞后于卦象,用于探究卦象。而汉儒造象以释经文,可谓反其道而行之。因此,王弼扫象,扫的是汉儒无稽之造象而仍奉孔子所崇尚之意象,可谓复《易传》之道,未可因其"有生于无"之言而偏执一义,将其学说全归老庄。

　　魏晋世乱,儒学亦乱。乱中出新,萌生玄学。《老子》《庄子》《周易》立为"三玄"。一般多视玄学为老庄之学。然寻根究底,其实仍是儒学:玄化的儒学。其始创者之一何晏,善赋诗文,曾与郑冲等共撰《论语集解》。核心人物王弼,以《周易注》《老子注》驰

名。而《老子》思想其实本源于《易》而以"无"代道，自成一体。王
弼固然赞赏老子，但更崇敬孔子。至于"无"的概念也更早地揭橥
于《易传》："神无方而《易》无体"；"《易》无思也，无为也，寂然不
动。感而遂通天下之故"。唯区分有无之说，《老子》是先无后有，
无中生有。《易传》则是先有后无，有而见无。因为《易传》以客观
存在为基本立场，存在是"有"，其源太极。依据阴阳之道，对应于
有，必存其无。形而下者常有，有体有质；形而上者常无，无方无
体。所以不论有无，其理皆源于《易》。由此观之，则玄学可视为
易学的流变。西晋玄学家裴頠撰作《崇有论》，认为"生而可寻，所
谓理也。理之所体，所谓有也"。可见玄学的要义非必在"无"。
即如《道德经》所云"人法地，地法天，天法道，道法自然"，既谓"自
然"，"然"必出于"自"。则"自"者亦即"有"也，亦即客观存在也。
至于《易传》"黄帝、尧、舜垂衣裳而天下治"以表无为之功者，尤须
懂得衣裳反映的是乾坤之道，展示的恰恰是有为的积极成果。

　　自隋至唐，易学以孔颖达主修的《周易正义》为官方教材，其
注释贯串王弼的义理。李鼎祚编纂的《周易集解》，则保留了大量
汉儒注释而集义理与象数之大成。此时，源于费直说传讲经而始
自郑玄、王弼以传入经的体例，通过名以"正义"的官方宣制而正
式形成。唐易的一大特点为儒释道交融。韩愈虽反佛道，唯敬
《周易》。其《进学解》云："《易》奇而法。"奇者，玄秘也。法者，正
定也。这种"奇"与"法"，恰恰为释道之所崇。而师从韩愈的李翱
更倡言"寂然不动，至诚不息"。他在《复性书》中指出："方静之
时，知心无思者，是斋戒也。知本无有思，动静皆离，寂然不动者，
是至诚也。"这种由重视礼法转向重视心法的儒学，为儒释交融打
开法理共参之门，并在实践中推动了当时天台宗的发展。而释家
李通玄的《新华严经论》则提出"易象含于华严"，倡说"艮为文殊，
震为普贤，兑为观音"。禅宗门下的曹洞宗创"五位君臣"说，依照
"重离六爻，偏正回互，迭而为三，变尽成五"参析象义，立五层境

界,测定领悟禅机之高低。在竞占易学高地上,道家亦弃无为而常有为。清霞子苏元朗接过魏伯阳的《周易参同契》要诀,纂写《龙虎金液还丹通元论》,倡行"性命双修","归神丹于心炼"。一时红红火火,奉若仙师。被后世誉为药王的神医孙思邈更明确指出:"不知《易》,不足以言太医。"唐末,僖宗赐号清虚居士的陈抟,撰著《麻衣道者正易心法注》《易龙图序》《太极图》和《先天方圆图》,布道讲学,影响久远。经五代入宋,又受太宗召见,赐号希夷先生。

宋代易学的首章大事当为陈抟传授易图,包括《先天图》《太极图》与《河图》《洛书》。《宋史·儒林传》云:"陈抟以《先天图》传种放,放传穆修,穆修传李之才,之才传邵雍。放以《河图》、《洛书》传李溉,溉传许坚,许坚传范谔昌,谔昌传刘牧。穆修以《太极图》传周敦颐。"这些易图,传本多异,各说各的,真伪莫辨。质之陈抟《易龙图序》,但谓"是《龙图》者,天散而示之,伏羲合而用之,仲尼默而形之",泛泛道来,很难据以定论。以至孰为《河图》,孰为《洛书》,一时争得不可开交。直到南宋大儒朱熹最终拍板,以十数为《河图》,以九数为《洛书》,此段学术公案方告完结。其实,《河图》之事,《尚书》确有记载,唯系玉石珍品,陈于王室。古人以《河图》《洛书》为象征吉祥之物,并非伏羲画卦所据蓝本①。然而,邵雍提供的《河图》《洛书》确实精妙非凡,令人思路大开。它与《太极图》《先天八卦图》相互会通,成为两宋易学丰富多彩、理学勃然兴盛的思想文化基因。司马光著《温公易说》,王安石作《易解》《卦名解》《易象论解》等系列论说,苏轼贬官黄州撰《东坡易传》,皆享盛名。而周敦颐的《太极图说》、程颐的《程氏易传》、张载的《横渠易说》和朱熹的《周易本义》,为构建濂洛关闽四大理学

---

① 参见拙文《河图洛书析》,载《国学新视野》2015年9月秋季号,总第十九期,后收入拙著《周易正学》,复旦大学出版社,2016年。

派别发挥着动轮以行车的功能。可以说，宋代美轮美奂的理学大厦是建立在《周易》哲学的坚实基础之上的。尤其值得赞赏的是，在义理之学欣欣向荣之时，汉代的象数之学依然青枝绿叶，生机盎然，还长出易数学、图书学新苗。朱熹广采博览，集其大成，功不可没。然其分离经传，低估《易传》价值，有违情理，不足为训。

　　元明易学承宋之绪，条陈程朱。其知名人物为来知德，撰著《周易集注》，以《系辞传》提出的"错综其数"为根据，论象析义。认为"有象则大小、远近、精粗，千蹊万径之理，咸寓乎其中，方可弥纶天地"。此外，三十一岁中进士的蔡清，在泉州开元寺结社研究易学，成员有二十八人，包括李延机、张岳、林希元、陈琛等诸多文化名流，号称"清源治《易》二十八宿"，出版论著达九十多部。明末清初，王夫之历经兵戎战乱，退居山野，作《周易外传》与《周易内传》，坚守义理，反对宋代图书之说，批驳朱熹将《易》分列四等而贬低孔子。其学强调"天下惟器而已矣"，"据器而道存，离器而道毁"，反映出鲜明的唯物观。尚须一提者，心学宗师王阳明虽无易学专著，却明言"良知即是《易》"，"《易》也者，志吾心之阴阳消息者也"，并称其"龙场悟道"之地为"玩《易》窝"，撰写《玩易窝记》。可见心学之道，本源亦在孔子传述之易道。

　　清代易学整体繁荣，论述亦称丰富，当与康熙等君主重视经说不无关系。康熙自谓"弱龄留心经义，五十余年未尝少辍"，并特命"素学有本，易理精详"的大学士李光地修《周易折中》，"上律河洛之本末，下及众儒之考定与通经之不可易者，折中而取之"①。再看清代帝王的年号，自太祖努尔哈赤始称天命起，依次为天聪、顺治、康熙、雍正、乾隆、嘉庆、道光、咸丰、同治、光绪、宣统。除末代溥仪外，其他一帝一号，均涵《易传》道义之训。君主所好，臣民趋之，所以清代易学家颇多。焦循的《易通释》、惠栋的《易汉学》、

———————————

① 引自《御纂周易折中·御制周易折中序》。

张惠言的《周虞氏易》各具特色，被后世称为"乾嘉易学三大家"。
而胡渭的《易图明辨》批判纠正宋儒图说，毛奇龄的《河图洛书原
舛编》《太极图说异议》《仲氏易》等，亦多创见，与《周易折中》以朱
熹《周易本义》为准依，兼采程颐《程氏易传》义理的官方取径颇有
不同。可见清代易学包容性较广，而又一显著特点则是注重史
料，训诂考证较为详尽，竟发展而成特色鲜明的朴学。

　　当代易学历经"五四"洗礼与"文化大革命"的冲击，正在恢复
生机，去旧展新。总的特色，或可概括为一个"活"字。从著述出
版看，内容广泛。除易学基本知识外，更多的是联系道德伦理以
至政治、经济、军事、科技、文化艺术、企业管理、医药养生乃至堪
舆、预测、命相方术，可谓各取所需，各宣其义，各尽其用。诚如
《四库全书总目》"易类"提要所言："易道广大，无所不包。旁及天
文、地理、乐律、兵法、韵学、算术，以及方外之炉火，皆可援《易》以
为说。而好异者又援以入《易》，故《易》说愈繁。"不同在于：《四库
提要》是基于秦汉以来两千多年易学长流的综合描述，而当下易
学不过短短数十年，其"活"实在有过之而无不及。活，《说文》解
为"水流声"。左边之"水"，湍流不息；右边之"舌"，各说各的。所
以，就全局把握说，当注意活而不乱。不乱，则须持正。如何持
正？只能以《易传》精义为旨归，以孔子哲学的道德义理为准则。

第三讲　两派六宗，师训共奉

《四库全书总目》"易类"提要指出："《左传》所记诸占，盖犹太卜之遗法。汉儒言象数，去古未远也。一变而为京（房）、焦（赣），入于禨祥；再变而为陈（抟）、邵（雍），务穷造化；《易》遂不切于民用。王弼尽黜象数，说以老庄。一变而胡瑗、程子，始阐明儒理；再变而李光、杨万里，又参证史事。《易》遂日启其论端。此两派六宗，已相互攻驳。"

依据上述论说，自汉至清，《周易》之学可分为"两派六宗"。象数派一宗"汉儒"，指汉初传《易》诸儒；二宗代表是焦赣、京房，神化象数预测，宣扬玄秘变异；三宗代表是陈抟、邵雍，泛言图书，妙用《易》数，直至包罗天地万物，无穷无尽。义理派一宗始于王弼，将老庄思想引入《周易》；二宗是胡瑗、程颐，开始阐述儒家义理；三宗代表是李光、杨万里，引用史事注解《周易》，或称之为历史《易》。

必须指出，《四库提要》的这种概括是不全面、不确切的。第一，所谓象数派一宗"汉儒"，汉儒多矣，既有重象数筮占之儒，亦有遵《易传》义理之儒。笼统而言，莫名所指。第二，义理派一宗王弼，其实当属晚起。费直以传释经，阐发义理比王弼早得多。第三，说王弼"尽黜象数"是不准确的。王弼扫象，扫的是汉儒胡编乱造之象。对《易传》的象数精义，王弼是十分看重的。他撰作的名著《周易略例》，第一条"明象"就说："夫象者何也？统论一卦之体，明其所由之主者也。"所谓"体"，指卦象之体，即卦象的总体结构。所谓"主"，便指"卦主"，亦即主爻，使爻象与卦象融合会通

起来。第二条"明爻通变"，首问："爻者何也?"答曰："言乎变者
也。""爻"实指爻之象，爻象是可以反映事物运动变化之象。第三
条"明卦适变通爻"，明确认定："夫卦者时也，爻者适时之变也。"
"时"即当时之象，"变"即变化之象。进而指出："夫应者，同志之
象也；位者，所处之象也。承乘者，逆顺之象也；远近者，险易之象
也。"说了这么多象的表征、意义、功能之后，王弼《略例》的第四条
终于明明白白地归结出"明象"："夫象者，出意者也。言者，明象
者也。尽意莫若象，尽象莫若言。言生于象，故可寻言以观象。
象生于意，故可寻象以观意。意以象尽，象以言著。"对以象为前
提，象与意、言三者的内在关系，阐释得何等精到，何等深刻! 真
不知四库馆臣为何要将"尽黜象数"的大帽子扣到王弼身上。

　　从前后文字分析，或为不满王弼"说以老庄"，把他推出儒家，
移居黄老之列。事实上，王弼是尊崇孔子、信奉孔子哲学的儒生，
是儒学界年轻而伟大的思想家。他诚然也赞赏《老子》，作《老子
注》，以无为本，但可理解为欲求会通《易传》(《易》无思也，无为
也，寂然不动，感而遂通天下之故)，偏走一端而冀殊途同归。现
实地说，王弼是性尚玄虚的一介儒士。且看他对《乾卦》九五的注
解："龙德在天，则大人之路亨也。夫位以德兴，德以位叙，以至德
而处盛位，万物之睹，不亦宜乎!"这里的"龙德""天德""至德"，与
《老子》之"德"，差距几何?"处盛位"而"万物之睹"，又与"无为"
关联几何? 再看"用九"之注："夫以刚健而居人之首，则物之所不
与也。以柔顺而为不正，则佞邪之道也。故乾吉在无首，坤利在
永贞。"他告诉我们，不是不要刚健，而是不要老想爬到人家头上
去，要实践刚健而中。不是毫无原则地到处"用柔"，始终"不敢为
天下先"，而是要持正御柔，顺时用柔。这里恰恰展示着儒家与道
家的重大区别。至于"有""无"之分，儒道间其实并没有一堵截然
隔绝的高墙，如宋儒亦言"无极而太极"。就《易传》的孔子哲学
言，用有或用无，因时而异，唯变所适。这一点，王弼是明确的。

他在《周易略例·明卦适变通爻》中指出："用无常道，事无轨度，动静屈伸，唯变所适。故名其卦，则吉凶从其类；存其时，则动静应其用。寻名以观其吉凶，举时以观其动静。"而"时"者，观变化于阴阳刚柔，适有无于消息盈虚也。

"两派六宗"，非不可言，要在言之属实，论之有据。就守持正统的易学说，无论象数派或义理派，此一宗或彼一宗，最终都会遵奉师祖孔子之训，即《帛书易传·要》所云："得一而群毕。"一者，《易》之道也，一阴一阳也，所有象数与义理之流的总源头也。据此而言，两派六宗之祖师实为孔子。根本准则在于其派其宗是否真正遵奉祖训，坚持"得一"，坚持"一阴一阳之道"，坚持以象数阐发义理，以义理析解象数。

第四讲　疑孔烟云,散而未清

　　综上所述,孔子研传《周易》,其心至诚,其义至精,其功至伟。然而,子欲行而路崎岖。最早设置障碍的是北宋文豪欧阳修,他从自己对文辞的理解与感受出发,怀疑"《系辞》而下非圣人之作",但未获主流响应。过了几百年,清代学者崔述旧案新翻,又在欧阳公老话的基础上于《洙泗考信录》中合列"七证",质疑孔子传述《周易》,当时依然波澜不兴。直到 20 世纪初,其著作译为日文,引起大和民族一些学人的赞赏,国内诸多学者名流亦群起疑古,形成"古史辨"派,主攻《易传》,诘疑作者,力图由此打破缺口,动摇传统,"整理国故","再造文明"。其持续时间之长,影响之广,令人感慨系之。表面说"疑"说"辨",实际上报纸杂志和学术著作已完全剥夺孔子对于《易传》的著作权,同时编造历史,将《易传》成书时间推迟至西汉,名正言顺地阻断孔子传《易》的可能,致使这本先秦重要典籍,陷入重重烟云。

　　在西方哲学论坛上,"中国没有哲学","孔子只是一个道德说教者"的声音也甚嚣尘上。人们拿出黑格尔的《哲学史讲演录》到处传播:"我们看到孔子和他的弟子们的谈话,里面所讲的是一种常识道德。这种常识道德我们在哪里都找得到,在哪一个民族里都找得到,可能还要好些。这是毫无出色之点的东西。孔子只是一个实际的世间智者,在他那里思辨的哲学是一点也没有的——只有一些善良的、老练的、道德的教训,从里面我们不能获得特殊的东西。西塞罗留给我们的《政治义务论》,便是一本道德教训的书,比孔子所有的书内容丰富,而且更好。"即便到了 2001 年 9

月，法国结构主义哲学家德里达来到中国，在北京、上海、香港进行系列访问和学术交流，仍公然声称"中国没有哲学，只有思想"。外国学者这样评说，也许未读《易传》或不明其义。中国学者未予申述辨正，却欲自毁古典哲学长城，岂不可叹！

　　但是，真理之光难以永远被遮挡。1973年马王堆汉墓出土文物，其中就有一批帛书《易》。经专家多年研究考证，终于得出孔子晚年确实苦心孤诣地传述《周易》，采集"古之遗言"，进行独到阐解，并且认真传教弟子的结论。已故考古学家、古文字学家李学勤先生为此作过长期研究，发表过许多有分量的文章。在2006年1月出版的《周易溯源》一书中，他通过对"西周、春秋的《易》""《易传》的年代问题""战国秦汉竹简与《易》""帛书《周易》经传"等多方面的系统考证与研究，最后作出令人信服的结论："孔子不仅是《易》的读者，也是一定意义上的作者，这正是因为他作了《易传》。"①

　　如今，孔子传述《周易》、述作《易传》的历史真相正在逐渐明晰，疑孔烟云正在消散。然而，由于历史上的过度渲染与一定的认知惯性，关于《易传》的作者归属仍是一个毋容忽视的问题。例如，在2020年一份社会科学的全国性重要期刊上，还有一篇洋洋洒洒三万言的论文，其中多处引述李学勤先生主编的有关经典注疏，却偏偏避开他对《易传》作者的明确论断，而是反向逆行，大肆宣扬"孔子并非《易传》的作者，且在汉代之前，儒家只是借助'易'来传播自身的学术主张"。宣扬"《易传》指的是汉代形成的解读《周易》的文字，即我们今日所见的十篇文字"，继续主张"今本《易传》诞生于汉代"。其根据只有一个：如果先秦时已经形成如同我们今日所见之"十翼"，必然躲不过秦火②。这种早被批倒的陈年臆想至今居然被引为新说，言之凿凿，只能表明昔日古史辨派"大

---

① 李学勤《周易溯源》第五章"论帛书周易经传"，第379页。
② 详见刘震《从史巫之士到易儒合流》，《中国社会科学》2020年第5期。

胆疑古"，"宁可疑而错，不可信而错"的余存气势仍在伺机张扬。必须明白，疑古未尝不可，但须疑之有据。坚持疑为求真，而非为疑而疑，特别是对具有重大影响的经典及其作者，更不可轻率质疑，信口开河，以致谬种流传，雌雄莫辨。

由此看来，在正面宣讲现代考古、考证成果，理直气壮地为孔子述作《易传》正名外，仍有必要对各种疑孔论说进行全面而深刻的系统回应。

由于古史辨派疑古，常常首先推出欧阳修与崔述二公为前驱。为此，我们只好按其顺序批驳，自先朝而当代，逐层析解。

欧阳公的质疑，起自《易童子问》："童子问曰：'《系辞》非圣人之作乎？'曰：'何独《系辞》焉，《文言》《说卦》而下，皆非圣人之作。而众说混淆，亦非一人之言也。'"兹将其主要论点分列于下。

其一，《乾》之初九曰"乾龙勿用"，圣人于其《象》曰："阳在下也。"岂不曰其文已显而其义已足乎？而为《文言》者又曰："龙德而隐者也。"……《系辞》曰："乾以易知，坤以简能。"……俄而又曰："广大配天地，变通配四时，阴阳之义配日月，易简之善配至德。"总之，他认为有关经文《象传》已解释清楚，又何必再加《文言传》阐述。《系辞传》讲"乾坤易简"，也徒增文字重复。欧阳修据此质疑道："谓其说出于一人，则是繁衍丛脞之言也。其遂以为圣人之言，则又大谬也！"

其二，《文言》曰："元者，善之长也。亨者，嘉之会也。利者，义之和也。贞者，事之干也。"是谓乾之四德。又曰："乾元者，始而亨者也。利贞者，性情也。"则又非四德矣。谓此二说出于一人乎？则殆非人情也。

其三，《系辞》曰："河出图，洛出书，圣人则之。"所谓图者，八卦之文也。神马负之自河而出，以授于伏羲者也。盖八卦者，非人之所为，是天之所降也。又曰："包牺氏之王天下也，仰则观象于天，俯则观法于地。观鸟兽之文，与地之宜，近取诸身，远取诸物，于是始作八卦。"然则八卦者，是人之所为也，《河图》不与焉。斯二说已不能相容矣。而《说卦》又曰："昔者圣人之作《易》也，幽赞于神明而生蓍，参天两地而倚数，观变于阴阳而立卦。"则卦又出于筮矣。八卦之说如是，是果何从而出也？谓此三说出于一人乎？则殆非人之情也。

其四，元亨利贞四德，"此穆姜之所道也"，"在襄公之九年。后十又五年而孔子始生，又数十年而始赞《易》。然则四德非乾之德，《文言》不为孔子之言矣"。

其五，"至于何谓'子曰'者，讲师之言也"。

现在我们来逐条评析欧阳修所说之误。

其一，欧阳修说《系辞》而下各篇"皆非圣人之作"，依据在"众说混淆，亦非一人之言也"。何以见得？因为有"繁衍丛脞之言"，即文字繁杂冗余，细碎杂乱。但这样的评议，只是其自身一时之感，而非广大读者真有同感。事实上，在此后又一次答童子问"然则繁衍丛脞之言与夫自相乖戾之说，其书皆可废乎"时欧阳修回答道："不必废也。"因为"《系辞》者，谓之《易大传》，则优于《书》、《礼》之传远矣"。即《易大传》要比《尚书大传》《礼记》之类的经典传记写得好出许多。看来，即使是欧阳修自己，在不同的时段，采用不同的维度，对"繁衍丛脞"的判断也会不尽相同。所谓"繁衍丛脞"，主要指《系辞》等传存在文字语句重复。但欧阳修应知，《易传》是孔门弟子不止一人记录编纂师说的集体成果，其中有回忆，有补充，有校正，有反复，不可能像撰作《醉翁亭记》那样，行云流水，一气呵成。其间或有某些重复，在所难免。即如《论语》，重复的语句亦非罕见。其次，孔子传述《周易》，与《诗》《书》《礼》《乐》原已具有深广的教学经历不同，它是他晚年为弟子精心授课的一次全新尝试。而《周易古经》又晦涩难解，还要使其主旨由筮占引向义理，亟须苦口婆心，疏导阐解。特别是对一些重要课题，必须反复阐述方能加深理解。《文言传》展示《乾》《坤》二卦精蕴及其在六十四卦中的核心地位。孔子必须反复广引博申，以显其妙旨。《象传》的"潜龙勿用"与《文言传》的"龙德而隐者也"各具深意，绝非重复。至于《系辞传》开篇明义提出"易简之理"与第六章描述"易简之善"亦各具特定的意涵，相辅相成而不可混为一谈，尤不可责之"繁衍丛脞"。

　　其二，《文言传》关于"元亨利贞"的两种阐释，被欧阳修认定非"出于一人"之说，因而不是孔子所作。这样的论据显然站不住脚。一般说来，对于尚无明确定义的概念，完全可以从不同的维度进行多层次阐述。博学多识的孔子常常依据不同的情形和不同的对象对同一问题作出不同的解答。如《论语》中关于"仁"的理解，就有各种各样的视角，最流行的是"克己复礼为仁"。但《雍也》篇中，樊迟问仁，曰："仁者先难而后获，可谓仁矣。"《颜渊》篇中樊迟问仁，则为"爱人"。《阳货》篇中"子张问仁于孔子"，又是一种全新的回答："孔子曰：'能行五者于天下为仁矣。'请问之，曰：'恭、宽、信、敏、惠。'"由此可知，多角度地阐解一些重要概念，正是孔子传道授业的常用方法与显著特色，欧阳修的质疑明显出错了。

　　其三，欧阳修以为《系辞传》关于八卦设制提出了三种说法，"各自为言，义不相通"。简言之为相互矛盾，从而认定系多人所撰，非孔子之作。其实，细加辨析，《系辞传》指八卦设计制作的直接渊源只有一个，这就是"仰观俯察"："仰以观于天文，俯以察于地理。观鸟兽之文，与地之宜。近取诸身，远取诸物。于是始作八卦，以通神明之德，以类万物之情。"过程具体明确，目的也很清楚："通德"与"类情"，会通道德义理，模拟万物运化。而所谓八卦出于《河图》《洛书》者，完全是误读误解。诚然，根源还在西汉孔安国，认为"伏牺王天下，龙马出河，遂则其文以画八卦，谓之《河图》"。《系辞传》的论述是完整严谨的："探赜索隐，钩深致远，以定天下之吉凶，成天下之亹亹者，莫大乎蓍龟。是故天生神物，圣人则之。天地变化，圣人效之。天垂象，见吉凶，圣人象之。河出图，洛出书，圣人则之。"第一个"圣人则之"，是则之蓍龟，以期定吉凶，成亹亹。接着"圣人象之"，是运用卦爻模拟天象，以推断吉凶。第二个"圣人则之"，当是则之《河图》《洛书》，同样用以展示吉凶，而绝非用以描画八卦。因为在孔子心目中，《河图》《洛书》乃是天生之瑞物。《史记·孔子世家》载："叔孙氏车子鉏商获兽，以为不祥。仲尼视之，曰：'麟也。'取之。曰：'河不出图，洛不出书，吾已矣夫！'"《尚书》所记的《河图》，是陈列于王室的祥瑞文物①，与孔子的认知一致，而绝非宋代推出的图文（其源或可推至两汉）。欧阳修以《河图》为八卦蓝本，纯属对《系辞》的误读误解。欧阳修还以为《说卦传》第一章的论述表明"卦又出于蓍矣"，则是对《易传》文字的再一次误读误解。《说卦传》谓"昔者圣人之作《易》也"，这个"作"是运作而不是制作，这个圣人指文王而非指包牺。文王囚居羑里，所以"幽赞于神明而生蓍"，求得天生蓍草，用以筮占得卦而断吉凶。如指包牺画卦，则何必"幽赞于神明而生蓍"，蓍草是用来占卦的，不是用来画卦的。文字如此清楚，道理如此明白，欧阳修却置若罔视，或系醉翁酒后之思，一时糊涂。其实，《系辞》又说《河图》，又说《洛书》，倘指八卦蓝本，但言其中之一即可。由此或可推测，《河图》为阳，《洛书》为阴，孔子也许隐示则之阴阳而断吉凶也。

　　其四，欧阳修认为，"四德"之说出于"穆姜之所道"，时"在襄公之九年"，孔子尚未出生。可见《文言传》中的"四德"并非孔子创作。显然，他的这一分析又错了。《春秋·襄公九年》记："五月辛酉，夫人姜氏薨。秋八月癸未，葬我小君穆姜。"《左传》据此铺叙穆姜占卦"艮之随"而言"元亨利贞"四德之事。孔子晚年修编《春秋》，必知穆姜情事。而"四德"说完全合乎道义，正中孔子下

---

① 　参见拙著《周易正学》第五章第三节"河图洛书析"。

怀，因此《文言传》将"元亨利贞"析为"四德"，已具史实依据，可谓顺理成章。欧阳修又何疑之有？况且，孔子晚年编修六经，查阅的不仅是《鲁春秋》和《周易古经》，还有见于《春秋》的《易象》及其他更多文献，即《帛书易》中孔子所期求的"古之遗言"。看来，欧阳修的这一"质疑"，反倒是一个"释疑"。

其五，欧阳修认为，《系辞传》与《文言传》有"子曰"字样，表明系"讲师之言"而非孔子之说。他应当知道，中华教育史上的第一位讲师正是孔子这位圣人讲师因材施教，诲人不倦。晚年传述《周易》，更是呕心沥血，鞠躬尽瘁。对于由此而来的一切闲言碎语，一概置诸脑后，相反地使之转化为教学的坚韧动力。要知道，《彖传》《象传》逐卦阐释，自始至终，自然无须添加"子曰"。《序卦》《杂卦》一气呵成，如加"子曰"，反累文势。《说卦传》除第五章、第十一章外，语皆精短。其中最长的第十一章，字数亦不过八十言，且语句连贯，"子曰"难加其间。至于第五章，所言者后天卦序；第十一章则言八卦象征，所据者乃"古之遗言"，更无"子曰"之必要。

《文言传》专注《乾》《坤》二卦。从其不同视角的阐析内容看，可以推断孔子作过大概四遍讲解。第一遍是对弟子们关于《乾卦》卦辞及其六爻爻辞的解答。弟子们先举经文，再言"何谓也"。孔子逐条回答，当然必注"子曰"。基于《乾》《坤》二卦的极端重要性，孔子又从不同的视角反复进行阐释。第二遍从"'潜龙勿用'，下也"。讲到"乾元'用九'，天下治也"。第三遍从"'潜龙勿用'，阳气潜藏"讲到"乾元'用九'，乃见天则"。第四遍从"'乾元'者，始而亨者也"讲到"'亢'之为言也"。由于按顺序阐解，自然无须再加"子曰"。至于《坤卦》，只讲了一遍，层次清楚，当亦不必横插"子曰"。

《系辞传》上下各十二章，形成一个宏伟庞大的理论体系，讲解的时间跨度长，内容覆盖广，弟子们在记录、回忆与整理、编集过程中或会出现一些不尽相同的思路和手法,但基本内容则必当符合孔子传述的本意。从教学情境研判,对"子曰"的出现可以作出如下解释。

《系辞上传》第七章篇首的"子曰:《易》其至矣乎",有师临其境、振聋发聩之功能。后接短短四十一字,不可能是他人言说。

《系辞上传》第八章的七个"子曰",都是为了与"《易》曰"相区别。

第九章文末的"子曰:知变化之道者,其知神之所为乎",目的在总结全章论述,增强对"天下之能事毕矣"的权威性感受。

第十章文末的"子曰:《易》有圣人之道四焉者,此之谓也",所起的作用与第九章文末的"子曰"相同。

第十一章篇首的"子曰:夫《易》何为者也",表明孔子这堂讲课以向学生提问开始,接着旁征博引,详述《易》之所能。尤其以日常生活中的门户开关出入为例,生动活泼地讲解了乾、坤、变、通、象、器、法、神八大概念,讲清了自太极、两仪直至建立大业的相互关系,最终讲明判断吉凶的根据。

第十二章的三个"子曰",或为与"《易》曰"区别,或为回应学生提问。

《系辞下传》第五章的九个"子曰",同样地皆为区别"《易》曰"。

《系辞下传》第六章篇首的"子曰:乾坤其《易》之门邪",其文辞功能意义亦与《系辞上传》第七章、第十一章同。

总之,《文言传》与《系辞传》中使用的"子曰",既能体现教学场景,又具语言区分和文辞感染功能,看来并非孔门弟子心血来潮,随意编造师说,而是心有所崇,斟酌考量,郑重确定的文字布局,既非孔子以外的所谓"讲师之言",亦非后人的随意添注。岂料千年之后竟然引发一位颇具声望的文豪之疑,当为孔子及其门生所始料未及。

还须指出,古人著文自加"子曰"者不乏其例,而能提出论证反驳欧阳氏之说的，首推朱熹，他指出："（欧阳公）又疑后面有许多'子曰'。既言'子曰'，则非圣人自作。这个自是它晓那前面道理不得了，却只去这上面疑。他所谓'子曰'者，往往是弟子后来加入，亦不可知。近来胡五峰（名宏）将周子《通书》尽除去了篇名，却去上面各添一个'周子曰'，此亦可见其比。"曾著《汉书艺文志讲疏》的顾实先生说："孔子作《十翼》称'子曰'者，犹司马迁作《史记》亦自称'太史公曰'也。"（此是古人著书通例，有因此而疑《十翼》非孔子作者，不思之过也。）实际上，"子曰"也不一定是后世流传中才添入的。以《孟子》一书为证，《史记·孟子荀卿列传》已说孟子之道与时不合，不得已"退而与万章之徒序《诗》、《书》，述仲尼之意，作《孟子》七篇"。赵岐《孟子题辞》也说孟子"退而论集所与高第弟子公孙丑、万章之徒难疑答问，又自撰其法度之言，著书七篇，二百六十一章，三万四千六百八十五字"。书中始终均称"孟子"，用弟子的口吻。孔子作《十翼》也有可能这样①。

对于欧阳修的疑孔说，宋明易学主流皆不为所动，直到清代考据学家崔述重发疑古之箭，举出七证，再疑《易传》非孔子之作。

第一证：若《易传》果孔子所作，则当在《春秋》《论语》之间。而今反繁而文，大类《左传》《戴记》，出《论语》下远甚，何邪？

第二证：《系辞》《文言》之文，或冠以"子曰"，或不冠以"子曰"。若《易传》果皆孔子所作，不应自冠以"子曰"字样。即使后人所加，亦不应或加或不加也。

第三证：孟子之于《春秋》也，尝屡言之，而无一言及孔传《易》之事。孔孟相去甚近，孟子表彰孔子也不遗余力，不应不知，亦不应知之而不言也。

第四证：魏汲冢书《纪年》篇乃魏国之史。冢中书，魏人所藏

---

① 本段论述参引李学勤《周易溯源》第五章第六节"帛书《易传》及《系辞》的年代"的相关文字，特此说明。

也。魏文侯师子夏，子夏不传，魏人不知，则《易传》不出于孔子而出于七十子以后之儒者无疑也。

第五证：《春秋》襄公九年传，穆姜答史之言与今《文言》篇首略同而辞小异。以文势论，则以彼处为宜。以文义论，则"元"即"首"也，故谓"体之长"，不得遂以为"善之长"。"会"者"合"也，故前云"嘉之会也"，后云"嘉德足以合礼"。若云"嘉会足以合礼"，则于文为复，而"嘉会"二字亦不可解。"足以长人，合礼，和义而干事，是以虽随无咎。"今删其下二句而冠"君子"字于四语之上，则与上下文义不相蒙。然则是作《传》者采之鲁史而失其义耳，非孔子所为也。

第六证：《论语》云："曾子曰：'君子思不出其位。'"今《象传》亦载此文。果传文在前欤？记者果当见之。曾子虽尝述之，不得遂以为曾子所自言。而传之名言甚多，曾子亦未必独节此语而述之。然则是作传者往往旁采古人之言以足成之，但有合卦义，不必皆自己出。既采曾子之语，必曾子以后人之所为，非孔子所作也。

第七证：《史记·孔子世家》之文本不分明，或以"序"为《序卦》而以前"序《书》传"之文例之，又似序述之义，初无孔子作传之文。盖其说之晦有以启后人之误，故今皆不载。

以上七证，现逐条批驳如下。

其一，崔述认为：《易传》如系孔子所作，文字"当在《春秋》《论语》之间"，不料"而今反繁而文"，大体类似《左传》与《大戴礼记》。"繁"指"繁复"，"文"依《说文》"错画也"，或指"错杂"。繁复错杂，与"繁衍从脞"一样，炒的是欧阳修的冷饭，了无新意，前已批驳（欧疑之第一点），无须重复。

其二，崔述说"子曰"，又炒欧阳修之说冷饭，已驳斥如前第五点，故略。

其三，崔述提出，孟子与孔子"相去甚近"，"而无一言及于孔子传《易》之事"。孟子未言《易传》，亦未言《易》，有其考量：盖觉《易》本"卜筮之书"也。其实，孟子不仅精学《易传》，而且善用《易传》。诚如北宋杰出数学家、易学家邵雍在《皇极经世书·心学》篇中所说："知《易》者不必引用讲解，始为知《易》。孟子著书，未尝及《易》，期间《易》道存焉，但人见之者鲜耳。人能用《易》，是为知《易》。如孟子可谓善用《易》者也。"孟子的性善论说，源于《易传》"一阴一阳之谓道，继之者善也，成之者性也"，以及"成性存存，道义之门"，但在人性可变的要点上作了修正。"四端"说出于《易传》"四德"说也很明显。孟子还说："仁也者，人也。合而言之，道也。"（《尽心下》）这同《易传》"君子体仁，足以长人"，"立人之道，曰仁与义"又有多少根本性区别呢？而孟子关于"闻诛一夫纣也，未闻弑君也"的理论底气当来自《易传》的"汤武革命"。他若孟子提倡"乐民之乐，忧民之忧"而《易传》提倡"吉凶与民同患"，孟子主张"天下定于一"而《易传》宣示"天下之动，贞夫一者也"，可谓流自源出，思想体系十分清晰，学统脉络极其分明。孟子盛赞孔子是"圣之时者也"，而"时"之精义，唯著于《易传》。

孟子善用《易》而未直接引用《易》，与孟子（约前372—前289）相去不远而声称"善为《易》者不占"的荀子（前313—前238）则既引《易传》之说，又尽易道之用。荀子名言"制天命而用之"，从本质上说，正是《易传》倡导的"顺天而行"。"制天命"者，掌握天地自然之规律也，"顺天"之途也。"用之"者，行也。而《象上传·乾》"时乘六龙以御天"的"御天"，则直接指明了"制天命"的理论渊源。荀子的"天命有常"说，也反映着对于《易传》"日往则月来，月往则日来，日月相推而明生焉。寒往则暑来，暑往则寒来，寒暑相推而岁成焉"的深刻感悟。至于《大略》篇所论："《易》之《咸》，见夫妇。夫妇之道，不可不正也，君臣父子之本也。咸，感也。以高下下，以男下女，柔上而刚下，聘士之义，亲近之道，重始也。"更是对《象下传·咸》的演绎发挥。

与孟子同时的庄子，同样知《易传》、用《易传》而未直接引《易传》之言。《天下》篇云："《易》以道阴阳"，正是《易传》揭示的原理。《天道》篇云："世之所贵道者，书也。书不过语，语有贵也。语之所贵者，意也。意有所随，意之所随者，不可以言传也。"明显地源于《易传》的"书不尽言，言不尽意。然则圣人之意其不可见乎"。《刻意》篇云："圣人之生也天行，其死也物化。静而与阴同德，动而与阳同波。"如读过《易传》"原始返终，故知死生之说。精气为物，游魂为变，故知鬼神之情状"及懂得"阴静阳动"者，当有"似曾相识"之感。在《天运》篇中，庄子更借孔子会见老子的故事，宣称"丘治《诗》《书》《礼》《乐》《易》《春秋》"。庄子虽对儒家及其宗师有所调侃揶揄，其实内心对孔子是有尊崇之感的。正是由于研读了《易传》，所以他才能在《天下》篇中提出："以天为宗，以德为本，以道为门，兆于变化，谓之圣人。""以天为宗，以德为本"，即《易传》首倡的"天人合德"；"以道为门"当循《易传》"成性存存，道义之门"说；"兆于变化"则是赞赏《易传》关于"知几通变"的系列论述。孔子曰："知变化之道者，其知神之所为乎？"庄子在这里则将"知神之所为"的《易传》述作者孔子奉为圣人。

崔述认为，孟子未曾提到过《易传》，因此孔子并未传述过《周易》。倘若依此类推，那么，孟子作为儒家正统的代表人物，在庄子批驳"邹鲁之士，缙绅先生"的过程中，同样未置一词。如依崔述的逻辑，则庄子应无非儒之言，于是，非儒的《庄子》历史上也并不存在了。反之，庄子没有评议过孟子的"四端"说，则撰述"四端"的《孟子》亦必后人所撰了。如此思辨，委实无理可喻。

其四，崔述以汲冢竹书无《易传》，而子夏曾为魏文侯师，可见子夏并未教授过《易传》为由，认定"《易传》不出于孔子而出于七十子以后之儒者"。此说颇为可笑，《晋书·束皙传》记："初，太康二年，汲郡人不准盗发魏襄王墓，或言安釐王冢，得竹书数十车。"魏襄王去魏文侯近百年，去安釐王年代更远。魏襄王或安釐王墓中是否藏放《易传》与七十子是否传述过《易传》实在风马牛不相及。其次,子夏即卜商,就姓观之,其先祖或司卜筮。子夏对《周易》亦有所研究,孔子晚年整理编订六经,子夏亦曾参与。至于《子夏易传》,同样未见于魏王墓。后世传本,难定真伪。事实上,子夏在西河主讲儒家六艺与为政之道,其弟子如田子方(亦为子贡门生)、段干木、李悝、吴起等,多为著名的政治家、军事家,鲜及易学。魏文侯力图霸业,重公羊、穀梁《春秋》,未闻师子夏以《易》。

其五,《左传》与《春秋》襄公九年皆载穆姜四德说,崔述因而断定"作传者采之鲁史而失其义耳,非孔子所为也"。案孔子修《春秋》,必明鲁史,但未见《左传》,其时亦尚无《左传》。然穆姜与史官说"四德",当有文献依据。穆姜得以知之,此后并为左丘明所述,则晚年专一于察究文献以精心传述《周易》的孔子岂能不知? 知之符合道义而传以释经,可谓合情合理。至于传言"善之长"而不言穆姜之"体之长",与崔述所评相反,前者之思想境界远远高于后者。善者,德义也;体者,虚辞也,二者差距可比天地。况且,"善之长也"还为下文"君子体仁足以长人"预设伏笔,构思相当缜密。再者穆姜之言就知说知,孔子则论知化知,对"四德"展开创造性的阐解,如《象上传·乾》的恢弘描述。须知孔子传述《周易》,旨在宣扬道德义理而非复述具体史事,所以必须"删除下二句而冠'君子'字于四语之上"。至于说"嘉会"不如"嘉德"合理,片面之词也。孔子说"嘉会足以合礼",既与前文"亨者嘉之会也"呼应,又与同句"合礼"和义:嘉之会也,礼之合也。礼合于嘉,美哉! 嘉会于礼,盛哉! 何等的文势,何等的意蕴!

其六,崔述指证曾子说过"君子思不出其位",而"今《象传》亦载此文",所以"必曾子以后之人所为,非孔子所作也"。我们知道,"不在其位,不谋其政"是孔子的一贯教导,《论语·泰伯》篇第八即已明示。而《宪问》篇第十四记曾子之说,其前又重列孔子之教,这正是为了表明曾子之说源于孔子之教。在这里,曾子再次向其弟子们强调:思想上要牢牢记得师祖孔子之教导:不超出自己的职位去谋划政事。(杨伯峻先生《论语译注》将曾子之说译为:"君子所思虑的不超出自己的工作岗位。"看来对文本含义理解有误。"不出其位"指行动不出其位,绝非思虑不出其位。须知人们的思想须自由解放,不应受到工作岗位的限制和束缚。按照孔子晚年达到的思想境界,完全可以"从心所欲",但宜力求做到"不逾矩"。)为什么?《论语》有警示:"八佾舞于庭。是可忍也,孰不可忍也!"然未直说其理。这个理,孔子晚年在《象下传·艮》中挑明了:"兼山,艮,君子以思不出其位。"即山连着山,呈现《艮卦》之象。君子观象而度圣人之意:经常认真思考,不要超出自己的职位去谋求政事,算计私利。"山连着山"象征"时止则止",反映天理。"不出其位"体现"顺时当位",合乎人道。由此可见,曾子之说当在孔子之说以后,崔述的论证恰恰颠倒了二者时序。尤须指出,孔、曾二说并非完全相同,细加研察,《易传》多了一个"以"字。这个"以"字未可小觑,它是对"思不出其位"推原析理的关键。唯此一字,架起了"思不出其位"与《艮卦》兼山之象之间的桥梁,会通了天理与人道之间的自然联系。它告诉人们君子观艮山之象以明天理而思"不出其位"。须知以"天人合德"为大前提正是孔子哲学推理的一个显著特色。显然,曾子之说源于孔子之说而未析其理,曾说晚于《易传》之说,殆无疑矣。

其七,崔述的最后一证实际批评的对象不是《易传》的后世作者,而是"究天人之际,成一家之言"的司马迁。他认为《史记》的"《世家》之文本不分明,或以'序'为《序卦》,而以'序《书》传之文'例之,又似序述之义"。由此得出结论:一、《史记》"初无孔子作传之文";二、"盖其说之晦有以启后人之疑,故今皆不载"。

《史记·孔子世家》的有关原文为:"孔子晚而喜《易》。序《彖》《系》《象》《说卦》《文言》。读《易》,韦编三绝。曰:'假我数年,若是,我于《易》则彬彬矣'。"文中之"序",从语句结构分析,确有"序述"之义而非指《序卦》。然而,西汉之时,所谓《说卦》,其中包含着《序卦》与《杂卦》,《淮南子》中即有所引述。崔述说《史记》"初无孔子作传之文"显系空穴来风。即使不说《孔子世家》之"初",只要是一位认真的读者,就一定知道司马迁在统论《史记》之"初"(《太史公自序》),就引述其父司马谈的《论六家要指》,明白地赞赏《易大传》"天下一致而百虑,同归而殊途"的名言。总之,不是《史记》"其说之晦有以启后人之疑",而是崔述其证之偏有以发后人之正。

应当指出,欧阳修、崔述疑古,旨在辨伪存真,心中始终充满了尊孔崇经的意念。而20世纪初叶波澜横起的疑古反孔思潮,则掺杂贬孔蔑经等众多复杂因素,因而常常言不由衷,辞不遵理。1919年傅斯年在《清梁玉绳著〈史记志疑〉》一文中说:"自我观之,与其过而信之也,毋宁过而疑之。"1920年胡适则以"研究国故的方法"为题大声疾呼:"宁可疑而错,不可信而错。"与胡适、顾颉刚等知名学者一起,大力推动"古史辨"的钱穆先生同样当仁不让,于1928年夏在苏州青年学术研究会上"专讲一个《十翼》非孔子作",后收入《易经研究》。他搜罗古今疑说,"提出十个证据":

其一,"汲郡魏襄王的古墓里得到一大批古书,内有《易经》两篇。……但是没有《十翼》……倘孔子作《十翼》,不应魏国无传"。

其二,"《左传·鲁襄公九年》,鲁穆姜论'元亨利贞'四德,与今《文言》篇略同。以文势论,只见是《周易》抄《左传》,不见是《左传》抄《周易》"。

其三,"《论语》曾子曰:'君子思不出其位'。今《周易·艮卦·象传》也有此语。果孔子作《十翼》,记《论语》的人不应误作'曾子曰'"。

其四,"《系辞》中,屡称'子曰',明非孔子手笔"。

其五,"《史记·自序》引《系辞》称'易大传',并不称'经',可见亦不为孔子语"。

其六，"今《系辞》中详述伏羲、神农、黄帝制作，太史公并不是没有见到，何以《五帝本纪》托始黄帝，更不叙及伏羲、神农呢？可证在太史公时，尚并不以《系辞》为孔子作品"。

钱氏说："以上六证，前人多说过，只是说非孔子作《十翼》。现在更进一层说，孔子对于《易经》也并未有'韦编三绝'的精深研究，那孔子作《十翼》的话自然更无依据了。"

其七，"《论语》无孔子学《易》事，只有'加我数年五十以学《易》'一条。据《鲁论》，'易'字当作'亦'。《古论》妄错'易'一字，便附会出'五十以学《易》'的故事"。

其八，"《孟子》书内常称述《诗》《书》而不及《易》。今《系辞》里有'继诸善，成之者性'的话，孟子论性善也并不引及。《荀子》也不讲《易》（今《荀子》书中有引及《易》的几篇，并不可靠）"。

其九，"秦人烧书，以《易》为卜筮书不烧。……若是孔子作《十翼》，岂有不烧之理？"

其十，"《论语》和《易》的思想不同。……现在姑且提出三个字来"：

一、道："《论语》里的'道'学，是附属于人类行为的一种价值的品词，大概可分为三类。（一）是合理的行为；（二）是行为的理法；（三）是社会风俗国家政治的合于理法的部分，这是前两条合起来扩大了说的。而《系辞》里说的'道'，却绝然不同了。第一，这是抽象的独立之一物，故说'一阴一阳之谓道'。……第二，它把'道'字的含义广为延伸，及于凡天地间的各种现象。"

二、天："《论语》里的'天'字，是有意志，有人格的。如'天生德于予'、'天丧予'、'获罪于天'。……《系辞》里的'天'却大不同了。第一，它把天地并举……天只与地为类，成了形下的一物。第二，《论语》里是用人事来证天心的，而《系辞》却把天象来推人事。"

三、鬼神："《论语》里的鬼神，也是有意志，有人格的。所以说

'非其鬼而祭之，谄也'；'祭神如神在'；'敬鬼神而远之'……《系辞》里的鬼神又大不相同了。也是神秘的，唯气的，和《论语》里朴素的，人格化的鬼神绝然两种。……现在再总括的说，《易·系》里的思想，大体上是远于《论语》而近于老庄的。"

现在，让我们对钱穆先生的"十个证据"逐项作出全面审视。

其一，汲冢魏墓竹书无孔子《易传》之证抄自崔述的第四证，上文已批驳。

其二，穆姜论"元亨利贞"四德之证抄自崔述第五证，上文已批驳。

其三，"君子思不出其位"之证抄自崔述的第六证，上文已批驳。

其四，《系辞》中屡称'子曰'"之证抄自崔述的第二证，崔述抄自欧阳修，上文已批驳。

其五，钱穆说"《史记自序》引《系辞》称'易大传'，并不称'经'"，可见《易大传》"不为孔子语"。这实在算不上论证，而只是个人的某种感触。须知两汉之际，经传分列。汉儒固然将《易传》提到"经"的高度加以看待，但《易经》还称"经"，《易传》还称"传"。正如《诗》《书》《礼》《乐》《春秋》一样，其后虽不明加"经"字，它们仍然都是"经"。这与司马迁在此后记叙"孔子晚而喜《易》，序《彖》《系》《象》《说卦》《文言》。读《易》，韦编三绝"，在经与传的基本文义上是完全一致的。因此，钱穆先生此证并不充分。

其六，《系辞传》中讲了"伏羲、神农、黄帝"，而《史记》的《五帝本纪》只从黄帝开始起讲。钱穆据此认定，司马迁肯定读过《系辞》，却未按《系辞》论述，从伏羲、神农开始编撰史事，可见"在太史公时，尚并不以《系辞》为孔子作品"。看来，钱穆先生疑孔心切，一方面不信司马迁"孔子晚年喜《易》，序《彖》《系》《象》《说卦》《文言》"之说，一方面又坚信司马迁读过《系辞》，却框定他不认为是孔子之作，反映了在思想矛盾中但求力取所需而不问是否宜取的心理。实际上，三皇五帝之说传闻久矣，但作为知名历史学家的钱穆先生当然知道，传闻不能等同于史事。五帝之说尚有可考，三皇之论更乏所据。他的《国史大纲》不仅避言"三皇"，而且弃叙"五帝"。该书第一编即标明为"上古三代之部"，第一章题为"中国华夏文化之发祥，中国史之开始虞夏时代"。究其缘由，缺乏"五帝"史料当是其中一因。然则钱穆先生又有何理由以司马迁未叙三皇而《系辞》说到"包牺氏"，便可断定"太史公时，尚并不以《系辞》为孔子作品"呢？事实上，太史公在《孔子世家》中已明明白白地告诉读者："孔子晚而喜《易》，序《彖》《系》《象》《文言》《说卦》"，钱先生只因一心证疑，硬是视而不见，见而不言了。

其七，《论语》有孔子"加我数年，五十以学《易》"语。钱说"据《鲁论》，'易'字当作'亦'"。查唐陆德明《经典释文·论语音义》谓"鲁读易为亦"，应指鲁人读"易"的语音为"亦"，并非字义为"亦"。倘依钱先生理解，将《论语》改作"假我数年，五十以学，亦可以无大过矣"，则令人如堕五里雾中，不知所云。孔子自言"十有五而志于学"，怎么变成"五十以学"了。"十有五而学"还会有大过，"五十以学"反可无过了？"亦"者，表示类似行为的副词也。孔子是在同"五十以学"的何人进行比拟的呢？倘说"五十以学《亦》"，更是不词之甚。所以《论语》所记"子曰"，只能是"五十以学《易》"。"加"通"假"，全句意为"倘若多给我几年时间，早从五十岁起就开始学《周易》，就可以避免此后的大过错了"。这明显是孔子晚年研习《周易》，深刻感受到《易》道精深而作出的反思。《古论语》并无差错。至于钱说"《论语》无孔子学《易》事"，更属莫名其妙。《子路》篇就有孔子讲解《恒卦》的大段文字，先讲"南人有言"，又引《恒·九三》爻辞，最后提出自己的见解，文字分量是比较重的。而《公冶长》篇记述子贡的感叹："夫子之文章，可得而闻也。夫子之言性与天道，不可得而闻也。"亦可反证孔子晚年学习《周易》之事，因为"性与天道"正是《易传》的重要内容。

其八，钱云："《孟子》书内常称述《诗》《书》而不及《易》"，"《荀子》也不讲《易》"，袭自崔述之第三证，前文已予批驳。

其九，钱云："秦人烧书……若是孔子作《十翼》，岂有不烧之理？"所言似乎在理，但钱先生应该知道，其一，社会面上的书烧掉了，还有王室藏书，更有民间隐藏者，如汉武帝时鲁王刘余翻造孔子旧宅，得经数十篇。之后河间等处也有儒家经典发现。汉宣帝时，河内女子老屋毁坏又得《说卦》呈献官府，可见秦火书文未尽，古籍犹存人间。特别要指出的是，秦汉六经之承，儒家常口传耳闻，然后整理成章，今文经学如此，古文经学亦多师生传承。钱先生只是推断《易传》被烧掉了，为何不推断《论语》《春秋》《礼记》等经典也都被烧掉了，因而当今流传的经文全系后人伪撰的呢？由此可见，此证亦站不住脚。

其十，钱先生认为"《论语》和《易》的思想不同"，为此，他举出"道""天"与"鬼神"三个概念加以分析比较。

一是"道"，钱先生认为《论语》之"道"指的是合理的行为或行为的理法，《系辞》所说"一阴一阳之谓道"，"这是抽象的独立之一物"，并且"广为延伸"，"及于凡天地间的一切现象"。钱先生说对了一部分。《系辞》说"道"即有与《论语》之"道"含义相同者，如"《易》有圣人之道四焉"，而"一阴一阳之谓道"却与一般所言之"道"截然不同，这是普遍之道、永恒之道，或可称之常道。它是孔子曾经梦寐以求而不得，只能慨叹"朝闻道，夕死可矣"的客观真理，终于在晚年研习《周易》时豁然感悟，由此进入"七十而从心所欲"的思想境界。钱先生惊诧"一阴一阳之道"怎么可以"广为延伸"，"及于凡天地间的一切现象"，其实这正是常道足以"放之四海而皆准"的一种功能表现。

二是"天"，钱先生认为《论语》里的"天"字，是"有意志，有人格的"，"是用人事来证天心的"；"而《系辞》却把天象来推人事"。未知钱先生是否对《论语》之"天"作过认真推敲。就"子不语怪力乱神"的根本思想原理说，孔子不可能迷信"天有意志"。所谓"天生德于予"、"获罪于天"者，这个天应指道义之天。"天丧予"者，孔子并非真的是说老天要他的命，而是在痛失爱徒颜渊时的一种深厚感情的自然流露。杨伯峻先生对《论语》研究颇深，为学界所公认。他对《论语》中的"天"字作过专题分析。结论为："在《论语》中，除复音词如'天下'、'天子'、'天道'之类外，单言'天'字的一共十八次。在十八次中，除掉别人说的，孔子自己说了十二次半。在这十二次半中，'天'有三个意义：一是自然之天，一是主宰或命运之天，一是义理之天。"他指出："若从孔子讲'天'的具体语言环境来说，不过三四种。一种是发誓，'天厌之'就是当时诅咒的语言。一种是孔子处于困境或危境中，如在匡地被围或者桓魋想谋害他，他无以自慰，只好听天。……一种是发怒，对子路弄虚作假违犯礼节大为不满，便骂'欺天乎'。在不得意而又被学生引起牢骚时，只得说'知我者其天乎'。古人也说过，疾病则呼天，创痛则呼父母。孔子这样称天，并不一定认为天真是主宰，天真有意志。不过借天以自慰，或发泄感情罢了。至于'获罪于天'的'天'，意思就是行为不合天理。"杨伯峻先生明确地说："孔子是不迷信的，我认为只有庄子懂得孔子。庄子说：'六合之外，圣人存而不论。'（《庄子·齐物论篇》）庄子所说的圣人无疑是孔子。"[1]作者赞同杨说，并在拙著《意象悟道》中撰有《从〈论语〉到〈易传〉——孔子晚年的思想升华》与《究〈论语〉〈易传〉之际，通孔子思想之变》两篇专文[2]，对道、德、性、命、天、鬼神以及时、位、正、中、和、权、恒、器、民、言行、过咎到人生总结共十八个方面进行研析，得出的结论是："只有把《论语》与《易传》结合起来，才能全面地体现孔子的仁思、哲思与睿思，才能完整地高屋建瓴地把握孔

---

① 见杨伯峻《论语译注·试论孔子》，中华书局，2009 年。

② 拙著《意象悟道》，复旦大学出版社，2013 年，第 107—186 页。

子思想的演变发展，才能真正认识孔子，解读孔子，展示孔子，以期更好地学习孔子。"现在，钱穆先生以自己不同于人的感觉，硬是将《易传》与《论语》从孔子哲学思想的统一体系中分割开来，对立起来，只为证实内心之私疑，可惜论证得并不公允与充分。

三是鬼神，钱先生还是凭个人感觉说话："《论语》里的鬼神，也是有意志，有人格的。""《系辞》里的鬼神又大不相同了，也是神秘的，唯气的。"此说相互矛盾：既然唯气，即是唯物，又怎么会"神秘"？看来，还要引用杨伯峻先生《试论孔子》一文中的观点来加以说明。杨文指出："孔子是怀疑鬼神的存在的。他说：'祭如在，祭神如神在'（3.12）……所谓'如在''如神在'，实际上说是并不在。"至于《易传》，说得更加明确："精气为物，游魂为变，故知鬼神之情状。"以哲学语言的描述，彻底破除了鬼神的诡秘性。

诚然，钱穆先生疑孔，绝非孤立事件，而是时代的产物，历史的缩影，所以尽管所疑不确，还是受到当时学界的广泛呼应，大批拥趸的热烈支持。这里，胡适先生其实起着十分重要的作用，他一方面积极"整理国故"，一方面大力支持与参与顾颉刚的"古史辨"，同时提倡白话文，还要陪同杜威走南闯北，宣传西方实用主义。这一切，看似独立活动，实则互相呼应，主旨在以洋为师，改造国故。"打倒孔家店"是胡适首先喊出的口号，但其内心还是敬佩孔子的。他于1918年自称"开山"的《中国哲学史大纲》中，写有《孔子略传》说："孔子晚年最喜《周易》，那时的《周易》不过是六十四条卦辞和三百八十四条爻辞，孔子把他的心得，做成了六十四条卦象传，三百八十四条爻象传，六十四条象辞。后人又把他的杂说编辑成书，便是《系辞传》《文言》。"尽管他认为"这两种之中，有许多是后人胡乱加入的"，但在总体上始终认定是孔子所作。他十分明确地指出："孔子学说的一切根本，依我看来，都在一部《易经》。"他还就《论语·宪问》篇石门守吏对孔子的评价热烈赞赏道："'知其不可而为之'七个字写出一个孳孳恳恳终身不倦的战士。"可以相信,所有这些,当是胡适的肺腑之言。那么,如何解释他在批孔、反孔时潮中的有关言行呢? 或谓此一时也,彼一时也。确实,"否终则倾,何可长也!"时间在流驶,时势在发展,认识在变化。即如钱穆先生,经过一段文史研究的深入实践,也开始反"古史辨"之道而行。他在 1930 年发表的成名作《刘向歆父子年谱》,既清洗了刘歆伪造古文经传的历史冤案,还打响了与"古史辨"派决裂的第一炮。而 1940 年发表的《国史大纲》,更对"层累说"提出了全面中肯的批评。他在香港著书立说,创办新亚书院,弘扬诚明,栽培后学,为丰富和发展中国史学、经学与文化学作出了不可磨灭的贡献。而顾颉刚不顾钱文与自己的观点相左,在其主持的《燕京大学学报》上发表钱氏的成名作,同样展示了良好的学术风范,从而预告了此后不俗的学术成就。至于欧阳、崔述二公的尊圣护经之心,尤其无可怀疑。本文所论,唯在析解《易传》述作者之疑,以辨明真伪,启示后来。现在,人们正在通过回顾总结,掌握新时代的学术罗盘,校正旧时代的方向偏差,让中华经典文化中独具一格的孔子哲学发出更加绚丽夺目的光彩。

第五讲　拨乱反正,直道而行

　　孔子哲学事关中华民族的历史文化底蕴与构建中国特色哲学的理论根基,亟须统一认识,集聚力量,开展认认真真的考证和扎扎实实的研究,拨乱反正,直道而行。

　　首先,必须坚定孔子哲学历史存在的信念。要彻底拨开疑云,廓清烟霾,使《易传》这本孔子哲学的经典著作在饱受风雨洗礼后发出亮丽的光辉。在这里,我们不妨对比一下苏格拉底在西方学术史上的遭遇。英国大哲学家并同时享有数学家、逻辑学家、历史学家和文学家等多项称誉的国际知名学者罗素指出:苏格拉底"无疑地是雅典的一个著名人物,因为亚里斯多芬尼[①]在《云》的剧本里描写过他。但是除此而外,我们就完全纠缠于众说纷纭之中了。他的两位弟子色诺芬和柏拉图,都给他写过卷帙浩繁的记述;但两人所叙述的都大为不同。而且即令两人的说法一致时,伯奈特已经提示过,那也是色诺芬抄袭柏拉图的。对两人的说法不一致处,有人是相信色诺芬,也有人相信柏拉图,还有人是两种说法都不相信"。在这样的情况下,罗素仍然引用色诺芬和柏拉图的论述(包括相同的和相异的)来阐发苏格拉底的个性与思想特色[②]。同样地,在西方历史文化领域具有重要地位的《荷马史诗》,集古希腊口述文学之大成,被誉为"希腊圣经"。其中《伊利亚特》共有 15 693 行,《奥德赛》共有 12 110 行,反映着古希

①　古希腊早期喜剧时代代表作家,生于雅典(约前 446—前 385),被誉为"戏剧之父"。
②　参见罗素《西方哲学史》卷一第二篇第十一章"苏格拉底",商务印书馆,1963 年。

腊公元前 11 世纪到前 9 世纪的丰富史料，只是全属口传。直到皮西特拉图（约前 605—前 527）执政雅典时才用文字正式固定下来。如此遥远的史事和如此长期的口传显然积聚着很多不确定因素，因此《荷马史诗》源自短篇诗歌的不断积累编集已经成为西方学者的共识。可是，在无法核定（也确难核定）史实的情况下，《荷马史诗》始终占有学术正统与经典著作的合法地位，更无将书名改为"荷马及其后学史诗"的任何动议。反观孔子《易传》，文献记载明晰，传承脉络清楚，却在一定的时势下由于一些学者本身疑点重重的猜疑（不说"质疑"，因为所疑大都缺乏实质性论证），竟然可以在社会实践层面上（包括报刊、书籍、教材等）公然剥夺孔子对于《易传》的合法述作权。直到今天，疑孔之大势纵然去矣，而这样的学术虚证体系依旧余息犹存。这就提醒人们，在维护古典文献的应有权威性和孔子哲学思想的体系完整性上，必须舍得花大力气下真功夫，切实拨乱反正，坚持正本清源，理直气壮地宣扬孔子对于《易传》的著述权。

　　其次，拨乱反正的彻底性，植根于理性思辨的深刻性。要知道，一种学术倾向常常需要营造一种相应的附庸理论。自 20 世纪初一些学人拉开新的易学疑孔序幕，随即形成高举"大胆疑古"旗帜的"古史辨"派。从 1926 年到 1941 年，共出版《古史辨》七册，包罗文章三百五十篇，合计三百二十五万字。如此卷帙浩繁的学术工程，相当程度上立基于该派主将顾颉刚始倡的"层累"说，即"层累地造成中国古史"的学说。其要点有三：一是"时代愈后，传说的古史期愈长"；二是"时代愈后，传说中的中心人物愈放愈大"；三是"不能知道某一件事的真确的状况，但可以知道某一件事在传说中的最早的状况"。中国古史真是"层累"地造成的吗？如果将"史"理解为"史说"或"史事"，当然会随着时间的延长，越说越多。"说"越多，则"事"亦越多，层层累进，越积越多。唯"史实"则不一定。它不能靠"说"，只能靠"证"。唯有发现新的物证,发现新的古文献或古文物,方能"层累"。"史说""史事"之"层累",本系社会历史发展的常见现象,顾颉刚先生予以翻新作为理论,唯为影射中国的古史基本上不是真实存在,而是"层累"的人为产物。但他这个"大胆的假设"早已为众所周知的史事所否定,这就是《论语·八佾》篇中的记述:"子曰:'夏礼,吾能言之,杞不足征也。殷礼,吾能言之,宋不足征也。文献不足故也。足,则吾能征之矣。'"可见,从孔子开始征集的史事史说,是征之于"文"(古籍)和"献"(识古的贤者)的结果,绝非随意听说的"层累"。信守孔子史学规范的司马迁,不收秦前早已流传的"三皇"故事而由"五帝"起始记叙史事,不仅未入于"层累",而且实行了"层减",从而反向证明了"时代愈后,传说的古史期愈长"的推断。至于"时代愈后,传说中的中心人物愈放愈大",更具片面性。比如"古史辨"派重点批判的孔子,对他尊崇到无以复加的顶峰时期是汉代,不仅尊称圣人,而且奉为"黑帝之子",位居素王。清代称他"大成至圣文宣先师",已向世俗教育领域回归而非"越放越大"。"越放越大"不是历史必然,而是时代使然,正如"古史辨""层累说"曾经风靡一时那样。

　　"层累说"与"古史辨"自有其相应的历史文化价值,并非全无是处,批判的目的只是为了维护孔子对于《易传》的历史著述权,维护经典的历史文化权威。因为"古史辨"派懂得:《周易》居六经之首,孔子为文化圣师,抓住《周易》,向《易传》作者开刀,可使经典的历史权威与文化的稳固传统发生根本性的动摇。所以,"古史辨"派虽然"不能知道某一件事的真确的状况",但同样可以通过"层累","知道某一件事在传说中的最早的状况",结果他们断定:《易传》"最早的状况,是成书于西汉","它的时代不能早于汉元帝"[①]

① 见顾颉刚《论易系辞传中观象制器的故事》一文,发表于 1930 年 10 月。见《古史辨》第三册上编。

力证孔子不但未作《易传》，甚至未曾读《易》和传《易》。顾氏在推广其"层累说"时明白提出："我对于古史的主要观点，不在它的真相而在它的变化。"简言之就是"不立一夏，唯穷流变"。由此可知，"层累说"的主旨不在求古史之真，而在求古史之变。唯其如此，他们方可以运用"层累"视角，毫无忌惮地怀疑古史，改变古史，而不必考虑是真是假了。顾、钱诸人还"层累"地扩大欧阳修与崔述两位先贤对于《易传》作者的质疑，却在根本立场上与后者大唱反调。欧阳修、崔述的质疑旨在求真崇经尊圣，因疑而存真。

第三，占领舆论宣传阵地的制高点。这个制高点就是：坚定明确地论证孔子是《易传》的著述者，不搞折中，不拖尾巴。

2021年9月中央电视台播放《典籍里的中国·〈周易〉典故》，以明确的信息向全国宣告：孔子是《周易大传》的确凿著述者，从而使其以一个与昔迥异的大哲学家的面貌在与时俱进的潮流中揭开中华优秀传统文化的崭新一页。《易传》的著述者，我们必须旗帜鲜明地定格为孔子，而非"孔子及其门生"。因为《易传》同《论语》一样，参与记述和编纂的孔门弟子人数未必很少，因而文字或有重叠、变异以至可能加入部分弟子的学习体悟，其实在所难免。古籍在长期流传过程中，也可能产生某些文字之增减。因此，我们不能以今天的著述通例去要求尚乏印刷技术的古代典籍的成书方式。定孔子为《易传》著述者，根据是充分的：第一，有明确的史书记载，如《史记》《汉书》等；第二，有大量的历史文献佐证，如《论语》《中庸》《子思子》《庄子》《孟子》《荀子》等；第三，尤其重要的是，1973年马王堆汉墓《帛书周易》的出土，提供了孔子晚年面对种种非难而始终坚定不移、孜孜不倦地精心传述《周易》（包括思想出发点、目的、要求、方法，以及可与今本《易传》对照的有关微言大义等）的历史证据；第四，《易传》尽管广布《十翼》，但其总体思想是完全统一的，语调文风是顺通一致的，道德义理是一以贯之的，象数运用是体例一律的。上述四个"一"，足以证明

《易传》著述者是一个思想主体，自可理直气壮地冠以孔子之名。倘加"及其弟子"之类，不仅画蛇添足，反生如何考定"弟子"之学术新疑。正如苏格拉底的论说无须一定标明"柏拉图论述"或"色诺芬记叙"，而《荷马史诗》也无须更名为"荷马主传的史诗"或"荷马及其后学史诗"，道理完全一样，何须瞻前顾后，犹豫不决。

第四，学习孔子哲学，实践孔子哲学。

孔子苦心孤诣地传述《周易》，强调实用，不仅要求一般地应用，而且要求人民群众都能普遍运用。《系辞传》明确提出："是兴神物，以前民用。"君子知几，更当及时。《文言传》云："君子进德修业，欲及时也。"学习孔子哲学，重在"及时"，即顺应时代前进的步伐，联系现实世界的各种变化，有针对性地汲取孔子哲学的精蕴要义，提高认知能力与思想水平。进而积极实践《系辞传》提出的总目标："开物成务，冒天下之道。"据"文以化成""文明以止"来开物；掌"通变知几""极数知来"以成务。并在改造物质世界的过程中丰富自身的精神世界，不断"大畜"，"日新其德"。与此同时，以孔子哲学为准绳，实事求是地研究传统儒学，发展其精华，清除其糟粕，进而融合诸子百家共遵之道，在"得一而群毕"的基础上"得一而生生不息"。

中编
《周易》明传解卦及《十翼》疏引

第一讲 《周易》明传解卦
入门要领

孔子哲学蕴于《易传》,系于《周易》。因此,研究孔子哲学必须先读懂《易传》,读通《周易》,其核心在于明传解卦,统御全局。登堂入室,首当入门。如何入门? 有其要领,以求在浩茫无际的易学海洋中找到灯塔,从而明确解读方向,掌握普遍规律,理清认知路径。依据笔者的长期体悟,这个入门要领可分为以下四级台阶。

第一级,掌握四项公理。

大家知道,演绎推理的基本形式表现为由大前提、小前提和结论所组成的三段论式,三者你中有我,我中有你。公理作为人类理性的结晶,是无须证明而客观存在的事实体系,因此完全可以从心所欲地列为三段论式中的大前提。它常常是经过反复实践总结得到的认识成果,虽属主观范畴的论断,却具有客观的真理性品格。通常,大前提常以人们公认的一般知识与日常原理出现于命题论述,这里提一个三段论式的著名语例,帮助大家加深理解:

人都是会死的,(大前提)

苏格拉底是人,(小前提)

苏格拉底会死。(结论)

可见,一个命题的成立,不能没有大前提。但孔子在开展哲学论证时,在许多场合下似乎只见结论,未见大前提。而事实上,孔子早已提出过一系列具有普适性的哲学公理，从而无须到处明言。因此，我们要明传解卦，读懂孔子哲学，先要掌握以下四项公理。

1. 天人合德。这是孔子哲学的理论基石，许多推断都在不言之中而据此以为大前提。如"天行健"为什么能推导出"君子以自强不息"呢？因为还有个不言自明的"天人合德"的大前提。天是客体，天的运行夜以继日，春去秋至，冬往春来，永不止步，这就是"行健"，是天德。君子是人，是认识的主体，人要顺合天德，自然就须以此为准则，"自强不息"了。同样地，"地势坤，君子以厚德载物"，"地势坤"是小前提，我们必当了解还有一个无须明言的"天人合德"大前提，从而明白，大地以顺和之势广远延伸，承载万物，君子要合于这种自然的天德，当然应该"厚德载物"了。大家只要稍加注意，就会知道依循六十四卦阐发的《大象》，基本都是这种推理论说格局。

2. 三才之道。《说卦传》谓"《易》六画而成卦"，"六位而成章"，《系辞传》云："六者非它也，三才之道也。"我们研究孔子哲学，常常面对各种卦象，应当从中体悟，这中间蕴藏着天道、地道与人道，进而循道正心，开拓思路，经由具体的图象迈入哲学的课堂。比如，《乾卦》卦辞非常简单，只"元亨利贞"四个字，而《象传》的阐释却用了一大篇文字："大哉乾元，万物资始，乃统天。云行雨施，品物流行。大明终始，六位时成，时成六龙以御天。乾道变化，各正性命，保合大和，乃利贞。首出庶物，万国咸宁。"根据何在？根据便在三才之道。从"大哉乾元"到"统天"，即以阴阳并立之天道释"元"。从"云行雨施"到"御天"，即以刚柔协和之地道释"亨"，从"乾道变化"到"利贞"，则是以天地之道会通人道。最后，"首出庶物，万国咸宁"则为"推天道以明人事者也"。

3. 时位中正。《周易折中》将时与位分列为两条义例。鉴于时与位这两个概念的重要性及相互间的内在联系，结合中与正的道德准则原理与卦象模拟中的确定性,自然地具备了作为公理的应有条件。《易传》多处论时辨位,强调"先天而天弗违,后天而奉天时"。前者指观察天时,未雨绸缪;后者指遵循天时,顺时而行。必须了解,孔子哲学之"时",不仅指通常的时间,而且可以泛指时之候、时之情、时之势、时之机、时之德,乃至时之事、时之物,直至时之人。所以他不断赞叹:"豫之时义大矣哉。""随之时义大矣哉!""颐之时大矣哉!""险之时用大矣哉!"……直到提出"天地革而四时成,汤武革命,顺乎天而应乎人。革之时义大矣哉"。与"时"密切相关的是"位"。时主要表现为卦时而延伸至爻时,位则常常表现为爻位而兼及爻时,二者交互串合,孔子概括为"六位时成"。并明确认定:"圣人之大宝曰位,何以守位曰仁。"即运用"易简"功夫,修养乾坤的品德,达到"易简而天下之理得。天下之理得而成位乎其中矣"。注意,这里的"中",即"中庸"之"中"。程颐说:"正未必中,中则无不正也。"但我们还当懂得,用中先须致正,正常常是一个方面的单项评价,中则常常是众多方面的综合平衡,但只有每一方面首先持正,才可在此基础上论中。《彖传》曰:"能以众正,可以王矣。""正未必中",中则必应以正为其前提。为什么明传解卦,研究孔子哲学入门便须讲中正?因为作为理论与实践的指导性准则,它在《周易》文本中具体而鲜明地反映于卦象:上下两个单卦的中爻即全卦的第五爻和第二爻,常因象数之中而缘义理之中。同样地,第一(初)、第三、第五爻位为阳刚所居则正,第二、第四、第六爻(上爻)位为阴柔所居则正。反之皆系不正。学研孔子哲学,必当明白其中意涵。

4. 消息盈虚。《周易折中·义例》指出:"消息盈虚之谓时。"其实,消息盈虚不只是一般的义例,而且应列为准则性的公理。"时"为"消息盈虚"的重要表现,但"消息盈虚"不只限于时。消息即消长,指阴消阳长或阳消阴长。阳长阴消为盈,反之则虚。虚实反映于质,即柔虚刚实。刚柔本于阴阳,所以《系辞传》云:"刚柔相推而生变化"，"刚柔者，昼夜之象也"。昼夜即一阴一阳，见于刚柔相推，或向"实"进，或向虚往。《易传》指出："消息盈虚，天行也。"即自然运行的规律：有消必有长，有盈必有虚。消极必盈，盈极必虚，所以《易传》说"日中则昃，月盈则蚀"。与"易，穷则变，变则通"的原理相同。客观事物的运动变化，表现在卦象上便是消息盈虚。现举消息卦为例以供体悟，为便于推演，暂以《乾卦》为所表月度的起始点（一般以一阳复生之十一月为始）。基于六爻皆阳，苗木盛长，万物竞进，蒸蒸日上，就时间维度看，象征自春入夏的农历四月。此后，逐渐进入炎夏之交，杳无声息中一阴起于乾底而化为《姤卦》，象征五月。继而不断地阴长阳消，从《遁卦》六月、《否卦》七月、《观卦》八月、《剥卦》九月到全阴的《坤卦》十月。但正值阴气极盛之际，阳刚却已悄然潜发，进而化成一阳复生的《复卦》，逆转新端既开，于是不断地阳长阴消，由《临卦》十二月，《泰卦》次年正月、《大壮》卦二月、《夬卦》三月而再度回归至《乾卦》四月。

十 二 消 息 卦

11 地天泰（正月）	34 雷天大壮（二月）	43 泽天夬（三月）	01 乾（四月）
立春、雨水	惊蛰、春分	清明、谷雨	立夏、小满
䷊ 坤乾	䷡ 震乾	䷪ 兑乾	䷀ 乾乾
44 天风姤（五月）	33 天山遁（六月）	12 天地否（七月）	20 风地观（八月）
芒种、夏至	小暑、大暑	立秋、处暑	白露、秋分
䷫ 乾巽	䷠ 乾艮	䷋ 乾坤	䷓ 巽坤
23 山地剥（九月）	02 坤（十月）	24 地雷复（冬月）	19 地泽临（腊月）
寒露、霜降	立冬、小雪	大雪、冬至	小寒、大寒
䷖ 艮坤	䷁ 坤坤	䷗ 坤震	䷒ 坤兑

　　由此可知，通过观察卦象的消息盈虚，就能了解年月以至各种事物运动变化的趋势。诚然，消息卦是以孟喜为代表的汉儒所

创,并且注入五行、纳甲等说,名目繁多,但并非完全符合孔子哲学本义。

第二级,明确五条义例。

义例,简言之为阐明文本普遍义理的事例。它反映文本意义的解析规范与分类体例,联系着文本的组织结构与编写格式。也有标称体例或笼统地称为通例、凡例的。在易学历史上,为《周易》作出最精彩的重要义例,当系三国曹魏王弼的《周易略例》。其要点一是明象,二是明爻通变,三是明卦适变通爻,四是明象,五是辨位。下面我们选列五条较为常见常用的义例。

1. 应比承乘。全卦六爻中的相对二爻,远者贵相应,近者贵相比。远者,即下卦初爻、二爻、三爻与上卦四爻、五爻、上爻,各跨二爻而成对联系,如属一阴一阳,则称相应,爻辞多吉。反之为不相应,爻辞大多不利。近者,即相邻二爻,下者对上者为承,上者对下者为乘。如阴爻承阳爻,即阳爻乘阴爻,阴阳亲比而和谐,辞多吉利,反之则不利。由于第五爻尊位,所以四与五比,二与五应,最受看重。近而承者,贵恭顺小心,故刚不如柔。远而应者,贵强毅有为,故柔不如刚。据统计,以六四承九五者十六卦,辞皆吉利。以九四承六五者亦十六卦,则吉少凶多。

2. 大小往来。《易传》常称阳刚为大,阴柔为小。卦中如爻由上卦(外卦)转移至下卦(内卦)称"来",反之称"往"。如《泰卦》为"小往大来",《否卦》为"大往小来"。《随卦》为"刚来而下柔",《蛊卦》为"刚上而柔下"。《无妄》卦是"刚自外来而为主于内",《大畜卦》是"刚上而尚贤"等。

3. 错综本之。六十四卦顺序而下,每以二卦成对,或互成错卦,或互成综卦。错卦指全卦相对各爻阴阳属性完全相反的一对卦,按序顺列,包括《乾》与《坤》、《坎》与《离》、《颐》与《大过》、《中孚》与《小过》四对。(如果无须依循卦序顺列,则六十四卦均可形成各相对应的三十二对错卦。)综卦指卦象相互倒置的一对卦,如

《屯》与《蒙》,《需》与《讼》等,共计二十四对。此外,《泰》与《否》、《随》与《蛊》、《渐》与《归妹》、《既济》与《未济》四对卦,既系错卦,又系综卦。基于卦爻相反相成的这种特性联系,常可由此及彼地推论对应之卦,触类旁通。

卦中如有一爻或数爻阴阳属性发生变化,即成新卦。原卦称本卦(或贞卦),新卦称之卦(或悔卦)。如筮占得到《泰卦》,第五爻为"老阴",老极生变,此爻可能转化为阳而成《需卦》,称为"泰之需"。《泰》为本卦,《需》为之卦,为此,在占断过程中,既要研察本卦,又要参酌之卦。

4. 吉凶悔吝。吉凶悔吝是推测事物运变到达一定过程节点的断语,介于吉凶与悔吝之间的则为无咎:主观上无过错或客观上无祸害。《系辞传》指出:"辨吉凶者存乎辞,忧悔吝者存乎介,震无咎者存乎悔。""辞"指经文,"介"指细微。"忧悔吝"者,悔乃懊恼也,吝乃羞辱、怨恨也。担忧发生悔吝,当须预防于"介",介者,小事细节也。倘若思想上受到震动,欲求无咎,那么心中要存一个"悔"字,这个"悔"字,表现为反思,经常反思自己的言行有无过错,及时改正。所以《系辞传》又强调:"无咎者,善补过也。"孔子还指出:"吉凶者,失得之象也。悔吝者,忧虞之象也。"这里的"失得",主指时与位的失得。这里的"忧虞",主指对于有关各方相互关系的忧虞,即比与应是否合宜,承与乘是否恰当。

5. 卦重主爻。在《帛书易传》中,孔子指出:"得一而群毕。"它与《系辞传》"天下之动,贞夫一者也"的论述完全一致。王弼由此提出:"物虽众,则知可以执一御也。"这个"一"就是系统的主宰,众多事物的指挥中心。他指出"处璇玑以观大运","据要会以观方来",即从北斗星的高度观察宇宙运变,据要冲会合之处观察各方动态,就能把握总体,会通世界。由此推论到六十四卦,则"举卦之名,义有主矣",即每个卦必有体现其总体意义的主爻,谓之卦主。《周易折中·义例》解说道:"凡所谓卦主者,有成卦之主焉,有主卦之主焉。成卦之主则卦之所由以成者,无论位之高下,德之善恶,若卦义因之而起,则皆得为卦主也。主卦之主必皆德之善而得时得位者为之,故取于五位者多,而它爻亦间取焉。其成卦之主即为主卦之主者,必其德之善而兼得时位者也。其成卦之主不得为主卦之主者,必其德与时位参错而不相当者也。大抵其说皆具于夫子之《象传》,当逐卦分别观之。"简单地说,卦主分成卦之主与主卦之主。成卦之主是与卦名意义密切相关之爻,不必讲德性善恶。主卦之主则德善而时中位正。成卦之主符合上述条件者可兼主卦之主,不能兼者必不符主卦之主条件。这些论说,大致在孔子《象传》中都有阐述。

关于义例、体例之说,历来名目繁多,有可资借鉴者,也有许多臆想推测,生拼硬造,其例未必一定合理。

第三级,胸怀五大思路。

孔子传述《周易》的五大思路,我在《周易正学——孔子哲学思想解读》(复旦大学出版社,2016 年)一书中誉之为"《周易》精要"。

1. 立象模拟世界。俗语道:"秀才不出门,能知天下事。"这个"知",不仅是知具体信息,更重要的是识研信息,辨明是非曲直、真伪善恶,作出对策判断。为此,《系辞传》告诉我们:"君子居则观其象而玩其辞,动则观其变而玩其占。是以自天佑之,吉无不利。"观象玩辞、观变玩占为何有此特异功能?因为孔子将卦象视为世界万物的运变模型,数理模型。他认为:"象也者,像也。爻也者,效天下之动者也。"所以"爻象动乎内,吉凶见乎外,功业见乎变,圣人之情见乎辞"。当今世界正在创造与完善虚拟世界的科学与技术,可惜人们大多不知道这一极其重大的科技创新,其思想渊源可以追溯到两千五百年前孔子以卦象模拟世界的思维创新。

模拟之方千变万化,美国著名学者费米就曾经以六十四个原子设计构建最早的现代模拟系统。而欲研读《周易》孔子哲学,则须首先掌握具有基础意义的八卦模拟。对此,《说卦传》有相当详尽的描述。但我们首先要经常记住一些具有普遍性的基本模拟内容,由此得心应手地延伸推广。根据自己的研习体会,为方便记忆,我曾编写过一首《八卦象征歌》:乾健西北天马首,坤顺西南腹地牛。离附南火赤雉目,坎陷北水猪耳黚。巽入东南风鸡股,兑悦西泽白羊口。震动东雷青龙足,艮止东北山犬手。

八卦基本象征表

象征 卦名	自然	方位	季节	特性	家人	肢体	动物
乾	天	西北	秋冬间	健	父	首	马
坤	地	西南	夏秋间	顺	母	腹	牛
震	雷	东	春	动	长男	足	龙
巽	风	东南	春夏间	入	长女	股	鸡
坎	水	北	冬	陷	次男	耳	猪
离	火	南	夏	附	次女	目	雉
艮	山	东北	冬春间	止	少男	手	犬
兑	泽	西	秋	悦	少女	口	羊

当然,要熟记八卦的基本象征,先须熟识卦名图象。朱熹为此编写了一首《八卦取象歌》:"乾三连,坤六断;兑上缺,巽下断;离中虚,坎中满;震仰盂,艮覆碗。"生动活泼,简单易记,可供参照。而更详尽者,当读《说卦传》。

由八卦象征可以演绎至六十四卦象名象义,比如云雷屯,山水蒙,水天需,天水讼等等。进一步则可演绎卦名序列,促进对六十四卦的顺序记忆。对此,朱熹也编过一首卦序歌诀,但不很顺口。其实,六十四卦有不少卦名的读音,韵母为"i",如比、否、贲、颐、离、明夷、益、旅(古方音)、未济等,可作顺序排比诵读。然语句长短不一,只能略予辅助记忆。程颐的《序卦传》释义,也可从理路上顺序记卦。拙著《周易新义与日用》(华文出版社,2000 年)内拟《周易卦名韵文释义》与《周易卦序韵文释义》,亦系为此所作的尝试,倘有兴趣,不妨参阅。

2. 明道认识世界。模拟世界正是为了认识世界,认识世界及其万物运动变化的规律。《易传》指出:"天下之动,贞夫一者也。"这个"一"就是"道",首先是"一阴一阳"之道,进而推演出天道、地道与人道。孔子告诉我们:"立天之道,曰阴与阳。立地之道,曰柔与刚。立人之道,曰仁与义。"天道反映自然规律,地道反映情性法则,人道反映社会规范。其中包含着唯物论、辩证法、性命学,从而足以帮助人们树立真善美的世界观、人生观和价值观,进德修业,革故鼎新,在改造客观世界的同时改造主观世界,在改造物质世界的同时改造精神世界。

3. 通变化成世界。《系辞传》指出:"通变之谓事。"《说文》释"事"为"职也",《尔雅》释"事"为"勤也"。我们为认识世界、改造世界而通变,就是勤于职守,勇于担当,坚守自己的社会责任与历史使命。孔子指出:"化而裁之存乎变,推而行之存乎通。"化裁什么? 化裁阴阳之运。推行什么? 推行阴阳之道。总起来说,要在阴阳运变中化裁世界,实现"变而通之以尽利"。孔子还提示:"变通者,趋时者也。"学研《周易》孔子哲学,必当与时俱进,贯通时代精神。

4. 合德会通世界。认识世界须要认识自己,化成世界须要化成自己。如何化成?《文言传》的教导是:"君子进德修业,欲及时也。"进什么德? 首先是"天人合德",进"天地之大德",以"生生"为旨归,将"元亨利贞"化为气血,深藏于心,周行于身。据此身心开物成务,行事待人,自能心领神会,融通世界运动变化的事事物物,得其理而明其情。

5. 得意感悟世界。《系辞传》曰:"《易》无思也,无为也,寂然不动,感而遂通天下之故。"不论模拟世界、认识世界,或者化成世界、会通世界,说到底,都起始于感悟世界,又终归于感悟世界。在起始点上,常常感多悟少。而当渐近终归之际,体会将形成佳酿,直至"感深悟醇"。醇者,味纯正而觉厚实也。从而观象可得圣人之意,进入佛学"深般若"的境界,亦即达到孔子哲学"神而明之"的高度。

第四级,坚定信念,四道齐进。

《系辞传》告诉我们:"《易》有圣人之道四焉:以言者尚其辞,以动者尚其变,以制器者尚其象,以卜筮者尚其占。"这既是践行孔子哲学的四条途径,也是研究孔子哲学的指导方向。

言者,在当今主要是文化、教育、宣传工作者和各级领导干部。言者注重经典的文辞,修己及人,理所当然,研究孔子哲学自不例外。

动者,在当今主要指各个领域的活动家,他们应当注重周围以至全球领域的种种变化,以利制定方案,部署工作,适时行动。这是动者的应有基本功,也是检验其思想水平与业务能力的重要尺度。其关键在于能否及时发现事物运变之"几",见微知著,待机而动。这也是研究《周易》孔子哲学的一大要点。

制器者,在当今主要指生产、科技工作者。对于他们,十分重要的是从卦象推演到万事万物之各式各样的"象",从中激活思想,凝练观念,缔造意境,乃至触发灵感,创新工艺与设计。而对《周易》孔子哲学的研究人员说,尚象的重要性可以品读一下马一浮先生的名言,他说:"天下之道,统于六艺而已。六艺之教,终于《易》而已。《易》之要,观象而已。观象之要,求之《十翼》而已。"《十翼》即《周易大传》,是我们研究孔子哲学的文本对象。怎样通过观象而得圣人之意,正是我们走进学术之门而登堂入室的一条必由途径。

卜筮者,在当今主要指预测家,旁及有关咨询工作者。需要指出,古代的卜筮者绝非迷信职事者,而是各国公侯乃至王室的决策参谋。对此,《尚书》有明确记载。所以,从事卜筮必须具备相当高的道德与专业水平。《论语》中孔子便引"南人之言":"人而无恒,不可以作巫医。"卜筮是《周易》孔子哲学中一项不可或缺的内容。作为研究者,要领在于把握象数与义理的有机结合,真正悟其机理。达到这一步,甚或可能对现代预测学的模型设计思想产生一定启示。

对于言者、动者、制器者与卜筮者,倘若将"者"字换成"时"字,则或言或动或器或筮,在一定条件下均可集于一人一身,依据不同时机而尚辞、尚变、尚象、尚占。因此,四道齐进,也是《周易》明传解卦以达孔子哲学研究不可或缺的学术探究途径。

四道齐进,重在确立信念,特别是理性文化信念。理性崇客观之真,文化崇善美之情。孔子哲学确认:"穷理尽性以至于命。""易简而天下之理得矣,天下之理得而成位乎其中矣。"易简反映乾坤的特性,而文化者,"观乎人文,以化成天下"也。文者,"物相杂"也,刚柔往来,交互和应也。它体现着人与人、人与物的正确相处过程与内在关系,从而不断推进物质文明与精神文明建设。《彖传》揭示:"分刚上而文柔,小利有攸往,天文也。文明以止,人文也。"一旦人们确立了这样的理性文化信念,自觉性与使命感大增,齐心协力观乎人文,化成天下,则构建人类命运共同体的伟大历史任务又何难之有,而况道问之事乎?而况哲学研究乎?

踏完入门四级台阶,我愿与各位共同品味宋代文学家与历史《易》代表杨万里的一首名诗:万山不许一溪奔,拦得溪声日夜喧。到得前头山脚尽,堂堂溪水出前村。它告诉我们:时代潮流不可阻挡。《周易》孔子哲学这门全新学科,犹若潜龙,而作为一个学

第二讲 《周易》明传解卦

  通过掌握四项公理，明白五条义例，胸怀五大思路，坚定信念，四道齐进，现在可以迈入正门，开始登堂入室——明传解卦，探究孔子哲学精义了。

  两汉以来，易学著作顺时而兴，总数或达五千种左右，可谓百家争鸣，百花齐放，成为中华学术文化一条独特的靓丽风景线。然书品固杂，变化不离其宗，即皆以作者各自的见地释解经典。在这方面，我写过五本著作。第一本《周易新义与日用》采取"韵文释义"对照朱熹《周易本义》；第二本《想象的智慧》采取"观象释义"；第三本《意象悟道》采取"意象释卦"；第四本《周易正学》采取"释传解经"；第五本《孔子哲思百题解》则是以《周易》为平台，开发《易传》精粹。那么，我们这个《周易》孔子哲学研究班又该作何考量？思虑再三，决定走一条"明传解卦"的新路子。其实新由旧出，"明传"，即以《周易正学》的"释传解经"为蓝本；"解卦"，则以《意象悟道》的"意象释卦"为借鉴，目的在突出《易传》的孔子哲学思想，既尽以传注经的本分，也开以经会传的新路。

  明传即明《十翼》，它使《周易古经》展翅飞腾。其中《彖上传》与《彖下传》统释卦名、卦象与卦辞；《象上传》与《象下传》主释卦象与卦爻辞；《系辞上传》与《系辞下传》提纲挈领，阐发全经要义；《文言传》专释《乾》《坤》二卦；《说卦传》阐明卦象义理及其象征之物类；《序卦传》阐析卦序排列的意蕴；《杂卦传》分述对应二卦的相互关系及内在意义。

  解卦包括解卦名、解卦象、解卦辞、解爻辞、解卦德与解卦主。

六者相互联系,会通全卦。倘以杭州飞来峰前的灵隐古寺比拟,则卦象如诸大金刚、罗汉、菩萨,精萃纷呈;各具尊称即如卦名。卦主犹如来法身,生发报应。卦辞、爻辞如三藏真经,微妙玄深。至于《易传》,恰如心蕴菩提智慧讲经说法的高僧方丈。所论卦德,当如普渡众生。普渡何方? 普渡到真善美的极乐世界。

上　经

卦一　乾（☰乾上乾下）

《乾》:元亨利贞。

1. 解卦名

《序卦传》释乾为天,《杂卦传》释乾为刚,《说卦传》释乾(单卦)为健也。天为体,刚为质,健为性,而乾则为用。用者,功能之实践也。

2. 解卦象

《象》曰:天行健,君子以自强不息

上下经卦皆乾,上卦乾象征天,下卦乾象征其运行刚健,体现天德。君子为人表率,当合天德,所以自强不息。

3. 解卦辞

《彖》曰:大哉乾元,万物资始,乃统天。云行雨施,品物流形。大明终始,六位时成。时成六龙以御天。乾道变化,各正性命;保合大和,乃利贞。首出庶物,万国咸宁。

“元亨利贞”本系占断用语,意谓大祭(“亨”古通“享”,即祭享)或首祭,筮占(“贞”古通“占”)吉利,或利于筮占。孔子为以文化理性消除其巫性,通过《彖传》进行哲学的生动阐解。他以“大哉乾元,万物资始,乃统天”释“元”。“元”字的商代甲骨文象人侧立之头,所以原始含义为"首"。时间之首为始,空间之首为大,万物之首为天,《说文解字》释元为"始也"。《象传》认为,元即乾元,非常广大,当然也非常伟大。世界万物凭借它开始萌发,从而统领起天的功能。

"云行雨施,品物流形。大明终始,六位时成,时乘六龙以御天"释"亨"。"亨"涵通达之义。你看,云飘行,雨施降,各种品质的物类生动活泼地流转运行。六爻自初至上皆阳,显示大明之象,形成六位组合的卦时系统。值此良时,当乘六龙驾驭长天。

"乾道变化,各正性命,保合大和,乃利贞"释"利贞"。乾天之道揭示世界处于不停的运动变化中。为此,世界万物首先是人应当面对现实,各自端正性命,以保持总体和协,求得利贞。"贞"与"正"通,利贞即利于守正固本。

"首出庶物,万国咸宁","首"指以乾天为表率的元首人物,他受万众拥护而使万国都出现安定和平的局面。这两句话反映着由天道推演到人道亦即"天人合德"的圣人之意。

4. 解爻辞

初九:潜龙勿用。

《象》曰:"潜龙勿用",阳在下也。

《象传》阐释爻辞"潜伏着的龙为什么不可发挥功用呢",因为阳刚还在下层,须蓄积德能,待时而动。

九二:见龙在田,利见大人。

《象》曰:"见龙在田",德施普也。

《象传》解释"龙出现在田野上",意味着在普遍施行善德(从而有利于遇见大人)。

九三:君子终日乾乾,夕惕若,厉无咎。

《象》曰:"终日乾乾",反复道也。

《象传》释"终日乾乾",即整天兢兢业业地积极实干,表明正在反复实践大道。

九四：或跃在渊，无咎。

《象》曰："或跃在渊"，进无咎也。

《象传》解释爻辞"可能跳进深渊里"，认为上进不会有祸害（虽未跳入上层，但下回深渊，依然可在水中翻腾自如）。

九五：飞龙在天，利见大人。

《象》曰："飞龙在天"，大人造也。

《象传》释解"飞龙在天"，表明有伟大的人物在积极作为（爻辞"利见大人"，指利于出现大人。"造"者，运作也。九二位于下卦，"利见大人"释为利于遇见大人、晋见大人）。

上九：亢龙有悔。

《象》曰："亢龙有悔"，盈不可久也。

"亢"涵极端、过度等义。过度高飞的龙会有懊丧，会后悔，为什么？《象传》释解道：满打满算是不可能持久的。

用九：见群龙无首，吉。

《象》曰："用九"，天德不可为首。

用九与用六是《乾》《坤》二卦特有的文题（既非卦名，亦非爻题，姑且称之为"文题"，寓阴阳相文之意），包含如何正确运用阳刚与阴柔之义。《象传》认为，"用九"说"出现群龙无首的局面，吉利"，这是上天倡行的善德，它要求在出现群龙飞舞的情况下不去为首出头。那么，如何从卦象中看出"群龙无首"呢？窃以为，卦象显示：全卦六爻皆阳，各就其位而立，各依其时而行，相互之间没有"应比承乘"，自立其德，自成其事，无须外来指挥。或曰：九五非主乎？答曰：九五之主，主其德能也。全卦功能表现为"时乘六龙以御天"。九五仅系其中一龙，可以飞天，未思统天。

《文言》：元者，善之长也。亨者，嘉之会也。利者，义之和也。贞者，事之干也。君子体仁足以长人。嘉会足以合礼。利物足以和义。贞固足以干事。君子行此四者，故曰："乾，元亨利贞。"

孔子认为《乾》《坤》二卦在《周易》中具有举足轻重的全局性

地位。他在《系辞传》中指出:"《乾》《坤》其《易》之缊邪!《乾》《坤》成列而《易》立乎其中矣。《乾》《坤》毁则无以见《易》。《易》不可见,则《乾》《坤》或几乎息矣。"为此,在《彖传》逐卦释解的基础上,他一次又一次地对《乾》《坤》二卦进行了专门阐述,录为《文言》。上面所引是首次专题阐述,要旨在于将"元亨利贞"列为四德:元居善德之首席,亨为嘉美之会集,利为义理之和合,贞为成事之主干。君子体行仁德,足以令人长进。嘉美会集,足以合乎礼仪。利人接物,足以义利和合。正固恒定,足以成事立业。君子践行这样的四德,所以卦辞说:"乾,元亨利贞。"

第二次专题阐述,是回答学生的提问:

《文言》:初九曰:"潜龙勿用。"何谓也? 子曰:"龙德而隐者也。不易乎世,不成乎名,遁世无闷,不见是而无闷,乐则行之,忧则违之。确乎其不可拔,潜龙也。"

学生问:初九爻辞"潜龙勿用",什么意思? 孔子回答说:"那是有德而隐藏着的龙。不随世俗改变操守,不图虚名,远离俗尘而不烦恼,不被认可而不苦闷。称心的事就做,有忧患的就反对。坚定刚毅,不可动摇,这就是潜龙呀!"

《文言》:九二曰:"见龙在田,利见大人。"何谓也? 子曰:"龙德而正中者也。庸言之信,庸行之谨,闲邪存其诚,善世而不伐,德博而化。《易》曰:'见龙在田,利见大人。'君德也。"

学生问:九二爻辞"见龙在田,利见大人",什么意思? 孔子回答说:"那是有德而刚正持中(九二处下卦中位)之龙。平常言语守信,行为谨慎。防邪恶而保真诚,有益社会而不炫耀,德行广博而善于教化。爻辞说'见龙在田,利见大人',体现了君主之德。"

《文言》:九三曰:"君子终日乾乾,夕惕若,厉无咎。"何谓也? 子曰:"君子进德修业。忠信,所以进德也。修辞立其诚,所以居业也。知至至之,可与几也。知终终之,可与存义也。是故居上位而不骄,在下位而不忧,故乾乾。因其时而惕,虽危无咎矣。"

学生问:九三爻辞"君子终日乾乾,夕惕若,厉无咎",什么意思? 孔子回答说:"君子增进道德,修习学业。忠诚守信,所以要增进道德;修习文辞以确立诚意,所以要稳实地搞好学业。懂得应达到的目标而去努力达到,就可以讨论时机精微了。懂得事物发展过程已临终止而及时收场,就可以保存道义了。因此,居于上位(九三居下卦上位)而不骄傲,处在下位(就全卦言,九三位处于下卦)而不忧愁,所以始终兢兢业业,随时保持警惕,虽遇危险也无祸患了。"

《文言》:九四曰:"或跃在渊,无咎。"何谓也? 子曰:"上下无常,非为邪也。进退无恒,非离群也。君子进德修业,欲及时也。故无咎。"

学生问:九四爻辞"或跃在渊,无咎",什么意思? 孔子回答说:"上上下下不按常规,并非走邪路。进进退退没有定则,并非脱离大众。君子进益道德,修习学业,想要及时呀! 所以不会有祸害。"

《文言》:九五曰:"飞龙在天。"何谓也? 子曰:"同声相应,同气相求。水流湿,火就燥;云从龙,风从虎;圣人作而万物睹。本乎天者亲上,本乎地者亲下,则各从其类也。"

学生问:九五爻辞"飞龙在天",什么意思? 孔子回答说:"声音和同,相互呼应;气息类同,相互追求。水往低湿之地流动,火向高燥之处蔓延;云随龙飘,风跟虎行,圣人造化运作而万物信服仰望。立身于天的(如鸟雀)喜爱亲和向上,立足于地的(如草木)亲和下延,它们都依从于自己的类属。"

《文言》:上九曰:"亢龙有悔。"何谓也? 子曰:"贵而无位,高而无民,贤人在下而无辅,是以动而有悔也。"

学生问:上九爻辞"亢龙有悔",什么意思? 孔子回答说:"尊贵却没有实位,高高在上却没有民众拥护,贤德之人在下面却得不到辅佐,所以行事会有悔恼。"

接下去,孔子又一次对《乾卦》六爻及"用九"作了概括阐解。

《文言》:"潜龙勿用",阳在下也。"见龙在田",时舍也。"终日乾乾",行事也。"或跃在渊",自试也。"飞龙在天",上治也。"亢龙有悔",穷之灾也。乾元"用九",天下治也。

《文言传》指出:"潜龙勿用"说明阳气还潜藏于下。"见龙在田"说明时机尚未成熟。"终日乾乾"说明正在成事立业。"或跃在渊"说明自己尝试(发挥功能)。"飞龙在天"说明居上位而行德治。"亢龙有悔"说明途穷而生灾难。乾元之时运用阳刚之道,则天下大治。

《文言》:"潜龙勿用",阳气潜藏。"见龙在田",天下文明。"终日乾乾",与时偕行。"或跃在渊",乾道乃革。"飞龙在天",乃位乎天德。"亢龙有悔",与时偕极。乾元"用九",乃见天则。

《文言传》指出:"潜龙勿用",显示阳气还在下潜藏。"见龙在田",显示天下文化昌明。"终日乾乾",显示与时势发展同步而行。"或跃在渊",显示乾天之道在于运动、变化、改革。"飞龙在天"显示处于替天行德之位。"亢龙有悔",显示已同卦时(由初至上)一起走到了尽头。乾阳刚健为首而须正确运作,所以要注意"用九",它显示天道体现的自然规律。

在三度专题释解《乾卦》各爻及用九后,孔子为不断加深弟子们的认识,又进一步对全卦及各爻作出综合阐发。

《文言》:乾元者,始而亨者也。利贞者,性情也。乾始能以美利利天下,不言所利,大矣哉!大哉乾乎!刚健中正,纯粹精也。六爻发挥,旁通情也。时乘六龙,以御天也。云行雨施,天下平也。

《文言传》指出:乾居首为"元","亨"则意味着发万物而顺和通畅。"利贞"反映性情。乾一开始就能给天下带来美利。但自己不说做了利人利物的好事,多么伟大的乾呀!品性刚健中正,气质纯粹精华。通过六爻体系发挥功用,广泛沟通万物之情。顺时而乘六龙以驾驭长天。云行雨施,天下于是安宁太平。

《文言》:君子以成德为行,日可见之行也。潜之为言也,隐而未见,行而未成,是以君子弗用也。

《文言传》续论初九:君子以成就功德而施行为,那是日常可见的行为。所谓"潜",就是隐藏而不显现,行动而未达成。所以君子不随便发挥作用。

《文言》:君子学以聚之,问以辨之,宽以居之,仁以行之。《易》曰:"见龙在田,利见大人。"君德也。

《文言传》再次对九二爻辞作开发性阐释:九二居下卦之中,象征稳定宽厚地进修学问的君子,通过学习积累知识,通过求教辨明是非,以宽大的胸怀安居其位,以仁慈的美德付诸行动。爻辞"见龙在田,利见大人",体现着君主的品德。

《文言》:九三重刚而不中,上不在天,下不在田,故乾乾。因其时而惕,虽危无咎矣。

《文言传》指出:九三处下卦上位而成刚爻刚位的"重刚",未得中位,上不在天(未入上卦之乾),下不在田(九二之位如"田"),所以兢兢业业、勤勤恳恳,依据当时情势保持警惕,虽有危险,但无祸患。

《文言》:九四重刚而不中,上不在天,下不在田,中不在人,故"或"之。"或"之者,疑之也,故无咎。

《文言传》指出:九四为下卦三刚之上又一阳刚而成"重刚",未能居上卦之中,可谓上不在天,下不在田,中不在人。所以爻辞说"或"。"或"会发生,只是怀疑有可能发生,所以没有祸患。

《文言》:夫大人者,与天地合其德,与日月合其明,与四时合其序,与鬼神合其吉凶。先天而天弗违,后天而奉天时。天且弗违,而况于人乎? 况于鬼神乎?

《文言传》指出:九五爻辞中的"大人",合乎天地的大德,合乎日月的光明,合乎四时的顺序,合乎鬼谋神算而趋吉避凶。所循之道先于天而天不违道,所行之事后于天而遵循天时。天尚且不违反大人奉行之道,何况人呢? 何况鬼神呢?

《文言》:亢之为言也,知进而不知退,知存而不知亡,知得而不知丧。其唯圣人乎? 知进退存亡而不失其正者,其唯圣人乎?

《文言传》指出:上九爻辞中所说的"亢",指的是知前进而不知后退,知生存而不知灭亡,知获得而不知丧失。大概只有圣人吧? 知道进退存亡而不失正确原则,也大概只有圣人了吧?

5. 解卦德

乾之德即天之德,《系辞传》谓"天地之大德曰生",《彖传》谓"万物资始"。《文言传》则归之"元亨利贞"四德,并赞以"刚健中正,纯粹精也"。《象传》则从天人合德的特定角度进行阐释:"天行健,君子以自强不息。"

6. 解卦主

九五阳居刚位而处上卦之中,其德刚健有为,中正兼具,既为成卦之主,又为主卦之主。成卦,团结诸爻,形成"六龙御天"的系统大格局。主卦,以"飞龙在天之位"与刚健中正之品性践行"元亨利贞"四德,开创"首出庶物"之格局而致"万国咸宁"。

卦二 坤(䷁坤上坤下)

《坤》:元亨,利牝马之贞。君子有攸往,先迷后得主。利西南得朋,东北丧朋,安贞吉。

1. 解卦名

《序卦传》释坤为地,《杂卦传》释坤为柔,《说卦传》则释之为"顺也",完全与《乾卦》相对应。《帛书易传》写作"川"。《说文解字》谓:"坤,地也……从土从申";"川,贯穿通流水也"。可见,坤象征着流水贯通、一望无垠的大地。

2. 解卦象

《象》曰:地势坤,君子以厚德载物。

上下经卦皆坤，上卦坤象征地，下卦坤象征其势顺和伸延，体现德能。君子合大地之德，厚积善德来承载光大万物之重任。

3. 解卦辞

《彖》曰：至哉坤元，万物资生，乃顺承天。坤厚载物，德合无疆。含弘光大，品物咸亨。牝马地类，行地无疆，柔顺利贞。君子攸行，先迷失道，后顺得常。"西南得朋"，乃与类行。"东北丧朋"，乃终有庆。"安贞"之吉，应地无疆。

坤居阴柔之首，在其体系中至高无上，所以《彖传》赞为"至哉坤元"。乾为"万物资始"，坤则"万物资生"，万物凭借坤元以养生，顺承天道。坤地宽厚，载生万物，德性就像它的形体那样宽广无际，包含着宏伟的自然之美发扬光大，像《乾卦》那样使各类品物都生发顺畅。母马是立本大地的物类，行走在大地上广无边际，以柔顺的性格与行为展示利于守正。君子出行，"先迷"是由于失道，后来顺从乾天之主，悟得恒常之道。"西南得朋"，是由于那里属阴柔之方，可与同类伴行。"东北丧朋"，是由于那里属阳刚领域（以《艮卦》为象，坤元三阴之上爻为阳刚所取代），所以丧失了一个朋友。但最终一阳和合二阴而化艮山，所以有了喜庆的结局。

4. 解爻辞

初六：履霜，坚冰至。

《象》曰："履霜坚冰"，阴始凝也，驯致其道，至坚冰也。

《象传》解释爻辞"履霜坚冰"说：踏着霜冻，表明阴气开始凝结，顺着这一自然道理发展下去，就会到达坚冰产生的结局。

六二：直，方，大，不习无不利。

《象》曰：六二之动，直以方也。"不习无不利"，地道光也。

《象传》说：六二运动起来，由于柔居阴位，表现出正直与端方。为什么"不习无不利"呢？因为地道顺从天道，只须照着天道去做即成，所以不必熟习情况也不会不利，它反映着地道特有的柔顺之光。《象传》字面上并未释"大",实际上,"行地无疆",坤地运动起来则无边无际,已经表现为"大"。《系辞传》云:"夫坤,其静也翕,其动也辟,是以广生焉。"

六三:含章可贞,或从王事,无成有终。

《象》曰:"含章可贞",以时发也。"或从王事",知光大也。

《象传》解析爻辞"含章可贞",("章",《说文》谓:"乐竟为一章。从音从十。十,数之终也。")其含义可由音声之美推延到规范、才华、方略等。)认为六三含蓄才华美德,现在到了下卦上爻之际,正可顺时发挥其能。"如果从事王室工作",表明它已懂得将地道发扬光大。《象传》在此并未明解爻辞"无成有终",但大家知道,坤地的职责唯为辅助乾阳,绝不要求自立自为,所以虽似"无成",却有善终。

六四:括囊,无咎无誉。

《象》曰:"括囊无咎",慎不害也。

《象传》说:"紧束口袋没有祸害差错",在于谨慎从事,可保无害。(诚然亦如爻辞所言"无誉",即也没有赞誉。)

六五:黄裳,元吉。

《象》曰:"黄裳元吉",文在中也。

六五居上卦中位,而黄为五色之中色。裳则系下衣。上衣类阳,下衣类阴。富贵中正的黄裳自属大吉之象,所以《象传》以"文在中也"阐释"黄裳元吉",以"黄裳元吉"赞美"文在中也"。因为"文"体现着阴阳交和而成天文、人文、文明、文化,"中"则是孔子一贯推崇倡导的美德。

上六:龙战于野,其色玄黄。

《象》曰:"龙战于野",其道穷也。

上六居《坤卦》之终,显示阴柔之盛已达极限,而阳刚则在长期潜藏后即将复出。进而乾天之龙与坤地之龙在旷野交战流血。天龙血黑,地龙血黄。《象传》认为,"龙战于野"表明坤阴已至穷途末路。

用六：利永贞。

《象》曰：用六永贞，以大终也。

《乾卦》用九"见群龙无首，吉"，要义在于刚健者在刚健群体中不宜逞强好胜。《坤卦》用九则表明柔顺者应恒久守正方为有利。《象传》阐解"用六永贞"，指出要顺和宽大，坚持纯正至终。（"直、方、大"是坤阴的品格，坚持直方纯正，自能保大至终，亦即"无成有终"。）

《文言》：坤至柔而动也刚，至静而德方。后得主而有常，含万物而化光。坤道其顺乎，承天而时行。

《文言传》在《彖传》《象传》的基础上进一步对《坤卦》进行集中阐解，明确指出，坤的品性极其柔顺，然而一旦行动起来也很刚劲（因为"直"居"方大"之先）。德方则是至静状态下的表现。此后得遇乾天之主，有了恒常之道的引领，从而全身心地去包容万物，化生坤阴特具的顺和之光。所以《文言传》进而点明：坤道该是顺和吧，它秉承乾天的运变而与时偕行。

《文言》：积善之家，必有余庆；积不善之家，必有余殃。臣弑其君，子弑其父，非一朝一夕之故，其所由来者渐矣。由辨之不早辨也。《易》曰："履霜，坚冰至"，盖言顺也。

这是孔子对初六爻辞的发挥，认为善则有喜庆，不善则有灾殃。这种喜庆与灾殃的形成，有一个不断累积的过程。余者，积余也。不断地积，乃不断地余。五代后蜀君主孟昶写的一副春联即求余庆："新年纳余庆，佳节号长春。"但他不懂得余庆是由积善而来的，否则将事与愿违。春秋战国时期发生多起臣子杀君主、儿子杀老子的事，正是不断积恶所致。这是一个逐步积累的渐进过程，早不察辨，悔则晚矣。孔子认为"履霜，坚冰至"大体是说"顺"，这里的"顺"非指"柔顺""顺和"，而是事件按顺序发展。

《文言》：直其正也，方其义也。君子敬以直内，义以方外。敬义立而德不孤。"直、方、大,不习无不利",则不疑其所行也。

《文言传》说:六二的直,表明它的正;六二的方,表明它的义。君子以严肃认真的态度端正内心思虑,以公正合宜的理性规范外在言行。敬义确立起来,道德就不觉得单薄了。爻辞"直、方、大,不习无不利",表明六二的行为无可怀疑。

《文言》:阴虽有美,含之。以从王事,弗敢成也。地道也,妻道也,臣道也。地道无成,而代有终也。

《文言传》说:六三阴柔,虽有文采奕奕之美,但含蓄不露(爻辞所谓"含章")。按照这样的姿态参与君王政事,就不敢成事居功。这就是为地之道、为妻之道、为臣之道。地道表面看来一无所成,却世世代代都能善终。

《文言》:天地变化,草木蕃。天地闭,贤人隐。《易》曰:"括囊,无咎无誉",盖言谨也。

《文言传》继续解释六四爻辞说:天地正常地运动变化,草木兴盛繁茂。天地闭塞,有才有德的就会隐退。经文"括囊,无咎无誉",就是讲要保持谨慎("天地闭塞"暗指当政上层任性而行,上下隔绝,不通民情)。

《文言》:君子黄中通理,正位居体,美在其中。而畅于四支,发于事业,美之至也。

《文言传》阐释六五爻辞说:六五作为君子,以黄裳中色展示通达义理,位置端正,体态稳实,外显富丽(黄裳),而真正的大美则在内守中道。由此四肢畅通,事业发达,美到极点了!

《文言》:阴疑于阳必战。为其嫌于无阳也,故称龙焉。犹未离其类也,故称血焉。夫玄黄者,天地之杂也,天玄而地黄。

《文言传》说:上六阴居最高端,使《坤卦》形成全阴的姿态,引起阳刚疑惑,必然会发生战斗。上六不满于自身并非阳刚,所以要称龙。但它尚未离开阴柔类属,所以还要通过血的称谓加以区别。所谓黑色与黄色,就是为表明天地交杂,黑的属于乾天,黄的属于坤地。

5.解卦德

坤之德即地之德。就本性说,其德柔顺,承天而和。就其品质言,坦直,方正,宽大,包容四方,承载万物。与乾天一样,坤地的大德亦是"生"。《象传》谓"万物资生"。《文言传》则归之"元亨,利牝马之贞",并赞"坤至柔而动也刚,至静而德方,后得主而有常,含万物而化光"。《象传》则由坤德导出人德,告诉大家:"地势坤,君子以厚德载物。"

6.解卦主

六二居下卦之中,得偶数之正位,鲜明地体现地道,应为卦主。就错综言,六二与《乾卦》之九五遥相呼应,以坤的柔中辅助乾的刚中,增强"飞龙在天"之势。反过来,乾的刚中又引领坤的柔中,促其实现"不习无不利"之德能。

卦三　屯(☵坎上震下)

《屯》:元亨利贞,勿用有攸往,利建侯。

1.解卦名

《序卦传》谓:"屯者,盈也。屯者,物之始生也。"屯含"盈"的意义。《说文解字》云:"盈,满器也",即容器装满了。那么,"屯"的世界装满了什么? 答案有二:一是物,《序卦传》说了:"盈天地之间者,唯万物。"二是水,何以见得? 根据在《象传》:"雷雨之动满盈。"雷雨满盈,当然大水四溢。"屯"还涵有物类初始出生的意蕴。为什么物类始生?《序卦传》告诉我们:"有天地,然后万物生焉。"它鲜明地反映着《易传》关于"天地之大德曰生"的基本观念。万物之始生,其哲理则在阴阳之始交:下卦坤底一阳始生而化坤为震,上卦坤中一阳始交而化坤为坎。雷者,一阳始动于坤地而凌空发声也。雨者,一阳交阴化雨而降地施水也。

《杂卦传》谓："屯见而不失其居。"这里"见"的意思是出现。出现什么？出现万物。在草木繁盛、水源充裕的"屯"的环境中，万物可以各就各位，找到各自合适的居所。

2. 解卦象

《象》曰：云雷，《屯》，君子以经纶。

上卦坎水在天空为云，下卦震象征雷，所以《象传》说：云与雷构成"屯"这样的卦象，启示君子认真谋划，经营治理。

3. 解卦辞

《彖》曰：屯，刚柔始交而难生。动乎险中，大亨贞。雷雨之动满盈，天造草昧，宜建侯而不宁。

《彖传》指出："屯"是刚柔始交的产物。世界原来是全阳的乾天之下一片全阴的坤地。现在乾阳开始以一阳交下卦坤阴于底而为震，一阳交上卦坤阴于中而为坎，从而成"屯"，产生艰险困难的环境（坎），以致人类活动（震）处于险中（坎）。但这种情况可以改变而得到大通（元亨），关键在坚守正道（贞）。雷（震）雨（坎）发动，大水满溢，物类蔓生，天然形成混沌状态，适宜定居建国，但尚未安宁。（《彖传》未直接解释卦辞"勿用有攸往"，因为"宜建侯"即"利建侯"。既然适宜建侯定居，也就不必前往别的地方了。）

4. 解爻辞

初九：磐桓，利居贞，利建侯。

《象》曰：虽磐桓，志行正也。以贵下贱，大得民也。

《象传》指出：虽然爻辞说"磐桓"（磐是大石，桓是乔木）即徘徊不进，但初九思想行为端正，以阳刚之贵下居卦底之贱位，大得民心而受拥护。"志行正"解析"利居贞"，即利于安居守正，当然也"利建侯"而无须另加阐释了。

六二：屯如邅如，乘马班如。匪寇婚媾，女子贞不字，十年乃字。

《象》曰：六二之难，乘刚也。"十年乃字"，反常也。

《象传》认为：六二遭遇困难（如爻辞所言，"屯如"，即犹犹豫豫，难以举步；"邅（zhān）如"，即进进退退，曲折迂回；"乘马班如"，即乘马欲行却分散不前，是由于它身为阴柔，却凌驾于阳刚初九之上。爻辞表明，这种困难的局面"匪寇婚媾"，并非强行抢婚（九五与六二相应），但女子固执地不答应婚事，直到十年之后方才许婚。《象传》则指出"十年不字"违反常理。

六三：即鹿无虞，惟入于林中。君子几不如舍，往吝。

《象》曰："即鹿无虞"，以从禽也。君子舍之，"往吝"，穷也。

《象传》说：爻辞"追猎野鹿无人向导而进入森林中"，是盲目跟从禽兽。君子见机行事，不如就此放弃，"追过去将遭困辱"，那是穷途末路了！（六三上下皆阴，见"入林"之象。）

六四：乘马班如，求婚媾，往吉，无不利。

《象》曰：求而往，明也。

六四爻辞"乘马而行进退踟蹰，为了求婚，前去吉祥而无不利"，《象传》由此指出，有追求而前往，明白事理。（从卦象看，六四既近比九五，又远应初六。由于爻辞说"往"，应系向上"求婚"。）

九五：屯其膏，小贞吉，大贞凶。

《象》曰："屯其膏"，施未光也。

《象传》说："屯其膏"，即积聚膏脂（象征德能、财富），表明尚未充分施展其功能而发扬光大。以此解析爻辞"小事正常处理尚好（吉），大事正常处理就有凶险了"。

上六：乘马班如，泣血涟如。

《象》曰："泣血涟如"，何可长也！

《象传》说："哭得血泪涟涟那样"，怎么可能长久呀！（上六阴柔，位已到顶，忧虑踟蹰，如爻辞形容的"乘马班如"，即乘马欲前却步调不一。）

5.解卦德

《屯卦》反映人类原始社会开始群居生产生活，强调"动乎险中"，知难而进，可以"大亨贞"。同时也须视情见险而止，就地"建侯"，"勿用有攸往"。因此固然需要积蓄力量，"屯其膏"，但着眼点应在施膏于民。否则，经纶功德难以发扬光大（"经纶"是《象传》提出的治屯之道）。

6. 解卦主

初九阳刚正直，在险难前虽有"磐桓"之态，但其"居贞""建侯"之志行可嘉，当系成卦之主。九五时位中正，身居要职，掌握了主要资源，并开始施德于下（但尚未光大）。为此，应是主卦之主。就全卦结构看，六四顺承九五，所以"往吉，无不利"。六二逆乘而又应九五初九，所以徘徊犹豫，"十年乃字"。六三柔居刚位，无比无应，所以"几不如舍，往吝"。上九高居于上，以柔乘刚，致"泣血涟如"。需要指出，孔子哲学的"应比承乘"观，因时而宜，诸卦未可一律视之。

卦四　蒙（☶艮上坎下）

《蒙》：亨。匪我求童蒙，童蒙求我。初筮告，再三渎，渎则不告。利贞。

1. 解卦名

《蒙》与《屯》是次序顺连的一对综卦。如果说"屯"显示原始部落社会初具雏形，则"蒙"反映其后生产生活的迫切要求与民智愚昧落后的矛盾，亟待教化启蒙。所以《序卦传》云："蒙者，蒙也，物之稚也。"稚即幼稚，知识贫乏。《说文解字》谓："蒙，王女也，从草。"王女是一种草，指女萝之大者，为地衣类植物，亦名松萝。女萝野生而芜杂，大者则较易辨识，故《杂卦传》云："蒙杂而著。""杂"是芜杂，不清楚，不明白；著是显著，明确。"蒙"的意涵就是要从不清楚到清楚，从不明白到明白，从不确定到相对确定，从而必须启蒙教化。

2. 解卦象

《象》曰：山下出泉，《蒙》。君子以果行育德。

《象传》解《蒙卦》之象为"山下出泉"，与《彖传》"山下有险"相呼应，从不同的维度描述卦象而收异曲同工之妙。水由山上流到山下而成泉，进一步流向何处，当须教化指点以启蒙。所以《象传》对照自然情景，提出君子应以果决的行为培育美德。

3. 解卦辞

《彖》曰：《蒙》，山下有险，险而止，蒙。"蒙亨"，以亨行时中也。"匪我求童蒙，童蒙求我"，志应也。"初筮告"，以刚中也。"再三渎，渎则不告"，渎蒙也。蒙以养正，圣功也。

《彖传》说，《蒙卦》之象，表现为"山（上卦艮）下有险（下卦坎）"。见险而停止行动（在于情况不明），所以说蒙昧。卦辞说"蒙亨"，是由于行动顺通而时机适中。"匪我求童蒙，童蒙求我"，说明学生（童蒙）和老师志愿相合（就卦象看，六五与九二相应）。"初筮告"，在于老师刚健执中（九二阳刚，居下卦之中）。"再三渎，渎则不告"，说明学生（六五）没有认真思考理解再三前来也是"渎"的表现（"不告"为促使其反思）。对于蒙昧，要启发其修养正道、正德、正智，这是神圣的功业。

4. 解爻辞

初六：发蒙，利用刑人，用说桎梏。以往吝。

《象》曰："利用刑人"，以正法也。

初六居《蒙》之始，在启蒙过程中，可利用法律手段进行教育，以摆脱（"说"通"脱"）因无知造成犯罪的枷锁。但《象传》强调"正法"，正视法规，正确执法。倘若以此为教育的不二法门，一直运用下去，将会受辱（吝：愧恨，羞辱），爻辞所谓"以往吝"。

九二：包蒙吉，纳妇吉，子克家。

《象》曰："子克家"，刚柔接也。

爻辞说："九二包容蒙昧，自然吉祥；娶妻成婚，自然吉祥。九二作为人子,能够担负起全家职责了。"《象传》解析道:"儿子能够担负起全家职责",表明阳刚与阴柔亲密地交接在一起。(请观卦象:六五阴柔,象征蒙昧之童;九二阳刚,象征包容蒙昧之师。换一视角,阴柔可为女为妻,阳刚可为男为夫。再换一个视角,六五居主位可以为母,则九二居下位为子。九二与六五据义例为上下相应,所以《象传》谓"刚柔接也"。)

六三:勿用取女,见金夫,不有躬,无攸利。

《象》曰:"勿用取女",行不顺也。

《象传》说:爻辞"不要娶六二为妻",是因其"行不顺",即行为不顺合常理。(古代"顺"可通"慎",故亦可释行为不慎重。)"行不顺"指爻辞所言"见金夫,不有躬,无攸利",即见了有钱的男人便卑躬屈膝,所以不会有利。(六三阴柔而强乘九二阳刚,欲与交好,亦可谓"行不顺"。)

六四:困蒙,吝。

《象》曰:"困蒙之吝",独远实也。

《象传》说:"困蒙所以会愧恨受辱",是由于六四独自远离了阳刚(实)九二。(六四成为困蒙,意为受困于蒙昧之中。看卦象可知,初六、六三均接近九二阳刚,六五虽远但能呼应。所以阴柔诸爻唯六四独与九二之实相远。)

六五:童蒙,吉。

《象》曰:"童蒙之吉",顺以巽也。

《象传》说:童蒙之所以吉祥,是由于顺从(师长九二),表现谦逊("巽"通"逊")。(六五居上卦之尊位,下应阳刚九二,表现出不耻下问、谦逊求教的中和之道)。

上九:击蒙,不利为寇,利御寇。

《象》曰:利用御寇,上下顺也。

上九以阳刚处高位,可据强势打击蒙昧者,但不利于迫其成为盗贼,而利于促其防御盗贼。《象传》肯定,通过适当敲打,促使蒙昧者受到教育启发，走上正道，从而共同防御（思想认识上与现实生活中的）盗贼，上上（以童蒙六五为主）下下（以师长九二为首）就都顺和了。

5. 解卦德

《蒙卦》之德，表现为尊师重教，促进自觉求知修德，并结合法治，完善思想上与现实中的"御寇"方略，达到社会安顺和谐。

6. 解卦主

九二刚以中，健而实，下比初六，上应六五，影响及于六三、六四，作为师长，当系《蒙》之成卦之主。六五柔居尊位而行中道，响应九二，支持启蒙，自属主卦之主。

卦五　需(☵坎上乾下)

《需》：有孚，光亨，贞吉。利涉大川。

1. 解卦名

《序卦传》曰："物稚不可不养也，故受之以《需》。需者，饮食之道也。""物稚"指上一卦蒙的幼稚无知。生物幼稚，必当养育，所以继接《需卦》，展示饮食之道。需要指出，《周易》的某些词语，常涵多义。如《杂卦传》释为"需不进也"，《象传》则谓"需，须也，险在前也"。《说文解字》的释义更具体："需，须也，遇雨不进。"《象传》说"险在前"，指上卦为坎。王弼《周易注》亦因之说"遇险不进"。坎水也可象征雨，故《说文解字》云"遇雨不进"。总之，既不前进，自需等待。

2. 解卦象

《象》曰：云上于天，《需》，君子以饮食晏乐。

《象传》说：云(上卦坎)上于天(下卦乾)，构成《需卦》。君子由此得到启示，(顺时等待)照常饮食而享安(晏)乐。

3. 解卦辞

《彖》曰：需，须也，险在前也。刚健而不陷，其义不困穷矣。

"需,有孚,光亨,贞吉",位于天位,以正中也。"利涉大川",往有功也。

《彖传》在阐释卦名含义后指出,(下卦乾天)品质刚健(而顺时等待),不贸然陷入(坎水)险境,(这种卦象的)含义就表明不会穷困难过了。卦辞说:"需寓诚信,光明通达,守正吉祥",是由于九五居于上卦之中的乾天刚位,显示既正且中。"利涉大川",则表明如有所往,当能成功。

4. 解爻辞

初九:需于郊,利用恒,无咎。

《象》曰:"需于郊",不犯难行也。"利用恒,无咎",未失常也。

《象传》说:"等待在郊野",就是不冒着险难前进。"宜有恒心坚持,无灾无害",表明不丧失常理。

九二:需于沙,小有言,终吉。

《象》曰:"需于沙",衍在中也。虽"小有言",以吉终也。

《象传》说:"等待在沙地上",显得内心(中)宽松(衍涵宽义)。虽然"有些闲言碎语",最终还是吉利的。

九三:需于泥,致寇至。

《象》曰:"需于泥",灾在外也。自我"致寇",敬慎不败也。

《象传》说:"等待在泥地里",因为外面就有灾难(九三已接近上卦坎)。自己(走进险地)招致盗寇临近,认真谨慎,才能立于不败之地。

六四:需于血,出于穴。

《象》曰:"需于血",顺以听也。

《象传》说:"等待在血泊边",表明要顺和地听人讲话(才能"出于穴",从危险的坎穴中出来)。

九五:需于酒食,贞吉。

《象》曰:"酒食贞吉",以中正也。

《象传》说:爻辞"等待酒食,守正安吉",是由于九五既持中

(居上卦中位),又守正(刚居阳位)。

上六:入于穴,有不速之客三人来,敬之,终吉。

《象》曰:"不速之客来,敬之终吉",虽不当位,未大失也。

《象传》说:"不请自至的三个客人来到洞穴里,恭敬相待,终告安吉",表明上六所占的位虽不恰当(以阴柔之体乘阳刚九五之上),但还没有大的失误。

5. 解卦德

《需卦》告诫人们,要顺时以待,特别是面对险难,应平心静气,冷静谨慎,切莫躁急而轻举妄动。要像乾阳一样,既有刚健之志,又有敬慎之心,步步为营,终能化险而安。

6. 解卦主

九五高居尊位,既中且正,以酒食款待不速之客,处险而不陷。顺势而为,设宴举杯,最终化解与下卦乾阳三客之矛盾,共酿安吉。故既为成卦之主,亦为主卦之主。

卦六　讼(☰乾上坎下)

《讼》:有孚窒,惕中吉,终凶。利见大人,不利涉大川。

1. 解卦名

《序卦传》曰:"饮食必有讼,故受之以《讼》。""饮食"是前一卦《需》的含义延伸。《讼》为《需》之综卦,交互错综,于是因饮食而引起争讼。《说文解字》释"讼"为"争也,公言之也",即"讼"系争辩,其意义在于公正立言。公正立言闹到法庭上,就变成讼事了。《杂卦传》则从另一维度提出:"需不进也,讼不亲也。"不进是时候未到,不亲是争执未消。要确定争执双方的是非曲直而消除之,最后只有诉诸法律。所以,卦名涵处置讼事之义。

2. 解卦象

《象》曰:天与水违行,讼。君子以作事谋始。

《象传》说：卦象天（上卦乾）在上，水（下卦坎）在下，反向而行，所以造成讼争。君子当据此反思，处理社会事务，一开始就须认真谋划（以消除此后可能发生争端的各种因素）。

3. 解卦辞

《彖》曰：《讼》，上刚下险，险而健，讼。"讼，有孚窒，惕中吉"，刚来而得中也。"终凶"，讼不可成也。"利见大人"，尚中正也。"不利涉大川"，入于渊也。

《象传》说：《讼卦》，（从卦象看）上面刚（上卦乾刚），下面险（下卦坎险），既凶险（发生争执），又劲健（绝不妥协），于是形成争讼。卦辞"讼，有孚窒，惕中吉"，即讼争起于诚信（有孚）受阻难行，但警惕反思中道，可保安吉。《象传》从卦象结构分析，阳刚来到下卦中位，意味着"惕中"。卦辞"终凶"，就是争讼没有好结果。"利见大人"，表明处理讼事应注意中正。"不利涉大川"，（因为讼事拖累牵制，此时如还想外出渡越大江大河）将会掉入深渊（下卦坎水）。

4. 解爻辞

初六：不永所事。小有言，终吉。

《象》曰："不永所事"，讼不可长也。虽"小有言"，其辩明也。

《象传》说："不把有关事件老拖下去"，因为争讼不可长久缠身。虽然"有些闲言碎语"，可以分辨清楚。

九二：不克讼，归而逋。其邑人三百户，无眚。

《象》曰："不克讼，归逋"，窜也。自下讼上，患至掇也。

《象传》说："官司赢不了，溜回去"，是潜逃。下级诉讼上级（九二与初六相比，九四又与初六相应，产生矛盾），这个祸患完全是自己取来的（掇：拾取）。（由于祸患系九二个人，与他人无关）所以爻辞说家乡三百户人家均无祸患。

六三：食旧德，贞厉，终吉。或从王事，无成。

《象》曰："食旧德"，从上吉也。

《象传》说:爻辞"食旧德",即依靠祖先旧时的封禄生活,要顺从上层(六三与九四相比,又与上九相应)以保安吉。对爻辞"固守(贞)危险,最终安吉。可能从事王室工作,没有成果"虽未具体诠解,却可以"从上吉也"加以解释:固守危险,因此须"从上","从上"即"或从王事",于是"无成"而有终。

九四:不克讼,复即命,渝安贞,吉。

《象》曰:"复即命,渝安贞",不失也。

《象传》说:"复即命,渝安贞",即未能赢得讼事(不克讼)后,复归于理智的考量(命:合理的结局),改变(渝)做法,安心守正,就不会有错失了。

九五:讼,元吉。

《象》曰:"讼,元吉",以中正也。

《象传》说:(审理)"讼事大吉",在于九五秉持中道,公平正直地处置事件。

上九:或锡之鞶带,终朝三褫之。

《象》曰:以讼受服,亦不足敬也。

爻辞谓上九"可能受赏得到佩玉的皮腰带(鞶 pán:佩玉皮带),但一天之内就三次被下令剥夺(褫 chǐ)"。《象传》据此评说:依靠讼事受赐服饰,也不足以敬佩。

5. 解卦德

《讼卦》之德主要表现在三个方面:第一,注重诚信,即"有孚",不能让它"窒息"而致毁亡;第二,谨慎临事,如《象传》所诫:"君子以作事谋始。"第三,审理处置讼争,必须坚持中正。

6. 解卦主

《讼卦》构成一个讼事的象征模拟系统:九二为起讼者,九四为被诉者,二者皆刚劲而不中不正,以初六为相互争逐之对象。六三偏向九四而势凌九二,上九亦同情九四,上卦三阳为伍而成乾。这场官司,看来九四具有压倒性优势。然而,作为执法者的九五不讲人情关系,坚持中正审理。最后,初六不管闲言碎语,"不永所事",自愿放弃与九二相比又与九四相应的复杂关系,走出尴尬局面,终获安吉。九二与九四则均未胜讼。前者溜回家乡而未予追究,后者改变做法而安分守己。九五在这场讼事纷争中作了公正恰当的处理,表现出高尚的品德。既为成卦之主,也为主卦之主。所以,孔子在《象传》中指出:"利见大人,尚中正也。"而在九五爻辞中再次强调:"讼元吉,以中正也。"

卦七 师(☷☵坤上坎下)

《师》:贞,丈人吉,无咎。

1. 解卦名

《序卦传》曰:"师者,众也。"与《彖传》一致,师为人众、大众。《杂卦传》则曰"师忧"。师为什么忧?因为师关联军兵之事,可能流血,而兴师动众,难免生忧。诚然,正义之师乃人心所向,岂足忧哉!

2. 解卦象

《象》曰:地中有水,《师》,君子以容民畜众。

《象传》说:地(上卦坤)中有水(下卦坎),构成《师卦》之象(水寓军兵之险,而处大地之中,大地者,广大民众也)。君子效法自然之道,包容爱护人民,蓄积群众力量。

3. 解卦辞

《彖》曰:师,众也。贞,正也。能以众正,可以王矣。刚中而应,行险而顺。以此毒天下,而民从之,吉又何咎矣!

《彖传》说:师就是万民大众。贞就是正。能以公平正义之道对待与服务于广大民众的人,可以成为君王了。阳刚(九二)守中而与阴柔之主(六五)和应,行动处于险境(下卦坎)而走向和顺(上卦坤)。以这样的品德治理天下,民众顺从拥护,自然吉祥,还会有什么祸害错失呢!(卦辞中的"丈人"指老成稳重的人。孔子强调"贞"即"正",就卦象意涵言,当指六五与九二之正应。)

4. 解爻辞

初六:师出以律,否臧凶。

《象》曰:"师出以律",失律凶也。

《象传》说:"军队出征,必须严格纪律。"丧失纪律,必然凶险。爻辞"否臧凶"(臧本为古代被俘而被刺瞎一只眼睛的奴隶,转义为顺从善德。《说文》谓"臧"为"善也"),即管理不善,纪律松弛则凶。

九二:在师中,吉,无咎。王三锡命。

《象》曰:"在师中吉",承天宠也。"王三锡命",怀万邦也。

《象传》说:"在师中"之所以吉,是由于得到了君王的宠爱信任。(九二居下卦之中,"在师中"可理解为"在军队里奉行中道"。)"君王三度下令嘉奖",表明胸怀天下万国(让诸侯信服)。

六三:师或舆尸,凶。

《象》曰:"师或舆尸",大无功也。

《象传》说:"军队可能车载尸体",表明好大喜功,却无功而返。(舆为带厢之车,装载其中的应系高级将领的尸体。六三以阴柔乘九二阳刚,上无比应,当系败象。)

六四:师左次,无咎。

《象》曰:"左次无咎",未失常也。

《象传》说:"军队部署在左方高地待命并无过错",这是兵家的正常做法。(六四虽无比应,但为构成上卦坤地的基础。)

六五:田有禽,利执言,无咎。长子帅师,弟子舆尸,贞凶。

《象》曰:"长子帅师",以中行也。"弟子舆尸",使不当也。

《象传》说:"长子帅师",即长子统领军队,表明以中道行事。"弟子舆尸",即弟子车载尸体,显示用人不当。《象传》未释"田有禽,利执言,无咎"。田园中闯入禽兽,隐示有人侵者,利于仗义执言,并无祸患过错。但如读为"田有禽,利执,言无咎"。"利执",谓利于抓住入侵者,含义自为不同。爻辞"贞凶","贞"不宜释"正",而"宜"释"固执"。

上六:大君有命,开国承家,小人勿用。

《象》曰:"大君有命",以正功也。"小人勿用",必乱邦也。

《象传》说:君王发布开国承家的命令("开国"即封侯而据一方,承家即世袭所赐土地),以求公正地论功行赏。"小人勿用",是说小人必将败坏社会,扰乱邦国。

5. 解卦德

行师出征,首先应坚持正义性,所以《象传》特别强调"贞,正也"。其次,要任人唯贤,"刚中而应,行险而顺"。第三,严格纪律,"否臧凶"。《象传》还延伸至"容民畜众",宽大包容。

6. 解卦主

九二为全卦唯一阳爻,刚健有为,恒守中道,是"王三锡命"的军队总指挥,应为成卦之主。六五居君位而行中常,与九二和应而任用"丈人",则为主卦之主。

卦八　比(䷇坎上坤下)

《比》:吉,原筮元永贞,无咎。不宁方来,后夫凶。

1. 解卦名

《序卦传》曰:"众必有所比。比者,比也。"众是上一卦《师》的含义。《比》作为《师》的综卦,则既有广大之众,当有亲近之比。"比者"之"比"为名词,"比也"之"比"为动词(也可理解为形容词)。按《说文解字》,比,"密也",意涵亲近密切。《杂卦传》则谓"比乐师忧",双方亲密无间,自然快乐。

2. 解卦象

《象》曰:地上有水,《比》。先王以建万国,封诸侯。

《比卦》下为坤，象征地；上为坎，象征水。所以说"地上有水"，是《比卦》的整体表象，古代圣明的君王依据相互亲比、相互帮助的道理划地建立众多相对独立的小国，分封诸侯，如同大地之水，流布四方。

3. 解卦辞

《彖》曰：比，吉也。比，辅也，下顺从也。"原筮元永贞，无咎"，以刚中也。"不宁方来"，上下应也。"后夫凶"，其道穷也。

《彖传》说：卦辞"比见吉祥"，因为有人亲比，就表明有支持帮助，大众都会顺和依从（下卦坤象征下层顺从）。"原初的筮占大善（元）而永保正固（永贞），无灾无难"，是由于阳刚守中（九五刚健而位居上卦之中）。"不得安宁才来"（阴柔来到象征不安的下卦坎水中间而使之成为顺和的坤卦），表现为（新来的）六二与九五得以上下和应，从而消除了不宁。"后夫凶"，后夫指上六，爻辞有"凶"，《彖传》认为已处卦之终端，尽显穷途末路之状态。

4. 解爻辞

初六：有孚，比之，无咎。有孚盈缶，终来有它吉。

《象》曰：比之初六，有它吉也。

爻辞说："出以诚信，顺和亲比，无灾无害。诚信如美酒充满瓦罐（缶 fǒu），最终会有意外的吉庆（它吉）。"《象传》将爻辞始、末二句直连起来，揭示初六从一开始就诚信亲比，必然会获得意想不到的吉庆结果。

六二：比之自内，贞吉。

《象》曰："比之自内"，不自失也。

《象传》说："比之自内"，意谓亲比发自内心，所以不会丧失自己的道德信念，实际上已解释了爻辞"贞吉"，即守正安吉。就卦象言，"自内"也可理解为阴柔六二自内卦向外卦的阳刚九五主动亲比。

六三：比之匪人。

《象》曰："比之匪人"，不亦伤乎！

六三以阴柔居阳刚之位,显示处身未正,而远无阳刚相应,近无宜比对象。《象传》认为,如爻辞所言,"比之匪人",即毫无原则地去亲比不合适的人,岂不令人感伤!

六四:外比之,贞吉。

《象》曰:外比于贤,以从上也。

《象传》释爻辞"外比之"为"外比于贤",即以阴柔之体外(向上)比于阳刚九五这位贤人,表现出顺从君主的意愿。并由此间接地说明了爻辞"贞吉",守正则吉。

九五:显比,王用三驱,失前禽。邑人不诫,吉。

《象》曰:"显比"之吉,位正中也。舍逆取顺,"失前禽"也。"邑人不诫",上使中也。

《象传》说:"正大光明地显示亲比"之所以吉祥,在于九五阳刚位正而居中。古代君主狩猎,规定从左、右、后三个方向合围追捕猎物,如猎物迎面奔来,顺手捕杀;如其反向窜跑,则任其逃生。这就是《象传》说的"舍逆取顺",由此当然会像爻辞所言,失去向前奔逃的猎物。《象传》实际上在赞赏君主即使对禽兽猎物也有"网开一面"的仁心。那么,为何"邑人不诫"呢?因为君主没有发布号令,告诫村民在狩猎期间必须"肃静回避",村民的正常生活没有因此受到干扰,所以《象传》说"上使中也",即君主践行了中道。

上六:比之无首,凶。

《象》曰:"比之无首",无所终也。

上六处卦之终,是卦辞所说的"后夫"。它以阴柔之体而乘阳刚九五,岂能开亲比之首?没有好的开头,自然没有好的结局,所以《象传》说"无所终也",以此解析爻辞所言之"凶"。

5. 解卦德

《比卦》体现相亲相依、相辅相助的美德。当然也有其原则:首先要"有孚",出自内心真诚。其次,亲比要坚持中正,而非结党营私。最后,亲近对象须贤良,不可"比之匪人"。《象传》还将比的德性归原于古代贤明君主,认为"先王以建万国,亲诸侯"而达天下升平。

6. 解卦主

卦唯一阳,九五是也。居君位而行中正之德,质刚健而得众柔之亲比,为当之无愧的成卦之主兼主卦之主。

卦九　小畜(䷈巽上乾下)

《小畜》:亨。密云不雨,自我西郊。

1. 解卦名

《序卦传》曰:"比必有所畜,故受之以《小畜》。"相互亲比,会出现小范围的集聚。亲和协同,又有利生产工作而积蓄财富,丰富知识。所以,《易传》认为《比卦》之后自然会继之《小畜卦》,它的含义为(社会财富、知识、道德)有了一定的积累蓄聚。但《杂卦传》则谓"小畜,寡也"。小畜为什么处于"少数"?要从卦象上看:全卦只有一个阴爻(小),一阴当然属"寡",却蓄聚了众多阳爻,所以名之"小畜"。再就力量对比说,阳刚亦居绝对优势。阴柔蓄阳而尚小,故此,《杂卦传》明言"小畜,寡也"。

2. 解卦象

《象》曰:风行天下,《小畜》。君子以懿文德。

《象传》说:风(上卦巽)飘行在天(下卦乾)上,构成《小畜》卦象。巽象征谦逊、顺和;乾象征刚健、正直,从而启导君子赞美(懿)修养文明美德。

3. 解卦辞

《彖》曰:《小畜》,柔得位而上下应之,曰小畜。健而巽,刚中而志行,乃亨。"密云不雨",尚往也。"自我西郊",施未行也。

《彖传》说:《小畜卦》表现为阴柔(六四)得到正位(偶数位)而上下阳刚之爻均予和应,(以小畜大)所以称小畜。劲健(下卦乾)

而逊顺(上卦巽)。九五阳刚中正而践行其抱负,由是顺和畅通。"密云不雨",是寻求往进(云可飘动,雨止原地)。"自我西郊",表明云从西郊飘出,尚未施行功德(下雨)。

4. 解爻辞

初九:复自道,何其咎? 吉。

《象》曰:"复自道",其义吉也。

《象传》说:"复归自己的正道",就道义言是吉祥的。(也间接解析了爻辞"怎么会有祸害过错呢"。)

九二:牵复,吉。

《象》曰:牵复在中,亦不自失也。

《象传》说:下卦三阳三位一体牵手复归乾天之道,九二居中而上下相连,也就不会丧失自己本有的德性(刚中)。

九三:舆说辐,夫妻反目。

《象》曰:"夫妻反目",不能正室也。

爻辞"舆说辐",即厢车脱落("说"通"脱")了轮辐,难以前进(被六四滞留停住)。由于以阴乘阳,违反常规,夫妻反目为仇。《象传》认为原因在于"不能正室",即阳刚九三离开中道而不能正确治理家室。

六四:有孚,血去惕出,无咎。

《象》曰:"有孚","惕出",上合志也。

六四为全卦唯一阴柔,其余都是劲健的阳刚,自然会产生受伤流血的警惕。但六四位正时行,胸怀诚信而消除了流血的警惕,原因在居于其上的九五与它志同道合。

九五:有孚挛如,富以其邻。

《象》曰:"有孚挛如",不独富也。

《象传》说:(九五刚健中正,实力充裕)胸怀诚信,牵手(挛:手足蜷曲)上下邻居使之共同富裕,不图个人独富。

上九:既雨既处,尚德载。妇贞厉。月几望,君子征凶。

《象》曰："既雨既处"，德积载也。"君子征凶"，有所疑也。

《象传》说："雨下一阵停一阵"，表明正在积德载道。"月亮几乎圆满（阴势甚盛）时，君子出行会有凶险"，因为（对阴盛）有所怀疑。《象传》未释爻辞"妇贞厉"，即"阴柔固执而有危险"，看来与"月几望"相关。

5. 解卦德

小畜是阴柔凝聚阳刚、蓄积力量的初始阶段，处于"密云不雨"而"施未行"之时。要想以柔畜刚，由弱转强，尤须诚信。通过"有孚"而"血去惕出"。行动则应"健而巽"，既刚健有为，又谦逊和顺。强调"富以其邻"，提倡共同富裕。《象传》则突出"君子以懿文德"，重视蓄积精神文明。

6. 解卦主

六四正位凝命，立身诚信，尽一己之力以柔蓄刚而无咎，为成卦之主。九五阳刚中正，坚持诚信为本，团结上下形成合力，助邻共富，为主卦之主。

卦十　履（☰乾上兑下）

《履》：履虎尾，不咥人，亨。

1. 解卦名

《序卦传》曰："物畜然后有礼，故受之以《履》。"即经过小畜，物力有所积累蓄养，然后人们开始注重文明礼仪，因此接着《小畜卦》的是《履卦》，从而直接将"履"诠释为"礼"。《杂卦传》则从另一视角提出"履不处也"，认为履的含义是"不停留"。《说文》谓"履，足所依也"，即人足依托其走，亦即鞋子。作为动词，履便是行进。如果将二者融通起来，可谓践行文明礼仪。

2. 解卦象

《象》曰：上天下泽，《履》。君子以辨上下，定民志。

《象传》说：宇天（乾）在上，水泽（兑）在下，构成《履卦》之象。由此启导君子分辨上下（各就各位），以安定民众的思想。

3. 解卦辞

《彖》曰：履，柔履刚也。说而应乎乾，是以"履虎尾，不咥人，亨"。刚中正，履帝位而不疚，光明也。

《象传》说：履，是阴柔（下卦兑）跟着阳刚（上卦乾）走。喜悦（兑象征悦）而与乾阳和应。所以卦辞谓"踏着老虎尾巴也不会咬（咥 dié）人，行进通顺"。九五阳刚，居中得正，履行帝位的职责而无愧，因为他光明磊落。

4. 解爻辞

初九：素履，往无咎。

《象》曰：素履之往，独行愿也。

《象传》说：穿着朴素的鞋子前往，表明在独立践行自己的意愿（所以爻辞说"没有过错"）。

九二：履道坦坦，幽人贞吉。

《象》曰："幽人贞吉"，中不自乱也。

《象传》解析爻辞"履行大道坦坦荡荡，隐居之人守正则吉"，是由于秉持中道，自己不会乱了方寸。

六三：眇能视，跛能履。履虎尾，咥人，凶。武人为于大君。

《象》曰："眇能视"，不足以有明也。"跛能履"，不足以与行也。"咥人之凶"，位不当也。"武人为于大君"，志刚也。

《象传》说：爻辞"瞎了一只眼睛还能看"，并不足以看得明白。"瘸了腿还能走"，并不足以正常行路。"踏着老虎尾巴咬人"，表明六五位置没有坐正（阴居阳位）。"武人在君王前显摆"，表明志刚气昂。（六三体柔而位刚，上比九四，一味欲随阳刚发威。然志强才弱，不免归于凶。）

九四：履虎尾，愬愬，终吉。

《象》曰："愬愬，终吉"，志行也。

《象传》说，"愬愬（音 sù，畏惧状），最终吉祥"，表明九四履行着自己的志向。（九四阳居阴位，显示小心谨慎之象，但不昧刚健之志。）

九五：夬履，贞厉。

《象》曰："夬履贞厉"，位正当也。

九五刚健中正，爻辞却寓警戒之意。《象传》说：爻辞"只管果决行走，步子虽正亦有危险"，表明九五认为自己的地位正当（不顾行走是否危险）。

上九：视履考祥，其旋元吉。

《象》曰：元吉在上，大有庆也。

上九处于《履卦》的最后阶段，爻辞说："综观践行过程，考察详尽（'祥'通'详'），周旋运作而大吉。"《象传》为此评点道：大吉得于上九（履终而成），这是大喜庆呀！

5. 解卦德

履作为实践过程，强调中正、顺和、谨慎，不宜过刚过决。作为实践规范，强调循礼而行，不要一只眼看人，摇摆着走路。《系辞传》由此将"履"列为九德之一，认为"履，德之基也"，"履以和行"。《象传》则从维护社会秩序出发，引申为"辨上下，定民志"。

6. 解卦主

六三为全卦唯一阴爻，以柔履刚，虽凶不辞，为成卦之主。九五阳刚中正果决，《象传》誉之"履帝位而不疚"，为主卦之主。

卦十一　泰（䷊坤上乾下）

《泰》：小往大来，吉亨。

1. 解卦名

《序卦传》曰："履而泰，然后安，故受之以《泰》。泰者，通也。"《说文解字》则谓："泰，滑也。"而"滑"是"利也，从水"。《辞源》释

"滑"之利在"不凝滞也",如《周礼》之"调以滑甘"。"不凝滞"近乎流畅或通顺,所以说"泰者通也"。通泰则安,故"泰"亦涵安详之义。《杂卦传》则谓"否泰反其类也",意谓《泰卦》及其后的《否卦》象征相对相反的两类事物。

2. 解卦象

《象》曰:天地交,《泰》。后以财成天地之道,辅相天地之宜,以佐佑民。

《象传》说:"天"(下卦乾)与地(上卦坤)相互交往和合,构成《泰卦》之象。(据象启思)古代君王化裁("财"同"裁")运用天地之道,以助适应天地自然规律的各种事宜,从而辅导与护佑民众。

3. 解卦辞

《彖》曰:《泰》,小往大来,吉,亨,则是天地交而万物通也,上下交而其志同也。内阳而外阴,内健而外顺,内君子而外小人。君子道长,小人道消也。

《彖传》说:《泰卦》卦辞"吉亨,小往大来",小指阴柔(坤卦)上去,大指阳刚(乾卦)下来,显示乾天与坤地交流和应而使万物通顺,上下交流和应而志同道合。内蓄阳刚(下卦乾)而外显阴柔(上卦坤),内心刚健而外表柔顺,内如君子而外若小人。反映着君子之道在长进,小人之道在消退。(就卦象言,三阳正在自下而上进取,三阴则在不断消解。)

4. 解爻辞

初九:拔茅茹,以其汇,征吉。

《象》曰:"拔茅""征吉",志在外也。

《象传》说:爻辞"拔茅草时根系(茹)连接(汇)在一起,出征吉利",表明立志向外发展。(初九与九二、九三阳刚合在一起,如同茅草根系紧密汇集,团结一致向上行进。)

九二:包荒,用冯河,不遐遗,朋亡。得尚于中行。

《象》曰:"包荒","得尚于中行",以光大也。

按宋代学者主流解读,"包荒"可理解为"包容一切";"用冯('冯'通'凭')河"即勇于泅水渡河;"不遐遗"即不忘故交老友;"朋亡"即未结党营私。《象传》强调"包荒",在于践行中道而获得赞赏("尚"通"赏")。

九三:无平不陂,无往不复,艰贞无咎。勿恤其孚,于食有福。

《象》曰:"无往不复",天地际也。

爻辞说:"没有平地就没有山坡,没有前进就没有回返。艰难中保持正固,无灾无患。无须担忧(恤)诚信(孚),则自有口福。"《象传》着重指出"没有前进就没有回返",缘于九三位于"天地之际",即下卦乾天之最上沿与上卦坤地之下边界。

六四:翩翩不富,以其邻。不戒以孚。

《象》曰:"翩翩不富",皆失实也。"不戒以孚",中心愿也。

爻辞"翩翩不富,以其邻",显示六四飘荡空中(在乾天之上),在于同邻居(六五、上六)一样均系阴柔。所以《象传》指出"皆失实也"(阴为虚,阳为实)。而"不必告诫诚信",在于(保持虚而不富)都是阴柔内心的意愿。

六五:帝乙归妹,以祉元吉。

《象》曰:"以祉元吉",中以行愿也。

"帝乙归妹"是一个历史故事:商代一位名号帝乙的君王将其妹嫁给臣子。《象传》认为,"由此求福(祉)大吉",在于六五秉持中道,践行意愿。

上六:城复于隍,勿用师。自邑告命,贞吝。

《象》曰:"城复于隍",其命乱也。

《象传》说:"城墙翻倒在土沟里"(隍:筑城时挖出的无水壕沟),表明其治理体系乱套了。爻辞则告诫"勿用师",即不要动用武力。应"自邑告命",到自己的家乡去报告情况,采取对策。"贞吝",固守成规,将会受辱。(上六已至《泰》之终端,将会向《否》转化。)

5. 解卦德

《泰卦》昭示：第一，安定通泰的局面要通过阴阳往来、上下交流获得；第二，维护安泰，必须团结一致，齐心合力；第三，领导者（六五）应虚怀若谷，嘉勉贤才；第四，治久或乱，宜因势利导，避免墨守成规，随意动武。

6. 解卦主

九二阳刚得中，既能"包荒"，又敢"用冯河"，无私无畏，维护安泰大局，为成卦之主。六五以中道与九二相应，上下交往，用柔蓄刚，为主卦之主。《周易折中》以二爻皆为成卦之主兼主卦之主，非也。《泰》当盛世，岂容二主！

卦十二 否（䷋乾上坤下）

《否》：否之匪人，不利君子贞。大往小来。

1. 解卦名

《序卦传》曰："物不可以终通，故受之以《否》。"即上卦《泰》象征通，通不可能永久保持，所以接着要"否"了。而依《杂卦传》所言："否泰反其类也"，与泰的顺通相反，否的意涵就是闭塞、阻塞了。延伸开来，兼蕴败乱之义。

2. 解卦象

《象》曰：天地不交，《否》。君子以俭德辟难，不可荣以禄。

《象传》说：《否卦》之象（上卦为乾天，下卦为坤地。天向上而地向下，相互分离），天地不相交往和合，所以产生"否"的阻塞情状。在这种时势下，君子须收敛（"俭"通"敛"）德能以避（"辟"通"避"）祸难，不可追求利禄以显荣耀。

3. 解卦辞

《彖》曰："否之匪人，不利君子贞。大往小来。"则是天地不交而万物不通也，上下不交而天下无邦也。内阴而外阳，内柔而外刚，内小人而外君子。小人道长，君子道消也。

与阐释《泰卦》一样，《彖传》全文引述卦辞后，作了一大段相应而相反的评析。卦辞"否之匪人，不利君子贞"可释为否塞之世到来，不通人道，不利君子守正。"大往小来"恰与《泰卦》"小往大来"反向：阳刚去了，阴柔来到，阴长阳消。据此，《彖传》作出了与《泰卦》完全相反的论断：小人道长，君子道消也。

4. 解爻辞

初六：拔茅茹，以其汇，贞吉，亨。

《象》曰："拔茅贞吉"，志在君也。

爻辞前两句与《泰卦》初九相同，但后者结论为"征吉"，这里则为"贞吉"。原因在于《泰卦》阳刚初九与九二、九三抱团成乾，刚健者利于进取。而《否卦》初六则与六二、六三抱团成坤，柔顺者利于守正以求吉祥而顺通。《象传》认为可以据此判断，初六立志为君主九五效劳（初六与九四相应共辅其主）。

六二：包承，小人吉，大人否，亨。

《象》曰："大人否，亨"，不乱群也。

爻辞"包承"，可释为六二有包容之心与承上顺命（与九五相应）之情。对小人说来，这是求取吉利的一条门径。但对大人说来并不合宜而予否定，由此更显品德高尚而致亨通。《象传》认为：大人不行小人之道，显示其不随波逐流而扰乱大众。

六三：包羞。

《象》曰："包羞"，位不当也。

《象传》说："包羞"，即包容掩盖羞耻情事，是由于六三的坐位不正当（阴居阳位）。

九四：有命无咎，畴离祉。

《象》曰："有命无咎"，志行也。

爻辞"有命无咎"，即九四有君主九五的命令在手，不会发生祸患过错。对此，《象传》指出，其志向得以践行。爻辞"畴离祉"

指同类（畴，指九五与上九）相依（离有依附之义），当得福报（祉）。

九五：休否，大人吉。其亡其亡，系于苞桑。

《象》曰："大人之吉"，位正当也。

爻辞说，消除否塞，大人吉利。要抱着"国家将亡、国家将亡"的危机感，像丛生的桑树（苞桑）那样紧密联系在一起（团结一致改变局面）。《象传》认为，大人之所以吉祥，表明其所居位置正当（九五刚遇阳位而守中）。

上九：倾否，先否后喜。

《象》曰：否终则倾，何可长也。

爻辞"倾否"，即推翻否塞的世道，先要经受阻难，而后方得喜庆。《象传》指出，否塞之世道最终必被推翻，怎么可能长久呢？

5. 解卦德

否泰之德，对立统一而各有侧重，要义皆为促进"君子道长，小人道消"。当否之时，特别强调领导者的中正之德、危机意识与团结观念，对于有影响的社会人士则应依《象传》之箴："君子以俭德辟难，不可荣以禄。"认真约束身心，回避祸乱，切不可趋炎附势，以图一时之利。《系辞传》更告诫人们："君子安而不忘危，存而不忘亡，治而不忘乱，是以身安而国家可保也。"

6. 解卦主

六二阴柔中正，与九五相应，身居下位而心系大局，包容于否难之时，承命于困阻之际，为成卦之主。九五阳刚中正，临其位而守其职，下情上达，上令下行，心存危亡之感而致力于加强团结，强势扭转否塞，理当主卦之主。

卦十三　同人（䷌乾上离下）

《同人》：同人于野，亨，利涉大川，利君子贞。

1. 解卦名

《序卦传》曰:"物不可以终否,故受之以《同人》。"指同人为闭塞状态终结后顺时产生的社会现象。否塞之世,人与人之间的正常关系受到阻隔。拨乱反正,人们自当和同。《杂卦传》明确指出:"同人亲也。"即人与人亲和,谓之同人。

2. 解卦象

《象》曰:天与火,《同人》。君子以类族辨物。

《象传》说:上卦为乾天,下卦为离火,构成《同人》卦象。火势炎上,向天而升。《文言传》提出:"水流湿,火就燥。""本乎天者亲上,本乎地者亲下,则各从其类也。"从卦象看,也寓同类相亲之义。《象传》由此推论:"君子以类族辨物。"分门别类,明本归族,进而探究性状,辨识事物,是孔子哲学的一个认识方法。

3. 解卦辞

《彖》曰:《同人》,柔得位得中而应乎乾,曰同人。《同人》曰:"同人于野,亨,利涉大川。"乾行也,文明以健,中正而应,君子正也。唯君子为能通天下之志。

《彖传》说,《同人》这个卦象,唯一的阴爻居位端正而处下卦之中,并与上卦乾之九五相应,所以谓之"同人"。《同人》卦辞说:"志同道合的人们聚集在开阔的原野上,一切顺通,有利于跨越大江大河。"这就是乾天的品行。文明(下卦离)而刚健(上卦乾),九五中正而又得六二响应,显示君子坚守正道。唯有君子才能会通天下人们的思想。

4. 解爻辞

初九:同人于门,无咎。

《象》曰:出门同人,又谁咎也!

爻辞说:"志同道合的人会聚门前,并无过错祸患。"对此,《象传》评述道:出门与人亲近和同,又有谁会犯过错,得祸患呢!

六二：同人于宗，吝。

《象》曰："同人于宗"，吝道也。

爻辞说："在宗族内会聚同类人众，会遭到麻烦（吝，亦可释为羞辱、困难、悔恨等）。"《象传》则在"吝"字后面加一"道"字。"吝"示不良后果，"吝道"则深入到思想观念与行为方式。

九三：伏戎于莽，升其高陵，三岁不兴。

《象》曰："伏戎于莽"，敌刚也。"三岁不兴"，安行也。

爻辞说："隐藏军兵于野草丛中，登上高高的土山（瞭望动静），连续三年不敢发兵。"《象传》认为，"隐藏军兵于野草丛中"，显示九三与强刚（九五）为敌。（九三亲比六二，而六二又与九五和应。）"连续三年不敢发兵"，安分而行。

九四：乘其墉，弗克攻，吉。

《象》曰："乘其墉"，义弗克也。其吉，则困而反则也。

爻辞说："跨登在高墙（墉：高墙，城墙）上，但不能进攻，吉祥。"《象传》指出"跨登在高墙上"，就道义而言，不能进攻。这样做吉祥，在于其处困境而能回归原则（"反"通"返"）。（这条爻辞有多种解读。程颐认为九四"亦与五为仇者"，"四切近于五如隔墉"。朱熹则认为九四"欲同于六二而为三所隔，故为乘墉以攻之之象"。到底九四是与九三为敌还是与九五为仇？当以朱说较妥。一是"乘墉"有居高临下之意。二是《象传》强调道义，依据道义，九三与六二正当亲比，九四何由干涉？所以，"困而反则"很中肯。）

九五：同人，先号咷而后笑，大师克相遇。

《象》曰："同人之先"，以中直也。"大师相遇"，言相克也。

《象传》说：在与人和同之先（号咷哭喊陈情），九五显示出中正爽直。"两支大部队相互会合"，说明共同取得胜利（由此反映了九五与六二终于走到一起的先哭后笑的过程）。

上九：同人于郊，无悔。

《象》曰："同人于郊"，志未得也。

《象传》说：爻辞"同人于郊"（由于郊外人烟稀少，难找志同道合的人），表明上六的意愿得不到实现，这也与爻辞"无悔"内在地联系起来。从卦象看，上六已处同人末期，下无比应，显示孤立少援，处于同人会聚不多的"城郊"。但其所居之上卦总体为乾，秉性刚健，始终未丧同人之志，虽未达目的而无悔。

5. 解卦德

同人倡导人与人相互和同。和与同密切联系，常常互为因果。以和求取大同，和是手段，同是目标；以同保合大和，同是途径，和是结果。君子之同，应是心同、志同，以期大同。君子之和，应是气和、中和，终达大和。所以《易传》阐释此卦，注重中正、中直，赞赏"同人于野"（宽弘无私），反对"同人于宗"（拉帮结派）。（至于《论语》所载"君子和而不同，小人同而不和"，是在一定背景下，即存在观念分歧或对事件处置态度不一的情况下所提出的君子与小人之别：君子平心静气，与人为善而始终保持自己的正确见解，小人表面迎合顺同，内心却怨恨反对。）

6. 解卦主

全卦唯六二一阴而能和同其他诸阳，尤其与九五相应，《彖传》赞以"柔得位得中而应乎乾"，故为成卦之主。（爻辞虽评价不高，然应以卦象系统全局为主要着眼点，如《系辞传》所言："知者观其彖辞，则思过半矣。"）主卦之主必为九五，因其刚健中正，志向坚定，和应六二，终得"大师克相遇"的胜利果实。

卦十四　大有（☲离上乾下）

《大有》：元亨。

1. 解卦名

《杂卦传》曰："与人同者，物必归焉，故受之以《大有》。"这就是说，人与人和同，同心协力，和气生财，物质财富由此源源来归，所以《同人卦》后接着《大有卦》。《杂卦传》则谓"大有,众也"。"众"不仅指物质资源丰富,而且指人力资源丰富,人多力量大,人心齐,泰山移。

2. 解卦象

《象》曰:火在天上,《大有》。君子以遏恶扬善,顺天休命。

《象传》说:"(离)火在(乾)天上燃烧。"(这是光明之火、热能之火,其实就是升于天空的太阳在发光。)大自然的这种德行,启示人们遏制恶行,发扬善德,顺从客观规律,修美自身命运("休"涵美好之义,此处转为动词,即通过遏恶扬善,顺从规律,促使命运美好)。

3. 解卦辞

《象》曰:《大有》,柔得尊位,大中而上下应之,曰大有。其德刚健而文明,应乎天而时行,是以元亨。

卦辞极短,仅"元亨"二字。《象传》却作了大段阐释。它指出:《大有》这个卦象,(全卦唯一的)阴柔六五取得尊贵的爻位,以盛大之德践行中道而上下阳刚皆予和应,所以称作"大有"。它的德性刚健(下卦乾)而文明(上卦离)。顺应天道,与时偕行,所以能够大通。

4. 解爻辞

初九:无交害,匪咎。艰则无咎。

《象》曰:大有初九,无交害也。

《象传》说:《大有卦》的初九爻(阳处刚位之正),进行交往没有祸害过错(解析爻辞"无交害")。(因为《大有》初始要打开交往之门,存在一定困难)所以爻辞说"艰苦奋斗就没有祸害过错"。

九二:大车以载,有攸往,无咎。

《象》曰:"大车以载",积中不败也。

《象传》说:爻辞"用大车运载财物",表明九二(阳刚居中)积累善德与财富不会失败,也间接解答了爻辞"有所进,并无祸害"。

九三：公用亨于天子，小人弗克。

《象》曰："公用亨于天子"，小人害也。

爻辞说"公侯大臣受君主赏赐享用餐饮"（程颐认为"用享"是"奉上"，即公侯向天子献宴，主宾相反，存疑），又说"小人不能有此待遇"。《象传》解释道：小人不能享用，有害无益。

九四：匪其彭，无咎。

《象》曰："匪其彭，无咎"，明辨晰也。

《象传》说：爻辞"不搞盛大的声势形式（'彭'通'庞'，盛大貌），没有祸害"（否则树大招风）。它表明，分辨清楚是非得失是明智的（晰：明白，明智）。

六五：厥孚交如，威如，吉。

《象》曰："厥孚交如"，信以发志也。"威如之吉"，易而无备也。

《象传》说：六五"厥孚交如"，即以其（厥）诚信（孚）与人交结往来（如为语气助辞），是以诚信发扬志向。"威严庄重之所以吉祥"，在于平易明白，他人无须戒备。

上九：自天佑之，吉无不利。

《象》曰：大有上吉，自天佑也。

《象传》说：上九居大有之上位，它能吉祥如意，来自顺应天道而得到护佑（呼应《彖传》"应乎天而时行"）。

5. 解卦德

《大有卦》由下乾上离两个单卦构成，象征达到大有的两个基本要素：第一，乾：顺乎天时，刚健有为；第二，离：日新其德，和谐文明。（《同人卦》与《大有卦》相综，由下离上乾两个单卦构成。《彖传》对《同人卦》的阐析是"文明以健"；对《大有卦》则为"刚健而文明"。一是"明以健"，一是"健而明"，言简意赅。）

6. 解卦主

六五居尊得中，秉持诚信而以一阴引领诸阳，顺天应人，成大有之业,《象传》誉之为"柔得尊位而上下应之"者,为主卦之主兼成卦之主。

卦十五 谦(☷坤上艮下)

《谦》:亨,君子有终。

1. 解卦名

《序卦传》曰:"有大者不可以盈,故受之以《谦》。"大有,盛大富有,必众人尊崇,不乏捧场。此时恰须慎防骄狂,谦卑为人。《杂卦传》曰:"谦轻。"《说文解字》则谓"谦,敬也"。二者相反相成。轻者,对自己要轻,不能看得太重太高;敬者,待别人要敬,遵守礼仪,充分尊重。

2. 解卦象

《象》曰:地中有山,《谦》。君子以裒多益寡,称物平施。

《象传》说:平地(上卦坤)中却立有高山(下卦艮),构成《谦卦》之象。山入地中,去高就低,君子应效法卦象展示的义理,减损(裒póu:减少)富余,补益不足;衡量事物情状,公平进行分配。

3. 解卦辞

《彖》曰:谦亨。天道下济而光明,地道卑而上行。天道亏盈而益谦,地道变盈而流谦,鬼神害盈而福谦,人道恶盈而好谦。谦尊而光,卑而不可逾,君子之终也。

《彖传》据卦辞发挥义理说:"谦逊会顺通。"(合乎规律)请看:天道表现为自上而下地普济光明(以乾阳之天下交坤阴之地,如阳光驱寒、云雨润土等),地道则表现为自下而上地积极升进(如地气上升为风、地水上升为云、地电上升为雷等,以坤阴之地上交乾阳之天)。天道亏损盈满(如山高易塌),增益谦虚(如苗微而长);地道改变盈满(如水盈而溢),畅流谦虚(如瀑水下奔);鬼神伤害盈满,施福谦虚(因果报应);人道嫌恶盈满,爱好谦虚(谦受益，满招损）。谦虚，受人尊敬而光荣，貌似卑下而不可逾越，它是君子坚持至终的美德。

4. 解爻辞

初六：谦谦君子，用涉大川。吉。

《象》曰："谦谦君子"，卑以自牧也。

《象传》说：爻辞"谦逊之至的君子"，是以低下的姿态进行自我约束与自我修养（"牧"有治理、管理之义）。这种姿态，如爻辞所言，"用以渡越大江大河（跨越险阻），吉祥平安"。

六二：鸣谦，贞吉。

《象》曰："鸣谦贞吉"，中心得也。

《象传》说：爻辞"谦虚得到共鸣，正固吉祥"，表明六二居下卦之中而对谦逊美德心有所悟。

九三：劳谦君子，有终吉。

《象》曰："劳谦君子"，万民服也。

《象传》说：爻辞"勤劳而又谦逊的君子"，人民大众都信服他。这也间接解析了爻辞"有终吉"，结果必然吉祥。

六四：无不利，㧑谦。

《象》曰："无不利，㧑谦"，不违则也。

六四阴居柔位，象见正定。《象传》说爻辞"无不利，㧑谦"，即做事没有不利的，发挥了（㧑huī：《说文》释为"裂也"，《集韵》释为"佐也"，《程传》释为"施布之象"，《周易本义》释为"发挥也"，古文"㧑""挥"可通，现采朱熹说）谦逊优势。对此，《象传》指出原因在于：（六四位正德善）不违反为人准则。

六五：不富，以其邻。利用侵伐，无不利。

《象》曰："利用侵伐"，征不服也。

六五及上下均为阴柔，虚而不实，所以爻辞说"不富"。但其邻居皆同心同德，组成顺和的坤卦。所以可利用这种优势进行征战而无不利。《象传》则强调"利用侵伐"，只是为了征讨不服从统一指挥的地方势力。

上六：鸣谦，利用行师，征邑国。

《象》曰："鸣谦"，志未得也。可"用行师，征邑国"也。

《象传》说：爻辞"宣扬谦逊"，表明上六尚未得志，但可利用这样的宣传出动军队，征服不听从统一领导的地方小国。（六二"鸣谦"释为"共鸣"谦逊，而上六则释为"宣扬"谦逊，是因为六二有九三亲比。上六虽也可与九三相应，但前者近，后者远，所以爻辞谓"志未得也"。）

5. 解卦德

谦虚逊顺是中华传统美德，其特点为外形卑而内品高，如卦象所示，高山伏于地下。《易传》将谦列为"九德"之一，认为"谦，德之柄也"，"谦尊而光"，"谦以制礼"。"德之柄"指道德的抓手，"尊而光"指君子的品格，"制礼"指社会交往的行为准则。朱熹还将谦列为"用兵之道"。

6. 解卦主

全卦唯九三为阳刚之爻，位正志坚，居下卦而更显谦，爻辞誉为"劳谦君子"，《象传》赞为"万民服也"。就卦象观之，亦为诸阴所信从，所以可为当之无愧的卦主。

卦十六　豫（䷏震上坤下）

《豫》：利建侯行师。

1. 解卦名

《序卦传》曰："有大而能谦必豫，故受之以《豫》。"《大有卦》显示富足，《谦卦》显示顺通而"君子有终"，所以接下来的一卦便是展现和乐的《豫卦》。程颐说："豫者，安和悦乐之义。"但《说卦传》则云："谦轻而豫怠也。"豫为什么会怠？因为倘若一味享乐，耽于安悦，就有可能像蜀国后主刘禅那样"乐不思蜀"了。因此，和悦与懈怠相反相成于卦名之义。《说文解字》谓豫系"象之大者",象本为庞然大物,豫又是大中之大者。或以为豫是一种体形不大的野兽,生性多疑,故与猴属之犹相联系而成"犹豫"一词。倘比照"不终日""迟有悔""吁豫""由豫""勿疑"等诸多爻辞,或许其中固有某种程度的"犹豫"之意。人应防止耽于安乐,亦应避免临事不决。

2. 解卦象

《象》曰:雷出地奋,《豫》。先王以作乐崇德,殷荐之上帝,以配祖考。

《象传》说:雷动(上卦震)声出,大地(下卦坤)振奋,这是《豫卦》。卦象展示的自然景象启发古代贤明君主制作乐曲,崇尚道德,并通过盛大祭礼(殷荐)献给天帝,一并祭祀祖先。

3. 解卦辞

《彖》曰:豫,刚应而志行,顺以动,豫。豫,顺以动,故天地如之,而况"建侯行师"乎? 天地以顺动,故日月不过而四时不忒。圣人以顺动,则刑罚轻而民服。豫之时义大矣哉!

《彖传》说:《豫卦》之象,表现为"刚应而志行",即阳刚九四得到诸阴柔,特别是六三之比与初六之应,由此展示志向得以践行。顺时而动,是《豫》的卦象含义。豫意味着顺时而动,所以天地运行也同样如此,何况"建侯行师",即建设邑国、行军出征呢? 天地顺时而动,因此日月运行不会出差错,四时循环不会有偏误。圣人顺时而动,因此法治清明,赏罚得当,人民信服。豫的时义主指顺时而动的意义真博大呀!(这里释"顺"为顺时而非顺和,根据在《彖传》最后所概括的"豫之时义"。《易传》所说的时,泛指阴阳消长,不仅指时间过程,而且可指与时相应的情势、格局、事物等。顺时当然也具顺和之义。)

4. 解爻辞

初六:鸣豫,凶。

《象》曰:"初六鸣豫",志穷凶也。

《象传》说,初六初出茅庐就洋洋得意,自鸣其乐,表明志向没落,所以爻辞谓"凶"。

六二:介于石,不终日,贞吉。

《象》曰:"不终日,贞吉",以中正也。

爻辞中的"介",易学主流历来释为"节介""操守"。但按《系辞传》中对"介"字的运用,笔者认为宜释为"界",延伸为"中间阻隔"。《说文解字》云:"介,画也。""画,界也。"据此阐释爻辞,意谓"阻隔在磐石前,不再整天等待,走正道则吉"。《象传》阐析道:(能够做到这样)在于六二既中又正。

六三:盱豫,悔,迟有悔。

《象》曰:"盱豫有悔",位不当也。

爻辞说:"六三眼睛向上(盱 xū:上视)盯住九四(二者阴阳相比),贪图逸乐而有悔,迟迟认识不到,更有悔恨。"《象传》分析卦象,指出"盱豫有悔"的原因:六三阴居阳位,不正当。

九四:由豫,大有得。勿疑,朋盍簪。

《象》曰:"由豫,大有得",志大行也。

《象传》说:"由于和乐,大有所得。"表明九四的志向得到大力践行。九四阳刚,上近卦主六五,下比阴柔六三,应尽其职责而如爻辞所言"不要迟疑,把众多朋友团结集合起来"。〔"朋盍簪","盍"通"合","簪"(zān)是聚拢整理头发的首饰,象征友朋会集。〕

六五:贞疾,恒不死。

《象》曰:"六五贞疾",乘刚也。"恒不死",中未亡也。

《象传》说:"六五固执而得病",是由于驾乘于阳刚九四之上。"长久不死",是由于守持中道并未消亡。

上六:冥豫,成有渝,无咎。

《象》曰:冥豫在上,何可长也!

《象传》认为,上六高高在上自得其乐,属于"冥豫",即昏暗之乐,怎么可能长久呢? 爻辞则提到"这种既成的状况有了改变(渝),可以免去祸患"。

5. 解卦德

《豫卦》展示安悦和乐,其德在顺:顺天之时,顺人之心,这样才会"大有得","朋盍簪"。《象传》倡导作乐崇德,通过作乐的途径,达到崇德的目的。

6. 解卦主

一卦之主,常为少数。九四系全卦唯一阳刚,成豫而"大有得",主豫而"勿疑",上下应和,自然为主。

卦十七　随(䷐ 兑上震下)

《随》:元亨利贞,无咎。

1. 解卦名

《序卦传》曰:"豫必有随,故受之以《随》。"《豫卦》展示的悦乐人人欢喜,所以必有随从者而接以《随卦》,并赋"随"以随从、追随之义,也寓随时、随和之情。《杂卦传》则谓"随无故也"。这里的"无故",如《庄子》言"去故","故"即是"旧"。因为随从了新人新事,势必离散了故人故事,所以"随"还具从新去旧之意。

2. 解卦象

《象》曰:泽中有雷,《随》。君子以向晦入宴息。

《象传》说:水泽(上卦兑)中有雷(下卦震)。(泽水为坎,象色暗黑;震雷象动,暂息水中。)这是《随卦》。由此启示君子(劳逸结合)一到黄昏就应入室安("宴"通"安")息。

3. 解卦辞

《彖》曰:《随》,刚来而下柔。动而说,随。"大亨贞,无咎"。而天下随时,随时之义大矣哉!

《彖传》说:《随卦》之象,阳刚由原先上爻之位(此时上卦为乾)来到下卦初爻之位(原先下卦为坤。由于乾刚上九来到下卦坤柔,与初六交换位置,原先上乾下坤的《否卦》就成了上兑下震的《随卦》),卦象显示好动(下卦震)而喜悦(上卦兑,"说"通"悦"),名之为随。卦辞说"盛大,亨通,正固,没有祸患"(卦辞中原有一"利"字释略)。天下万事万物都随时运作,《随卦》包含与时偕行的意义多么伟大呀!(当《随》之时,刚来下柔,天下由"否"化"随"。)

4. 解爻辞

初九:官有渝,贞吉,出门交有功。

《象》曰:"官有渝",从正吉也。"出门交有功",不失也。

《象传》说:"官场有变化"(渝涵改变之义),守正吉祥。"出门交往会有成果",在于不失自己的刚正(初九刚居正位)本性。(就《随》的"时义"言,亦可解为不失时宜。)

六二:系小子,失丈夫。

《象》曰:"系小子",弗兼与也。

《象传》说:"与小伙子拉关系",不能脚踏两只船(兼与:双边交好,指六二既接近初九,又与九五相应)。(否则,如爻辞所言,会失去丈夫。)

六三:系丈夫,失小子。随有求得,利居贞。

《象》曰:"系丈夫",志舍下也。

《象传》说:"拴住丈夫(九四)",表明六三情愿放弃下面的初九。对爻辞"随时所求会有获得,利于安居守正"虽未加释解,但"志舍下"实已反映了"利居贞"的要求。

九四:随有获,贞凶。有孚在道,以明,何咎?

《象》曰:"随有获",其义凶也。"有孚在道",明功也。

《象传》说:"随和顺从而有收获",(但九四位近君主九五)固守此道(贞),从义理上看会遇凶险。而胸怀诚信之道,就能表明其功德(也间接解析了爻辞"有什么过错祸患呢")。

九五:孚于嘉,吉。

《象》曰:"孚于嘉,吉",位正中也。

《象传》说:爻辞"诚信表现于嘉美的行为,自然吉祥",是因为九五居位既正又中。

上六：拘系之，乃从维之，王用亨于西山。

《象》曰："拘系之"，上穷也。

《象传》说：爻辞"拘禁起来"，表明上六已无路可走。关于"乃从维之"，历来解读纷繁不一。现参照明代来知德的见解，释之为"再一次束缚起来"。而"王用亨于西山"则联系着周文王在西山进行祭祀的历史典故。

5. 解卦德

《随卦》之德，主要表现于两个方面：一是随人，谦和温良，择贤而从，必要时"刚来而下柔"；二是随时，本质是顺时。随必有求，而所求须正，力求"居贞"，"有孚在道"，"孚于嘉"。《象传》还提出"向晦入晏息"，白天勤奋工作，入夜及时休整。

6. 解卦主

《随卦》之象"刚来而下柔"，所以成卦之主应为下柔之阳刚，即初九。阳刚九五居中得正，胸怀诚信，并得六二和应，统领随时的大格局，为主卦之主。

卦十八　蛊（☶艮上巽下）

《蛊》：元亨，利涉大川。先甲三日，后甲三日。

1. 解卦名

《序卦传》曰："以喜随人者必有事，故受之以《蛊》。蛊者，事也。"《说文解字》谓"蛊，腹中虫也"。腹中生虫，当系坏事。程颐云："蛊之义，坏乱也。"又云："蛊者，事也。既蛊而治之，亦事也。"蛊是坏乱之事，整治坏事也是事。所以《杂卦传》曰："蛊则饰也。""饰"即整饰，整顿治理。

2. 解卦象

《象》曰：山下有风，《蛊》。君子以振民育德。

《象传》说:山(上卦艮)下有风(下卦巽),构成《蛊卦》之象。山风之象与蛊之事有何关联?程颐的解读是:"山下有风,风遇山而回,则物皆散乱,故为有事之象。"事件发生了,当须处置,而最根本的,则在遇风不乱,"任尔东南西北风,咬定青山不放松"。因此需要振奋民众,坚定信念,直道而行。而其基础则在培育道德。所以,《象传》提出君子要从《蛊》的卦象获得启悟,"振民育德"。

3. 解卦辞

《彖》曰:《蛊》,刚上而柔下,巽而止,蛊。"蛊元亨"而天下治也。"利涉大川",往有事也。"先甲三日,后甲三日",终则有始,天行也。

《彖传》说:《蛊卦》之象(由《泰卦》变化而来),阳刚初九升至上卦顶端与阴柔上六交换位置,阴柔上六下到卦底而成初六,于是下卦化巽而顺,上卦化艮而止,构成《蛊卦》。卦辞"蛊元亨",表明天下得到治理。"利涉大川",是说要跨越江河险阻去处理发生的事件。"先甲三日,后甲三日"告诉我们:事件的发生与处置都是有始有终的,这是自然运行的客观规律。("先甲三日,后甲三日",历来解释纷纭,如朱熹即从十天干的排列次序出发,推测"先甲三日为壬日,后甲三日为丁日"。而"丁"与"叮"同声,"壬"与"咛"同声,"丁壬"转为"叮咛",于是卦辞便添加了反复叮嘱的意蕴。读者不必拘泥一说,但需体会孔子哲学倡导意象思维的博大想象力。)

4. 解爻辞

初六:干父之蛊,有子,考无咎。厉,终吉。

《象》曰:"干父之蛊",意承考也。

爻辞说:"处理父亲做得不当的事情,有儿子来担当,老人无妨。虽有危险,最后仍然吉祥。"《象传》认为:"处理父亲做得不当的事情",表明其子有意继承先人事业。

九二:干母之蛊,不可贞。

《象》曰:"干母之蛊",得中道也。

《象传》说:"处理母亲做得不当的事情",表明九二(刚居柔位)掌握中道(不过刚,不生硬)。间接解析了爻辞"不可贞"(此处"贞"宜释为"固守常规")。

九三:干父之蛊,小有悔,无大咎。

《象》曰:"干父之蛊",终无咎也。

《象传》说:"处理父亲做得不当的事情",虽如爻辞所言"小有悔",稍有懊悔(九三刚正但未得中,处事或过于急躁),但最终并无过错(爻辞为"无大咎",与《象传》略有差异)。

六四:裕父之蛊,往见吝。

《象》曰:"裕父之蛊",往未得也。

《象传》说:"宽裕父亲做得不当的事情",表明六四前去处理没有结果。与爻辞"前去处理受辱"的论述总体一致。

六五:干父之蛊,用誉。

《象》曰:"干父用誉",承以德也。

《象传》说:"处理父亲做得不当的事情而受到赞誉",表明六五以其美德继承家业(六五位尊而居中)。

上九:不事王侯,高尚其事。

《象》曰:"不事王侯",志可则也。

《象传》说:"不入王公侯爵的官场",其志向可以令人效法。(间接解读爻辞"高尚其事",即上九认为自己的事业品位高尚。)

5. 解卦德

物腐生蛊,蛊在器内;坏乱起事,事系家中。《蛊卦》启示人们正确处理前人、长辈的问题,解开历史纠结,消除不良影响。既不急躁,亦不迟疑;坚持原则,周全处置。最重要的是秉持中道,绳之以法,振之以志,明之以德。《象传》由此倡导"振民育德"。

6. 解卦主

六五居君位而行中道,认真尽责治事,刚柔相济,正而不过,受到普遍称誉,为成卦兼主卦之主。

卦十九 临(坤上兑下)

《临》：元亨利贞，至于八月有凶。

1. 解卦名

《序卦传》曰："有事而后可大，故受之以《临》。临者，大也。"程颐解释道："临者，临民，临事，凡所临皆是。在卦象，取自上临下，临民之义。"有点"君临天下"的意思。为什么说"大"呢？程颐的见解是"二阳方长而盛大"，即卦底两个阳刚之爻正在向上发展，阳长阴消，其势盛大而其志宏大。又《周礼》注云："以尊降卑曰临"，所以"临"还涵"自上而下"之义。以上待下，应当给予所需，为此《杂卦传》集合《临》与《观》这对综卦概括指出："临观之义，或与或求"，即《临卦》象征给予，《观卦》象征需求。

2. 解卦象

《象》曰：泽上有地，《临》。君子以教思无穷，容保民无疆。

《象传》说：泽（下卦兑）上有地（上卦坤），构成《临卦》之象。泽水清而深，由此联想到"教思无穷"；大地宽而广，由此联想到"保民无疆"。（看来，孔子对山水怀有一种基于教学实践的特殊感情："仁者乐山，智者乐水。"他经常带领学生到水边进行教学。如《论语》所记："子在川上曰：逝者如斯乎。"而对学生曾皙"浴乎沂，风乎舞雩"的理想也很赞赏。在《易传》中，从乾坤始化而成《屯卦》，他就欢呼雨水"满盈"，倡导"建侯""经纶"。接着的《蒙卦》"山下出泉"，他又提出"蒙以养正"，"果行育德"。围绕"水流而不盈"的《坎卦》，则强调"行险而不失其信"，"常德行，习教事"。对木上有水的《井卦》，盛赞其"养而不穷"，据以"劳民劝相"，并视之为"德之地"，"居其所而迁"，"井以辨义"。联系双泽通水的《兑卦》，更提出"朋友讲习"，在教学中相得益彰的心愿与希望。）

3. 解卦辞

《彖》曰：《临》，刚浸而长，说而顺。刚中而应，大亨以正，天之道也。"至于八月有凶"，消不久也。

《彖传》说：《临卦》显示"刚浸而长"，刚爻由一阳复生而达双阳并进，由卦底渐渐地（浸）不断向上成长，既喜悦（下卦兑），又顺和（上卦坤）。九二阳刚居中，获得六五呼应，因此"大通而守正"，反映了乾天之道（解卦辞"元亨利贞"）。"至于八月有凶"，（因为阳刚不可能永远成长，所以）不久也将走向消亡。（"至于八月有凶"的具体阐释，纷繁复杂，有卦气说，有月候说，有七阳八阴说等等，均难置信，还是应从《易传》的基本义理上去体会领悟。）

4. 解爻辞

初九：咸临，贞吉。

《象》曰："咸临，贞吉"，志行正也。

《象传》说：爻辞"咸临"（"咸"通"感"，即阳刚初九与阴柔六四相感应而来临），"贞吉"（纯正吉祥），表明初九的志向行为端正（初九刚居阳位而得正）。

九二：咸临，吉无不利。

《象》曰："咸临，吉无不利"，未顺命也。

九二与六五阴阳相应而"咸临"，爻辞认为"吉祥而无不利"，唯《象传》却评之"未顺命也"。如何理解，颇多异说，但皆不足令人释然。笔者于此出一新见，或可助悟《易传》妙谛。大家知道，九二与六五各居上下卦之中，但九二以刚居柔而六五以柔居刚。咸者，无心之感也。无心，其志自刚；相感，所处宜柔。因此九二得"咸"之要义而顺《象传》所言的"天之道"，而并非顺六五"以柔居刚"即柔内刚外的君之命。所谓"未顺命也"，九二虽与六五合应，却并未顺从其不合时宜的命令也。

六三：甘临，无攸利。既忧之，无咎。

《象》曰："甘临"，位不当也。"既忧之"，咎不长也。

《象传》说："甘临"（六三阴柔心甘情愿地亲临阳刚九二），问题在所居位置不当（阴居阳位）。"既忧之"（表明六三已有忧虑，开始反省），过错就不会长期存在下去了（对爻辞"没有过错"的说法略加修正）。

六四：至临，无咎。

《象》曰："至临，无咎"，位当也。

六四阴柔，与阳刚初九相应，至为亲密，可谓"至临"。《象传》认为，爻辞说"至临没有过错"，是由于六四位置适当（阴居偶数柔位）。

六五：知临，大君之宜，吉。

《象》曰："大君之宜"，行中之谓也。

六五居君位而守中，与下卦九二相应，可谓"知临"。爻辞说"君王的行为得体，吉祥"，《象传》认为这是说六五践行中道。

上六：敦临，吉，无咎。

《象》曰：敦临之吉，志在内也。

上六阴居柔位而得正，以上临下，朴实（敦）顺和地对待下卦阳刚，爻辞说"敦临，吉祥，没有过错祸患"。《象传》认为：（它表明）上六心里想着内卦的两个阳刚。

5. 解卦德

"临"的基本卦义为自上而下的给予，也包括参与，故而注重领导者的品德与风格。上卦坤象征顺和民意，下卦兑象征泽润天下。"知临"当行中道，"敦临"重在尊贤。《象传》倡导"教思无穷"，"保民无疆"。

6. 解卦主

《临卦》反映阳长阴消之时。初九与九二共同代表阳长，《象传》赞初九"大亨以正"，赞九二"刚中而应"，同为成卦之主。六五居君位而当阴消之际，能顺时应和阳刚，"知临而宜"，故为主卦之主。

卦二十　观(☶巽上坤下)

《观》:盥而不荐,有孚颙若。

1. 解卦名

《序卦传》曰:"物大然后可观,故受之以《观》。"是"观"既具视看之义,又具展示之义。基于《彖传》"大观在上"与《杂卦传》赋"观"以"求"之义,《观卦》还显示自下而上求取的意境。

2. 解卦象

《象》曰:风行地上,《观》。先王以省方观民设教。

《象传》说:风(上卦巽)飘行在地上(下卦坤),构成《观卦》之象,前朝君王效法其义,以风向四方飘行的逊和姿态广泛巡视各地,体察民情,部署文化教育方略。

3. 解卦辞

《彖》曰:大观在上,顺而巽,中正以观天下,《观》。"盥而不荐,有孚颙若",下观而化也。观天之神道而四时不忒,圣人以神道设教而天下服矣。

《象传》说:九五与上九两位大人(阳刚)居上位而观下方,既和顺(下卦坤),又谦逊(上卦巽)。九五秉持中正之道观察天下,展示《观卦》之象。爻辞"清洗(盥 guàn)双手而不匆促供奉祭品(荐),显示诚信(有孚)庄重(颙 yōng)的姿态",表明下方民众经过君王巡观而受到教化。观察天的神明之道,四季运转不出差误。圣人以神明之道设卦系辞进行教化,天下万众均已信服。

4. 解爻辞

初六:童观,小人无咎,君子吝。

《象》曰:"初六童观",小人道也。

《象传》说:初六(处《观》之始,柔居刚位,冒失不正)仰观上方阳刚,体现小人之见、小人之道。对爻辞"小人没有过错,君子会受羞辱"并未评析。

六二：窥观，利女贞。

《象》曰："窥观女贞"，亦可丑也。

六二阴柔，思想正统保守，与阳刚九五相应，却不敢直面相见，只是偷偷观看（窥观）。爻辞说"有利于保持女子纯正"，但《象传》认为"这也是一件可丑之事"。

六三：观我生，进退。

《象》曰："观我生，进退"，未失道也。

六三既与上九远应欲进，又与初六、六二结为坤地共同体而不想离群，故见"进退"不定之象。朱熹释"我生"为"我之行也"。据此解《象传》之意为："观察我的生活行为与环境情状，决定前进还是后退"，并没有丧失事理。

六四：观国之光，利用宾于王。

《象》曰："观国之光"，尚宾也。

《象传》说：（六四阴柔，顺和得正而亲比九五）受邀参观国家的光辉成就，表明君王尊重来宾，所以爻辞又说"有利于通过接待宾客召见贤能之人为君王效力"。

九五：观我生，君子无咎。

《象》曰："观我生"，观民也。

九五阳刚以中正居君主之位，他的生活、行为都会广泛影响到民众的生活、行为，所以《象传》说"观我生"就是观察民生、民情。（由此进行自我反省）所以爻辞说"君子能免过错"。

上九：观其生，君子无咎。

《象》曰："观其生"，志未平也。

九五"观我生"，主体是九五，"观我"是观自己。上九"观其生"，上九是客体，是被观对象。人们审视已经退位的上九生平，议论其功过是非。（上九虽已力不从心，但还有六三呼应于下）胸怀大志未能实现而不能平释。

5. 解卦德

"观"实际上是双向行为:上观下,察民生;下观上,考政情。所以"观"的德性首在诚敬:"有孚颙若。"诚信通上下,敬慎顺众心。为求诚敬,教化先行。所以《彖传》赞赏"圣人以神道设教",《象传》则强调"观民设教",调查研究,考察民情,布设文化教育举措。

6. 解卦主

《彖传》明指"大观在上",故九五与上九皆可为成卦之主。九五又具"中正以观天下"的大德而兼主卦之主。当阴长阳消之时,可谓政德昭昭。

卦二十一　噬嗑(☲离上震下)

《噬嗑》:亨,利用狱。

1. 解卦名

《序卦传》曰:"可观而后有所合,故受之以《噬嗑》。嗑者,合也。"以此解析《噬嗑卦》接在《观卦》后面的原因:经过观察,见到可以相互结合的事物,于是进行"噬嗑"。"嗑"的意思就是"合"。"噬嗑"即"噬而嗑之",亦即咬合。所以《杂卦传》说"噬嗑,食也"。而《象传》则描述为"颐中有物,曰噬嗑",即面颊中间有物,即嘴中有物,亦即在咬嚼食物。因此,三传文辞有异,其情则同。

2. 解卦象

《象》曰:雷电,《噬嗑》。先王以明罚敕法。

《象传》说:震雷与闪电,构成《噬嗑》卦象(震象征雷厉风行,电象征正大光明)。从而启示前朝君王弘扬这种精神,雷厉风行地明定刑罚,正大光明地颁布律法。

3. 解卦辞

《彖》曰:颐中有物,曰"噬嗑"。"噬嗑而亨"。刚柔分,动而明,雷电合而章。柔得中而上行,虽不当位,"利用狱"也。

《象传》说:面颊中间有东西(食物),称作"噬嗑"。"噬嗑而亨",即通过咬嚼就会通畅。"刚柔分"有两层含义:一是下卦震为阳刚之卦,上卦离为阴柔之卦,上下分布。二是全卦阳刚之爻与阴柔之爻各三,相互均分。"雷电合而章"指震(雷)离(电)二卦合成完整的(法治)篇章("章"亦可通"彰",文采鲜明)。"柔得中而上行"指原在坤卦的阴柔初六升至上卦乾的中位与原先的九五互换位置(使原来的《否卦》化成《噬嗑卦》)。"虽不当位",指六五柔居刚位,恰恰由此达到刚柔相济而"利用狱",有利于恰当地审定案件。

4. 解爻辞

初九:屦校灭趾,无咎。

《象》曰:"屦校灭趾",不行也。

《象传》说:"带上脚镣(屦校 jù jiào)伤损足趾",就不能行走了。"不行"的深层含义是罪犯经刑罚教育而不再去做违法之事,以此解释爻辞结语"无咎",没有祸患。

六二:噬肤灭鼻,无咎。

《象》曰:"噬肤灭鼻",乘刚也。

《象传》说:"咬破皮肤,割去鼻头",是由于六二阴柔凌驾于阳刚初九之上。

六三:噬腊肉,遇毒。小吝,无咎。

《象》曰:"遇毒",位不当也。

《象传》说:六三咬食腊肉时"中毒",是由于以阴居阳,位置不当。爻辞说"稍受困辱而无灾祸"(因为六三亲比具有相当权势的阳刚九四)。

九四:噬干胏,得金矢。利艰贞,吉。

《象》曰:"利艰贞吉",未光也。

爻辞谓"咬嚼坚硬的干肉(胏 zǐ:带骨之肉),获得一支金箭。利于艰苦守正,获致吉祥"。《象传》则认为尚未发扬光大。所言的因果关系似未明确。其实,《象传》是通过卦爻象来解经释义的。九四位居上卦离之下沿,正在接近光明(离)的核心点(六五)而尚未达到,所以尚需艰苦守正,以求吉祥。反之,正在艰苦守正,以求吉祥,则说明尚未光大。

六五:噬干肉,得黄金。贞厉,无咎。

《象》曰:"贞厉,无咎",得当也。

爻辞说:"咬食干肉,得到黄金。守正有风险,但无祸患。"对此,《象传》析为"得当",即六五居尊位而行中道,虽然"贞厉",守正有风险(公正执法常多阻力),但无祸患。

上九:何校灭耳,凶。

《象》曰:"何校灭耳",聪不明也。

《象传》说:"脖子上套着("何"通"荷")木枷(校),磨灭了耳朵",表明听觉已不分明(听不进良言忠告,违法受刑),所以爻辞说"凶"。

5. 解卦德

《噬嗑卦》阐明刑罚的作用与原则,强调公正适中,刚柔相济,达到"雷电合而章",既有雷的声势,又有电的光亮,合而益彰。"明罚敕法",明定刑罚,颁布法规。

6. 解卦主

《象传》谓"柔得中而上行"的六五,即爻辞所云"噬干肉,得黄金"者,为全卦之主。由此表明,实施刑罚,加强法制,要特别注重秉持中道,宽严适度。

卦二十二　贲(䷕艮上离下)

《贲》:亨,小利有攸往。

1. 解卦名

《序卦传》曰:"物不可以苟合而已,故受之以《贲》。贲者,饰也。"《说文解字》亦云:"贲(bì),饰也,从贝。"《序卦传》认为,《噬嗑》之合,不可随便凑合,所以接着要连上《贲卦》,以示装饰。但《杂卦传》却说"贲无色也"。因此,《贲卦》象征的装饰是无色之饰,亦即淡妆素色。其根据是经文中有"白贲"的表述。《论语》中亦有"绘事后素"之言。事实上,先经淡素的无色之饰,此后才能更显亮丽。

2. 解卦象

《象》曰:山下有火,《贲》。君子以明庶政,无敢折狱。

《象传》说:山(上卦艮)下有火(下卦离),是《贲卦》之象。下卦离火象征光明,《象传》引申为"明庶政",即明白有关民众的具体政务。上卦艮山象征阻止,《象传》引申为"无敢折狱",不轻率随意地判决案件。

3. 解卦辞

《彖》曰:"贲亨",柔来而文刚,故亨。分刚上而文柔,故"小利有攸往",天文也。文明以止,人文也。观乎天文,以察时变;观乎人文,以化成天下。

《彖传》说:卦辞"《贲》的卦象亨通",是由于原先上卦坤的阴柔上六来到原先下卦乾的中间位置,以文饰初九与九三两个阳刚,所以"亨通"。原先下卦乾中间的九二(分刚)来到原先上卦坤的位置(上六与九二互换位置而使原先的《泰卦》化成《贲卦》),以文饰六四与六五两个阴柔,所以小(阴柔)利有所前进。刚柔往来,交互为文,形成天文的自然之文。"文明以止",到达文明(下卦离)的境界而止步(上卦艮),则形成人文。观看天文,以期察知时令节气的变化。观察人文,以求教化万众,化成和谐美好的天下。

4. 解爻辞

初九:贲其趾,舍车而徒。

《象》曰:"舍车而徒",义弗乘也。

初九与六四相应,为避六二之乘与九三之妒,舍弃坐车而前往。

《象传》说:初九"舍弃坐车而徒步行走",是从道义出发(安守下位,艰苦朴素,避免人际关系纠葛)而不乘车的。爻辞说"贲其趾",因为初九位于全卦底层,如人身之脚趾,是文饰刚开始的处所。

六二:贲其须。

《象》曰:"贲其须",与上兴也。

《象传》说:"文饰他的胡须"(文饰由下向上,由趾到须),意味着与上司配合以求兴盛。上司指居六二之上的九三,二者刚柔相比。王弼认为是"近而相得者也",并指出"须之为物,上附者也",即胡须是向上(头面)依附的东西。

九三:贲如濡如,永贞吉。

《象》曰:"永贞之吉",终莫之陵也。

《象传》说:"永远纯正而保吉祥",表明九三最终不会受到欺凌("陵"通"凌")。欺凌来自六四:以柔乘刚。但九三阳居刚位,始终纯正自守,与六二亲比无间,如爻辞描述:"贲如濡如",文饰得十分滋润(濡:沾湿,涵润泽之义)。

六四:贲如皤如,白马翰如,匪寇婚媾。

《象》曰:六四,当位疑也。"匪寇婚媾",终无尤也。

六四柔而正,静而文,与阳刚初九相应,却为九三所阻。爻辞"贲如皤如"描述素白洁净的样子。"白马翰如"众说不一,朱熹认为,"人白马亦白",六四不顾九三阻拦,乘坐白马像飞鸟一样(翰为鸟之翅)奔向初九。但九三并非强寇,亲比六四只为婚姻。李光地则认为,"白马翰如"指初九向六四飞驰而来。二者皆运用意象思维,所说可以并存。但细细推究,李说存疑:初九"义弗乘车",怎么能驾马出行呢?《象传》指出,六四所处之位,既与九三近比,又与初九远应,因此犹豫不决。然而既非强盗前来抢亲,终究不会怨尤。

六五：贲于丘园，束帛笺笺。吝，终吉。

《象》曰：六五之吉，有喜也。

《象传》说：六五爻辞"最终吉祥"，表明"有喜"。有什么可喜？从两方面看：一是"贲于丘园"，在山丘园地进行文饰，高尚文雅（山丘高地，爻象当指上九，与六五刚柔相比）。二是"束帛笺笺"，"束帛"是古代由十条丝绢组成的织物，"笺笺"是数量很少。用很少的丝织品文饰高贵的丘园，反映六五居高位而不骄，朴素节约，尽管稍见吝啬，有些屈辱，但结果很好，终能吉祥。

上九：白贲，无咎。

《象》曰："白贲无咎"，上得志也。

《象传》说，爻辞"素白朴实的文饰，没有过错祸患"，表明上九实现了自己的愿望，心满意足。

5. 解卦德

仪容礼貌，人不可少，表现为贲，须重实质。形式固不可缺，内容尤其重要。"贲"以素文淳朴为饰，更重刚柔之间以文交往和合，以文处事致明，以文"化成天下"，从而创造了一个亘古通今的"文化"经典概念。

6. 解卦主

"贲"表现为素文之饰，素展示事物的本质。事物本质之文，即刚柔之文，阴阳之合。因此孔子在《易传》中既强调"刚上而文柔"，又倡导"柔来而文刚"。前者指上九，后者指六二，同为卦主。

卦二十三　剥（䷖艮上坤下）

《剥》：不利有攸往。

1. 解卦名

《序卦传》曰："致饰然后亨则尽矣，故受之以《剥》。剥者，剥也。"大意为上一个《贲卦》,力求文饰,开始还"小利有攸往",到后来就不通顺了。所以接着的卦象是《剥》。所谓"剥",便是"剥蚀"的"剥"。《杂卦传》曰:"剥,烂也。"物烂而剥落。《说文解字》则云:"剥,裂也。从刀从录,刻割也。"剥蚀、剥烂、剥裂、剥落,意义相近。但剥蚀、剥烂偏重剥的内因,剥裂侧重剥的外因,剥落则二者兼而有之。

2. 解卦象

《象》曰:山附于地,《剥》。上以厚下安宅。

《象传》说:山(上卦艮)附着在地(下卦坤)上,构成《剥卦》之象。它启示人们:国家也像山一样地依附在人民群众的大地上。地稳山安,地动山摇。所以顶层领导要关心厚待民众,解决好他们的居住问题,使之居有所安。

3. 解卦辞

《彖》曰:《剥》,剥也,柔变刚也。"不利有攸往",小人长也。顺而止之,观象也。君子尚消息盈虚,天行也。

《彖传》说:《剥卦》之象是剥蚀,阴柔取代阳刚。卦辞"不利有攸往",表明小人(阴柔)气势增长。顺应(下卦坤)时变,制止(上卦艮)不适当的行动,是观察卦象得到的启示。君子注重阴阳消长(此处"息"涵增长之义),刚柔盈虚(刚长为盈,柔增为虚),它反映着天地自然的运行规律。

4. 解爻辞

初六:剥床以足,蔑贞凶。

《象》曰:"剥床以足",以灭下也。

《象传》说:"剥蚀床铺先剥蚀床脚",从下面开始消灭(阳刚的)基础。初六柔居刚位,以阴剥阳,所以爻辞说"蔑贞凶",即蔑视正道招致凶险。

六二:剥床以辨,蔑贞凶。

《象》曰:"剥床以辨",未有与也。

六二居初六之上。初六剥蚀的是床足，六二剥蚀的是床辨。"辨"是什么？历来众说纷纭。程颐认为，辨是分隔床铺上部与下部的床干，即承载床板的干架。《说文解字》云："干，判也。"含有通过区别、分辨以作出判断的意思。程说大体接近文义。爻辞说"蔑视正道，招致凶险"，《象传》分析"未有与也"，因为六二近无亲比，远无和应，所以说无人依伴。

六三：剥之，无咎。

《象》曰："剥之无咎"，失上下也。

六三作为阴柔，也参与到剥蚀阳刚的过程中，但对全卦唯一的阳刚上九胸怀感情，支持响应，所以虽也"剥之"，但可"无咎"，没有祸害。《象传》指出"失上下也"，是说六三和应上九的行动使其失去了上下阴柔的信任。

六四：剥床以肤，凶。

《象》曰："剥床以肤"，切近灾也。

《象传》说：剥蚀床铺到了剥蚀人的肌肤的程度（初六到六三都是剥蚀床身，六四进入上卦，开始剥蚀人身），非常接近于灾祸了，由此解析爻辞之"凶"。

六五：贯鱼，以宫人宠，无不利。

《象》曰："以宫人宠"，终无尤也。

《象传》说：（六五作为各阴柔剥蚀的首领，却与高位阳刚上九亲比）鱼贯而列，"以内宫嫔妃受宠"（心甘情愿），所以最终没有怨尤。爻辞说六五"以宫人宠"，所以"无不利"。

上九：硕果不食，君子得舆，小人剥庐。

《象》曰："君子得舆"，民所载也。"小人剥庐"，终不可用也。

上九是最终未被阴柔吃掉的阳刚硕果，经历了长期剥蚀过程，依旧安然无恙而更显刚健，如同"君子得舆"，君子获得与其品行、地位相般配的尊贵车乘。《象传》认为这反映了君子受人民爱戴、拥护；而小人则被剥夺了起码的安身之所，他们终究不可能受到任用。

5. 解卦德

《剥卦》反映阴长阳消而终存硕果的过程。面对阴柔剥蚀,如何始终保持阳刚的健正势态及其领导力?《象传》提出两个要点:一要"顺而止之","顺"是顺时,"止"是制止胡作非为;二要注重消息盈虚,对双方力量强弱的运变趋势,务求心中有数,顺时而为。《象传》则提出保存上九硕果的两项原则,一是得到民众的拥护爱戴,二是不用小人,为此,平时就应关心群众的切身利益,注意"厚下安宅",可见孔子解析《剥卦》的真知灼见并与时俱行。

6. 解卦主

上九为全卦唯一阳刚,高瞻远瞩,不畏阴剥,坚持到底,终成硕果。《周易折中·义例》云:"阴虽剥阳,而阳终不可剥也。"上九为当之无愧的卦主(倘若联系现实比应对照,不宜将上九视为单一个人,而宜扩展为一个阶层的代表人物)。

卦二十四   复(䷗坤上震下)

《复》:亨,出入无疾,朋来无咎。反复其道,七日来复,利有攸往。

1. 解卦名

《序卦传》曰:"物不可以终剥。剥穷,上反下,故受之以《复》。"《复》的前一卦是《剥》,只剩下上九一个阳刚。剥穷,阳刚被全部剥尽(形成全阴的坤卦),于是,最后一个原在卦象顶上的阳爻(上九)返回卦底,构成《复卦》,从而与《剥卦》衔接。《杂卦传》也云:"复,反也",阳刚重新回返。

2. 解卦象

《象》曰:雷在地中,《复》。先王以至日闭关,商旅不行,后不省方。

《象传》说:雷(下卦震)在地(上卦坤)中,是《复卦》之象。

(《复卦》象征农历十一月,寒冬来临,为防冰雪灾害,保护民众安全。)前朝君王规定冬至之日关闭交通关口,停止商旅运行,君王(后)也不去各地巡视。

3. 解卦辞

《彖》曰:"复亨",刚反。动而以顺行,是以"出入无疾,朋来无咎"。"反复其道,七日来复",天行也。"利有攸往",刚长也。复其见天地之心乎?

《彖传》说:卦辞"复则亨通",是由于阳刚返回卦底(原来阳刚被剥尽而成全阴的《坤卦》),一阳复生,开始新的通达之路。卦象表明,动(下卦震)而顺时(上卦坤)前行,所以"进进出出不生疾病,朋友往来无祸无患"。所谓"反复行道,七天一个循环",这是"天行"、客观规律。"利于有所前进",是由于阳刚趋向不断增长。从《复卦》展示的品行,大概可以显示"天地之心"。什么是天地之心? 心者,思之官也。思者,善恶之念也。善恶者,德之行也。所以天地之心的实质即天地之德。《系辞传》云:"天地之大德曰生","生生之谓易",表明"天地之心"即天地生养人类与万物之心。张载名言"为天地立心"即源于此。就《复卦》看,刚柔运变不息,循环往复,阴盛阳尽而后,又见一阳复生。至于"七日"之说,歧见迭出,并无定论。就卦象运变言,从一阴始起的《姤卦》至一阳复生的《复卦》,恰经七次爻变。

4. 解爻辞

初九:不远复,无祗悔,元吉。

《象》曰:"不远之复",以修身也。

《象传》说:"没有走远就返归正道",表明初九(阳刚正直)(在实践中)修养身心。所以爻辞说"无祗悔",即(复归及时)不至于(祗涵"至"义)后悔,因而"大吉"。

六二:休复,吉。

《象》曰:"休复之吉",以下仁也。

《象传》说:"美好(休)回复而致吉祥",在于六二对其下层仁慈(六二顺和中正,亲近阳刚初九)。

六三:频复,厉,无咎。

《象》曰:"频复之厉",义无咎也。

《象传》说:(六三阴占阳位,居下卦震之顶而好动,不断犯错误)"不断反复改正而造成危难",就道义言并无过错或祸殃。

六四:中行独复。

《象》曰:"中行独复",以从道也。

《象传》说:(六四柔顺而位正)"行至中途(卦层之中)独自复归(与初九相应)",为的是遵循一阴一阳之道。

六五:敦复,无悔。

《象》曰:"敦复无悔",中以自考也。

《象传》说:"敦厚朴实地复归于道,无怨无悔",表明六五居位得中而以中道自我反省,自我考量。

上六:迷复,凶,有灾眚。用行师,终有大败,以其国君凶,至于十年不克征。

《象》曰:"迷复之凶",反君道也。

复之道自初九一阳起始,上六为复之终而以一阴居上,下无比应,故见迷途不返之状。《象传》说:"迷复之所以凶险",在于违反了君王之正道。爻辞还断言"有灾祸。带兵打仗,最后会大败,并连累国君遭受凶险,以致十年之内不能兴师出征"。

5. 解卦德

复体现"天地之心",即始物、生物、养物之心,生生之心。人们通过阴阳消长、一阳复生的周期运动可以深切地感受到"天地之大德曰生"。《系辞传》将复列为九德之一,定为"德之本也",指出"复小而辨于物",即一阳初生虽很幼小,但已显刚正本色而有别于其他品物,并谓"复以自知",即复归阳刚正道,当有自知之明。

6. 解卦主

初九为全卦唯一阳刚,位正而行健,《象传》赞为"刚反",成复之象,行复之道,当为卦主。

卦二十五 无妄(☰乾上震下)

《无妄》:元亨利贞。其匪正有眚,不利有攸往。

1. 解卦名

《序卦传》曰:"复则无妄,故受之以《无妄》。"即《复卦》展示一阳复归于道,所以接着就是《无妄卦》。《说文解字》云:"妄,乱也。"朱熹云:"无妄,实理自然之谓。"程颐则云:"无妄者,至诚也。"通常认为,妄则荒诞不经,违反常理,胡言乱语,虚假不实。程朱解说无妄,即由妄系虚假不实导出。因此,无妄是一个正面概念,然而《杂卦传》却谓"无妄,灾也"。"无妄"怎么成了灾?引得议论纷纷。朱熹以"《史记》作'无望',即无所期望而有得焉者"来解释,也不能完全说通。其实,《史记·春申君列传》写的是"毋望":"毋望之福"、"毋望之祸"、"毋望之事"、"毋望之主"、"毋望之人",即不按常理期望之福、祸、事、主、人。但不按常理期望者也未必成灾,所以,"无妄之灾"在逻辑上很难说通。可以假设的是,《杂卦传》"无妄之灾"系由经文直接导出,只为强调普遍情况下的特殊变例。此处,观察卦象,天(上卦乾)下发生震动(下卦震),也意味着发生"无妄"的灾害。而从一个特殊维度看,"无妄之灾"引出了一个全新的哲学命题:所谓常理,所谓人类的一般理性是有其局限的,并非总能靠得住。唯有孔子哲学的文化理性,才是一盏照亮世界每个角落的长明灯。

2. 解卦象

《象》曰:天下雷行,物与《无妄》。先王以茂对时,育万物。

《象传》说:天(上卦乾)下雷声(下卦震)大作,万物响应而不错乱,这就是《无妄》卦象。受此启发,前朝圣王以勤勉奋发的姿态对应时令,培育万物。

3. 解卦辞

《彖》曰:《无妄》,刚自外来而为主于内,动而健,刚中而应。大亨以正,天之命也。"其匪正有眚,不利有攸往。"无妄之往,何之也? 天命不祐,行矣哉。

《彖传》说:《无妄卦》,阳刚(初九)由原来的坤体之外下来,构成震卦而为下卦(内卦)之主,势态活跃并且刚健。九五阳刚居中而与六二阴柔和应,所以卦辞为"大通,以利守正"。这是天然的规律。如不能守正,会有祸患,则不利出行。既然已居无妄之地(理当踏实守正),还要到哪里去呢? 上天不予护佑帮助,怎么出行呀?

4. 解爻辞

初九:无妄,往吉。

《象》曰:"无妄"之"往",得志也。

初九阳刚位正,处无妄之始而依常理前进。爻辞谓"吉",《象传》认为初九实现了自己的意愿。

六二:不耕获,不菑畲,则利有攸往。

《象》曰:"不耕获",未富也。

六二居位中正,又与九五相应,安分守己,以期无妄。因此,"不图耕种以求收获,不望开垦(菑 zī:开垦一年的生地)以得良田(畲yú:垦后两年的熟地)",爻辞说"利于有所取"。《象传》则认为"不耕获"表明六二(任其自然)不去致富。("不耕获""不菑畲"还有一种解读:不耕种而有收获,不开垦而得到良田,自然得益。)

六三:无妄之灾,或系之牛。行人之得,邑人之灾。

《象》曰:行人得牛,邑人灾也。

爻辞描述"无妄之灾"(超出常理的灾祸):乡村路边可能拴着一头牛,被行人顺手牵走,村里人(受到怀疑)意外惹祸。《象传》从对立统一的视角指出,行人有所得(牛),则村民有所失(灾)。

九四：可贞,无咎。

《象》曰:"可贞无咎",固有之也。

九四阳刚,下无所应,上无所比,不结私交,据理正行。《象传》解析爻辞"可以守正而无过错祸患",在于九四自身所固有的品德(刚直无私,事无妄行)。

九五：无妄之疾,勿药有喜。

《象》曰:无妄之药,不可试也。

九五刚健中正,居尊亲下(与六二相应),行事无妄,虽得意外之疾,不用服药也会喜庆康复。《象传》解析道:无妄(据理行常)却变成疾病,对"无妄"这样的药物,不可随便尝试。

上九：无妄,行有眚,无攸利。

《象》曰:无妄之行,穷之灾也。

上九位处卦顶,已至无妄尽头,不能再向前行(真理超过半步,反成谬误)。爻辞说"前行会有祸殃,无所得利",《象传》解析说:无妄而还要行进,陷入穷途而生灾难了。

5. 解卦德

无妄强调"刚中而应","大亨以正",顺天应人,"以茂对时",求真务实,从而顺乎自然,顺乎天时,顺乎事理,顺乎德性。

6. 解卦主

初九刚健正直而立无妄之基,为成卦之主。九五刚中亲下,居尊持正,为主卦之主。

卦二十六 大畜(☶艮上乾下)

《大畜》:利贞。不家食吉,利涉大川。

1. 解卦名

《序卦传》曰:"有无妄,然后可畜,故受之以《大畜》。"上一卦《无妄》,知常循理,事不妄为,然后可以蓄积("畜"通"蓄"):蓄积财富,蓄积德能,蓄积人才。程颐认为"畜"涵二义:"畜为畜止,又为畜聚。止则聚矣。"畜而聚之,实力大增。《杂卦传》曰:"大畜时也。"大畜正是蓄财蓄人、立德立业之时。

2. 解卦象

《象》曰:天在山中,《大畜》。君子以多识前言往行,以畜其德。

《象传》说:天(下卦乾)在山(上卦艮)中,是《大畜》卦象。(乾天主动,艮山主止。运动到一定阶段当须静止。)君子据此得到启示,认真思考此前说了些什么话,做了些什么事,及时反省,进一步修身养德。

3. 解卦辞

《彖》曰:《大畜》,刚健,笃实,辉光,日新其德。刚上而尚贤,能止健,大正也。"不家食吉",养贤也。"利涉大川",应乎天也。

《彖传》说:《大畜》卦象,刚健(下卦乾天),笃实(上卦艮山),辉光(九三与上九之间两个阴爻视之为一,则成象征光明的离卦)。"天在山中",山高于天,天山竞高,展示德业蓄积日日更新("日新其德")。阳刚提升至上层(上九),表明注重贤能的人才。能够蓄止刚健(上卦艮象征止,下卦乾象征健),反映六五上比阳刚(上九),下联阴柔(六四),形成以艮山止乾健的正大品格与力量(解析卦辞"利贞")。"不家食吉",即不守在家中坐吃闲饭可保吉祥,是为了(出门实践)修养贤德。(传统解释"养贤"为奉养贤人六四、六五。)"利于渡越大江大河",是因为顺应天时。

4. 解爻辞

初九:有厉,利已。

《象》曰:"有厉利已",不犯灾也。

初九阳刚,与六四阴柔和应而图上行。但上卦为艮,山之险阻在前,故爻辞说"有厉,利已",即"有危险,以停止(已)行进为宜"。《象传》解析道:这样就不会遭受灾祸了。

九二:舆说辏。

《象》曰："舆说輹"，中无尤也。

九二阳刚得中，与六五阴柔和应而生上进意愿，但见前有艮山之阻，即停止行进。爻辞"舆说輹"，即座车脱落了（"说"通"脱"）轮輹（輹是支撑车轮的柱木）而停下。《象传》指出，九二奉行中道，所以并无怨尤。

九三：良马逐，利艰贞，曰闲舆卫，利有攸往。

《象》曰："利有攸往"，上合志也。

九三居下卦乾阳之上，而以刚正吸引阴柔六四，上九居艮山之顶，亦以刚健而蓄留阴柔六五，二者如同两匹劲健的良马相互追逐，共图以大（阳刚）蓄小（阴柔）之事业。由于艮山在前，所以爻辞说"利艰贞"，宜于艰苦正行，并须加强车御（舆）防卫的日常训练（曰闲）。对爻辞"利于有所往进"，《象传》的解析是"上合志也"，即九三与上九志同道合。

六四：童牛之牿，元吉。

《象》曰："六四元吉"，有喜也。

六四温顺柔和，远应初九，近比九三，受到阳刚蓄护，如爻辞所言"小牛初生嫩角受到保护"（牿 gù：保护童牛嫩角之护木）。《象传》说："六四大吉"，表明有喜乐之事（受阳刚初九与九三之呵护）。

六五：豶豕之牙，吉。

《象》曰："六五之吉"，有庆也。

六五居尊位而行中道，下有初九和应，上有上九蓄留。爻辞"豶（fén）豕之牙"，即被阉割过的猪的牙，咬嚼无力，不会伤人，所以说吉祥。《象传》认为"有庆也"。六五的"有庆"与六四的"有喜"，喜庆相连，同为阳刚所蓄留。"有庆"的级别略高于"有喜"，因为"庆"还含庆贺之意，这与六五的地位高于六四相关。

上九：何天之衢，亨。

《象》曰："何天之衢"，道大行也。

上九居《大畜》之顶，与下卦三阳齐心同志，积极蓄积力量。

"何天之衢",即负担着("何"通"荷")天赋重任的大路。"亨"是畅通无阻,《象传》认为它表明大道得到践行。

5. 解卦德

《大畜》要蓄留贤良,蓄留人才,首先要蓄积德行,力求"刚健,笃实,辉光,日新其德",以达"大正"。在蓄聚力量的过程中,宜把握好"健"与"止"的关系,及时反思,"多识前言往行",不断总结提高。

6. 解卦主

"大畜"之"大",阳刚也。"大畜"之"畜",人才也,德行也。《象传》说"刚上而尚贤",刚指上九,贤指六五,二者同为成卦之主。六五居君位而行中道,上下应和,兼主卦之主。

卦二十七　颐(䷚艮上震下)

《颐》:贞吉。观颐,自求口实。

1. 解卦名

《序卦传》曰:"物畜然后可养,故受之以《颐》。"意为大畜之后,资源增长,接着就要注意颐养。养人当先养德,所以《杂卦传》曰:"颐,养正也。"《说文解字》释颐为"举目视人貌",《辞源》则释为"面颊"。面颊表于外,口腔藏于内。举目视人,面露其情;以口进食,转义为养。养正则系对经文的解析,如《象传》所云:"颐贞吉,养正则吉也。"

2. 解卦象

《象》曰:山下有雷,《颐》。君子以慎言语,节饮食。

上卦艮,象征山;下卦震,象征雷。所以《象传》说"山下有雷"是《颐卦》之象。就卦象看,上下两条阳刚实线就像上下唇或上下颚,中间四条阴线就像虚空的口腔或整齐的牙齿。进食时,下颚运动(震为动),上颚静止(艮为静);上下相形,合之成颐。颐者,言之所出,食之所入也。颐养得体,持正则吉。而出言进食,动必有止,自以适度为宜。所以《象传》就此提出用颐的忠告:"君子言语要谨慎,饮食要节制。"

3. 解卦辞

《彖》曰:"颐贞吉",养正则吉也。"观颐",观其所养也。"自求口实",观其自养也。天地养万物,圣人养贤以及万民。颐之时大矣哉!

《彖传》说:卦辞"颐贞吉",即颐养正气,正而养之就会吉祥。"观颐"(颐为面颊,内含饮食,转喻饮食供养),即看他如何颐养。"自求口实"便是看他如何自养。《彖传》由此进一步引申发挥:天地养育万物,圣人养育贤良以及人民大众。当颐之时,其时代使命与现实意义多么重大!

4. 解爻辞

初九:舍尔灵龟,观我朵颐,凶。

《象》曰:"观我朵颐",亦不足贵也。

初九本性刚正,但为六二所乘,又与六四相应,不思自力而图外来之赐,像一只本可自给自足的灵龟眼馋别人吃喝。苏东坡说:"初九以阳而伏四阴之下,其德足以自养而无待于物者,如龟也。"程颐认为爻辞中的"尔"指初九,"我"指六四。初九放弃了灵龟的自给功能,却看着六四大快朵颐,吃得津津有味,结果当然凶险。《象传》评述道:"看着别人(观我)吃得津津有味(朵颐)",也不足以显示尊贵。

六二:颠颐,拂经。于丘颐,征凶。

《象》曰:"六二征凶",行失类也。

六二位本中正,但以阴乘阳于初九之上,反求寄食于人(颠颐,颠倒颐养),以致"拂经"(拂:违反;经:正道)。至于上山(丘)颐养,即求助于上九,则路遥山高,所以"征凶",出行凶险。《象传》解析说:"六二征凶",是由于出行将失去同类(六二至六五同为阴类)伴助。

六三:拂颐,征凶。十年勿用,无攸利。

《象》曰："十年勿用"，道大悖也。

六三不中不正，欲跨六四、六五而与上九相应以获供养，所以爻辞说"拂颐，征凶"，即违反颐养之道，出行凶险。直到"十年勿用，无攸利"，即十年内不能发挥功用，没有所得之利。《象传》指出，"十年勿用"，在于严重地违反了常道。

六四：颠颐吉。虎视眈眈，其欲逐逐，无咎。

《象》曰："颠颐之吉"，上施光也。

六四阴柔得正，与初九相应而予供养。阴以上养下，颠倒了颐养关系，但刚柔亲和并无不当，所以爻辞称"吉"。"虎视眈眈，其欲逐逐"，描述了六四对初九的强烈关注与急切追求，反映着阴阳之间的正常感情，所以"无咎"，并无过错祸害。《象传》认为"颠倒颐养之所以吉祥"，在于"上施光也"，即居于上位的六四向以初九为代表的下层大众施加惠民之光。

六五：拂经，居贞吉，不可涉大川。

《象》曰："居贞之吉"，顺以从上也。

六五阴柔居中，欲养天下而才能不足，于是亲顺上九以求其助。以君主之尊而顺上九，属于"拂经"，违反常理。唯其居心端正，为民颐养，故能吉祥，但也不可冒险远涉江河，所以爻辞说"居贞吉，不可涉大川"。为什么"居贞吉"？《象传》的解答是"顺以从上也"，顺从刚健主动的上九，六五中正安居，自能吉祥。

上九：由颐，厉吉，利涉大川。

《象》曰："由颐厉吉"，大有庆也。

上九阳刚居卦之顶，德高望重，既有六二远应，更受六五信任亲近。爻辞说"由颐"，即由此统筹颐养，位高任重而"厉吉"，虽有危难，终归吉祥。颐养事业广受支持，需要开拓前进，所以"利涉大川"。《象传》评析说，上九"由颐厉吉"，表明"大有喜庆"。

5. 解卦德

人生须养。养什么？怎么养？首先要认识，颐养不仅是个人生活问题,而且事关社会发展、时代进步,所以《象传》说"颐之时大矣哉";第二,在食养的同时,更应注意德养,当政者尤须"居贞",坐正位置,服务大众;第三,自力更生求自养,相互合作促共养,《象传》则从颐养用口引申到用口之德:"慎言语,节饮食。"

6. 解卦主

六五处君位而行中道,亲近上九,共图颐养大业,充分用贤任能,惠及大众。《象传》说"圣人养贤以及万民",正是对二者的肯定。前者为主卦之主,后者为成卦之主。

卦二十八　大过(☱兑上巽下)

《大过》:栋桡,利有攸往,亨。

1. 解卦名

《序卦传》曰:"不养则不可动,故受之以《大过》。"意谓经过上一卦《颐》的调养,就可发力行动。所谓"大过",大指阳刚,过指超过常规的行动。程颐举"尧舜之禅让,汤武之放伐"为例说明"以世人所不常见,故谓之大过于常也"。《杂卦传》则谓"大过颠也"。《说文解字》云:"颠,顶也。""大过"也可理解为超常行为到了顶点,表明阳刚过于劲健强大。

2. 解卦象

《象》曰:泽灭木,《大过》。君子以独立不惧,遁世无闷。

上卦兑,象征泽,下卦巽,象征木。所以《象传》说:"泽水淹没了木头",这就是《大过》卦象。木为泽水淹没,不沉不浮,不惧不忧。这种情景,启示君子面对大水灭顶的异常环境,始终保持人格独立,无所畏惧。即使离开水面(世俗社会),亦不苦闷。

3. 解卦辞

《象》曰:"大过",大者过也。"栋桡",本末弱也。刚过而中,巽而说行,"利有攸往",乃"亨"。大过之时大矣哉!

《象传》说:"大过"指"大者过也",即卦象中间紧连四个阳爻,刚强劲健,过于盛大。卦辞"栋桡",栋梁桡曲,表明"本末弱也"。本指卦的根基,即初六;末指卦的终端,即上六,两者皆系阴柔,十分软弱。就像一根栋梁的两端支撑不住中部四个盛大阳刚的重荷,以致造成弯曲。但阳刚虽过于强健,却能持中(九二、九五各居上下卦中位)平衡,并且谦逊(下卦巽)顺悦(上卦兑),所以"利于有所往进",畅通无阻(亨)。由此可见,大过之时,意义非凡。

4. 解爻辞

初六:藉用白茅,无咎。

《象》曰:"藉用白茅",柔在下也。

藉是草垫子,古代祭祀时铺在地上放置祭品。用白茅做垫子,虽然简朴,却很慎重。孔子在《系辞传》中指出:"苟错诸地而可矣。藉之用茅,何咎之有?慎之至矣!夫茅之为物薄而用可重也。慎斯术也以往,其无所失矣。"大意是:假如把祭品放在地上也就可以了,现在用了茅草垫子有什么过错呢?已经慎重极了!茅草作为物品固然微薄,但使用得当却能显其贵重。谨慎地推广这种方法,大概不会有过失了。《象传》则通过观察卦象来解析爻辞,认为"藉用白茅"展示着"柔在下也",即阴柔初六位处全卦最下层(如同地上铺着柔软的茅草垫)。

九二:枯杨生稊,老夫得其女妻,无不利。

《象》曰:"老夫女妻",过以相与也。

九二刚健得中,处阳刚《大过》之时,充满活力。下与初六亲比,植根而获滋润,如爻辞所云"枯杨生稊,老夫得其女妻"。朱熹解释说:"稊,根也,荣于下者也。"意即枯萎的杨树发芽生根,老翁娶得年轻的妇女为妻。《象传》指出:"老夫女妻,过以相与也。"即老夫少妻是一种超过常理的结合,两厢情愿,所以"无不利"。

九三:栋桡,凶。

《象》曰:"栋桡之凶",不可以有辅也。

九三居刚位而行刚健,虽与上六相应,仍难支撑其重,形成栋梁弯曲之状而显凶险。《象传》认为"栋桡之凶"(在于过刚失中),不可能得到帮助。

九四:栋隆,吉,有它吝。

《象》曰:"栋隆之吉",不桡乎下也。

《象传》说"栋隆所以吉祥",因为不向下弯曲(隆为上突,桡为下弯)。爻辞又说"有它吝"。依朱熹之解释,九四"以阳居阴,过而不过","然下应初六,以柔济之,则过于柔矣"。意谓九四以阳刚而居阴位,已不过于刚健。如再同阴柔初六相应而另有亲阴之举(有它),便显得过分柔弱,以至于"吝",产生羞愧。

九五:枯杨生华,老妇得士夫,无咎无誉。

《象》曰:"枯杨生华",何可久也?"老妇少夫",亦可丑也。

九五阳刚居中,生机盎然,与上六阴柔相比结为连理(九五为士夫,上六为老妇)。如果说九二比初六像"枯杨生根",则上六比九五为枯杨开花。不同处是:生根在下,开花在上;九二之比为阴承阳,九五之比为阴乘阳。爻辞说"老妇得少夫,既无过错,也无赞誉"。《象传》则认为"枯杨生华"怎么可能长久,而"老妻少夫"亦比较难看。

上六:过涉灭顶,凶,无咎。

《象》曰:"过涉之凶",不可咎也。

上六以阴柔之质而居全卦之顶,情系《大过》而力不从心。如爻辞所言,"涉水过河(过涉)当遭灭顶凶险"。但上六是在其位而谋其政,并无过错,《象传》也认为"不可以责备"。

5. 解卦德

在经历大畜与颐养而达大过之时,要求解放思想,以敢于首创的精神求得"枯杨生稊",直至采取超越常规的行动,"独立不惧,遁世无闷"。但要注意"刚过而中,谦逊顺和",防止情况不明,无备而行,以致"过涉灭顶"。

6. 解卦主

九二阳刚居中,上有三阳为伴,下有初六比承,是《象传》所誉之"刚过而中"者,为主卦之主。九四则系《象传》所赞之"不桡乎下"者,处大过之时而不下弯,为成卦之主。

卦二十九　坎(䷜坎上坎下)

《习坎》:有孚维心亨,行有尚。

1. 解卦名

《序卦传》曰:"物不可以终过,故受之以《坎》。坎者,陷也。"《杂卦传》亦曰:"坎,陷也。"《大过卦》反映大超越,超越过头,前行之路就会下陷。坎是土地下陷形成的坑穴,导致行走困难。《坎》的卦象立起来看,就如"水"字。地多坑陷则难行,行常有阻;水情多变则难测,涉常有险。

2. 解卦象

《象》曰:水洊至,《习坎》。君子以常德行,习教事。

上下两个单卦均为坎,重叠起来,故称"习坎"。"习",《说文解字》释为"数飞",即鸟儿多次试飞,涵重复之义。"水洊至",即流水源源不断到来(洊 jiàn:一而再),表现为《习坎》卦象。"习"可解释为经常不断地修炼,而流水不腐,展示持续不断的活流能保持清明净洁。所以君子可从中受到启示,经常践履德行,修习教学事业。

3. 解卦辞

《彖》曰:习坎,重险也。水流而不盈,行险而不失其信。"维心亨",乃以刚中也。"行有尚",往有功也。天险不可升也,地险山川丘陵也。王公设险以守其国,险之时用大矣哉。

《彖传》说:习坎,显示重重险陷(坎水象征险陷)。水不断地流淌,不会盈溢(自满)。行于险陷之地,仍然不失诚信(释卦辞"有孚")。"维心亨",即(诚信)维系于心中而通畅,是由于"刚中",阳刚居中(九二与九五各居上下卦之中)。"行有尚",表明出行有收获("尚"可通"赏")。在解析卦辞后,孔子进一步就坎论险:天险是不可超越的,地险展示于山川丘陵。王公大臣利用自然环境设置关隘险阻,以守卫自己的国家。由此可见,适时用险,其功能何等重大!(孔子由坎险而立刻想到守卫国家,表现出时刻萦绕心间的爱国情怀。)

4. 解爻辞

初六:习坎,入于坎窞,凶。

《象》曰,"习坎入坎",失道凶也。

《象传》说:在重重险陷中陷入深坑(窞 dàn),表明(初六阴居阳位)丧失正道,会有凶险。

九二:坎有险,求小得。

《象》曰:"求小得",未出中也。

《象传》说:九二(阳刚居中)只求小有所得,表明其并未超出守中之道(不过分求得)。("未出中"也可释为尚未走出坎险之中。)

六三:来之坎坎,险且枕。入于坎窞,勿用。

《象》曰:"来之坎坎",终无功也。

六三阴居阳位而达下卦坎顶,一路走来都是险难,所以说"来之坎坎"。面临上卦坎险,身后也是坎险(枕:依托,依靠),深深陷入坎的险境,未可乱动(勿用)。故《象传》谓"终无功也",终久不可能成功。

六四:樽酒簋贰,用缶。纳约自牖,终无咎。

《象》曰:"樽酒簋贰",刚柔际也。

六四阴柔,性和位正,虽处陷境,仍亲比阳刚九五,竭诚扶持。爻辞说:"一樽薄酒,两簋饭菜(簋 guǐ:方底竹篮),使用朴实的陶罐(缶 fǒu)。这样简约地从窗户里(牖 yǒu)送进去(呈献九五),最终不会有过错祸患。"《象传》评述道:"一樽薄酒,两簋饭菜,展现着刚柔之间的交往。"刚指九五,柔指六四。("际"为双方的分隔之界与会合之地,体现交往关系。)

九五:坎不盈,祗既平,无咎。

《象》曰:"坎不盈",中未大也。

《象传》说:坎水没有盈满,是由于九五居"中"而未到"大"的地步。"祗既平"有多种解释。现按明代学者何楷之说:祗(zhī),适也,犹言适足也,言适于平而已,即《象传》所谓"水流而不盈也"。据此解释爻辞:"坎水没有盈满,适合已经达到的水平,并无灾祸。"这同《象传》"中未大也"是一致的,"中"即适度。

上六:系用徽纆,寘于丛棘,三岁不得,凶。

《象》曰:上六失道,凶三岁也。

上六处坎险之终,往前无去路,向后入陷阱。如爻辞所言:"被用绳索(徽为三股绞绳,纆为双股绳)捆绑起来,放置('寘'通'置')在荆棘丛中,三年不能脱身,其情凶险。"《象传》认为:"上六丧失道义(以阴乘阳,下无应援),造成凶险三年。"

5. 解卦德

《坎卦》启示人们面对险难,坚持谦虚诚信,刚健中正,可以化险为夷。并观照流水不盈不止之景象,从而认真地"常德行,习教事"。

6. 解卦主

九二与九五分居上下卦之中,"行险而不失其信",共为成卦之主。九五既中且正,作为"水流而不盈"与"坎不盈"的主导者,又兼主卦之主。

卦三十　离(䷝离上离下)

《离》:利贞,亨。畜牝牛,吉。

1. 解卦名

《序卦传》曰:"陷必有所丽,故受之以《离》。离者,丽也。""丽"

有美丽之义,也有伴同、依附之义。《诗》《礼》等经典中,"离"亦有用来表示附丽、并比之意者。《序卦传》将"丽"与"陷"相对应,则"丽"当具依附之义,即附丽(陷下去了,必须得到依附才能出来)。《说文解字》则谓"离黄,仓庚,鸣则蚕生"。仓庚,褐色小鸟,俗称黄鹂。但易学著述中一般以"离"象征美丽的雉。《杂卦传》则谓"离上而坎下也",即离是上附,坎是下陷,这与《序卦传》的释义相近。

2. 解卦象

《象》曰：明两作,《离》。大人以继明照于四方。

离象征光明。上下卦皆离,所以《象传》说"明两作,离",即光明两相依随,连续生发运作,构成《离卦》之象。《象传》由此指出:执掌国事的大人(从"明两作"的卦象得到启悟)以持续不断的正大光明照亮四方。

3. 解卦辞

《彖》曰：离,丽也。日月丽乎天,百谷草木丽乎土,重明以丽乎正,乃化成天下。柔丽乎中正,故"亨",是以"畜牝牛吉"也。

《彖传》说:离就是附丽。太阳、月亮依附于天而明丽,百谷草木依附于地而鲜丽,双重光明(上下皆离)则依附于公正,从而化成一个美好和谐的天下。阴柔依附于中正(六二、六五均居中,六二兼得正),于是顺通。所以卦辞说"畜养母牛吉祥"(以六二、六五二阴比喻母牛)。

4. 解爻辞

初九：履错然,敬之无咎。

《象》曰:"履错之敬",以辟咎也。

初九阳刚,心仪阴柔六二,但六二与九三正向亲比,使初九乱了方寸,步履错杂,却显恭敬之貌。《象传》解析道:"步履交错呈恭敬之貌",为的是避免祸患(与九三对抗)。

六二：黄离,元吉。

《象》曰:"黄离元吉",得中道也。

六二阴柔,秀丽中正。上有九三亲比,下有初九仰慕,两阳同助,倍增丽色。"黄离"者,黄色所依附也(黄为中色,居浓色黑红与淡色白青之中)。六二柔中居正,端庄美丽,可谓"黄离",自属"大吉"。《象传》点明其内在本质:得到了中庸之道。

九三:日昃之离,不鼓缶而歌,则大耋之嗟,凶。

《象》曰:"日昃之离",何可久也?

九三原本刚健,但处下卦离之终,如日之将没,老之将至,不免自嗟自叹。"日昃之离",是太阳西沉、回光返照之亮丽。此时如不能放下心事,"鼓缶而歌",一边敲打瓦器(缶),一边唱歌(庄子妻死,鼓盆而歌,或源出于此),却长吁短叹衰老(耋 dié:七八十岁)到来,势必凶险。《象传》解析道:"太阳西沉时的亮丽",怎么可能长久呢?

九四:突如其来如,焚如,死如,弃如。

《象》曰:"突如其来如",无所容也。

九四刚而不中不正,上承六五,以刚迫柔,下制九三,无人和应,易生事端。爻辞说:(当意外事件)"突然到来了,一切像是烧着了,死去了,抛弃了"("如"为语尾助词,类似"然"或"那样")。《象传》解析道:(意外事件)"突然到来了",表明九四已无容身之地。(朱熹的解释是:"后明将继之时,而九四以刚迫之,故其象如此。""后明"指上卦离,"将继"指九四为上卦离的开始。问题在"后明"本由两刚一柔所组成,无九四之刚则不能成"后明",所以"九四以刚迫之"之说存疑。)

六五:出涕沱若,戚嗟若,吉。

《象》曰:"六五之吉",离王公也。

六五以阴居中,柔而不刚。上有阳刚上九匡扶,却悲大权旁落;下得九四奉承,又恐其心不正。爻辞说"出涕沱若,戚嗟若",就是"眼泪混着鼻涕,一副忧愁叹息的模样"。在这种情况下,爻辞仍判断为"吉",《象传》的解析是:"六五"之所以"安吉",在于其依附于王公(上九、九四)的辅助。

上九:王用出征,有嘉折首。获匪其丑,无咎。

《象》曰:"王用出征",以正邦也。

上九阳刚,居离之顶,光照四方。辅助六五,受理国事,既明且健。明则赏罚相宜,健则声威远播。爻辞说:"受君王之命带兵出征,嘉奖斩杀敌人首领的勇士,只要不是罪恶团伙成员(丑类),不予俘获追究。"由此得出结论"无咎",没有过错与灾祸。《象传》评述道:"受君王之命带兵出征",为的是正国安邦(绝非滥杀无辜)。

5. 解卦德

卦见附丽之道,亦示明丽之义。附丽的原则是中正,即《象传》所谓"柔丽乎中正"。力量尚柔弱者欲成其事,当会有所依附,要领在合乎道义。《象传》则强调"继明",继续不断地保持与发展光明、清明、文明,这是对"大人"当政的金玉良言。

6. 解卦主

六二、六五分处上下两卦居中而丽,同为成卦之主。六二既中又正,时当离明始生(下卦之离),德才双全,《象传》誉为"得中道也",兼主卦之主。

下 经

卦三十一 咸(☷兑上艮下)

《咸》:亨,利贞,取女吉。

1. 解卦名

《咸》为《周易》下经首卦。《序卦传》开宗明义地指出:"有天地然后有万物,有万物然后有男女。"上经开篇《乾》《坤》二卦,统论天地之道。下经居首《咸卦》,则论男女之道。其后的《恒卦》由充实男女之道进一步拓展为更具普遍意义的恒久之道。上下开篇，深层皆涵生生之义。《杂卦传》曰："咸，速也。"《彖传》则言"咸，感也。"这个"感"，是无心之感（"感"去"心"为"咸"）、自然之感。普遍地说，指阴与阳、柔与刚之感，即《彖传》所言"二气感应以相与"。特殊地说，指少女与少男之感。无论前者或后者，异性相引，其感常速，故《杂卦传》阐之以"速也"。

2. 解卦象

《象》曰：山上有泽，《咸》。君子以虚受人。

《象传》说，山（下卦艮）上有水泽（上卦兑），构成《咸》的卦象。君子由此得到启示（其一，山那么高，还要在上面容纳水泽；其二，泽深容广，源于各方来水），虚怀若谷地接受他人的教益与意见。

3. 解卦辞

《彖》曰：咸，感也。柔上而刚下，二气感应以相与。止而说，男下女，是以"亨利贞，取女吉"也。天地感而万物化生，圣人感人心而天下和平。观其所感，而天地万物之情可见矣。

《彖传》说："咸"的意思是"感"，从卦象看，（原来乾上坤下的《否卦》中的）阴柔六三上升至卦顶，阳刚上九则下来与六三交换位置而成九三（《否卦》于是转化成《咸卦》）。阴阳二气相互感应以达和合。表现为自止（下卦艮）与喜悦（上卦兑，说通悦），少男（艮）下求少女（兑），所以"亨通，利于守正，娶妻吉祥"。天地相感，万物化育生长。圣人感动人心，天下和谐太平。观察"感"的过程与道理，天地万物的性情就可以看见了。

4. 解爻辞

初六：咸其拇。

《象》曰："咸其拇"，志在外也。

初六阴柔，处《咸》之始。感思阳刚，与上卦九四相应，所以《象传》说"志在外也"（下卦为内，上卦为外）。"拇"为大脚趾，处人体最下部而走动，象征少女之感迈出第一步。

六二：咸其腓,凶,居吉。

《象》曰:虽"凶","居吉",顺不害也。

六二居下卦之中,腓是腿肚子。从拇到腓本系按序发展,爻辞为何言"凶"? 原来六二近与九三亲比,远而又与九五相应,举棋不定,盲动则凶。《象传》认为虽然面对凶险,但安居中正之位可保吉祥,因为顺时顺情,不致造成危害。

九三：咸其股,执其随,往吝。

《象》曰:"咸其股",亦不处也。志在随人,所执下也。

九三居下卦之上,股为大腿,亦居人身下体之上。阴柔之感由足趾上升到腿肚子,以情感动阳刚,而阳刚九三"执其随",随从阴柔而感,使大腿与足趾、腿肚子联动。所以《象传》说"亦不处也",即九三也没有停在那里。并进一步指出:九三志愿随从别人,执意亲近下面的阴柔,但由于九三还与上六相应,如果前往,会受羞辱,这就是爻辞说的"往吝"。(程颐认为"随人"是九三随上九,朱熹则认为"股,随足而动"。据《象传》"所执下也"之言,朱说较妥。)

九四：贞吉,悔亡。憧憧往来,朋从尔思。

《象》曰:"贞吉悔亡",未感害也。"憧憧往来",未光大也。

九四居腿股之上,进入人身上体,接近心胸区域。有感于初六相应之情,如爻辞所言"贞吉,悔亡",即"坚持守正以保吉祥而无后悔"。《象传》则谓"并未感到危害"。但既有所感,终难放下,于是"憧憧往来",心神不定地走来走去,期待着"朋从而思",让朋友赞同你的想法。《象传》认为,九四心神不定地走来走去,尚未光明正大(心存私念)。

九五：咸其脢,无悔。

《象》曰:"咸其脢",志末也。

九五中正刚健,但过于理性而轻忽感情,对阴柔六二的和应与上六的亲比置诸身后,"咸其脢",即感在脊背肉(脢 méi)上(未动情于心），全然"无悔"。因此《象传》评为"志末也"，（在感的过程中重理轻情而表现出）意愿低落（志末）。

上六：咸其辅、颊、舌。

《象》曰："咸其辅颊舌"，滕口说也。

上六阴柔，居《咸》之极。近亲九五，远应九三，擅长以言感人。"辅"是下部面骨，与颊、舌合在一起组成一个完整的口腔活动体系。"感"到这个位置上，只能听其言而不能体其情了。所以《象传》讥之"滕口说也"，即滔滔不绝地空口说白话吧！

5. 解卦德

《咸卦》阐述男女感情交流及其原则，体现了对于人类生命延续的哲理探索与道德关注。感的过程从脚到头，至心而不挑明，因为"咸"是"无心之感"。"无心"体现男女之感是人类的自然本性，但正确处理男女之感则当有心。首先要满怀诚意，谦虚真切，如《彖传》所说"以虚受人"。《象传》更赞赏"柔上而刚下"，"男下女"，循序渐进，加深感情。既须合理"执其随"，又不无情"咸其脢"，尤忌不着边际地"滕口说也"。《系辞传》更由"憧憧往来，朋从尔思"出发，振聋发聩地阐述道："天下何思何虑？天下同归而殊途，一致而百虑。"并从"二气感应以相与"推论到"屈信（伸）相感而利生焉"。总之，如《彖传》所言：感，万物化生；感，天下和平；感，万物之情可见矣。而《系辞传》又进一步作出归纳："感而遂通天下之故。"

6. 解卦主

九四处《咸》之心位，与初六感而有应，为成卦之主。九五下有六二之应，上有上六之比，均以理性对待，中正自守，既与九四同为成卦之主，亦为主卦之主。

卦三十二　恒（☳震上巽下）

《恒》：亨，无咎，利贞，利有攸往。

1. 解卦名

《序卦传》曰:"夫妇之道不可以不久也,故受之以《恒》。恒者,久也。"它告诉我们:上一卦《咸》讲夫妇之道,夫妇之道应当恒久保持,所以接着《恒卦》来阐明恒久的意义。"恒,久也。"《彖传》与《杂卦传》的说法也完全一致。

2. 解卦象

《象》曰:雷风,《恒》。君子以立不易方。

《象传》说:雷(上卦震)与风(下卦巽)合成《恒卦》之象。雷与风作为自然现象,始终存在于宇宙时空。雷震四方,以声立威;风行万里,以久致远;君子立身,则在以恒为本,不变其方。什么是"方"? 程颐释为"方所",释义偏窄。《周易正义》解为"方犹道也",尚称允当。《系辞传》云:"卦之德,方以知。"《文言传》谓"直方大,不习无不利"。所以"方"是德的体现。方正、端正、恒久不变,应是一项根本性的立身之道。

3. 解卦辞

《彖》曰:恒,久也。刚上而柔下,雷风相与。巽而动,刚柔皆应,《恒》。"恒亨,无咎,利贞",久于其道也。天地之道,恒久而不已也。"利有攸往",终则有始也。日月得天而能久照,四时变化而能久成,圣人久于其道而天下化成。观其所恒而天地万物之情可见矣。

《彖传》说:"恒"的意思是长久。(从卦象看)阳刚上去而阴柔下来(可将《恒卦》视为由《泰卦》变化而来,即阳刚初九上进取代六四而为九四,阴柔六四下来置换初九而为初六),于是形成雷(上卦震)与风(下卦巽)相互为伴的《恒卦》,巽顺(巽)而活动(震),全卦三个阳爻与三个阴爻均相互和应(初六应九四,九二应六五,九三应上六),这就是《恒卦》之象。爻辞"恒则顺通,没有灾祸,利于守正",表明其长久地坚持常道。天地之道是恒久而不会止息的。"利有所往",则反映过程终止必有开始的规律("恒久"

之终当有"所往"之始)。日月得天之道而能恒久照耀,四时不停运动变化而能恒久地成其循环,圣人恒久地践行常道而化成美好的天下。观察恒久之道的运作就可以发现天地万物的真实情况。

4. 解爻辞

初六:浚恒,贞凶,无攸利。

《象》曰:"浚恒"之凶,始求深也。

初六阴居阳位,力弱而势劲。《象传》认为,"浚恒"之所以会凶险,在于初六居《恒》之始而一开头便想求深(浚 jùn:疏通,挖深,涵深化之意)。爻辞"贞凶"宜释为固执则凶。按程颐的说法,是"知常而不知变","守常而不度势","坚固守此,凶之道也"。并且,"在下而求深,亦不知时矣"。不知变,不度势,不知时,必然凶险而"无攸利",无所得利了。

九二:悔亡。

《象》曰:九二"悔亡",能久中也。

九二阳刚居中,下有初六之比,上有六五之应,自无所悔。爻辞说"悔亡",《象传》指出原因在于九二能经久不渝地守持中道。

九三:不恒其德,或承之羞,贞吝。

《象》曰:"不恒其德",无所容也。

九三刚居阳位,但健而过中,又与阴柔上六相应,有见异思迁、离位悦上的倾向。"不恒其德",不能恒久地守持其刚正之德,所以"或承之羞",可能受到羞辱。"贞吝",固执己见会有悔恨("吝"系占断用语,介于"悔"和"咎"之间,涵耻辱、羞恨等意)。《象传》认为:"不恒其德",表明九三没有可以容身之地。(《论语》记孔子引用南人之言:"人而无恒,不可以作巫医",即系"无所容也"的一种表现)。

九四:田无禽。

《象》曰:久非其位,安得禽也?

九四阳居阴位,刚而不正,既欲下应初六,又图上比六五,摇摆不定,没有恒心,所以难得收获。爻辞说"田无禽","田"是畋猎,田野狩猎,不见禽兽,怎么可能有成果?《象传》解析说:九四长期处于不正当的位置上,怎么可能得到禽兽猎物呢?

六五:恒其德,贞,妇人吉,夫子凶。

《象》曰:妇人贞吉,从一而终也。夫子制义,从妇凶也。

六五阴柔居中,与阳刚九二相应,恒守其顺和之德。《象传》认为:对妇女来说,正固其德吉祥,是由于认定了一个满意的丈夫而终身不变;而对男士来说,应当依据道义行事,如果长久地顺从女妻(而未循义理),就会发生凶险。

上六:振恒,凶。

《象》曰:"振恒"在上,大无功也。

上六阴柔,居《恒》之极,本应坚守恒德到底,却与下卦过中的九三相应,发挥处于上卦震顶之位能,不断振而晃之,动荡不安,以致形成凶险。所以《象传》指出,"振恒"在上,虽大而无功也。

5. 解卦德

《恒》与《咸》是一对综卦。《咸卦》阐述男女之道,《恒卦》阐述恒久之道,其中也包括夫妇之道。《咸卦》"柔上而刚下",《恒卦》"刚上而柔下"。《咸卦》"二气感应以相与",《恒卦》"雷风相与"。二者具象不同而大道相通:守持中正以求阴阳协和。因此,《象传》的断语是:不论"观其所感"或"观其所恒","而天地之情可见矣"。这种天地万物之情,表现为对真善美向往的持久性。所以,《系辞传》将《恒》列为九德卦之一:"恒,德之固也";"恒,杂而不厌";"恒以一德"。能否持久地一心一德,固守中正,应系领悟《恒卦》之本。

6. 解卦主

持恒就是守常,守常必行中道。六五与九二分居上下卦之中,为中道的体行者。六五柔中,九二刚中,皆系成卦之主。经文又明指六五"恒其德",应兼主卦之主。

卦三十三　遁(☰乾上艮下)

《遁》：亨，小利贞。

1. 解卦名

《序卦传》曰："物不可以久居其所，故受之以《遁》。遁者，退也。"即上一个《恒卦》坚持守恒而"久居其所"，久居之后便得退，所以紧接着意寓退避的《遁卦》。《杂卦传》也说"遁则退也"。遁涵退避之义，这是一种积极的退避：主动与社会混浊划清界限，决不同流合污。诚若《论语·宪问》所云："邦有道，谷；邦无道，谷，耻也。"

2. 解卦象

《象》曰：天下有山，《遁》。君子以远小人，不恶而严。

《象传》说：天(上卦乾)下有山(下卦艮)，是《遁卦》之象。天涵刚健之义，山涵止住之义。山接长天，其意蕴可谓"止于健"。当社会浊流横行之时，不宜硬顶，而可暂且退避。天下有的是清明之山，天高山远，任凭智者选择居住，以远离小人。《象传》指出，"远小人"，不是厌恶他们，而是严肃地审视他们，告诫他们。《遁卦》下层二阴方兴，其上四阳趋退，呈阴长阳消之势，为十二消息卦之一，象征农历六月。

3. 解卦辞

《彖》曰："遁亨"，遁而亨也。刚当位而应，与时行也。"小利贞"，浸而长也。遁之时义大矣哉！

《彖传》说：卦辞"遁亨"，就是说"退避了就顺通"。从卦象看，阳刚九五中正当位，与阴柔六二相应，表明其顺时而行。"小利贞"，指阴柔(阴为小，阳为大)逐渐(浸)向上增长发展(初六、六二形成上升增长之势，但须纯正才能有利)。由此，《彖传》赞赏："遁"能顺应所处之时，意义重大。

4. 解爻辞

初六：遁尾，厉，勿用有攸往。

《象》曰："遁尾之厉"，不往何灾也？

初六阴居阳位，柔而向刚，既想退避，又与九四相应，恋恋不舍，举棋不定，以致落在遁退之末尾而生危险，所以爻辞说"勿用有攸往"，不要再到那里去了。《象传》解析道："不往何灾也"，不到那里去又有什么灾祸呢？

六二：执之用黄牛之革，莫之胜说。

《象》曰："执用黄牛"，固志也。

六二阴柔，既正又中，与九五阳刚相应，矢志不渝。爻辞云："用黄牛皮革加以捆缚（执）固定，使之不能脱开（'说'通'脱'）。"象征六二顺应九五的意志极其坚定。所以，《象传》将"执用黄牛"描述为"固志"，坚定信念。

九三：系遁，有疾厉，畜臣妾，吉。

《象》曰："系遁之厉"，有疾，惫也。"畜臣妾吉"，不可大事也。

九三刚正，但与六二亲比，受其牵制，当遁而犹豫，所以说"系遁"，牵制退避。由此"有疾厉"，引发疾病而生危险。《象传》认为危险在于"惫也"，疲惫不堪（会丧失刚正之志）。至于"畜养陪臣侍女（臣妾）"（以求生活安逸），说明九三（志向衰退）不可以做大事了。

九四：好遁，君子吉，小人否。

《象》曰：君子好遁，小人否也。

九四刚居柔位，近政治中心而与社会下层初六和应，心存隐退之意。爻辞说："洁身自好而遁退，君子保吉祥，小人则相反。"《象传》解析道："君子洁身自好，勇于遁退，小人就做不到了。"

九五：嘉遁，贞吉。

《象》曰："嘉遁贞吉"，以正志也。

九五阳刚中正，又与同居中正之德的六二相应，志同道合，共求适时"嘉遁"；美好地退位让贤（如尧、舜）。《象传》认为，九五以此端正自己的心志。

上九：肥遁，无不利。

《象》曰："肥遁无不利"，无所疑也。

上九到达遁的最高点，如同身处世外之境。程颐释云："肥者，充大宽裕之意。""肥遁"即宽裕大度地飘然隐退。事实上，上九已处退休之位了，见好就收，自无不利。《象传》则从思想高度作出分析："无所疑也。"即明白事理，当即退位，毫不犹疑。

5. 解卦德

《遁卦》反映阴长阳消之势，以"天下有山"的气度提示人们必要时可暂且隐退，但须坚持三条价值观原则：一是"好遁"：洁身自好，遁世无闷；二是"嘉遁"：心明志正，处乱不惊；三是"肥遁"：宽裕大度，举重若轻，当机立断，"无所疑也"。《象传》强调对小人"不恶而严"，远之而不恶之，严守道义准则。

6. 解卦主

六二与九五各守中正，刚柔相应，同为成卦之主。九五更受《象传》赞誉："刚当位而应，与时行也。"爻辞系之"嘉遁"，美好完善的遁退，当兼主卦之主。

卦三十四　大壮（䷡震上乾下）

《大壮》：利贞。

1. 解卦名

《杂卦传》曰："物不可以终遁，故受之以《大壮》。"即事物不可以一味退避，总是隐遁，始终消极对待，而应踏准节奏，转变态势，积极有为，壮大自身的力量。程颐说："遁者，阴长而阳遁也。大壮，阳之壮盛也。衰则必盛，消息相须，故既遁则必壮，《大壮》所以次《遁》也。"一句话，"遁"显示阴长阳消，"大壮"显示阳盛阴衰。

物极必反,所以《大壮》列于《遁卦》之后,其涵义为阳刚壮大。《杂卦传》谓"大壮则止",警示壮大不可过度。

2. 解卦象

《象》曰:雷在天上,《大壮》。君子以非礼弗履。

《象传》说:雷(上卦震)在天(下卦乾)上,构成《大壮》卦象。《大壮》自初九至九四,四个阳爻持续向上扩展,呈现阳长阴消之势,恰与《遁卦》相反。在十二消息卦中象征农历二月。"大壮利贞",阳刚壮大,首先在于正大。正大,就须"非礼弗履",凡不符合于礼的一切事情都不能去做。《论语》中孔子所说的"非礼勿视,非礼勿听,非礼勿言,非礼勿动",均可由"非礼弗履"加以概括。

3. 解卦辞

《彖》曰:大壮,大者壮也。刚以动,故壮。"大壮利贞",大者正也。正大而天地之情可见矣。

《彖传》说:大壮就是大者(阳刚)强壮。观象可知,下卦乾显示刚,上卦震显示动,刚而动,所以壮。卦辞"大壮利贞",表明作为大者的阳刚端方正直。由正大可以看到天地的真情(反过来说,天地的真情便是正大)。

4. 解爻辞

初九:壮于趾,征凶,有孚。

《象》曰:"壮于趾",其孚穷也。

由于爻辞"有孚"而象辞"孚穷"似存在矛盾,学者析解多见不同。有释"孚"为"信"的,有释"孚"为"必"的,也有释"孚"为"俘"的。这里仍按"孚信"原义阐解。爻辞表明,初九当阳壮之始,始壮于足趾而全体未壮,却急着征行,造成凶险,需要认真反思而应胸怀诚信,所以爻辞加以"有孚"。《象传》则从卦象研察出发,"壮于趾"即壮于卦体之最下端,其上既无亲比,亦无和应,只是初九自己在唱征行的独脚戏。从根本上分析,原因在于其诚信十分欠缺。这同爻辞告诫要注重诚信的思路并不矛盾。

九二：贞吉。

《象》曰："九二贞吉"，以中也。

九二阳刚居中，与六五相应，壮而不过其度。爻辞为"正守则吉"，《象传》据此解析说：这是由于九二守持中道的结果。

九三：小人用壮，君子用罔，贞厉。羝羊触藩，羸其角。

《象》曰：小人用壮，君子罔也。

九三居下卦乾体上方，既有一定地位，又有相当势能，小人得此条件，常会"用壮"，强势凌人。君子则不会"用壮"，甚或加以蔑视。（按程颐所释："罔，无也，犹云蔑也。"）固执（贞）用壮，将生危险（厉）。如同自恃健壮的公羊（羝 dī）冲闯藩篱，角被卡住（羸 léi：通"缧"，绳索缠绕）。《象传》则强调君子与小人不同，绝无"用壮"之念。

九四：贞吉悔亡，藩决不羸，壮于大舆之輹。

《象》曰："藩决不羸"，尚往也。

九四处于阳刚上进的最前沿，受到六五的亲比支助而得大壮之机。爻辞说："正固吉祥，悔恼消亡，藩篱冲破不再受牵累，壮实于大车的轮輹。"所谓"壮实于大车的轮輹"，实指壮实的部位得当，时机得当。《象传》指出："藩篱冲破不再受牵累"，表明九四图谋前进（为此壮实大车的轮輹，以便整装前行）。

六五：丧羊于易，无悔。

《象》曰："丧羊于易"，位不当也。

六五虽居中而得九二之应，然以阴柔乘九四之刚，力不从心。但其温顺柔和，不计得失。爻辞说"丧羊于易，无悔"，对其中"易"的含义，程颐释为"和易"，朱熹先释为"容易"，后又释为疆场之"场"。其实，"丧羊于易"联系着一则历史传说：商代始祖阏伯的六世孙王亥服牛驯马发展畜牧，并赴外地进行商贸活动。一次到达有易氏部落境内，遭到杀害并被劫去牛羊（《旅卦》上九爻辞还有"丧牛于易"）。所以，"易"当系地名。《象传》认为："丧羊于易"，缘于"位不当也"。六五居中而得九二之应，然当阳刚大壮之时，以柔乘九四之刚，位有不当而力不从心。唯其温顺内敛，虽丧羊而无悔恨。

上六：羝羊触藩，不能退，不能遂。无攸利，艰则吉。

《象》曰："不能退，不能遂"，不详也。"艰则吉"，咎不长也。

爻辞说："公羊冲撞藩篱，退不能退，进不能进，无所得利。艰苦忍耐可保吉祥。"由此描画出上六的处境：居《大壮》之极而柔弱无力，进已无路可走，退而和应九三，则为九四所阻。《象传》认为，上六走到进退两难之地，是由于"不详"，思考不周详（体柔弱而自以为壮，势将尽而"羝羊触藩"），但退不得，进不成，只是艰难一些，尚无大碍。所以《象传》指出："艰难则吉"，表明祸害不会长久。

5. 解卦德

遁时终尽，物当大壮。壮有原则，正大第一。《象传》强调："大壮利贞"，大者正也。在具体实践中，则须循《象传》所告诫者："非礼弗履。"遵守文明礼仪，维护社会规范，不可以势压人，以力乱纪，以强违法。

6. 解卦主

《大壮卦》显示阳刚壮大。卦中四阳，九四居于最上，入于震而"刚以动"，正当生气勃勃之时。在这种情势下，六五下比，以君亲臣，爻辞赞之"壮于大舆之輹"，可以想见盛大之座车启动，车轮壮实，滚滚向前，当系卦主无疑。

卦三十五 晋（☲离上坤下）

《晋》：康侯用锡马蕃庶，昼日三接。

1. 解卦名

《序卦传》曰："物不可以终壮，故受之以《晋》。晋者，进也。"《象传》亦谓"晋，进也"。这就是说，事物不断壮大，终将进取前行。壮大是力量的积聚，进取是力量的运用。《杂卦传》则曰：
"晋，昼也。"晋为白天，可以从卦象获解。因为下卦坤象征地，上
卦离，象征日，合起来看即日出地上。《说文解字》云："日出万物
进"，使"晋"的两层含义"进也""昼也"融于一体。

2. 解卦象

《象》曰：明出地上，《晋》。君子以自昭明德。

《象传》说：下卦坤，象征地；上卦离，象征明。合成重卦《晋》，
其象即为"明出地上"。明是太阳自身发出的，光照四方，万物受
惠。君子以此效法，通过自己的言行昭示光明正大的德性。

3. 解卦辞

《彖》曰：晋，进也。明出地上，顺而丽乎大明。柔进而上行，
是以"康侯用锡马蕃庶，昼日三接"。

《彖传》说："晋"就是上进。光明出现在大地上，顺和（下卦）
而附丽于宏伟的光明（上卦离）。阴柔升进到上卦之中（以六五之
尊受九四、上九双阳亲辅，构成光明之源的离卦，照耀大地），所以
说"康侯用锡马蕃庶，昼日三接"。但对于卦辞的具体释解，历来
并不一致。程颐、朱熹等主流学者以"康侯"为普通名词，即"安国
之侯""治安之侯"。"锡马蕃庶，昼日三接言多受大赐。"而一些学
者则认为康侯专指周初封侯的康叔。有人甚至将卦辞内容描述
为一场历史战事。然而，20 世纪 70 年代发掘得到的马王堆汉墓
帛书《二三子问》却提供了一部与通行本不完全相同的《易传》，其
中载有孔子对《晋卦》卦辞的阐释：孔子曰："此言圣王之安世者
也。圣人之正（政），牛参弗服，马恒弗驾，不忧（扰）乘牝马，（下失
十二字）粟时至，刍槀不重，故曰'锡马'。圣人之立正（政）也，必
尊天而敬众，理顺五行，天地鞣蓇（无灾），民不伤，甘露时雨聚降，
飘风苦雨不至，民也相筋（通'殇'）以寿，故曰'番庶'。圣王各有
三公三卿，'昼日三（下失七字）者也。"看来，孔子认为卦辞表述圣
明君王的安世治国之道。体现于康侯施政的三个方面：一、锡

马：精心养护马匹，通常不用于征战货运（马恒弗驾），不乱骑母马，及时供应精饲料（粟时至），粗枯草料喂的少（刍橐不重）。对待马施"仁政"，对待牛也一样："牛参弗服"，生长未满三年的牛不让其耕作服役；二、番（蕃）庶：遵奉天道，诚敬民众，理顺各种关系，天地通达，民免灾害，风调雨顺，老百姓举杯庆寿，由此可见，"蕃庶"实涵天人合德、繁荣富庶之义；三、昼日三接：由于帛书字迹剥蚀，无法详其本真，但可推论，"昼日三接"也是体现仁政的一项关乎君臣协同的每日例行公事。

4. 解爻辞

初六：晋如，摧如，贞吉，罔孚，裕无咎。

《象》曰："晋如摧如"，独行正也。"裕无咎"，未受命也。

初六阴柔与九四阳刚相应，意图升进。虽受六二、六三阻隔，未得信任（罔孚），显示既如升进的样子（晋如），又如受阻的样子（摧如）。但能坚定守持而得吉祥（贞吉），心胸宽大坦荡而无祸害（裕无咎）。《象传》指出："晋如摧如"，表明初六独行正道；"裕无咎"，表明尚未接受（升进的）指令（还在坦然待时）。

六二：晋如，愁如，贞吉。受兹介福，于其王母。

《象》曰："受兹介福"，以中正也。

六二既显示升进的样子（晋如），又显示愁闷的样子（愁如，近无比而远无应）。阴居柔位，正固吉祥。爻辞说"受兹介福，于其王母"，即受到这样大的福报（介涵大义），来自于其祖母。（程颐曰："王母，祖母也。谓阴之至尊者，指六五也。"）《象传》指出："受兹介福"，在于六二持中行，守正道。

六三：众允，悔亡。

《象》曰："众允之"，志上行也。

六三与初六、六二组成顺和的坤卦，象征上进得到大家信赖认可（众允），原来有些悔恼（柔居刚位）也消除了。《象传》认为："大家信赖认可"，表明六三立志向上行进（就卦象言，六三与上九相应,并与九四亲比)。

九四:晋如鼫鼠,贞厉。

《象》曰:"鼫鼠贞厉",位不当也。

九四刚居柔位,健而不正。既比六三,又承六五,还与初六相应,到处讨好,争逐私利,摆出一副升进的架势(晋如),却是一只到处乱窜的鼫(shí)鼠,《说文解字》谓:"鼫,五技鼠也,能飞不能过屋,能缘不能穷木,能游不能渡谷,能穴不能掩身。"花样百出而无一成,所精者唯偷食,如《诗经·魏风·硕鼠》所斥:食黍,食麦,食苗。爻辞"贞厉",即固执不改,必然危险。《象传》基于卦象分析,指出其所处地位不当(内阴外阳,位高德缺)。

六五:悔亡,失得勿恤,往吉,无不利。

《象》曰:"失得勿恤",往有庆也。

六五上有上九相比,下有九四相承,何去何从,可谓有失有得。但六五居君位而行中道,时当晋升,并不心忧得失(失得勿恤)。爻辞说"往进吉祥,没有不利"。《象传》则指出:"失得勿恤",表明往进将有喜庆(由此亦可理解爻辞"悔亡":悔恼消失)。

上九:晋其角,维用伐邑,厉吉无咎,贞吝。

《象》曰:"维用伐邑",道未光也。

上九以刚居卦之顶,处终点而强健求进,如入坚固之角。爻辞说:"维用伐邑",即只是用来"伐邑",讨伐所属的领地,虽有危险,仍能吉祥而无祸害,固执行事则遭羞辱(贞吝)。《象传》认为,"维用伐邑"(单靠武力讨伐),表明为政之道尚未发扬光大。

5. 解卦德

《晋卦》体现进升之道,基本原则有三:一是明,如《象传》所言:"顺而丽乎大明";二是"众允",民众一致信赖赞同,万众一心,"志上行也";三是当位,位当则"受兹介福",位不当则沦为鼫鼠。

6. 解卦主

《晋卦》既体现进升之道,又展示晋升的体系与格局,其核心为六五,即《象传》所指"柔进而上行者",其德中和,以柔御刚,会同上下二阳以离明出于坤地,光明亮丽,为当之无愧的卦主。

卦三十六 明夷(䷣坤上离下)

《明夷》:利艰贞。

1. 解卦名

《序卦传》曰:"进必有所伤,故受之以《明夷》。夷者,伤也。"《杂卦传》则谓"晋,昼也;明夷,诛也"。这就是说,在《晋卦》的进升即光明升耀之后,会发生光明毁伤。光明升耀是白昼,光明毁伤则是"诛也"。诛,《说文解字》释为"讨也,从言"。从言之"讨",原系声讨,引申而生诛灭之义。于是,光明毁伤亦即光明诛灭。明升为昼,明灭为夜,昼夜对应而比翼存在。《系辞传》云:"刚柔者,昼夜之象也。"所以,作为综卦,《晋》在总体上显刚,《明夷》则在总体上显柔。《说文》云:"夷,平也。"平者,柔之相也。

2. 解卦象

《象》曰:明入地中,《明夷》。君子以莅众,用晦而明。

下卦离,象征明;上卦坤,象征地。故《彖传》与《象传》均释《明夷》为"明入地中"。程颐云:"《晋》者,明盛之卦,明君(六五)在上,群贤并进之时也。《明夷》,昏暗之卦,暗君(上六)在上,明者见伤之时也。"《象传》为此告诫:(明出地上,会遭到毁伤,以致明入地中)君子鉴于此,在面对社会大众的芜杂场合,应当避免显露睿知精思,而将聪明智慧存藏于内心。

3. 解卦辞

《彖》曰:明入地中,《明夷》。内文明而外柔顺,以蒙大难,文王以之。"利艰贞",晦其明也。内难而能正其志,箕子以之。

《彖传》说:光明陷入地中,是《明夷卦》之象。下卦离内示文明,上卦坤外现柔顺,由此反映蒙受大难的情景,就像周文王那样

（被商纣囚禁羑里七年,韬光养晦,待时而兴）。尽管国内遇到危难,仍然保持正直的心志,就像箕子那样（商纣无道,其叔箕子忠谏不听,遂自伤为奴,装疯卖傻,商亡而身保名贤）。

4. 解爻辞

初九:明夷于飞,垂其翼。君子于行,三日不食。有攸往,主人有言。

《象》曰:"君子于行",义不食也。

爻辞描述:阳刚正直的初九（与六四相应）而欲飞升,但当光明泯灭之时（难以识辨）,只得垂下翅膀。作为君子,行进中三天没有进食,坚持所往之目的地而不理睬主人的闲言碎语。《象传》评议道:君子（抱定信念）行进,坚持道义而不吃施舍之食物。（历史上有商朝灭亡后,伯夷、叔齐二位贤士"义不食周粟"的传说。）

六二:明夷,夷于左股,用拯马壮,吉。

《象》曰:六二之吉,顺以则也。

爻辞说:六二（阴柔中正）明夷之时,左腿受伤,用来营救的马匹健壮（六二与阳刚九三亲比）,所以吉祥。《象传》解析道,六二的吉祥,在于顺守（以六二之柔顺九三之刚）道义原则（中正）。

九三:明夷于南狩,得其大首,不可疾,贞。

《象》曰:南狩之志,乃大得也。

九三阳刚正直,居下卦上位而成地方首领,受六二顺承而得群众拥护。爻辞说:明夷之时,去南方（下卦离）狩猎,捕获"大首"（程颐释曰:"上六虽非君位,以其居上而暗之极,故为暗之主,谓之大首",喻"以明去暗"）,不可急疾仓促。《象传》肯定"南方狩猎"志向可嘉,由此大有收获。

六四:入于左腹,获明夷之心,于出门庭。

《象》曰:"入于左腹",获心意也。

六四阴柔,居近臣之位。当明夷黑暗之时,如爻辞所言,"入于左腹",进入了（权力中心的）左腹,（朱熹云:"左腹者,幽隐之处。")从而"获明夷之心",了解到伤明的意图,(并在阳刚初九的接应下)走出门庭(以避祸患)。《象传》指出:"入于左腹",正是为了获得明夷的意图。

六五:箕子之明夷,利贞。

《象》曰:箕子之贞,明不可息也。

六五居君位而守中道,爻辞描述:像贤士箕子一样面对明夷,利于坚定守正。《象传》由此赞叹:像箕子那样坚定守贞,光明是不可能熄灭的。

上六:不明,晦。初登于天,后入于地。

《象》曰:"初登于天",照四国也。"后入于地",失则也。

上六以柔居阴,处《明夷》之极,象征黑暗势力的首领。爻辞说:不光明(把离卦压在下面),必昏暗。开始时登在天上(君临天下),到头来落入地下(身败名裂)。《象传》解析道:"初登于天",是以君主身份照会四方各国。"后入于地",则缘于丧失了道义准则。

5.解卦德

《明夷卦》阐述明德泯灭、政治昏暗之时,如何立身行事。其要旨为:第一,坚持正义不动摇,"明不可灭也";第二,韬光养晦,明哲保身,"用晦而明";第三,顺势而为,看准时机和方向,发动"南狩",摧毁黑暗势力的首脑巢穴。

6.解卦主

上六居《明夷》之极,初登天,后入地,为成卦之主。六二与六五皆顺守中道,前者"用拯马壮"而吉祥,后者以"箕子之贞"而使明不息,同为主卦之主。

卦三十七　家人(☴巽上离下)

《家人》:利女贞。

1. 解卦名

《序卦传》曰:"伤于外者必反其家,故受之以《家人》。"这就是说,《明夷卦》展示的"明伤"发生在外面,当回返家内料理,所以接着《家人卦》。《杂卦传》曰:"《家人》,内也",与《明夷》之"外"相互对应。朱熹云:"家人者,一家之人。"

2. 解卦象

《象》曰:风自火出,《家人》。君子以言有物而行有恒。

《象传》说:风(上卦巽风)从火(下卦离火)中吹出,组成《家人卦》。一家人众聚居生活,必举火饮食,离之象也。暖气流布,逊和顺通,巽之象也。火光明不昧,启示君子讲话明白而不空洞;风千里不止,启示君子德行恒久而不游移。

3. 解卦辞

《彖》曰:家人,女正位乎内,男正位乎外。男女正,天地之大义也。家人有严君焉,父母之谓也。父父、子子、兄兄、弟弟、夫夫、妇妇而家道正,正家而天下定矣。

古代农业社会,家庭事务主要由妇女操持,所以爻辞说"利女贞",利在妇女守持正道。《彖传》从阴阳刚柔相对相应、品格平等的自然规律出发,指出《家人卦》既显示女性坐正内当家的位置,还体现男性坐正外为家(进而为国)的位置。男女各正其位,展示天地的博大义理。(正家如正国)一家人中,有严明的君主,这就是父母。父亲像父亲应有的样子,儿子像儿子应有的样子,哥哥像哥哥应有的样子,弟弟像弟弟应有的样子,丈夫像丈夫应有的样子,妻子像妻子应有的样子,家道便正了。家道正了,即可进一步治理国家而平定天下。

4. 解爻辞

初九:闲有家,悔亡。

《象》曰:"闲有家",志未变也。

初九阳刚正守,既与六二相比,又显亲和之情而居卦之初,象征正家之始。正家之始,首当管住进口的大门。《说文》云:"闲,阑也,从门中有木。"而"阑,门遮也"。说明"闲"的原义是遮门的栏木,引申出防范的含义。据此,爻辞大意为:防范于门而有其家,不会后悔。《象传》解析"防范于门而有其家",认为初九(正家的)意志坚定不移。

六二:无攸遂,在中馈,贞吉。

《象》曰:六二之吉,顺以巽也。

六二近比九三,远应九五,居中守正,照料全家。爻辞说:六二(一心为家)自己并无什么想追求的东西,统筹兼顾(在中),为全家提供膳食(馈),正守家事而保吉祥。《象传》指出,六二的吉祥,在于顺和而逊让(六二上应九五,上卦为巽,含顺逊之意)。

九三:家人嗃嗃,悔厉吉。妇子嘻嘻,终吝。

《象》曰:"家人嗃嗃",未失也。"妇子嘻嘻",失家节也。

《周易集解》引侯果注释:"嗃嗃,严也。嘻嘻,笑也。""家人嗃嗃",即全家人一脸严肃。"悔厉吉",即悔恨危惧却保吉祥。"妇子嘻嘻",妇女孩子嘻嘻哈哈;"终吝",最后将遭困辱。《象传》解析道:"家人嗃嗃",表明没有丢掉良好的家风;"妇子嘻嘻",表明丧失了节制家事的法规。

六四:富家,大吉。

《象》曰:"富家大吉",顺在位也。

六四为全卦地位最高的女性,是名正言顺的主妇,既中且正,上辅九五,下比九三,远应初九,均臻于刚柔协和。《象传》解析道:爻辞说"富家大吉",是由于六四顺和地(上卦巽顺之始)处于正当的位置上。

九五:王假有家,勿恤,吉。

《象》曰:"王假有家",交相爱也。

九五阳刚中正,近有六四承比,远有六二和应,既为国之明主,又系家之严君。爻辞说:君王来到(假有"至"义)家里,无须担

忧,吉祥。《象传》指出:"君王来到家里",展示相互亲近关爱的情
景。(全卦自初至五,刚柔各爻皆有比应。上九以刚居柔,自谐阴
阳于一体。)

上九:有孚威如,终吉。

《象》曰:"威如之吉",反身之谓也。

上九阳刚,居卦之终。程颐认为象征"家道之成",而"治家之
道,非至诚不能也"。爻辞"有孚"即有诚信,因此"威如",很有威
望的样子,结果吉祥。《象传》认为,"威如之吉",具有反躬自省的
意义(如何保持威望,安顺吉祥,缘于正家)。

5. 解卦德

《家人卦》阐扬齐家治国之道,强调各就其位,各尽其职。"正
家而天下定",正家须家教,内容不能空洞,并须行之不懈,持之以
恒,《象传》谓之"言有物而行有恒"。

6. 解卦主

六二与九五,一阴一阳,一柔一刚,一女一男,一下一上;各中
其中,各正其正;德与位合,能以职尽。二者均为成卦之主,后者
兼为主卦之主。

卦三十八　睽(☲离上兑下)

《睽》:小事吉。

1. 解卦名

《序卦传》曰:"家道穷必乖,故受之以《睽》。睽者,乖也。"大
意为:《家人卦》讲家道,而家道终有一天会走向没落,出现背离
(乖),所以接着《睽卦》。睽(kuí)就是"乖"。据《说文解字》,"睽"
的原义是"目不相视也",即双目视物不相一致,各具视角,相互背
离,所以说"乖也"。《杂卦传》则曰:"睽,外也。"因为《家人》与
《睽》构成一对综卦,《家人》主内,《睽》自然主外了。

2. 解卦象

《象》曰：上火下泽，《睽》。君子以同而异。

《象传》说：上面是火（上卦离），下面是泽（下卦兑），构成《睽卦》之象。火势炎上，泽水润下，二者各异。火势炎上而以明丽照亮四方，泽水润下而以清津润养土地。上下者，各显其性状，故异也；明清者，各尽其本能，故同也。《象传》由此提出：君子处理人际关系，也要求同存异，大度包容。

3. 解卦辞

《彖》曰：《睽》，火动而上，泽动而下。二女同居，其志不同行。说而丽乎明，柔进而上行，得中而应乎刚，是以"小事吉"。天地睽而其事同也，男女睽而其志通也，万物睽而其事类也。睽之时用大矣哉！

卦辞只有"小事吉"三个字，很简单。《彖传》却说了一大篇，可见孔子对此十分重视。《彖传》阐述道：《睽卦》之象是：火动而上（上卦为离火），泽动而下（下卦为兑泽）。二女（离为中女，兑为少女）同居在一起，她们的意愿思虑并不相同。从卦象看，喜悦（兑）而又附丽于光明（离），阴柔升进上行（而成六五），取得中道之位并与阳刚九二相应（由此可推知六五原来处于卦底而为初六，即《睽卦》可视为原由乾上离下的《同人卦》转化而成，这也符合《象传》"以同而异"之说），所以爻辞说"小事吉"（小指阴柔，亦即阴柔初六升进六五，其事吉祥）。《彖传》进而展开更深层次的论述，指出天与地品类相异而功能相同（生养万物），男与女性别相异而意愿相同（生活美满），万物性情相异而追求相同（生命存续）。顺时用睽（事关生生），意义何等宏大！

4. 解爻辞

初九：悔亡。丧马勿逐，自复。见恶人，无咎。

《象》曰："见恶人"，以避咎也。

初九阳刚得正，无比无应，自行其是。当睽之时，见怪不怪。

爻辞描述为：悔恼消除，丢失的马匹不去追寻，自己会跑回来。遇见恶人也没有祸害。《象传》则明确提出，(只要坚守道义原则)甚至可以主动地去"见恶人"，以避免祸害(孔子见南子、见阳货，战国时蔺相如见秦王而"完璧归赵"，皆系例证)。

九二：遇主于巷，无咎。

《象》曰："遇主于巷"，未失道也。

九二阳刚，上应六五之主，但既受制于六三之乘，又受亲比六五的九四之阻，大路难通，只好与六五之主会见于小巷。《象传》认为，(当睽之时，情况特殊)九二"遇主于巷"表明并未丧失道义，爻辞也说"无咎"，并无过错或祸害。

六三：见舆曳，其牛掣，其人天且劓。无初有终。

《象》曰："见舆曳"，位不当也。"无初有终"，遇刚也。

爻辞描述道：六三驾着牛车，发现后面的车子被拉住(乘于九二)，前面的牛受到阻拦(承于九四)。驾车者受过两种刑罚：一种是"天"，被剃了光头；一种是劓(yì)，被割掉鼻子。《象传》解析道："车子被拉住"，是由于六三居位不当(柔居刚位)。"无初有终"，起初确定不了，最后终于成功，是由于六三阴柔遇见了阳刚(起初九二与九四前后相比，使六三进退不得。最终与上九相应，喜结连理)。

九四：睽孤，遇元夫。交孚，厉无咎。

《象》曰："交孚无咎"，志行也。

九四阳刚，不中不正，所比之六三又与上九相应，当睽之时，不免孤单，爻辞谓"睽孤"。"元夫"指初九，元者，初也，亦具"大丈夫"之义。九四比而不亲，初九无比无应，二刚相惜，"交孚"，均以诚信相互结交。(虽非阴阳和合)会碰到危险，但无祸患，爻辞谓之"厉无咎"。《象传》解析道："诚信相交而无祸害"，表明九四的意愿得到实现。

六五：悔亡，厥宗噬肤，往何咎？

《象》曰："厥宗噬肤"，往有庆也。

"厥宗"即"它的宗亲","噬肤"即咬着皮肤。依朱熹所阐释，"厥宗"指九二，"噬肤"言易合，即六五居君位而守中，与九二相应，前往亲近和合。爻辞先说"悔亡"，悔恼消失（消除了九二被六三乘比的悔恼），最后指出："往何咎？"即六五前往九二表达肌肤之亲（以形成应对睽异的合力），又有什么过错与祸害呢？《象传》由此指出，"厥宗噬肤"，表明六五前往会有喜庆。

上九：睽孤，见豕负涂，载鬼一车。先张之弧，后说之弧。匪寇，婚媾。往遇雨则吉。

《象》曰："遇雨之吉"，群疑亡也。

九四欲亲比六三而六三却与上九相应，上九欲亲比六五而六五却与九二相应，所以两者皆系睽时之孤。爻辞以"睽孤"开场，以"往遇雨则吉"断尾，中间五句，每句四字，总计二十个字，编叙出一则简洁精彩的微型小说。大致内容为：当睽异之时，一个孤独者徘徊街头，忽然看见一支队伍扬长而来，背上沾满泥巴（负涂），车子上载着一批鬼怪（奇装异服，风尘仆仆）。孤独者起先以为来了强盗，于是举起了箭，拉紧弓弦准备射击（先张之弧）。之后看清情况，放松了弓弦（后说之弧）。原来并非强盗抢劫，而是正常的婚事活动。爻辞结论为"往遇雨则吉"，为什么？因为前往远方迎亲，长途奔波，礼物与衣服遍沾泥污，人众满身灰土，容易被错看而误为鬼怪。倘有雨水一淋，当显其真实面目而呈吉祥。正如《象传》所析："群疑亡也"，一切疑虑随之消失。

这则故事放在上九爻辞中有其哲理，因为上九处睽之极，加以相比之六五前往和应远方的九二，产生强烈的孤独感而加剧乖异之心情，顿起错觉。然而上九对六五心怀真诚，最终还是消除了疑虑。

5. 解卦德

《睽卦》告诉我们：物有乖离，人有差异。如何处置？求同存异。所以，当睽之时，如何运用智慧，正确地应对差异，化阻力为动力,意义十分重大。《象传》为此赞赏说:"睽之时用大矣哉!"
《象传》则具体提出:"君子以同而异。"

6. 解卦主

六五与九二各居上下卦之中而相互和应。前者为"柔进而上
行,得中而应乎刚"的主卦之主,后者当乖异之时应对有方,"遇主
于巷",为成卦之主。

卦三十九　蹇(☵坎上艮下)

《蹇》:利西南,不利东北;利见大人,贞吉。

1. 解卦名

《序卦传》曰:"乖必有难,故受之以《蹇》。蹇者,难也。"《彖
传》与《杂卦传》亦谓"蹇,难也"。《睽卦》双眼视角不同,古怪差
异,必将碰到险难,所以接着是象征险难的《蹇卦》。《说文解字》
云:"蹇,跛也。"足跛了,自然行走困难,说到底,离不开一个
"难"字。

2. 解卦象

《象》曰:山上有水,《蹇》。君子以反身修德。

《象传》说:山(下卦艮)上有水(上卦坎),就是《蹇卦》之象。
登山过程中遇水受阻,如何克服险难?《象传》认为不是硬拼硬
闯,而要回过身来,修德进业,增强能力,以期战胜险阻,跨越危
难,继续前进。

3. 解卦辞

《彖》曰:蹇,难也,险在前也。见险而能止,知矣哉!"蹇利西
南",往得中也。"不利东北",其道穷也。"利见大人",往有功也。
当位"贞吉",以正邦也。蹇之时用大矣哉!

《彖传》逐字逐句解析卦辞。首先解释"蹇",明言之为难,险
阻就在前面。发现险难(上卦坎)便能停止(下卦艮)前进,真明智

呀！接着解析"蹇利西南"，碰到蹇难，往西南方向去有利，因为那是坤卦所居方位，属于平地，跛者易行。《彖传》说"往得中"，就是阳刚前往坤卦中间化为离卦而使自己成为重卦之九五。为什么"不利东北"？《彖传》的回答是"其道穷也"，因为那是艮卦所居方位，属于山峦，"山上有水"，道路自然穷尽了。至于"利见大人"，表明前往合适的地方会取得成功（九五"往得中"而居尊位）。当位"贞吉"，正守其位以求吉祥，目的在"正邦也"，即匡正治理好国家。正是基于上述论析，《彖传》综合指出：当蹇之时，用蹇之道，意义何等重大！（正如张载《正蒙·乾》篇所云："贫贱忧戚，庸玉汝于成。"而直面蹇时，则为艰难困苦，玉汝于成。）

4. 解爻辞

初六：往蹇，来誉。

《象》曰："往蹇来誉"，宜待也。

初六阴居阳位，近无所比，远无所应。爻辞说"往前有险难，回来受赞誉"，为什么？《象传》从初六所处的时（蹇之初）位（不适当）出发，认为应当等待（不宜匆促出行）。

六二：王臣蹇蹇，匪躬之故。

《象》曰："王臣蹇蹇"，终无尤也。

六二阴柔中正，既与九三相比，又与九五相应。当蹇之时，尽管步履艰难，依然忠诚事君而并非为自身得失。六二即爻辞中的"王臣"；"匪躬之故"，即并非自身的私事。《象传》由此解析道：王臣艰苦困难地工作，到头来也不会有怨恨。

九三：往蹇来反。

《象》曰："往蹇来反"，内喜之也。

九三阳刚得正，既与中正温顺的六二相比，又与位高权重的上六相应。但如爻辞所言："往蹇来反"，即当蹇之时，远往困难，还是返回来与六二喜结秦晋之好。《象传》对此评析说："内喜之也。""内"指内卦，即下卦中的六二。六二的欢喜是自然情感的流露。

六四:往蹇来连。

《象》曰:"往蹇来连",当位实也。

"往蹇"较易理解:六四虽阴柔得正,但已身入上卦坎险之境,倘继续前进,必越陷越深。"来连"则众说不一,荀爽曰:"来还承五",即回来顺承九五;朱熹曰:"连于九三",即比连于阳刚九三。而就《象传》"当位实也"说,六四确应依朱说回返于九三之实位(刚位)而与初六、六二连成坤卦,实现"利西南"以达平顺而避蹇难。

九五:大蹇朋来。

《象》曰:"大蹇朋来",以中节也。

九五阳刚中正,虽逢大难,得道多助,朋友纷纷施以援手。观卦可见,六四上承比辅,六二下起和应,皆朋来之象。《象传》解析说:"大蹇朋来",表明九五以中道调节时局。

上六:往蹇来硕,吉,利见大人。

《象》曰:"往蹇来硕",志在内也。"利见大人",以从贵也。

就经文言,"往"常有蹇难,"来"则多硕果。上六阴居柔位,处卦之极,心乏往意,途无去路,所以只能"来"。回来有三个好处:一是"硕",成果大;二是"吉",吉祥安稳;三是利见大人。《象传》解析说:"往蹇来硕",表明"志在内也",即上六的心意在于同内卦的九三相应。"利见大人",则指上六亲比九五,顺从贵人。

5. 解卦德

《蹇卦》告诫人们,面对艰险困难,如跛足行走之时,如何应对。《彖传》的教诲,一是"见险而能止";二是"往得中",到最适宜的地方采取最适宜的措施;三是"当位贞吉",坐正位子,端正思路。《象传》则简洁明白地提出"反身修德"。

6. 解卦主

蹇难之时,最可贵的是振臂一呼、四方响应、共克时艰的号召力,这种号召力只能出自位正、思正、行正的德高望重者。观卦论象,唯九五可为卦主。《象传》誉之为"往得中"而能"当位贞吉"的"大人"。

卦四十 解(䷧震上坎下)

《解》:利西南,无所往,其来复吉。有攸往,夙吉。

1.解卦名

《序卦传》曰:"物不可以终难,故受之以《解》。解者,缓也。"《杂卦传》亦谓"解,缓也"。《说文解字》释云:"解,判也。"而"判"是"分"。解字会意,如"刀入牛角"。所谓"判牛角"即分解牛角,塞难倘像牛角一样得到分解,局面自然改观。所以接在《蹇卦》面的便是《解卦》,使艰险困难得以缓解。

2.解卦象

《象》曰:雷雨作,《解》。君子以赦过宥罪。

《解卦》上为震,象征雷;下为坎,象征水(水雷相伴则 雨)。所以《象传》说:雷雨协同运作,构成《解卦》之象。雷显声 ,象征法治。伴以滋润万物之雨,则示教化之情。君子由此得 启示:在坚持法治过程中,也须视情宽恕,合理合规地赦免错 ,原宥罪过。

3.解卦辞

《彖》曰:《解》,险以动;动而免乎险,解。"解利西南",往得众也。"其来复吉",乃得中也。"有攸往,夙吉",往有功也。天地解而雷雨作,雷雨作而百果草木皆甲坼。解之时大矣哉!

《彖传》说:《解卦》的意涵是:由于险难(下卦坎)而发生行动(上卦震)。通过行动免除险难,这就是"解"。卦辞"解利西南",即当解之时,有利于西南方位,这是因为往西南会获得大众的支持(西南为坤阴平顺之地,适宜阳刚前往。这里,假设上卦原来为坤,阳刚前往取代六四而化震,获得六五、上六的合作协助,亦即"得众")。如果(无所往)而回复原处可保吉祥,则由于阳刚(九二)处在下卦中位,刚健守中(还能得到上下二阴的比和与六五之相应)。卦辞"有攸往,夙吉",即有所往进以早(夙)为好,《象传》说,这表明往进会取得成功。并进一步讲解道:天地化解(上卦坤地得一阳而化解为震,下卦乾天得二阴而化解为坎)而雷雨运行,雷雨运行而百果草木都破壳(甲坼 chè:硬壳破裂)萌发。当解之时,意义何等重大!

4. 解爻辞

初六:无咎。

《象》曰:刚柔之际,义无咎也。

解的表现是"险而动,动而免乎险"。内在本质则为阴柔与阳刚交互运变的关系处理。初六阴柔,处解之始,近比九二,远应九四,正是刚柔之间交往联接的开端。爻辞说"无咎",主观上没有过错,客观上没有祸害。《象传》解析原因为"义":合乎道理。

九二:田获三狐,得黄矢,贞吉。

《象》曰:九二贞吉,得中道也。

九二阳刚居中,近比初六,远应六五,上承六三,照顾到了方方面面的关系,人脉资源丰富。如同爻辞所言"田获三狐,得黄矢",狩猎("田"通"畋")获得三头灵狐,还有一支金黄色的箭,结论是"正直吉祥"。《象传》解析道:九二正直吉祥,在于奉行中道(九二中位,黄系中色)。

六三:负且乘,致寇至,贞吝。

《象》曰:"负且乘",亦可丑也。自我致戎,又谁咎也?

六三阴柔,居位不正,上负九四不胜其力,下乘九二骄狂自大。爻辞说:一面背着富实的财物(九四),一面乘着刚健的马车(九二),以致引得盗贼前来抢劫。固执行事,必遭羞恨。《象传》指出:一面背着财物,一面乘坐马车,样子也很难看。自己招来刀兵之灾,还能责怪谁呢?

九四:解而拇,朋至斯孚。

《象》曰:"解而拇",未当位也。

爻辞说:解脱你("而"通"尔")的大脚趾(拇,也有释为大拇指者),朋友到来就会诚信相交。"大脚趾"指谁?王弼认为是六三。但脚趾一般处于下方,如《咸卦》初六的"咸其拇",且六三与九四为正比,其亲近关系似难解除。而初六与九二亦系正比,宜与九四相互解除呼应关系,以缓解感情的多重关联。《象传》解析道:"解除大脚趾",是由于九四以阳居阴,位置不正。

六五:君子维有解,吉。有孚于小人。

《象》曰:君子有解,小人退也。

爻辞说:君子有德,能解除不当的联系。(《说文》云:"车盖维也。""维"是系住车盖的绳子,这里释为联系。)诸事吉祥。(在消解矛盾过程中)以诚信感化小人。《象传》解析道:君子解除了不正当的联系,小人就退却了。

上六:公用射隼于高墉之上,获之,无不利。

《象》曰:"公用射隼",以解悖也。

上六为全卦四阴中唯一一位正者,居卦之顶,如王公挺立于高墙(墉)之上。爻辞说,王公在高墙上射落一只凶猛的鹰鸟(隼sǔn),得到收获,并无不利。《象传》解析道:王公射隼,是为了解除悖乱。就卦象看,悖乱者当指"负且乘"的六三(六三与上六对应)。

5. 解卦德

如何消解险难的局面?《解卦》给我们提出的现实启示是:第一,必须行动起来,"动而免乎险",并且"夙吉",越早越好;第二,寻求群众支持,《象传》谓之"得众";第三,"得中",践行中道,统筹兼顾;第四,高墙"射隼",站在法治与道德的制高点上狠狠打击作恶者;第五,"解维",扫除一切不正当的关系;第六,强化教育,如

《象传》所言,视情"赦过宥罪"。

6. 解卦主

消解险难局面,最重要的是思路明晰,政策正确,部署恰当,民众拥护。所有这一切,离不开一个"中"字。六五居中有解,受到代表正义力量的九四、九二两个阳刚力量的比应支持,乃成卦主。

卦四十一 损(䷨艮上兑下)

《损》:有孚,元吉,无咎,可贞,利有攸往。曷之用?二簋可用享。

1. 解卦名

《序卦传》曰:"缓必有所失,故受之以《损》。"即上一卦解意味着缓解。缓,放松了,推迟了,必然有所损失。所以《解卦》后连接着《损卦》。《杂卦传》则谓:"损益,盛衰之始也。"这是从"穷则变"、物极必反的哲学维度提出的告诫:损之又损,减损到顶便开始兴盛;益之又益,增益至极则开始衰落。

2. 解卦象

《象》曰:山下有泽,《损》,君子以惩忿窒欲。

《象传》说:山(上卦艮)下有个水泽(下卦兑),这是《损》的卦象。为什么这样说?程颐的解答是:"山下有泽,气通上润。与深下以增高,皆损下之象。"他认为"损"就是损下。就卦象看,就是减损在下面的水泽:一方面,水泽要耗损清气,向上滋润山石;另一方面,水泽又向下增加深度来提升山的高峻。水泽减损自身,增益他山,启示君子思考减损之道。对人格修养来说,最重要的是减损过度的情绪宣泄与不当的欲望,如程颐说的,"所当损者,唯忿与欲"。唐孔颖达则更早地对"惩""窒"二字作出独到解析,他说:"惩者,息其既往;窒者,闭其将来。惩窒互文而相足也。"因为忿恨是对已经发生之事的心理反应,所以"惩忿"意味着平息以往的经历。欲望是对未来意想目标的追求,所以"窒欲"体现着闭塞未来的妄求。"惩忿"与"窒欲"互相配合,修身就完整了。

3. 解卦辞

《彖》曰:《损》,损下益上,其道上行。损而"有孚,元吉,无咎,可贞,利有攸往。曷之用? 二簋可用享"。二簋应有时,损刚益柔有时。损益盈虚,与时偕行。

《彖传》说:《损卦》之象,表现为减损下卦的阳刚而使之增益于上卦(原来《泰卦》的九三上升为上九而原来的上六转换为六三,《泰卦》因之化成《损卦》)。它践行充实上层的原理。(必要时损下益上。范仲淹云:"损之有时,民犹说也。损之无时,泽将竭也。")正确实施减损之道,即如卦辞所言:守诚信,大吉,没有祸害,持之以正,利于有所前进。怎么具体运用呢? 两个简陋的竹篮(簋 guǐ:方形竹篮,供放食物祭品)就可以用来祭祀(只须心诚,无须盛物)。《彖传》进一步阐述道:运用"二簋"(减损之道)应适时,损刚益柔必须适时。权衡损益,调节盈虚,应当与时势时情的发展相一致。

4. 解爻辞

初九:已事遄往,无咎,酌损之。

《象》曰:"已事遄往",尚合志也。

初九阳刚得正,与六四阴柔相应,循损刚益柔原则,"已事遄往",料理好(已:完成)工作后,急速(遄 chuán)前往(与六四相会)。爻辞说:"没有过错或祸害,但应'酌损之',即斟酌自己的损失,量力而行。"《象传》指出:"已事遄往",表明初九注重(与六四)融合意愿。

九二:利贞,征凶,弗损,益之。

《象》曰:"九二利贞",中以为志也。

九二阳刚,以守中为正,所以"利贞"。虽与居君位之六五相应,但不前往媚上讨好，否则"征凶"。（尽责守职）不损下而有益于上。《象传》解释道："九二守正有利"，表明其以践行中道为志向。

六三：三人行则损一人，一人行则得其友。

《象》曰：一人行，三则疑也。

六三阴柔，如前所述，其位原在《泰卦》之顶，而为上六，与六四、六五合为坤卦的同类三人。现在一人来到下卦，所以说"三人行则损一人"。同时六三下比阳刚，可谓"一人行则得其友"。反之，原为《泰卦》阳刚九三与上六换位而成《损卦》上九，其过程同样表现为"三人行则损一人，一人行则得其友"。所不同者，行者是阳刚而非阴柔。《象传》认为："一人（自主而）行"清楚明白，"三人行"（各去何方）会产生怀疑。

六四：损其疾，使遄有喜，无咎。

《象》曰："损其疾"，亦可喜也。

六四阴柔得正。爻辞说：虽有疾病而积极减损，并促使（相应的初九）急速前来帮助，喜庆团聚，并无祸患。《象传》认为："减轻了疾病"，也是可喜的事情。

六五：或益之十朋之龟，弗克违，元吉。

《象》曰："六五元吉"，自上佑也。

六五居君位而得中。爻辞说：可能有人送上价值十朋（古代以贝壳为货币，十贝连一串，二串合一朋）的珍贵乌龟，难以推却，展示大吉。《象传》指出："六五大吉"，（从卦象上看）在于阳刚上九的护佑。

上九：弗损益之，无咎，贞吉。利有攸往，得臣无家。

《象》曰："弗损益之"，大得志也。

上九居损之高位，原可损下以益己，但其刚正自守，如爻辞所说，不损下而既益下（上九与六三相应，以实益虚），又益上（辅比六五），从而守正吉祥，利于前进。《象传》指出："弗损益之"，表明上六充分实现了自己的志向。

5. 解卦德

《损卦》紧接《蹇》《解》二卦之后,表明解除蹇难会付出代价,造成一定损失。在奴隶社会和封建社会,一般都会"损下益上",让民众多承担损失以利统治阶层增益收入。对此,孔子通过传述《损卦》经文,提出四项原则:第一,"损益盈虚,与时偕行",顺时势,合时宜;第二,"损而有孚",取信于民;第三,"酌损之",斟酌轻重缓急,量力而行,不过度消耗社会财富;第四,力争"弗损益之",严于律己,宽以待民,努力拓宽开源节流途径。这就涉及领导素质修养问题,为此《象传》强调"惩忿窒欲",切戒发泄怨怒之气于民众,而应坚决克服自身的贪欲。

6. 解卦主

六三与上九通过上下卦位相互交换而使《泰卦》转化为《损卦》,共为成卦之主。六五居尊位而下受九二和应,上得上九护佑,为主卦之主。

卦四十二　益(☴巽上震下)

《益》:利有攸往,利涉大川。

1. 解卦名

《序卦传》曰:"损而不已必益,故受之以《益》。"这就是说,老是不停地损减,必将出现增益。所以《损卦》后面接着《益卦》。《杂卦传》将二者糅合一体,释为"损益,盛衰之始也"。就哲理言,损益可以相互转化。以常情论,"损下益上"当系衰败的开始,"损上益下"则为兴盛的起点。《说文解字》谓:"益,饶也。""饶,饱也。"益下,使老百姓富饶起来,首先让他们饮食无忧。《象传》为此兴高采烈地评述说:"损上益下,民说(悦)无疆!"

2. 解卦象

《象》曰:风雷,《益》。君子以见善则迁,有过则改。

　　《象传》说：风（上卦巽）与雷（下卦震），构成《益卦》之象。风行万里，雷震四方。雷厉风行的自然现象，启示君子发现善德，就要追随践行；有了过错，就要随时改正。

　　3. 解卦辞

　　《彖》曰：《益》，损上益下，民说无疆。自上下下，其道大光。"利有攸往"，中正有庆。"利涉大川"，木道乃行。《益》，动而巽，日进无疆，天施地生，其益无方。凡益之道，与时偕行。

　　《彖传》说：《益卦》之象，表现为减损上卦的阳刚而使之增益于下卦（原来《否卦》的九四下降为初九，而原来的初六转换为六四，《否卦》因之化成《益卦》。象征上层让利于下层），民众无限喜悦。上层把利益输向下层，使治国之道发扬光大。卦辞"利有攸往"，表明君主（九五）中正而万民喜庆。"利涉大川"显示木道得以践行（九五居中的上卦巽，属五行之木。木道即巽顺之道，也是渡江越险之道）。《益卦》之象展示：行动（下卦震）巽顺（上卦巽），天天收益无数，可谓上天施予（乾天施予坤地一阳而成下卦震），大地生成（坤地反交乾天一阴而成上卦巽），其益无处不在。这个增益的道理，就是与当时的情势一起推进发展。

　　4. 解爻辞

　　初九：利用为大作，元吉，无咎。

　　《象》曰："元吉无咎"，下不厚事也。

　　初九刚正，与六四相应而得"自上下下"之益，如爻辞所言，利于用来发挥重大作用，大吉而无祸患。《象传》解析道："大吉而无祸患"，表明"下不厚事"。程颐、朱熹等均将"下不厚事"释为"下民担当不了重大事业"，也有释"厚"为"后"，即民众积极肯干，做事不落人后，还有释"厚事"为"增加劳务"的，等等。这里联系六三爻辞提到的"凶事"，则或可将"厚事"理解为"厚重其事"，即对一些具有消极影响的事件过度关注，推波助澜，直至酝酿造成新的更大事件，发泄不满，扰乱社会安定。所以，"下不厚事"有"下不滋事"的意涵,它反映了广大民众对于"益下损上"政策的普遍满意,但愿得益,不愿闹事。这就同"大吉而无祸患"的断语一致起来了。

六二:或益之十朋之龟,弗克违,永贞吉。王用亨于帝,吉。

《象》曰:"或益之",自外来也。

六二阴柔中正,与阳刚九五相应。倘比拟现在的社会结构,或属中产阶层,为"益下"政策的受益者。"或益之"可释为时或受到政策优惠,以至得到"十朋之龟"而"弗克违",所获厚利巨大。此语亦见于《损卦》六五爻辞。然而义同情反。《损卦》体现"损下益上",珍龟获得者为上层权贵。《益卦》则体现"损上益下",珍龟获得者为广大民众,因此"永贞吉",永久守正必吉。在这种大局势下,"王用亨于帝",君王向先帝祭祀求福,天下太平,共享其吉。《象传》说:"或益之"源自外来,即与六二相应的外卦(上卦)九五——益下政策的制订者与推动践行者。

六三:益之用凶事,无咎。有孚中行,告公用圭。

《象》曰:"益用凶事",固有之也。

六三居下卦之顶,为地方首领,虽系阴柔而能力较弱,但与高层上九相应,底气很足。所以,爻辞说:当发生凶险事件时,善于运用益下政策,绝无祸害。因凶用益之例,如《国语·鲁语》所记:鲁庄公二十七年,鲁国饥荒,臧文仲带着圭、磐等礼品出使齐国求援而得大量资助。所以爻辞说这样做"无咎",并无过错或祸害,但须"有孚",诚信真实,不虚报凶情;还须"中行",中道行事,要求补助适度。"告公用圭"是六三向王公上九报告凶事,按文明礼仪程序当须手持玉圭。《象传》对"益用凶事"的解析是:"固有之也",即发生凶事进行补益,理所应当,本来就有这种处置。

六四:中行,告公从,利用为依迁国。

《象》曰:"告公从",以益志也。

六四柔居正位,下应阳刚初九,上承明君九五。爻辞"中行",

即行事适中合宜。"告公从"，即建言禀告王公，均被听从采纳。"依迁国"是周代依附大国而迁移民众定居的侯国。周公曾按武王遗愿，筹划将京都迁往雒（luò）邑，并部署商殷遗民随同迁移至雒邑周边，以为依附。这里比喻六四依附九五。《象传》解析道："告公从"，增强了六四（为国为民）的志向。

九五：有孚惠心，勿问元吉，有孚惠我德。

《象》曰："有孚惠心"，勿问之矣。"惠我德"，大得志也。

九五居位中正，近受六四辅比，远得六二和应，诚信益民，功德昭明。爻辞说："有诚信惠民之心，不必占问也能知道大吉。君主诚信，民众亦以诚信回报九五善德。"《象传》直截了当地评述道：既然"有孚惠心"，当保吉祥，不必再占问了。

上九：莫益之，或击之。立心勿恒，凶。

《象》曰："莫益之"，偏辞也。"或击之"，自外来也。

上九居位不正，居益之极而犹思益己，贪得无厌。对于这种人，爻辞说："不给他利益，甚至可能对他攻击。立心不稳定（阳居阴位），遭致凶险。"《象传》解析道："不给他利益"是（内部民众）愤慨（偏激）之言。"可能对他攻击"则来自外部（内无支持，外必生患）。

5. 解卦德

《彖传》认为：损上益下是"天施地生"，道义必然。同时指出"其益无方"，"无方"既可指范围极其宽广，亦可指益民之道并非千篇一律，没有固定的方法，必须从实际出发，"凡益之道，与时偕行"，一切依时机、时势、时情、时局而定，顺时而为。《象传》则强调"见善则迁，有过则改"。《系辞传》将"益"列入"九德"之一，表现为"德之裕也"，而且"长裕而不设"，即长久地保持宽裕的心态，有益于人而不矫揉造作，真正达到"益以兴利"。

6. 解卦主

六二受益于上，九五施益于下，阴阳相应，刚柔互济，共守中正,同为卦主。

卦四十三　夬(䷪兑上乾下)

《夬》:扬于王庭,孚号有厉。告自邑,不利即戎,利有攸往。

1. 解卦名

《序卦传》曰:"益而不已必夬,故受之以《夬》。夬(guài)者,决也。"益是增益,"益而不已",增益不止,越积越多,就须决。按《说文》:"决,行流也。"即水越积越多,必将流散。所以《序卦传》说《益卦》后面接着《夬卦》,含义为"决"。这个"决"的大致意思是"离散"。"离散"急速,导致"溃决"。程颐云:"以二体言之,泽水(上卦兑)之聚,乃至于至高之处(下卦乾天之上),有溃决之象。"但《杂卦传》指出:"夬,决也,阳决阴也。"《象传》亦明确指出:"夬,决也,刚决柔也。"因此,《易传》所释之"决",应是决断、决裂、决离、决散、决除。决的主体是阳刚,客体是阴柔。

2. 解卦象

《象》曰:泽上于天,《夬》。君子以施禄及下,居德则忌。

《象传》说:泽(上卦兑)上于天(下卦乾),构成《夬卦》之象。泽水在天上,自然要洒落下来滋润大地,从而启示君子效法:施禄及下。《说文》云:"禄,福也。"传说"禄"本是头长一角、背有双翅的灵兽,能辨音声,明是非。总之,"施禄及下",就是给民众好处。但《象传》接着告诫:"居德则忌",即必须防止自以为劳苦功高,躺在功劳簿上不得了。要知道,泽水能够向下施给,在于其地位高,而这个地位是"天"定的,泽中之水更是"天"给的。就《夬卦》言,"天"在下面,所以这个"天"正是广大民众。

3. 解卦辞

《彖》曰:夬,决也,刚决柔也。健而说,决而和。"扬于王庭",柔乘五刚也。"孚号有厉",其危乃光也。"告自邑,不利即戎",所尚乃穷也。"利有攸往",刚长乃终也。

《彖传》说:"夬"的意思就是"决":阳刚决断阴柔。从卦象看,既刚健(下卦乾),又喜悦(上卦兑);既果决(刚健之性的表现),又温和(喜悦之情的展示)。卦辞"扬于王庭",即在王庭上宣扬(阴柔上六之恶),是因为上六凌驾于五阳刚之上。"孚号有厉",即诚恳地强调存在危险,是为了暴露隐患而使局面转为光明。"告自邑,不利即戎",即告诉自己家乡的亲邻,不宜立刻动用武力,因为崇尚武力行不通了。"利有攸往",即利用进取,其结果为阳刚进一步增长发展(决除上六最后一阴,使《夬卦》化成纯阳之《乾卦》)。

4. 解爻辞

初九:壮于前趾,往不胜为咎。

《象》曰:不胜而往,咎也。

初九阳刚得正,虽呈健壮之态,但尚处底层,力量犹弱,如爻辞所言,还只"壮在脚趾前端上",以致"往不胜为咎",即前往行事,不能胜任而造成过错祸害。《象传》评析道:不能胜任还要前往,这就是过错("咎"可有两层含义,客观上说可为祸患,主观上说可为过错)。

九二:惕号,莫夜有戎,勿恤。

《象》曰:"有戎勿恤",得中道也。

九二阳刚守中,故能刚健而不骄躁,强劲而不轻敌,果决而不多忧。爻辞说:夜晚("莫"通"暮")将有战事,不必担忧。对此,《象传》评析道:有战事而不担忧,是因为九二掌握了中道。

九三:壮于頄,有凶。君子夬夬,独行遇雨,若濡,有愠,无咎。

《象》曰:"君子夬夬",终无咎也。

九三阳刚正直,但以刚居刚,终究过刚,如爻辞所言"壮于頄",强壮在颧骨(頄qiú)上(显壮于面,过壮之象),所以"有凶"。而九三作为君子,(独立思考)坚决果断,独自行进(与上六相应)遇雨,好像淋湿衣衫,有些恼怒,但无祸害过错。《象传》评析道:

"君子坚决果断",终究没有祸害过错。

九四:臀无肤,其行次且。牵羊悔亡,闻言不信。

《象》曰:"其行次且",位不当也。"闻言不信",聪不明也。

九四阳刚,不中不正,决断之时,犹豫迟疑。爻辞说:"臀无肤,其行次且。"即屁股脱了皮(坐立不安),行走趑趄(次且 zī jū)难前。牵羊上路,则悔丢失(从九四的具体情形出发,"悔亡"不宜按常规释为懊恼消失,而应释为懊恼羊亡)。"闻言不信",听人讲话,却疑心重重,不敢相信。《象传》解析道:"行走趑趄难前",在于九四居位不当(阳居阴位)。"听人讲话却不敢相信",显示虽有听觉,却不明白(是非真伪)道理。

九五:苋陆夬夬,中行无咎。

《象》曰:"中行无咎",中未光也。

爻辞中的"苋陆",据程颐说,"今之马齿苋也。曝之难干,感阴气之多者也,而脆易折"。朱熹起先认同程说,后《朱子语类》修正为"苋陆是二物:苋者,马齿苋;陆者,草陆,一名商陆。皆感阴气多之物"。所谓"感阴气多",示意九五比近阴柔上六。"夬夬"则指苋陆性脆易断(由易折断而引申至易决断)。《象传》指出:"践行中道(九五居上卦之中)而无祸患",表明中道尚未发扬光大(还停留在"无咎"的较低层次上)。因为诚如张载所言:(九五紧靠上六)"阴近于阳,不能无累。必正其行,然后免咎。""苋陆"阴气太重,一时难以完全清除。

上九:无号,终有凶。

《象》曰:"无号之凶",终不可长也。

上六居《夬》之极,是接受决断的小人。爻辞说:没有大喊大叫,最终难免凶险。《象传》认为:"没有大喊大叫的凶险",表明上六作为阴柔的最终存在,时间已经不长了。

5. 解卦德

《夬卦》象征阳刚对于阴柔的决断,即是非的决断、真伪的决断、善恶的决断、美丑的决断。决断的过程,应是"孚号有厉",真诚地宣传发动的过程;"扬于王庭",公开透明地宣示事实真相的过程;"不利即戎",不宜即刻动武而是"告自邑",唤起民众,依法处置的过程。为此,《彖传》倡导"健而说,决而和"。《象传》则强调"施禄及下,居德则忌",即一定要给广大民众实惠而切忌自我炫耀,居功自大。

6. 解卦主

全卦唯一阴柔之爻上六为阳刚处决之对象,故系成卦之主。九五中正决断,为主卦之主。

卦四十四　姤(☰乾上巽下)

《姤》:女壮,勿用取女。

1. 解卦名

《序卦传》曰:"决必有所遇,故受之以《姤》。姤者,遇也。"《杂卦传》也说:"姤,遇也。"《彖传》的表述更明确:"姤,遇也,柔遇刚也。"《说文》则谓:"姤,偶也。"偶为二者之合,《易传》所言之"遇",即二者之遇、阴阳之遇、刚柔之遇、偶合之遇。涵遇之义的《姤卦》列在决断、决离的《夬卦》之后,表明离散之后必有遇合。

2. 解卦象

《象》曰:天下有风,《姤》。后以施命诰四方。

《象传》说:天(上卦乾)下有风(下卦巽),是《姤卦》之象。而风行万里,遍及四方,君王(后)据此效行,发布命令,昭告四方。

3. 解卦辞

《彖》曰:姤,遇也,柔遇刚也。"勿用取女",不可与长也。天地相遇,品物咸章也。刚遇中正,天下大行也。姤之时义大矣哉!

《彖传》说,姤的意思就是遇,阴柔(初六)与阳刚(自九二至上九皆阳)相遇。卦辞"勿用取女",即不要娶这样的女子为妻,表明不可能长久相处（初六一阴始起，势将逐渐消蚀阳刚。爻辞"女壮"，显示阴柔消蚀阳刚气势壮盛）。接着，《彖传》强调"遇"的重要性：天地相遇（乾坤和合），各种品物都充满生机，协调地展示亮丽的色彩。阳刚九五适遇中正之位，天下共行其道而得以大治。据此，《彖传》评述道：当姤之时，其意义多么宏大啊！

4. 解爻辞

初六：系于金柅，贞吉。有攸往，见凶。羸豕孚蹢躅。

《象》曰："系于金柅"，柔道牵也。

爻辞"系于金柅"有各种解释。什么是"柅"？有的说是制动轮子的刹车，有的说是络丝的器具，有的说是钟磬架的立柱。其共同点是："柅"为制动的器物。程颐云："柅，制车之物。"朱熹亦云："柅，所以止车。"考虑到爻辞"有攸往，见凶"，既有所往，可能用车，所以宜按传统释"柅"为刹车。至于柅的材质，在古代的实际应用中当然不会是真金而可能为铜，但应懂得，爻辞作为一种文体，同样具有描述功能。经文中不仅有金柅，还有金矢、金车等，甚至铁鼎上还镶玉铉。金玉者，无非指其珍贵、重要，所以不必过度考证，在译文中将金改铜。初六阴柔，近比九二，远应九四，具有上往消蚀阳刚的势能。但始生于下，力未至足，尚须"系于金柅"，即连结在金刹车上（控制行动）以保"贞吉"。如"有攸往"，将见凶险。"羸豕孚蹢躅"，羸（léi），瘦弱；孚，诚信，此处转指内心；蹢躅，通"踯躅"（zhí zhú），徘徊不前。大意可释为"瘦弱的猪心中嘀咕"（是进是守犹豫难决）。为什么会"系于金柅"？《象传》的解析是：初六受着阴柔之道（安于居而顺于守，亦即金柅）的牵制。

九二：包有鱼，无咎，不利宾。

《象》曰："包有鱼"，义不及宾也。

九二阳刚，从卦象看，近比初六，直接受到阴柔"糖衣炮弹"的进攻，但其守持中道，顺时包住可以美食之鱼（鱼为阴物，象征初六),缩减初六对于其他阳刚的影响。就文字言,麻草袋(包)里装着鱼,并无过错或祸害,但不利于宾客品尝了。《象传》解析道:"麻草袋里装着鱼"(本来就是主人九二的东西),就道理说,宾客是没份的。

九三:臀无肤,其行次且,厉,无大咎。

《象》曰:"其行次且",行未牵也。

九三阳刚,无比无应,难与阴柔相遇,与《夬卦》九四之处境有些相似,爻辞亦大同小异:"屁股脱了皮,行走趑趄难前",但还在行走,所以《象传》说:"并未被阴柔初六牵住。"

九四:包无鱼,起凶。

《象》曰:无鱼之凶,远民也。

九四阳刚,不中不正。虽与阴柔初六相应,但为中间二阳尤其是与初六相比之九二所阻隔,见爻辞"麻草袋里没有鱼"之象。"起凶",倘若起行,必有凶险。《象传》解析道:"无鱼之凶",表明九四远离民众,失去了人民的支持(初六为"鱼",象征处于下层的民众)。孔子的民本思想,在这里又一次得到鲜明的反映。

九五:以杞包瓜,含章,有陨自天。

《象》曰:"九五含章",中正也。"有陨自天",志不舍命也。

"以杞包瓜",什么是"杞"? 解说不一。王弼认为"杞之为物,生于肥地者也"。大概指的是枸杞,草本。朱熹释为"高大坚实之木",属乔木。虞翻则谓:"杞,杞柳,木名也。"杞柳是灌木,枝条细长柔韧,宜于"包瓜",把甜美的瓜果覆盖其下,从而呈现"含章"之象:圆润秀美,文采奕奕,如同星星从天上降下(有陨自天)。《象传》则解析道:九五包藏文采秀美,在于其具有中正之德。"有陨自天",表明其立定志向,不违天命(依据客观规律办事)。

上九:姤其角,吝,无咎。

《象》曰:"姤其角",上穷,吝也。

上九居《姤》之终,与初六遥遥相对,可望而不及,阴阳之遇,如同进入头上之尖角,爻辞谓之"姤其角"。断语为:羞愧,但无祸患。《象传》认为,"姤其角",显示上六力尽途穷,不免羞愧。

5. 解卦德

《夬卦》呈阳刚决断阴柔之象,《姤卦》则系阴柔消蚀阳刚之象。在这种情境下,如何正确处理相互关系?《易传》为我们提出了明确的思路:刚决柔时,倡导"健而说,决而和"。柔消刚时,促进"刚遇中正,天下大行"。当《姤》之时,阴柔固具消阳之势,但尚处微弱之地。掌握大权的阳刚应主动关心,"包有鱼","以杞包瓜",坚持中正而"含章",以期在起始阶段协调关系,解决矛盾,消除后患。《象传》则提出"施命诰四方",上情下达,公开透明;疏通渠道,利用好"天地相遇"的大好时机。

6. 解卦主

《姤》由一阴初起以逐渐消阳而立卦,故初六为成卦之主。九二与九五各据中位以和为贵而制阴,为主卦之主。

卦四十五 萃(兑上坤下)

《萃》:亨。王假有庙,利见大人,亨,利贞。用大牲吉,利有攸往。

1. 解卦名

《序卦传》曰:"物相遇而后聚,故受之以《萃》。萃者,聚也。"《杂卦传》也释"萃"为"聚"。《序卦传》告诉我们,《姤卦》为遇,阴阳相遇。相遇就会聚合,所以其后接着体现聚合的《萃卦》。

2. 解卦象

《象》曰:泽上于地,《萃》。君子以除戎器,戒不虞。

《象传》说:水泽(上卦兑)置于地上(下卦坤),构成《萃卦》之象。我们知道,《夬卦》是"泽上于天",泽水过高而溢出,呈溃决之象。如今"泽在地上",正好蓄水,这个卦象如何同象辞"除戎器,

戒不虞"挂起钩来呢？程颐的思路是："凡物之聚，则有不虞度之
事，故众聚则有事，物聚则有夺，大率既聚则多故矣。"意思是：物
类聚集起来，会发生不测难料之事。人众聚集会发生事端，物品
聚集会出现争夺。大体说来，聚集起来了，事故就多了。为此，应
当居安思危，预加防范，平时就须"除戎器"，整理维修兵器，"戒不
虞"，预防意外事件发生。当然，读者还可从其他角度（如泽堤可
能坍塌等）来揣度象辞中的"圣人之意"，这就叫"仁者见仁，知者
见知"，但应持诚敬之心，有理有据，不能生造乱编，指鹿为马。

3. 解卦辞

《彖》曰：萃，聚也。顺以说，刚中而应，故聚也。"王假有庙"，
致孝享也。"利见大人，亨"，聚以正也。"用大牲吉，利有攸往"，
顺天命也。观其所聚，而天地万物之情可见矣。

《彖传》说，"萃"的含义就是"聚"。这个卦，和顺（下卦坤）而
喜悦（上卦兑），阳刚九五居中而得阴柔六二呼应，所以能够
"聚"。卦辞"王假有庙"，即君王来到宗庙，是尽孝祭祀（享祭）
祖先。"利见大人，亨"（有利于面见大人，求得亨通），在于集聚
起来共行礼仪正道。"用大牲吉，利有攸往"（供奉猪牛羊等大祭
品，以示庄重），表明（这样的集聚）顺从天命（因而利于往进）。
卦辞首字"亨"虽未单独解释，而"亨通"之情已在总体上显示
无疑。

4. 解爻辞

初六：有孚不终，乃乱乃萃。若号，一握为笑。勿恤，往无咎。
《象》曰："乃乱乃萃"，其志乱也。

初六与九四相应，中为六二、六三所阻，心意烦乱。爻辞说
"有孚不终，乃乱乃萃"，即诚信不能坚守到底，一面心头烦乱，一
面忙着会聚。"若号，一握为笑"，如果呼号（求援九四），当可握手
言笑。"勿恤，往无咎"，不必担忧，前去并无祸害。《象传》解析
道："乃乱乃萃"，表明初六心意乱了。

六二：引吉，无咎，孚乃利用禴。

《象》曰："引吉无咎"中未变也。

六二阴柔中正，与阳刚九五相应而得其援引。爻辞说：九五对六二的援引是吉祥的，并无祸患。只要有诚信，简单朴素亦适宜祭享（禴 yuè：简朴的祭祀）。《象传》说："引吉无咎"，表明六二坚守中道不变。

六三：萃如，嗟如，无攸利。往无咎，小吝。

《象》曰："往无咎"，上巽也。

六三阴柔，与阳刚九四相应，却见九四援引初六，以致若爻辞所言：好像在会聚，好像在叹息，无所适宜。但前往（亲比）并无过错或祸患，只是稍有羞愧。《象传》解析道："前往（亲比）并无过错或祸患"，因为六三上进，与九四、九五合成巽卦。巽者顺也。

九四：大吉，无咎。

《象》曰："大吉无咎"，位不当也。

九四近有六三亲比，远有六二和应，拥有会聚人才的优势。爻辞为大吉，无祸害。但《象传》认为虽然如此，仍应警惕萃聚之时，九四阳居阴位，集中了聚人之大权，并不适当。由此可见《易传》作者的独特视角。

九五：萃有位，无咎。匪孚，元永贞，悔亡。

《象》曰："萃有位"，志未光也。

九五阳刚中正，会聚人才与民心，自有名正言顺之位，如爻辞所言，并无祸害。但其下的九四更显强势，集聚人力物力，并与九三一起阻隔九五与六二相应，造成"匪孚"，不能见信于民，所以必须"元永贞"，修积大善永正之德，方可"悔亡"，消除悔恼。《象传》解析九五"萃有位"的处境，指出其志向尚未发扬光大。

上六：赍咨涕洟，无咎。

《象》曰："赍咨涕洟"，未安上也。

上六阴柔，居《萃》之末，位虚权空，乘九五而无能为力，乏呼应而号召失灵。如爻辞所言:"赍咨涕洟",连声叹息〔赍(jī)咨〕,涕泪交零,但无祸患。《象传》认为,这是上六不安于所处位置(无能集聚)的表现。

5.解卦德

《萃卦》之德,在于聚人才,聚人气,聚人心。要义在"有孚",持以诚信。领导者更须"刚中而应",刚健有为,持中而不左不右,从而受到广大民众的拥护、响应。要懂得:上下同心则聚,刚柔离德则分。同时,居安思危,当聚之时,要重视"除戎器,戒不虞"。

6.解卦主

九四阳刚,集吸引、聚合六三、初六之诸阴柔的强势,为成卦之主。九五则系《象传》所指"刚中而应"者,为主卦之主。

卦四十六　升(䷭坤上巽下)

《升》:元亨,用见大人,勿恤。南征吉。

1.解卦名

《序卦传》曰:"聚而上者谓之升,故受之以《升》。"力量聚集起来,就可以上升发展,所以体现聚合的《萃卦》之后接着上升发展的《升卦》。萃是聚集力量,升是展示力量。《杂卦传》曰:"萃聚而升不来也。"萃是蓄聚,行为向内;升是上进,行为外向。就卦象格局言,升向上,来向下,所以说:"升不来也。"

2.解卦象

《象》曰:地中有木,《升》。君子以顺德,积小以高大。

《象传》说的地,指上卦坤;木则指下卦巽。二者形成卦象《升》。而巽卦象征顺和,坤卦是"厚德载物"之地。效法其义,所以"君子以顺德"。木自地出,逐渐高大,道德修养同样如此,逐步累进,达到"积小以高大"。

3. 解卦辞

《彖》曰：柔以时升，巽而顺，刚中而应，是以"大亨"。"用见大人，勿恤"，有庆也。"南征吉"，志行也。

"柔以时升"，通常据卦变说指"柔"为六五（六五由原来上坎下艮的本卦《蹇》六二上升，与九五互换位置而成之卦《升》。也有释为以上艮下坎的《解卦》六三与九四互换位置而成《升卦》者）。笔者认为，这里的"柔"，宜指上卦坤之三阴，当风行（下卦巽）之时联袂上升，所以"巽（下卦）而顺（上卦）"。"刚中而应"则指九二与六五相应，结果为"元亨"，宏通大达。卦辞说，当升之时，可借此机会晋见大人，不必担心。《彖传》认为值得喜庆，并指出"南征吉"，表明升进的意愿得到践行。

4. 解爻辞

初六：允升，大吉。

《象》曰："允升大吉"，上合志也。

初六阴柔，处升之始，与九三相比，得其助力。程颐释爻辞云："允者，信从也。"认为初六信从九二而随之升进。其实，"允"涵诚实、应许、适当等多义。王弼即称"允许，当也"，认为初六与九二、九三一起升进，处于"当升之时"，所以"升必大得，是以大吉也"。《象传》指出："宜于升进大吉"，显示阴柔初六与阳刚九二心意相合。

九二：孚乃利用禴，无咎。

《象》曰：九二之孚，有喜也。

"孚乃利用禴"与"无咎"二断语和《萃卦》六二完全相同。《萃卦》为内聚，《升卦》为外往。六二为柔向内，九二为刚向外。卦为覆而相对，爻为变而相成，各尽其性，各成其位。共同点是：坚持孚信而阴阳相文，各顺其时以"刚中而应"。祭祀形式可以简单朴素，可贵者"孚"，内禀的诚信。所以《象传》评述说"九二之孚"，当有喜庆。（《萃卦》六二为"中未变也"。中者，中道也，内心也，孚信也。)

九三:升虚邑。

《象》曰:"升虚邑",无所疑也。

九三阳刚中正,身居巽体顺风之顶,又有上六和鸣相应,一心一意向上卦坤地升进(坤卦三阴,形成虚境)。虚邑者,空旷之村镇也,描述升进快捷,如入无人之地。《象传》解析道:(这样的升进势头)表明九三心无所疑(一意升进)。

六四:王用亨于岐山,吉,无咎。

《象》曰:"王用亨于岐山",顺事也。

《随卦》上六爻辞"王用亨于西山",西山即岐山,为周之先祖公亶父迁徙之地,位于宗周之西,故亦称西山。《随卦》有随人之情,更有随时之义。此时文王被拘羑里,"用亨"祭祀求福。《象传》评之"上穷"(上六被拘,丧失实权)。而当升之时,六四得时得位,但仍持审慎。《象传》说的"顺事",既有顺时行动之意,亦有顺和从事之意,还有顺命(下卦巽)守土(上卦坤)之虑。

六五:贞吉,升阶。

《象》曰:"贞吉,升阶",大得志也。

六五居上卦坤之中而更显顺和,下得刚健守正之九二助应,基础稳实。爻辞说:持正吉祥,循阶升进。《象传》解析道:这表明六五的意愿得到充分实现。

上六:冥升,利于不息之贞。

《象》曰:冥升在上,消不富也。

上六处升之终,时已昏暗,不宜更升,所以爻辞说"利于不息之贞"。这里的"息",是消息盈虚之"息","不息"即不再增长,不再升进,正固守位。而《象传》"消不富也"之"消",则与爻辞之"息"对应。消者,退也,虚也。阴实阳虚,实为富,虚为不富。上六居坤卦三阴之末,所以《象传》解析为"消不富也"(可比较《泰卦》六四:"翩翩不富")。

5.解卦德

升进之道,《象传》一言以蔽之:"巽而顺,刚中而应。"巽,谦逊礼敬;顺,平和安详;刚,健毅有为;中,言行适度;应,大众支持。《象传》则借"地中生木"之义,强调修顺之德,不断积累,终达高大。

6.解卦主

树自根起,《升卦》根发初六,"允升",是"积小以高大"的基础,故为成卦之主。六五居君位而行中道,顺和得体,下有"刚中而应"的九二的强大支持,为主卦之主。二者皆阴柔之爻,符合《象传》"柔以时升"的论断。

卦四十七 困(☱兑上坎下)

《困》:亨,贞,大人吉,无咎。有言不信。

1.解卦名

《序卦传》曰:"升而不已必困,故受之以《困》。"前面的《升卦》讲升,升而不停,终将出现阻碍,于是"困"就到来。这就是《升卦》之后接着《困卦》的缘故。但《杂卦传》谓"困相遇也"。"相遇"指什么?我们从《象传》文中发现:"困,刚揜(掩)也。"阳刚被掩盖。被什么掩盖?由卦象可见,被阴柔掩盖。所以,"困相遇也"的意涵是:《困卦》是阳刚遇见阴柔而遭掩蔽的卦象。

2.解卦象

《象》曰:泽无水,《困》。君子以致命遂志。

《象传》说:泽(上卦兑)中无水(下卦坎),构成《困卦》之象。上卦兑还象征喜悦,而下卦坎则象征险难。处险难之上而仍保持喜悦,显示内心的充实与意志的坚定。所以《象传》启示君子:要拼命到底实现自己的志向。

3.解卦辞

《象》曰:《困》,刚掩也。险以说,困而不失其所亨,其唯君子乎!"贞,大人吉",以刚中也。"有言不信",尚口乃穷也。

　　《象传》说:《困卦》之象是阳刚被掩蔽(九二被六三掩蔽,九五被上六掩蔽)。虽有险难(下卦坎),依然喜悦(上卦兑),处困境之中而不失内心的通达。这只有君子能做到吧!卦辞"纯正,大人吉祥",是由于阳刚奉行中道(九二、九五各居上下卦之中)。"有言不信",你讲的话人家不相信,因为只逞口舌之能终究不会有出路的(上卦兑又象征口。《象传》赞赏内心喜悦而坚定,反对夸夸其谈,《论语》中孔子多处批评"佞")。《象传》未直接解析卦辞"无咎",但通篇体会,其义已见。

　　4. 解爻辞

　　初六:臀困于株木,入于幽谷,三岁不觌。

　　《象》曰:"入于幽谷",幽不明也。

　　初六阴柔,居下卦坎险之底,与阳刚九四相应,却受九二、六三之阻而无法会见。如爻辞所言:"臀困于株木",屁股坐在树桩上(株木,程颐释为"无枝叶之木也",也有释为根部之木者)苦苦困守。从此"入于幽谷",进入幽深的山谷,三年不能与人会面(觌dí)。《象传》解析道:入于幽谷,幽不明也。"幽不明"有两重含义:一是环境幽暗不明;二是心志昏昧不明(初六阴处阳位,屁股没有坐正,"困于株木")。

　　九二:困于酒食,朱绂方来,利用享祀。征凶,无咎。

　　《象》曰:"困于酒食",中有庆也。

　　九二阳刚居中,下有初六相比,困而无忧。如爻辞所言:"困于酒食",困扰的只是吃吃喝喝。"朱绂方来","朱绂(fú)"是系着官印的朱红色丝带(也可释为"护膝"或引申为"官服"),刚刚送到,可谓春风得意。唯爻辞指出:"利用享祀,征凶,无咎。"即适用于祭祀活动,外出则有风险,但无过错或祸害。《象传》解析"困于酒食",认为"中有庆也",即九二居下卦之中,会有喜庆。

六三：困于石，据于蒺藜，入于其宫，不见其妻，凶。

《象》曰："据于蒺藜"，乘刚也。"入于其宫，不见其妻"，不祥也。

六三阴柔，上比九四，九四与初六相应而不动如石。下乘九二则力不从心，难以驾控，像坐在带刺的草丛上。爻辞的叙述是：受困在石头后，依靠在带刺的草木前（蒺藜为带刺草本植物）。走进卧室（宫为妇女寝室），不见妻子，情况凶险。《象传》解析道："依靠在带刺的草木前"，是由于六三以阴柔下乘九二阳刚。"走进卧室，不见妻子"，表明情况不妙了。在《系辞传》中，孔子进一步就爻辞对六三作出批判："非所困而困焉，名必辱。非所据而据焉，身必危。既辱且危，死期将至，妻其可得见耶？"这里的问题是六三阴柔，为何有妻？何系其妻？答云：六三以柔居阳，故具男性气势。就卦象看，其妻为以柔居阴、处位相应之上六。

九四：来徐徐，困于金车。吝，有终。

《象》曰："来徐徐"，志在下也。虽不当位，有与也。

九四阳刚，下有六三之比、初六之应，可以缓慢宽松地下来相聚，虽当困时，仍如置身豪华车中。爻辞说：缓慢宽松地前来，困在金车中，有些羞辱，终归于好。《象传》解析道："缓慢宽松地前来"，表明九四的心意放在下面（下卦初六、六三），虽然居位并不适当，但有相好。

九五：劓刖，困于赤绂。乃徐有说，利用祭祀。

《象》曰："劓刖"，志未得也。"乃徐有说"，以中直也。"利用祭祀"，受福也。

当困之时，九五受到严峻考验。爻辞说的劓（yì 割鼻子）、刖（yuè 砍足），就是两种刑罚：上六逆乘于上，像是"割鼻"；九四广获支持，虽困而拥金车，对九五来说如同"砍足"。只剩下一条挂着官印的红丝带，颜色比九二还暗（九二朱绂），朱为大红、正红，赤则偏暗黑。但九五阳刚中正，"乃徐有说"，慢慢地有了喜悦，宜于祭祀求福。《象传》解析道："劓刖"，表明九五的志向未能得到发扬。"乃徐有说"，在于九五中道正直。"利用祭祀"，可以抒发心愿，受到福报。

上六：困于葛藟，于臲卼，曰动悔，有悔，征吉。

《象》曰："困于臲卼"，未当也。"动悔，有悔"，吉行也。

上六居卦之末，乘刚而危，无应而受同类之缠，受困至极。程颐释曰："葛藟，缠绕之物。臲卼（niè wù），危动之状。"据此，爻辞言：上六不是受困于带刺的葛藤，就是受困于动荡危险的场所。这就称为"动悔"，动则生悔。既有悔省，征行吉祥。《象传》解析道："困于臲卼"，在于上六居位不当（以柔乘刚），"动悔，有悔"，展示吉祥之行。

5. 解卦德

困难像一面镜子，照见人的品格德行。如《象传》所言："困而不失其所亨"，面对困境，保持心情通达。怎样达到这一点？一个字："贞"，坚持纯正。《象传》指出："困，刚掩也。"困的产生，缘于阳刚被掩受蔽，因而解困之道为"以刚中也"。刚健中正，困何惧哉！《系辞传》将困列入"九德"，认为"困，德之辨也"，"困穷而通"，"困以寡怨"，要在困难面前考验德能，不怨天尤人，最终必可亨通。

6. 解卦主

困的原由是"刚掩也"，解困之"大人"，"以刚中也"。阳刚居中者为九二与九五，前者显以"朱绂"，后者显以"赤绂"，同为卦主。

卦四十八　井（☵坎上巽下）

《井》：改邑不改井，无丧无得，往来井井。汔至，亦未繘井，羸其瓶，凶。

1. 解卦名

《序卦传》曰："困乎上者必反下，故受之以《井》。"《困卦》是上卦的两个阳爻被上六阴柔遮蔽，所以说"困于上"。向上受困则返身向下求通，于是接着《井卦》。对此，《杂卦传》一语挑明："井通。"从卦象看，"困"是"泽中无水"。向下掘井，水就源源而出。由《困》而《井》，体现"易，穷则变，变则通，通则久"的哲理。

2. 解卦象

《象》曰：木上有水，《井》。君子以劳民劝相。

《象传》说：木头（下卦巽）上面有水（上卦坎），是《井》之卦象。"木上有水"如何体现井的结构与功能，说法颇多。古代的水井，以圆木缠绳挂陶罐取水。转动圆木使陶罐入水，然后反转而提升上来，应是"木上有水"的情景。建井是一个群策群力、辛勤劳作的过程，用井则是一个相互协同、为民造福的过程。《象传》由此启导君子"劳民劝相"，为民操劳，相互劝勉，相互协同，相互帮助。

3. 解卦辞

《彖》曰：巽乎水而上水，《井》。井养而不穷也。"改邑不改井"，乃以刚中也。"汔至亦未繘井"，未有功也。"羸其瓶"，是以凶也。

卦辞说：改变村邑而不改井，既无所失，亦无所得，大家照常来来往往，井然有序。（打水时）装水瓦瓶几乎（"汔"通"几"）已到井口，但系在上面的绳索（繘jú）在井中卡住，瓶被打破（羸léi），情状凶险。《彖传》解析道：顺和地入水（巽象征入）而又把水打上来，这就是《井卦》之象。井的功能在于滋养生民而永不穷尽。"改变村邑而不改井"，缘于阳刚健实而守中道（九二居中，九五既中且正）。"提水已几近井口而绳索被卡"，表明没有成功。"瓶被打破了"，所以出现险情。

4. 解爻辞

初六：井泥不食，旧井无禽。

《象》曰："井泥不食"，下也。"旧井无禽"，时舍也。

初六居位不正，上比九二，但九二刚中而并未眷恋，如弃之不食。《象传》说：爻辞"井有泥污，不能食用"，因为初六处于《井卦》最下层（象征井底污泥）。"废旧老井鸟兽不来栖息"，表明已为当时人们所弃。

九二：井谷射鲋，瓮敝漏。

《象》曰："井谷射鲋"，无与也。

井谷为水井底部区域（也有释谷为出水之口的）。鲋，据《说文》为"鱼名"。程颐云："或以为虾，或以为蜞（小蟹）。"也有人说是鲫鱼。"射鱼"原系古代的一种捕鱼方法，但所射者为大鱼。"鲋"怎么可能射？看来，"射"或譬之为水流之射（如光照射），即井谷水少，只够泼在小鱼身上。无论如何，"井谷射鲋"已作为成语而涵"大材小用"之意。造成这种情况，《象传》的解析是"无与也"，即缺乏协同配合。从卦象看，九二与九五同为阳刚，而非正应。初六与之相比，但其引力向下，而只能漏水，不能上水。如爻辞所言："瓮敝漏"，像个大瓦瓮那样破旧漏水了。

九三：井渫不食，为我心恻。可用汲，王明，并受其福。

《象》曰："井渫不食"，行恻也。求"王明"，受福也。

九三阳刚正直，与上六相应，具上进动能，如同清理干净（渫xiè）的井水。爻辞说：水井清理干净却没有汲水饮用，人心为之怜惜。（这样的井）完全可以汲水饮用，只要君王英明（懂得任用贤良），大家都可以享福。《象传》解析道："水井清理干净却没有汲水饮用"，过往行人产生怜惜。祈求"君王英明"，是为了得到幸福。注意：《象传》在"王明"前加了一个"求"字，意义非常含蓄，它反映了广大民众对于选贤、任贤的强烈愿望。

六四：井甃，无咎。

《象》曰："井甃无咎"，修井也。

六四居下卦之上，上卦之始。正位修德，承上以辅佐九五。

爻象由井泥、井谷、井渫而至井甃。程颐云："甃（zhòu），砌累也，谓修治也。""井甃"即砌修井壁，爻辞断语"无咎"。对此，《象传》一语点明："修井也。"修井当然不会有过错与祸患。

九五：井洌，寒泉食。

《象》曰："寒泉之食"，中正也。

九五阳刚中正，六四辅于下，上六护于前，合成坎水而清凉。至此，井的功德进一步得到显示，如爻辞所言："井洌"，清澈净洁，可供"寒泉食"，让凉爽可口的泉水为民众所饮用。《象传》则从道德本源上解析：这是九五行为中正的成果。

上六：井收，勿幕，有孚元吉。

《象》曰："元吉"在上，大成也。

上六居卦之终，近有九五之比，远有九三之应，正位凝命，成井之功。程颐释爻辞"井收，勿幕"云："收，汲取也。幕，蔽覆也。"意谓井供汲水，不可遮蔽起来。由此体现"有孚元吉"：讲诚信，必大吉。《象传》解析道：大吉显示于上六，表明大为成功。

5. 解卦德

井是古代人民日用取水的重要依靠，颇关民生大计。《井卦》告诉我们，发挥井的功用，一要去除污垢，"井泥不食"；二要上下协同，避免"井谷射鲋"；三要物尽其用，不可"井渫不食"；四要维修整治，适时"井甃"，从而保证"井洌，寒泉食"。而就思想建设说，最重要的是"勿幕"：切勿遮掩起来造成隔阂，而应公开、透明，做到"有孚"，昭示领导者的诚信。《系辞传》将井列为"九德"之一，指出："井，德之地也"；"井居其所而迁"；"井以辨义"。

6. 解卦主

九五守持中正，刚健有为，"改邑不改井"而治井有方：去污，补漏，固本（井甃），任贤用能，终使井的功能大成，不愧为全卦之主。

卦四十九　革(☱兑上离下)

《革》:巳日乃孚,元亨利贞,悔亡。

1. 解卦名

《序卦传》曰:"井道不可不革,故受之以《革》。"《杂卦传》则谓"革去故也"。一切事物都在不停地运动变化。水井同样如此。不论造井、用井、管井等,其理念、方法以至技艺、装备均须与时偕行。因此,《革卦》接着《井卦》,势出自然。改革必当去故,唯有去旧除敝,方能推陈出新。《说文解字》云:"革,兽皮治去其毛,变更之象。"革的原义是将兽皮制成皮革,使之面貌一新,以广应用。

2. 解卦象

《象》曰:泽中有火,《革》。君子以治历明时。

《象传》说:泽(上卦兑)中有火(下卦离),构成《革》的卦象。兑还可象征羊,羊皮烤火去毛而成皮革以广应用,实系革的原义。程颐云:"水火相息为《革》。革,变也。君子观《革》之象,推日月星辰之迁易,以治历数,明四时之序也。"朱熹亦云:"四时之变,革之大者。"所以《象传》启导君子效法《革卦》之义,整饰修治历数,明确四时节气的顺序。

3. 解卦辞

《彖》曰:《革》,水火相息。二女同居,其志不相得,曰革。"巳日乃孚",革而信之。文明以说,大亨以正。革而当,其悔乃亡。天地革而四时成。汤武革命,顺乎天而应乎人。革之时大矣哉!

卦辞中的"巳日",解说不一:有以天干读为"己日"的,有以地支读为"巳日"的,有以古文字演化以"已"为"改"的,等等。王弼则从义理出发申述说:"夫民可与习常,难于适度;可与乐成,难于虑始。故革之为道,即日不孚,巳日乃孚。"大意为:人们安于习以为常,难于适应改变。可以共享成功之乐,难以同思起步之艰。

所以改革的道理,当时不会相信,要到已成之日才会相信。由此,
"已日"为已达成之日。但这与六二爻辞"已日乃革之"似有矛盾。
看来,"已日"宜释为"时机已到之日"。时机一到,人们就相信改
革了。因此而"元亨利贞,悔亡",即大通而利纯正,一切悔丧均告
消除。《象传》解析道:《革》的卦象是水(上卦兑为泽,蓄水)与火
(下卦离)相互消息("息"涵灭息之义,亦涵生息之义)。两个女子
(上卦兑为少女,下卦离为中女)住在一起,想法不同,所以说
"革"。卦辞"已日乃孚",表明改革了大家就信任了。社会文明,
人心喜悦,国运亨通,本于公正。改革并且得当,一切顾虑怨恨随
之消失。天地变革而春夏秋冬顺成。商汤革除夏桀的王命,周武
革除殷纣的王命,顺乎天道而应乎人心。改革之时,其功德与意
义何等宏大啊!

4.解爻辞

初九:巩用黄牛之革。

《象》曰:"巩用黄牛",不可以有为也。

初九阳刚守正,但为阴柔六二所乘,行动受阻。程颐云:"巩,
局束也,革所以包束。"意谓"巩"的含义是固定束缚,皮革就是用
来围捆束缚的。他还认为黄属中色,牛为和顺之物,所以爻辞"巩
用黄牛之革",意寓践行中道,加强自我约束而不轻举妄动。《象
传》的解析是:"巩用黄牛",表明不可以有作为(时机未到)。

六二:已日乃革之,征吉,无咎。

《象》曰:"已日革之",行有嘉也。

六二阴柔中正,近受九三比助,远得九五援应,可谓天时具,
人和备。爻辞说:时机已到之日进行变革,征行吉利,不会有祸
患。《象传》解析道:(这样做)表明进行变革会有美好的成果。

九三:征凶,贞厉。革言三就,有孚。

《象》曰:"革言三就",又何之矣?

九三近有六二相比,远有上六相应,性本刚正,惜未得中。爻

辞说:前进凶险,固执有危。改革商讨三次统一了意见,才能获得各方信任。《象传》解析道:改革商讨三次统一了意见,还要走向何方?(《象传》赞成推进改革,唯须顺时当位,因为九三固然有相当能力,但纵深改革,上有九四直接指挥,更有九五全权领导,所以"贞厉",自命正确,势处危境。)

九四:悔亡,有孚改命,吉。

《象》曰:"改命之吉",信志也。

改革到达九四,已由基层发展至上层。爻辞说:怨悔消失,胸怀信念改变命运("改命"亦可释为改革成命,包括不合时宜的规章、训令、组织体制等),结果吉祥。《象传》解析道:改革命运能够吉祥,在于有信念,有志向。

九五:大人虎变,未占有孚。

《象》曰:"大人虎变",其文炳也。

九五阳刚中正,刚则坚定有为,中则顺时适度,正则人民信赖。居君主之位,承改命之重,见变革之威。爻辞说:大人变得虎虎生气,无须占问就知道得到各方信任。《象传》解析道:"大人虎变",显示文采奕奕,容光照人。

上六:君子豹变,小人革面。征凶,居贞吉。

《象》曰:"君子豹变",其文蔚也。"小人革面",顺以从君也。

上六下应九三,参与"革言三就",对改革有所体验。爻辞说:君子变得强健如豹(追随"大人虎变",办事敏捷主动,完全改变了原来的消极被动状态),一般民众(得到实惠)也开始改变面貌。此时,继续推进变革会遭凶险,应正守(既得成果)以保吉祥。《象传》指出:"君子豹变",表现为文采蔚然(品德提高,举止得当)。"小人革面",表现为顺和地听从君主的统一部署。

5. 解卦德

《革卦》象征革除陈腐,改变现状。从中可以得到现实的教益:第一,"革而信之",改革涉及广大阶层的利害,必须获致广泛信任;第二,事前充分研讨,"革言三就";第三,选准时机,"已日乃孚";第四,"文明以说",既要推进物质文明,又要建设精神文明,让老百姓高兴;第五,"大亨以正",坚持公正,政令大通;第六,"革而当",从顶层设计到具体环节,综合平衡,扎实得当。至于"革命",《象传》提出的总原则是:"顺乎天而应乎人。"顺天,即遵循客观规律;应人,即符合民众意愿。

6. 解卦主

九五居中正之位,下得六二应援,上有上六比辅。领导改革,带头"虎变"。如爻辞所言,"未占有孚",获得各方充分信任。既为成卦之主,又为主卦之主。

卦五十 鼎(䷱离上巽下)

《鼎》:元吉,亨。

1. 解卦名

《序卦传》曰:"革物者莫若鼎,故受之以《鼎》。"即《革卦》象征变革事物,而最能变革事物的器具就是鼎,所以后接《鼎卦》。《杂卦传》曰:"革去故也,鼎取新也。"这就是"革故鼎新"的来由。《说文解字》对"鼎"描述较详:"鼎,三足两耳,和五味之宝器也。昔禹收九牧之金,铸鼎荆山之下。入山林川泽,魑魅魍魉莫能逢之,以协承天休。易卦巽木于下者为鼎象,析木为炊也。"它说明:鼎有三只脚,两个耳朵,是调和甜酸苦辣咸五味的宝贵器具。过去夏禹收集九州金属,在荆山下铸造大鼎,进入深山野林河流沼泽,妖魔鬼怪都见不到了,由此协和承接天赐福佑。《周易》中巽木在下之卦,就是鼎的卦象:破分木柴升火举炊。鼎所变革的物,依循原义,本系食物。推而广之,则如《杂卦传》所言:"革去故也,鼎取新也。"革故鼎新从此成为中华优秀传统文化的成语宝箴和社会发展的一个重要指导思想。

2. 解卦象

《象》曰：木上有火，《鼎》。君子以正位凝命。

《象传》说：木（下卦巽）上有火（上卦离），是《鼎》的卦象。《史记·封禅书》载："黄帝采首山铜，铸鼎于荆山下。"又载："禹收九牧之金，铸九鼎。"鼎由此南面而立，庄严稳重，成为国之重器，象征帝王的权力。所以《象传》提出：君子以此效法，正守本职岗位，聚精会神地完成人生使命。

3. 解卦辞

《彖》曰：《鼎》，象也。以木巽火，烹饪也。圣人亨以享上帝，而大亨以养圣贤。巽而耳目聪明，柔进而上行，得中而应乎刚，是以元亨。

《彖传》说：《鼎》是表征器物的卦象。以木（下卦巽）顺和生火（上卦离），用于烹饪。圣人烹饪（"亨"通"烹"）食品祭享天帝，（社会用鼎）扩大烹饪来供养圣贤。（《鼎卦》）顺和而耳（巽象征耳）目（离象征目）聪明，阴柔前进上行，得中（取得上卦中位成为六五）而与阳刚（九二）相应，所以大通。（虽未直释卦辞"元吉"，实已包含大吉之意）

4. 解爻辞

初六：鼎颠趾，利出否。得妾以其子，无咎。

《象》曰："鼎颠趾"，未悖也。"利出否"，以从贵也。

爻辞说：鼎脚翻倒了，有利于排出积垢废料（可以加入新鲜食材，坏事变好事了）。（如同）娶妾生了个儿子，并无祸害。《象传》解析道："鼎脚翻倒了"，并未违反事理。"有利于排出积垢废料"，由此可以随从贵人了（初六和应九四）。

九二：鼎有实，我仇有疾。不我能即，吉。

《象》曰："鼎有实"，慎所之也。"我仇有疾"，终无尤也。

九二阳刚得中，上与六五相应，下与初六相比。阳刚为实，所以爻辞说"鼎有实"。"仇"，程颐认为具对偶之义。《左传》云："佳

偶曰妃,怨偶曰仇。""仇"可释为冤家对头。"疾"通"嫉"。"我仇
有疾,不我能即"宜释为"我的冤家心怀妒嫉(九二刚中自守,注重
应和六五而淡化初六之比),但不能因此就奈何我"。所以称
"吉"。《象传》解析道:"鼎内充满美食",是谨慎对待的结果。"我
的冤家心怀妒嫉",最终不会怨尤。

九三:鼎耳革,其行塞,雉膏不食。方雨,亏悔,终吉。

《象》曰:"鼎耳革",失其义也。

九三居巽风之上,刚健欲进而助离火之主(六五,象征鼎耳)。
然二者无比无应,如同鼎耳被革除,行进受阻。所以爻辞说"鼎耳
革,其行塞"。上卦离又象征山鸡,六五居中而成其精华之膏。鼎
耳既革,山鸡之膏自然吃不到了。要等到刚下雨(阴阳和合),虽
觉有些亏欠、怨悔,最终仍然吉祥。《象传》说"失其义",指九三有
失与鼎耳(六五)和应之宜。

九四:鼎折足,覆公餗,其形渥,凶。

《象》曰:"覆公餗",信如何也?

九四阳刚,居公侯之位而不中不正。下应初六,为九二、九三
所阻。上比六五,受乘而未得信任。由于缺乏初六支持,如鼎之
折足。爻辞说:鼎脚折断了,倒翻王公美食,弄得一塌糊涂,凶险。
《象传》解析道:"倒翻王公美食",怎么能受到信任呢?

六五:鼎黄耳,金铉,利贞。

《象》曰:"鼎黄耳",中以为实也。

六五居中以象鼎耳,可承全鼎之重。铉(xuàn)为举耳之钩
环。黄为中色,金以显贵。金铉配黄耳,喻各方支助六五(九二之
应,上九之顾),六五则利于正守中道。《象传》指出:鼎的黄耳(中
间原是空虚的,阴柔的本质也是虚),由于六五守持中道从而化虚
为实(实实在在地推陈出新)。

上九:鼎玉铉,大吉,无不利。

《象》曰:玉铉在上,刚柔节也。

上九居《鼎》之极，以刚辅六五之柔，如鼎耳配上玉铉。爻辞断语为大吉，全无不利。《象传》解析道：玉铉配在鼎的上部，表明阳刚与阴柔得到和谐调节。

5. 解卦德

《革卦》之义在去旧，《鼎卦》之义在出新。如何出新？《象传》告诉我们：第一，巽而耳目聪明，巽即顺：顺时情，顺民心，听得明，看得清；第二，"柔进而上行，得中而应乎刚"，即稳步前进，践行中道，阴阳互济，刚柔相宜。《象传》还强调选贤任能，"大亨以养圣贤"。《象传》则提出"正位凝命"，聚精会神地做好本职工作。

6. 解卦主

六五居君位而尚贤能，远得九二之应，使鼎之功能得充实；近受上六之辅，如鼎之黄耳配玉铉。上下共助，六五的卦主地位确定无疑。

卦五十一　震（䷲震上震下）

《震》：亨。震来虩虩，笑言哑哑。震惊百里，不丧匕鬯。

1. 解卦名

《序卦传》曰："主器者莫若长子，故受之以《震》。震者，动也。"这里的"器"指上一卦《鼎》。鼎是国之重器，也是祭祀天帝、奉养圣贤之器，代代相传。谁来主持这一重器的运用？按照礼制当为长子。所以《鼎卦》之后接着《震卦》（以八卦象征家庭：乾为父，坤为母，震为长子，巽为长女，坎为中子，离为中女，艮为少子，兑为少女）。震又象征动，俗言震动，但《杂卦传》则谓"震，起也"，起须先动，动未必起。这里的"起"是就卦象说的：一阳始起于下，交二阴而动。

2. 解卦象

《象》曰：洊雷，《震》。君子以恐惧修省。

《象传》说：雷霆连连，构成《震卦》之象。"洊"（jiàn）如"兼"。

程颐释云："洊,重袭也,上下皆震,故为重雷。"重雷令人恐惧,也令人思虑不安。所以《象传》启导君子,以恐惧之心,审慎警惕,修身反省。这与《论语》中曾子告诫弟子"如临深渊,如履薄冰"言异意同。

3. 解卦辞

《彖》曰:《震》,亨。"震来虩虩",恐致福也。"笑言哑哑",后有则也。"震惊百里",惊远而惧迩也。"不丧匕鬯",出可以守宗庙社稷,以为祭主也。

《彖传》说:卦名为"震",德能为通。卦辞"震雷到来,人人不安"(虩虩 xì),表明恐惧谨慎可以免祸得福。"嘻笑谈说"(哑哑:笑谈不停),表明(适应了震雷)之后就会研订相应的规章办法。"震惊百里",表明远处惊慌而近处恐惧。"祭具(匕 bì:饭勺)与供酒(鬯 chàng:古代祭祀用酒)在震雷之时并未失手脱落",表明(经过震雷考验)锻炼成长了一位出来可以经纶社会、保家卫国的主祭者(匕鬯代表主祭者,即长子)。

4. 解爻辞

初九:震来虩虩,后笑言哑哑,吉。

《象》曰:"震来虩虩",恐致福也。"笑言哑哑",后有则也。

初九爻辞与卦辞上半段基本相同,象辞亦与彖辞的前半部重合,可见初九在全卦中的重要性。作为乾坤的长子,《震卦》在不少方面继承了《乾卦》的特质,如主动、刚健,象征龙、马等。基因唯在卦底交会二阴之一阳。初九居下卦之始而位正,肩负着"震起也"之重任,所以爻辞的分量很重(由"震来虩虩"化为"笑言哑哑",以达吉祥)。

六二:震来厉,亿丧贝,跻于九陵。勿逐,七日得。

《象》曰:"震来厉",乘刚也。

六二中正顺时,震雷到来虽有危险,但能权衡得失,弃财保命。爻辞"亿丧贝,跻于九陵",意即思考忖度("亿"通"忆",涵思虑之义)丢弃财物(贝为古代货币),登上九陵高山。"勿逐,七日得",即不去刻意追寻失物,七天后自然会获得。《象传》解析"震来厉"的缘由是:六二以阴柔驾乘初九阳刚。

六三:震苏苏,震行无眚。

《象》曰:"震苏苏",位不当也。

六三不中不正,居下卦震之顶而承上卦震之动,坐立不宁。程颐释爻辞云:"苏苏,神气缓散自失之状……若因震惧而能行,去不正就正,则可以无过。眚(shěng),过也。""无眚",可释为无过错,也可释为无灾祸。六三之行,程颐认为是出于对震雷之恐惧,看来不合常情,因为恐惧震雷,一般都躲在家里,不敢外出。六三所以出行,从卦象上看,是由于比附九四。位虽不当,承阳则并无过错。《象传》指出,"震苏苏",在于六三占有的位置不适当。

九四:震遂泥。

《象》曰:"震遂泥",未光也。

九四不中不正,乘六三而承六五,受挤于上下四阴之间,如入泥潭。"遂"可通"隧",同"墜"。程颐则释"遂"为"无反之意",即九四安于入泥而无回返之心意。《象传》解析道:"震遂泥",表明九四未能光大阳刚应有的刚健自强之德。

六五:震往来厉,亿无丧,有事。

《象》曰:"震往来厉",危行也。其事在中,大无丧也。

六五阴柔而居上卦之中,前进则达震顶,回来又入震源,往来皆有危险,所以爻辞说"震往来厉"。但"亿无丧,有事",即经过酝酿思考("亿"通"忆"),认为"不会遭受损失,可以举行祭祀之事"。(据李光地所释:"《春秋》凡祭祀皆曰'有事'。")《象传》解析道:"震往来厉",表明出行有危险。爻辞说的这个"事",是守持中道的祭祀活动,规模虽大并无损伤。

上六:震索索,视矍矍,征凶。震不于其躬,于其邻,无咎。婚媾有言。

《象》曰:"震索索",中未得也。虽凶无咎,畏邻戒也。

上六以阴柔之体居震之极,惊懼疑虑。程颐释云:"索索,消索不存之状……其惊懼之甚,志气殚索也。""矍矍"(jué),不安定貌。据此解绎爻辞,大意为:震得索索颤抖,两眼发直,出行凶险。震雷没有伤及自身,伤到了邻居,尚无大碍。谈婚论嫁,会引来闲言。"婚媾"指上六与六三的关系,二者居相应之位而同性不应,所以会招议论。《象传》解析道:"震索索",在于六二位不居中而未得中道。虽然"征凶",但"无咎",是由于畏惧邻居遭震而已有戒备(邻居当指六五,离震源九四最近)。

5. 解卦德

《震卦》反映面对雷击、地震等自然变异以至社会发生剧烈变动时的因应之道。《象传》强调"以恐致福",保持敬畏之心。《象传》则提出"恐惧修省"。直面危难,从容不迫,守持中道,不忘大事(祭祀)。特别要在险难中磨炼意志,锻造人材,保家卫国。

6. 解卦主

初九阳刚正直,危难时刻,依然"笑言哑哑",镇定自若,"不丧匕鬯",是"出可以守宗庙社稷"的栋梁之材,奉为卦主,当之无愧。

卦五十二 艮(☶艮上艮下)

《艮》:艮其背,不获其身;行其庭,不见其人。无咎。

1. 解卦名

《序卦传》曰:"震者,动也。物不可以终动,止之,故受之以《艮》。艮者,止也。"《杂卦传》也说"震起而艮止也"。震是动,艮是止。事物不可能一直在动,所以需要静止。艮又象征山,高山在前,见阻止之意。这就是以止为象的《艮卦》接在《震卦》后面的道理。

2. 解卦象

《象》曰:兼山,《艮》。君子以思不出其位。

"兼"的含义为加倍、同具,兼山就是两座山,山并着山。重卦

《艮》的上下两个单卦艮都象征山,所以可称兼山。山,体现静止,所以《象传》启导君子要经常思考怎样做到"不出其位"。关于"君子思不出其位",一般都理解为"君子所思虑的不应超出自己的工作岗位"(见杨伯峻《论语译注》)。其实,曾子的这句话是接着孔子"不在其位,不谋其政"说的。须知当时最大的政治问题是诸侯篡权,陪臣乱政,所以孔子义正词严地提出:"八佾舞于庭,是可忍,孰不可忍也。""不出其位"针对的是"出位谋政",非法越位夺取权力。至于人们思考问题,完全可以超出自己的岗位或地位,包括小学生可以思考未来科技,数学家可以思考文史哲,老百姓可以思考国家大事。孔子自己就很得意于"七十而从心所欲",怡然自得地实现思想的彻底解放而"不逾矩"。因此,"思不出其位"者,是要认真思考与确立"不出其位去谋政擅权"的理念也。

3. 解卦辞

《彖》曰:艮,止也。时止则止,时行则行。动静不失其时,其道光明。艮其止,止其所也。上下敌应,不相与也。是以"不获其身,行其庭不见其人,无咎"也。

《彖传》说:艮的含义是"止",该静止的时候静止,该行动的时候行动。动静不失时宜,道路光明通畅。艮所要求的止,是止于应止的地方(即卦辞所说的"背",背被止住,身躯就完全止住了)。"上下敌应",指上下二卦相关诸爻,即初与四、二与五、三与上均属同性,互不正应,从而"不相与也",互不为伴。如卦辞所言:"背被止住,身体得不到正常活动,行走在庭院里也看不见人。"(一切静止,无欲无为)所以不会有过错祸患。

4. 解爻辞

初六:艮其趾,无咎。利永贞。

《象》曰:"艮其趾",未失正也。

初六阴柔,不中不正,无比无应,居卦之底,处趾之位。爻辞说:止住其足趾,没有过错祸害,利于永久守正。《象传》解析道:

"止住其足趾"(不能乱动),就不会离开正道了。

六二:艮其腓,不拯其随,其心不快。

《象》曰:"不拯其随",未退听也。

六二阴柔中正,上比九三而相随,但当艮之时,顺时而止。爻辞说:止于小腿,不去救援相随(九三),心里并不痛快。《象传》解析道:"不去救援相随",在于九三没有退而听取六二的劝告。

九三:艮其限,列其夤,厉薰心。

《象》曰:"艮其限",危薰心也。

九三自恃刚正而过中,不听六二劝告,上进欲与六四结伴,行为偏激,处境危险。爻辞说:止住九三腰部活动(限为界限,就九三所处之位对应身体上下之分界,其限为腰),分裂其夹脊骨(夤 yín:李光地释为"夹脊骨,与心相对"。朱熹释为"膋",脊梁骨),其危险在烟火薰心。《象传》解析道,"止住其腰部活动"(使之不能随心所欲,而欲望仍未止息),所以,危险在于烟火(反常的欲望)薰心。

六四:艮其身,无咎。

《象》曰:"艮其身",止诸躬也。

六四阴柔得正,冷静对待九三的亲比。爻辞说:停止身体活动,没有过错祸患。《象传》解析道:"停止身体活动",表明六四自己能够身心静止。

六五:艮其辅,言有序,悔亡。

《象》曰:"艮其辅",以中正也。

六五阴柔得中,受上九之助,言行合宜。爻辞说:止住面颊(辅),言语有条不紊,无悔无恼。"止住面颊",其实就是管好讲话的嘴巴,非礼不语,非理不言,所以《象传》评述"以中正也"(六五居中而位未得正,这里的正,指奉行中道从而言行正直)。

上九:敦艮,吉。

《象》曰:"敦艮之吉",以厚终也。

上九阳刚为实而敦厚,居艮之终,下比六五助其守中。爻辞说:敦厚稳实地静止,吉祥。《象传》解析道:敦厚稳实地静止而致吉祥,表明上九敦厚稳实地坚持至终。

5. 解卦德

《艮卦》象征静止,静体现"宁静致远",止体现"顺时而止"。为此《彖传》提出"时行则行,时止则止。动静不失其时,其道光明"。《象传》则强调工作止于本职岗位,不超越擅权。从深层次说,止的要义在自止不合理的欲望、不合理的言行。就卦象看,止的部位从足趾、小腿、腰际、脊背、面颊以止于终,但根本上说,止者当为其心,须防止九三那样的"厉薰心"。

6. 解卦主

《艮卦》之象为一阳止于二阴之上,但下卦的九三过刚不中,"艮其限"而"厉薰心",未能立艮之本。上卦的上九"敦艮",刚居柔位而敦厚稳实地践行艮道,故为卦主。

卦五十三　渐(☴巽上艮下)

《渐》:女归吉,利贞。

1. 解卦名

《序卦传》曰:"艮者,止也。物不可以终止,故受之以《渐》。渐者,进也。"《杂卦传》曰:"渐,女归待男行也。"《艮卦》象征停止,而事物不可能一直止,所以接下来连着象征"进"的《渐卦》。这种"进",就像婚嫁过程中女方等待男方(按部就班,依礼办事)的行进,逐步前进而非立即一气呵成。《渐卦》之进与《晋卦》之进亦有不同,前者是稳步前进,后者是光明升进。《说文》谓:"渐,水出丹阳、黔南、蛮中,东入海。"可见"渐"原系自西向东流入大海的河水(或谓今之浙江),引申为徐而不速之行进。

2. 解卦象

《象》曰:山上有木,《渐》。君子以居贤德善俗。

《象传》说：山(下卦艮)上有木(上卦巽)，是《渐卦》之象。君子(效法树木逐渐成长的原理)在日常生活中定修优良品德，改善世风民俗。

3. 解卦辞

《彖》曰：渐之进也，"女归吉"也。进得位，往有功也。进以正，可以正邦也。其位，刚得中也。止而巽，动不穷也。

卦辞说：女子出嫁吉祥，利于守正。《彖传》解析道：《渐卦》体现循序逐步前进，所以"女子出嫁吉祥"。"进得位"可有多种解释，据"其位，刚得中也"分析，应指九五，即九五由原来的九四上进而阳刚得中(九四与六五换位，六五成六四，原来的《旅卦》则变成《渐卦》)。《彖传》认为，阳刚上进得位，表明前往成功。进去的又是尊贵正位，所以可清正地治理邦国。九五居刚中之位，止(下卦艮)而逊顺(上卦巽)，动则不会穷困(阐释卦辞"利贞"与"吉")。

4. 解爻辞

初六：鸿渐于干，小子厉，有言，无咎。

《象》曰："小子之厉"，义无咎也。

初六阴柔，处渐之始，如大雁越水，徐来岸边。爻辞说：鸿雁渐抵岸边(程颐释"干"为"水湄"，湄即滨或岸)，小雁感到危险，发出不安之声，但无过错祸患(按文直译，则为"小伙子"处境危险，有些责怪之言，但无祸患)。《象传》解析道：小雁的危险，就道理说并无过错祸患。

六二：鸿渐于磐，饮食衎衎，吉。

《象》曰："饮食衎衎"，不素饱也。

六二阴柔得正，近与九三相比，远与九五相应，地位稳如磐石。爻辞说：鸿雁渐渐飞到大石上，吃得津津有味(衎衎 kàn：喜悦和乐)，吉祥如意。《象传》解析道："吃得津津有味"，不是白白吃饱的(并非不劳而食)。

九三：鸿渐于陆，夫征不复，妇孕不育，凶。利御寇。

《象》曰:"夫征不复",离群丑也。"妇孕不育",失其道也。"利用御寇",顺相保也。

九三既欲下亲六二,又欲上比六四,过刚不中,以致有往不复。爻辞说:鸿雁渐渐飞达原野(程颐释"陆"为"平原")。丈夫出征不复返,妻子(六二)怀孕未生育,情况凶险,但利于抵御盗寇(九三居下卦艮山之顶呈制止外侮,保护其下初六与六二之象)。《象传》解析道:"丈夫出征不复返",是由于九三上比六四,从而与其阳刚同类(丑即类,《礼记》"比物丑类"郑玄注云:"丑,犹比也。")九五、上九拉开距离。"妻子怀孕未生育",是由于九三(追求上层六四而嫌弃下层六二)丧失了道义。"利于用来抵御盗寇",是为了顺而承之(上卦巽为顺),与初六、六二合成下卦艮山,共止外侮而保安全。("夫征不复"及"离群丑"有多种解读,分歧在取象不同。)

六四:鸿渐于木,或得其桷,无咎。

《象》曰:"或得其桷",顺以巽也。

六四阴柔得正,上比阳刚九五,顺应渐进之大势。其位在上卦巽之始,为木之本。木高于陆,说明鸿雁又渐进一层。爻辞"或得其桷",即可能找到扁平的条木(宜于鸿雁栖息)。"无咎",没有祸害。《象传》解释道:"可能找到扁平的条木",表明六四构成上卦巽的组成部分,行动顺和。

九五:鸿渐于陵,妇三岁不孕。终莫之胜,吉。

《象》曰:"终莫之胜,吉",得所愿也。

九五阳刚中正,与阴柔中正之六二相应,但为刚健的九三所阻,爻辞说"鸿雁已逐渐飞上山陵"(程颐释曰:"陵,高阜也,鸿之所之最高处也。"高阜即高耸的土山),到达了目的地,意味着"终莫之胜",即九三最终不能战胜九五,当然吉祥。《象传》据此解析道:九五实现了它的愿望。

上九:鸿渐于陆,其羽可用为仪,吉。

《象》曰:"其羽可用为仪,吉",不可乱也。

上九居卦之终,终则当返,自陵返陆。胡瑗认为"陆"应是"逵","逵,云路也"。此说得到程颐、朱熹的认同(逵:四方通道)。李光地则认为"陆"应为"阿"(ē),"大陵也"。而对于"仪"字,理解亦不尽一致。孔颖达认为是"仪表","贤达之高致也"。朱熹则认为是"仪饰","仪,旌纛之饰也"。李光地则引《诗经》释"仪",既可以是"仪表",也可以是"仪容""礼仪"。看来,上九"鸿渐于陆"与九三同,意寓归返。所谓字误并无确证,仍应循文求义。"其羽可用为仪",羽者,物也。物必用于饰,但未必一定饰于旌纛,亦可饰于其他场合,从而引申为仪容、礼仪。《象传》所谓"不可乱也",即礼仪有序,不可错乱。

5. 解卦德

《渐卦》表明事物的运动发展,通常是一个逐步量变最终导致质变的渐进过程。为此须摆正位置,循序渐进。如六二、九五、上九皆吉。六四虽显柔弱,亦因位正而"无咎"。初六当谋事之始,难免出现"厉,有言",但由于坚持渐进,终告"无咎"。唯九三过刚不中,"离群丑"而冒进,以致"夫征不复,妇孕不育",凶象毕见。《象传》说得好:"渐之进也,女归吉也。"即顺序渐进,嫁女自吉。"进得位"则"往有功也","进以正"则"可以正邦也"。最重要的是领导核心九五"其位,刚得中也",中则"止而巽",刚则"动不穷也"。《象传》启导君子以渐为鉴,"居贤德善俗"。

6. 解卦主

阳刚九五与阴柔六二位皆中正,上下相应,同为卦主。二者同心合德,呈《杂卦传》所谓"女归待男行"之象。

卦五十四 归妹(䷵震上兑下)

《归妹》:征凶,无攸利。

1. 解卦名

《序卦传》曰:"进必有所归,故受之以《归妹》。""进"指上一卦

《渐》,"渐之进也"。进有归宿,所以接着《归妹卦》。《杂卦传》则谓"归妹,女之终也"。为什么? 朱熹解释:"妇人谓嫁曰归妹。妹,少女也。"女大当嫁,归妹之日,少女已成人妇矣,故可言"女之终",当亦涵终身为妻、为母之义。

2. 解卦象

《象》曰:泽上有雷,《归妹》。君子以永终知敝。

《象传》说:泽(下卦兑)上有雷(上卦震),构成《归妹》卦象。归妹既是"女之终",也是男子承担新的社会责任的起点。君子有鉴于此,当须加强修养,永守道义责任至终,明白失德之敝。

3. 解卦辞

《彖》曰:归妹,天地之大义也。天地不交而万物不兴。归妹,人之终始也。说以动,所归妹也。"征凶",位不当也,"无攸利",柔乘刚也。

《彖传》说:归妹,姑娘出嫁,是天地间的大道理。天地如不交往和合,万物就不能生育兴盛。归妹是人类生生不息、终而复始的行为。卦象显示因喜悦(下卦兑)而趋向行动(上卦震),归从者是少女(下卦兑)。"征凶",是由于刚柔相应双方处位不当:六五以阴居阳而九二以阳居阴。"无攸利",无所得利,则由于六三位于九二之上,六五位于九四之上,皆为以柔乘刚之象。

4. 解爻辞

初九:归妹以娣,跛能履,征吉。

《象》曰:"归妹以娣",以恒也。"跛能履,吉",相承也。

《象传》说:爻辞"姑娘出嫁以妹妹陪嫁为媵(yìng)妾",符合通常的社会规范。"跛了脚还能走路,行进吉祥",是由于出嫁的姑娘与陪嫁的妹妹血脉相承,合作协同。(这里的问题是:初九阳刚,怎么成了陪嫁妹子呢? 程颐的解释是:"女之归,居下而无正应,娣之象也。刚阳在妇人为贤贞之德。"即这里的阳刚,已非物性,而转为德性了。王弼则从卦象上说"娣":上卦震为长男,夫;

下卦兑为少女,娣。)

九二:眇能视,利幽人之贞。

《象》曰:"利幽人之贞",未变常也。

九二阳刚居中,与六五相应,但为六三所乘,视线受阻,而仍力图仰视六五。爻辞说:"瞎了一只眼睛(眇 miǎo)还能看,利于隐居者守正。"《象传》解析道:"利于隐居者守正",表明常道尚未发生改变(大家仍遵守基本规则)。

六三:归妹以须,反归以娣。

《象》曰:"归妹以须",未当也。

六三下乘九二,上比九四,究竟嫁谁?迟疑等待。"须"的释义较多。据程颐、朱熹之说,"须"为等待或地位低贱的女人。出嫁以后,"反归为娣",以妾的身份回娘家。《象传》评析说"未当也",指六三以阴居阳,所处的位置不适当。

九四:归妹愆期,迟归有时。

《象》曰:"愆期"之志,有待而行也。

九四下比六三,等她嫁过来。但六三"归妹以须",有所等待,以致出嫁延期(愆 qiān:超过,耽误)。但推迟到一定时候还会嫁来。《象传》解析道:六三延期出嫁的心意,在于有所期待而再安排行程。

六五:帝乙归妹,其君之袂不如其娣之袂良。月几望,吉。

《象》曰:"帝乙归妹,不如其娣之袂良也。"其位在中,以贵行也。

六五阴柔得中,与阳刚得中的九二相应。郎才女德,婚嫁之宜。爻辞说:帝乙(商代君王,《乾凿度》引孔子语指商殷开国君主成汤)出嫁公主,她的衣装(袂 mèi:衣袖)还不如陪嫁的妹妹精良,(但光彩照人)像月亮接近圆满,吉祥如意。《象传》解析道:六五身居中位,坚持以德行为贵(不重衣装外表)。

上六:女承筐无实,士刲羊无血,无攸利。

《象》曰:上六无实,承虚筐也。

上六处《归妹》之终,无比无应(难成婚事)。爻辞说:(举行婚礼祭祀祖先时)女子接捧的竹筐里没有供品,男士切割(刲 kuī)羊牲没有出血,无利可得。《象传》解析道:上六筐里没有供品,表明承接的是一只空虚的筐子(上六阴柔,阴柔为虚;居于上位,亦系虚位)。

5. 解卦德

《归妹》卦展示婚姻之道。《象传》指出:婚姻体现着"天地之大义",必须郑重对待。一、遵循规范,不违礼仪;二、各就各位,举止适当;三、充分准备,"有待而行";四、轻外表,重内德,贵行而不贵"袂良";五、求真务实,不捧空筐子,不割无血羊。而最重要的是,把婚姻作为攸关"人之终始"的大事,真诚对待,持之以恒,珍惜新的生活,"永终知敝"。

6. 解卦主

传统易学认为《归妹》卦象表现为少女"悦而动之",自己作主嫁人,违反伦常,故以不良之爻六三与上六为成卦之主。然考孔子《易传》,以《归妹》为"天地之大义",绝无否定之意。由此,六五当兼成卦之主与主卦之主。

卦五十五　丰(☲☳震上离下)

《丰》:亨,王假之,勿忧,宜日中。

1. 解卦名

《序卦传》曰:"得其所归者必大,故受之以《丰》。丰者,大也。"这就是说,上一卦《归妹》,妹归夫家,人数必会增大。延伸于物,物归同样会产生增大效应。所以《丰卦》接着《归妹卦》,展示由归而大的过程。《说文解字》谓:"丰(豐),豆之丰满者也。从豆象形。"而"豆"为"古食肉器也",常用于祭祀礼宴,场面盛大,因此"丰"涵"大"义。在盛大的场合中,交往众多,人多事多,所以《杂卦传》说"丰多故也"。"故"指故旧,早先的人事关系。

2. 解卦象

《象》曰:雷电皆至,《丰》。君子以折狱致刑。

《象传》说:雷(上卦震)与电(下卦离)一起到来,构成《丰》的卦象。雷体现威猛,电体现光明,君子由此领悟,要以雷厉风行的行动与正大光明的原则审理案件,进行刑罚。

3. 解卦辞

《彖》曰:丰,大也。明以动,故"丰"。"王假之",尚大也。"勿忧,宜日中",宜照天下也。日中则昃,月盈则食,天地盈虚,与时消息,而况于人乎? 况于鬼神乎?

《丰卦》卦辞开头便说"亨通"。《彖传》解析道:"丰"意味着盛大。下卦离,象征明;上卦震,象征动。光明地行动,所以盛大丰满(从而亨通)。"王假之",即君王到来,表明崇尚丰大。"勿忧,宜日中",即不必担忧,适宜于太阳挂在中天的时候(行动),因为其时宜光照天下。太阳到达正中便会西斜,月亮至于盈满便会亏缺。天地展示刚柔盈虚,时空伴同阴阳消长,何况人呢? 何况看不见的鬼神呢?(一切事物,无论看得见的和看不见的,都在消息盈虚,运动变化。)

4. 解爻辞

初九:遇其配主,虽旬无咎。往有尚。

《象》曰:"虽旬无咎",过旬灾也。

初九阳刚,当《丰》之始,上行而遇阴柔六二,因其居中而为相互配合之主。爻辞说:初九"遇其配主",即使长达十天时间也不会有祸患。"往有尚",前去会得到尊重,嘉许。《象传》解析道:"十天不会有祸患",超过十天就有灾祸了(因为"丰"不能过久,"日中则昃,月盈则食")。但程颐、朱熹依据王弼《周易注》,皆指配主为九四,并释"旬"为"均",即初九与九四均系阳刚。此说不妥。

六二:丰其蔀,日中见斗,往得疑疾。有孚发若,吉。

《象》曰:"有孚发若",信以发志也。

六二居下卦离之中,离有太阳之象,可谓"日中"。爻辞说"丰其蔀",(天空中)扩大对其掩蔽的草蓬(蔀是草编掩蔽物),于是"日中见斗","太阳"被遮掩,中午看见北斗星。因此"往得疑疾",出行中生了疑心病。爻辞还说"有孚发若,吉",即胸怀诚信受到启发,可保吉祥。《象传》解析道:"有孚发若",是指以诚信激发自己的意念(从而明白"日中见斗"的道理)。

九三:丰其沛,日中见沬。折其右肱,无咎。

《象》曰:"丰其沛",不可大事也。"折其右肱",终不可用也。

九三刚而不中,下得六二比辅,却与上九相应而失其助,如折右肱。爻辞说,(天空中)扩大对其掩蔽的帷幕,(朱熹释云:"沛,一作'旆',谓帷幔也。其蔽甚于蔀矣。沬,小星也。")中午看见点点繁星。折断右臂,并无灾祸。《象传》解析道:"张大帷幕",表明不可做大事。"折断右臂",表明终究不能使用了。

九四:丰其蔀,日中见斗,遇其夷主,吉。

《象》曰:"丰其蔀",位不当也。"日中见斗",幽不明也。"遇其夷主,吉",行也。

爻辞"丰其蔀,日中见斗"与六二相同。而六二阴柔中正,内怀诚信,可以"发志"解惑。九四阳刚则不中不正,须有外部引导才能释疑。爻辞说"遇其夷主,吉","夷主"之说,解释纷繁。王弼注曰:"得初以发,夷主吉也",以初九为夷主。孔颖达承其说云:"据初适四,则以四为主,故曰'遇其配主'。自四之初,则以初为主,故曰'遇其夷主'也。"程颐、朱熹亦循其径,并释"夷"为"等夷",即初九与九四是平等的。其实,"夷"可释为"平等",亦可释为"安平""宽平",如《老子》言:"大道甚夷,而民好径。"还可释为"和悦",如《诗经·郑风·风雨》:"即见君子,云胡不夷。"所以,"夷主"不宜释为相互平等之主,而当释为安平和悦之主,此主必系居君位之六五,与九四阴阳相比,刚柔相济,因而断语为"吉"。《象传》更加强语气说:"行也",进一步肯定九四比辅六五之行。

六五:来章,有庆誉,吉。

《象》曰:六五之吉,有庆也。

六五阴柔,居君位而持中,得九四阳刚比助,安平和悦,文采斐然。爻辞说:"下来文采奕奕,有喜庆赞誉,吉祥。"《周易》述爻,常以下为来,以上为往。六五与九四相比,九四为"行"(即往),六五为"来",往来和合而成"章"。《象传》肯定六五吉祥,也就是有喜庆赞誉。

上六:丰其屋,蔀其家,窥其户,阒其无人。三岁不觌,凶。

《象》曰:"丰其屋",天际翔也。"窥其户,阒其无人",自藏也。

上六据《丰》之极,远得九三之应而沾沾自喜,近乘六五之君而骄傲自大,以致把家屋搞得很大,并且遮封起来(自闭室内,隔绝世界),爻辞所谓"丰其屋,蔀其家"。而窥视门户,冷冷清清不见一人。"三年中不能相见,情状凶险。"《象传》解析道:"丰其屋",表明(沾沾自喜,骄傲自大)如同置身天际飞翔。"窥其户,阒其无人",则是自己把自己藏匿起来了。

5. 解卦德

丰的本义是盛大,但盛极则衰。经文通过描述古代发生日蚀的历史天文现象,提出了一个"宜日中"的观念。孔子则进一步作出了深刻系统的哲学论析。要点为:一、"明以动,故丰",光明正大地行动,才能丰富盛大;二、"宜日中,宜照天下也",丰大要普施天下,成果由万民共享;三、"日中则昃,月盈则食",要有忧患意识,切不可自丰其屋,自闭室内,目空一切而无人光顾;四、最重要的是,必须懂得"天地盈虚,与时消息"这个最根本的客观规律。《象传》则按通例,启导君子既要迅捷威严,更须正大光明地"折狱致刑"。

6. 解卦主

六五柔居君位,奉行中道,丰而不过,文而多采,庆而有誉,展示"宜日中"之象，当为《丰卦》之主。

卦五十六　旅（☲离上☶艮下）

《旅》：小亨，旅贞吉。

1. 解卦名

《序卦传》曰："穷大者必失其居，故受之以《旅》。"上一个《丰卦》，讲的是丰大，大到穷尽之时必将反转，直至丧失居所，行于旅途，所以《丰卦》后面接着《旅卦》。旅途漫漫，少见亲友，《杂卦传》由此提出："亲寡旅也"，与"丰多故也"对应。

2. 解卦象

《象》曰：山上有火，《旅》。君子以明慎用刑而不留狱。

《象传》说的山，指下卦艮，火则指上卦离。离象征光明，山象征稳实，君子应由此得到启悟，清明稳慎地运用刑罚，并且不拖延滞留处理案件（《旅卦》意味着不断践行，而不停留于原地）。

3. 解卦辞

《彖》曰："《旅》，小亨"，柔得中乎外而顺乎刚，止而丽乎明，是以"小亨，旅贞吉"。旅之时义大矣哉！

《彖传》说，卦辞"《旅卦》显示小者亨通"，是由于阴柔（小）之爻六五居上卦（外）之中位而顺和地亲比上九阳刚。下卦艮展示静止而附丽于上卦离之光明。所以卦辞谓"小者亨通，当旅之时，守正则吉"。旅这个卦时，包含着多么重大的意义！

4. 解爻辞

初六：旅琐琐，斯其所取灾。

《象》曰："旅琐琐"，志穷灾也。

初六阴柔，居位不正，既与九四相应，始旅欲行，又处下卦艮止之初，举步复停，显出谨小慎微之状。爻辞说："旅行时埋头琐碎小事，这是其获致灾祸的原由。"《象传》解析道：初六意志丧尽，所以有灾。

六二：旅即次，怀其资，得童仆贞。

《象》曰："得童仆贞"，终无尤也。

六二阴柔中正，上比九三，获得资助。爻辞说：旅行中就近找到住所，袋里藏着钱，还得到一个忠实的少年仆人。《象传》解析道："得到一个忠实的少年仆人"，表明最终不会怨悔。

九三：旅焚其次，丧其童仆，贞厉。

《象》曰："旅焚其次"，亦以伤也。以旅与下，其义丧也。

九三刚健不中，资助六二而又自以为是，以艮山阻止其行旅。爻辞说："旅途中火烧住宅，丧失童仆，固执危险。"《象传》解析道："旅途中火烧住宅"，也够惨了。而像旅行中的陌生人一样冷漠对待下人，从道理上讲应该会丧失童仆。曾国藩对此很受感触，联系他的童仆怅然离去，自责"以旅与下"，不够关心。他对传文的这种理解与宋明易学主流一致。程颐就明确地解读为："过刚则暴下，故下离而丧失童仆之贞信，谓失其心也。如此则危厉之道也。"但王弼则将"与"解释为"施予"，认为九三越位施惠于六二，"与盟侵权"，即萌发事态，侵犯君权。唐孔颖达《周易正义》亦循其说。大致说来，程说义胜。

九四：旅于处，得其资斧，我心不快。

《象》曰："旅于处"，来得位也。"得其资斧"，心未快也。

九四下应初六，上比六五，旅中可得资助，但与九三一样，刚而不中。唯九三刚正而不中，九四则刚而不中不正。爻辞说：旅行到一个歇脚的地方（"处"是场所，并非安适的住所），获得资费和刀斧，心中仍快快不乐（九四以阳承阴，心有所疑。刀斧则暗示有险）。《象传》解析道："旅于处"，是由于九四居位不正。"得其资斧"，心里并不痛快。

六五：射雉，一矢亡。终以誉命。

《象》曰："终以誉命"，上逮也。

六五阴柔得中，受上下二阳之助，合象为离而生光明。爻辞说：射猎锦毛雉鸡，一箭中的而雉亡，最终获得赞誉，荣受天命。程颐认为："离（上卦）为雉，文明之物。射雉，谓取则于文明之道而必合。如射雉一矢而亡之，发无不中，则终能致誉命也。誉，令闻也。命，福禄也。"《象传》解析道："终以誉命"，表明"上逮也"。"逮"通"达"，即六五"射雉，一矢亡"的成果已经上达高层（上九）而受到赞誉（参照《象传》"柔得中乎外而顺乎刚"的论述）。

上九：鸟焚其巢，旅人先笑后号咷。丧牛于易，凶。

《象》曰：以旅在上，其义焚也。"丧牛于易"，终莫之闻也。

上九刚而不正，居《旅》之终，如飞鸟等待归巢。爻辞说："鸟儿的窝巢烧掉了。行旅之人起先欢笑（像鸟儿欲将归巢），后来却号咷大哭（鸟巢烧掉了）。到易地丢失牛，情况凶险。"《象传》解释道：上九处《旅卦》之上，涵有焚烧的意义（《旅》之上卦为离，象征火）。"到易地丢失牛"，最终没有消息了。（"丧牛于易"的历史传说是：殷商时王亥去地名为易的小国贩卖牛羊，被杀。）

5. 解卦德

《旅卦》告诉人们在不断变化的行旅环境中怎样宁静心志，保持安适稳定。要义有二：一、"柔得中乎外而顺乎刚"，"外"即"上"，当位者应居外而知内，处上而明下，了解基层，体恤民情，以期"得童仆"而非"丧童仆"，所谓顺刚，不是屈服于强势，而是善用人才，顺时代潮流而动，"射雉一矢亡"；二、"止而丽乎明"，直道而行，不正则止，依附于明，力求光明磊落，透明清晰，贤明有为，直至大明终始。《象传》则推论"明慎用刑而不留狱"，做到慎重稳实，执法如山，明亮如火，及时断案。

6. 解卦主

《旅卦》强调"柔中"，除六二、六五外，其余四爻经辞皆非正面。所以六二、六五为成卦之主。六五"终以誉命"，兼主卦之主。

卦五十七 巽（☴巽上巽下）

《巽》：小亨，利有攸往，利见大人。

1. 解卦名

《序卦传》曰："旅而无所容，故受之以《巽》。巽者，入也。"《旅卦》讲行旅之道。行旅如无容身安息之地，难以为继，所以其后接着《巽卦》，因为巽意味着进入，安身必先入室。《杂卦传》则曰："巽，伏也。"其卦象表现为一个阴爻伏在两个阳爻之下。"伏"也可通"入"：一阴入于二阳之内。而巽为风，无孔不入，进一步增强了"入"的意涵。《说文》云："巽，具也。"宋徐铉注解道："庶物皆具，可以荐之"，即各种祭品都备好了，就铺垫起来供奉祭祀。这里，"巽"含齐备之义。《说卦传》云："帝出乎震，齐乎巽"，亦蕴此意。

2. 解卦象

《象》曰：随风，《巽》。君子以申命行事。

《象传》说"随风"，因为上下单卦皆巽，巽象征风，二巽相重，风随着风。而风行天下，顺和深入，宜于传递信息，公示指令。《象传》由此启引君子，效随风之功能，申示命令，依法合规地行事。（《姤卦》为"天下有风"，《象传》提出"后以施命诰四方"，义相类似。）

3. 解卦辞

《彖》曰：重巽以申命。刚巽乎中正而志行。柔皆顺乎刚，是以"小亨，利有攸往，利见大人"。

《彖传》说：两个单卦叠加构成重卦《巽》，据以申示命令。（观象可知）阳刚（九五）顺和地居于中正之位，志向大行。阴柔均顺从阳刚（初六比附九二，六四比附九五），所以爻辞说"小者（阴柔）通顺，宜于有所往进，见到有利于自身发展的大人"。

4. 解爻辞

初六：进退,利武人之贞。

《象》曰:"进退",志疑也。"利武人之贞",志治也。

初六阴居阳位,既欲上比九二,又处《巽》之始而有所自卑,以致犹豫不定。爻辞说:"进退不定,宜发扬武士之坚定正固作风。"《象传》解析道:"进退不定",表明初六心存疑虑。"宜发扬武士之坚定正固作风",以求调整心态,坚定意志。

九二：巽在床下,用史巫纷若,吉,无咎。

《象》曰:"纷若之吉",得中也。

爻辞"巽在床下"的"床",并非现今的床铺,而是如《说文》所释的"安身之座者"。请来史巫,史以祷告祝福,巫以消灾祛病。爻辞大意为:主人卑顺地跪伏在祭桌下,请来众多史巫纷纷施行法事,保吉祥,无灾祸。《象传》解析道:"纷若之吉",在于九二居位得中(九二下有初六比附,上与九五敌应,显得小心谨慎)。

九三：频巽,吝。

《象》曰:"频巽之吝",志穷也。

爻辞"频巽","频"可通"颦",故王弼注为"频蹙不乐",即皱着眉头很不快乐,在这种形象下"巽",显示卑顺,所以说"吝",不免羞愧。《象传》由此解析九三"志穷",即阳刚固有的坚毅意志消丧殆尽了。但程颐、朱熹等宋儒则以为九三过刚不中,屡有失误而屡示卑顺,其实内心不愿。据此释"频"为"屡"。从卦象看,学者多无异议。

六四：悔亡,田获三品。

《象》曰:"田获三品",有功也。

六四阴柔得正,虽受九三向下牵引而有悔,仍力求上进比助九五而获赏识。爻辞说:"悔怨消失,畋猎收获三品。"程颐解释曰:"田猎之获分三品:一为干豆(用于祭享);一供宾客与充庖(用于送人与自己烹食);一颁徒御(用于分赐仆从)。"《象传》解析道:

"田获三品",表明六四有功。

九五：贞吉,悔亡,无不利。无初有终,先庚三日,后庚三日,吉。

《象》曰：九五之吉,位正中也。

九五刚而中,健而正,当巽之时,谦逊顺和。爻辞说：正守吉祥,悔怨消失,无所不利。"无初有中"指什么？朱熹的解答是："九五刚健中正而居巽体,故有悔。""悔是无初也,亡之是有终也。"而又观察卦象,巽以阴柔始,以阳刚终。九五阳刚中正,可谓"无初有终"。至于"先庚三日,后庚三日",说法更多。如以天干计日排列,则"先庚三日"为丁日,非(无)十天干之首(初)。"后庚三日"为癸日,正十天干之终,与"无初有终"相合,其断吉祥。《象传》据卦象与德义融合而作出解析：九五之吉,在于其位中正。

上九：巽在床下,丧其资斧,贞凶。

《象》曰："巽在床下",上穷也。"丧其资斧",正乎凶也。

上九以刚居柔,无比无应,居《巽》之极,深觉自卑。《象传》解析道：爻辞"巽在床下",即跪伏于床座下,表明上六处卦之上,路已穷尽。"丧其资斧",即丧失了资助与用斧,为的是让其经历凶险,回归正道(直译为"持正于凶险")。关于"正乎凶"之说,颇多歧义。朱熹认为"正乎凶言必凶",释"正"为"必"。程颐则云："居上而过极于巽,至于自失,得为正乎？乃凶道也。巽本善行,故疑之曰：得为正乎？复断之曰：乃凶也。"大意为：上九居《巽卦》上端,显得过于卑逊以至于失态,算得上"正"吗？这是凶道。"巽"本系善良行为,所以先提出疑问："算得上正吗？"接着又下明确结论："这是凶呀！"由此可知,程颐认为"正乎凶"包含疑问与判断两层意蕴,即"算得上正吗""这是凶呀"。此外前人还有不少诠释。

5. 解卦德

《巽卦》倡导顺和谦逊,但应顺时顺情,过度则近做作。总的原则为"刚巽乎中正而志行",即刚强者应顺和地奉行中正之道来实现自己的意志。为此,要"重巽以申命",采取低姿态反复讲明组织行动的目的、意义、要求、规则,让广大民众心中有数,最终达到"柔皆顺乎刚",处于弱势地位的社会大众都自觉自愿地响应强者的部署。《系辞传》列巽为"九德"之一,确认"巽,德之制也",其地位是道德的规范。其特点是"称而隐",情理适宜,藏而不露。其功能是"巽以行权",权衡得失,综合平衡。实质上巽是践行中道的方法。

6. 解卦主

《巽卦》象征风而逊、顺、入。"风起于青苹之末",自下而上飘扬。初六、六四各以阴柔分伏内外卦之下,分别上比阳刚九二、九五,状入而性逊顺,为成卦之主。九五被《象传》誉为"刚巽乎中正而志行",德才兼备,为主卦之主。

卦五十八　兑(☱兑上兑下)

《兑》:亨,利贞。

1. 解卦名

《序卦传》曰:"入而后说之,故受之以《兑》。兑者,说也。"《巽卦》由风尘仆仆的《旅卦》自外入内而感受到喜悦("说"通"悦"),所以接着《兑卦》,兑,象征悦。《杂卦传》谓"兑见而巽伏也"。兑示喜悦之色于外,所以"见",即显现。巽示逊顺之状以卑,所以"伏",即低调。从卦象上看,《巽》以阴柔居于上下卦二阳之下,是为伏;《兑》以阴柔居于上下卦二阳之上,是为见。

2. 解卦象

《象》曰:丽泽,《兑》。君子以朋友讲习。

《兑卦》象征泽。"丽"含附丽之义。重卦《兑》由上下两个单卦兑合成,上下二泽相互依附而见其丽,所以《象传》说丽泽形成《兑卦》。而双泽连通,蓄水互补,启示君子怀着智者乐水的心情约朋会友开展讲习,共同增进学识。

3. 解卦辞

《彖》曰:《兑》,说也。刚中而柔外,说以利贞,是以顺乎天而应乎人。说以先民,民忘其劳。说以犯难,民忘其死。说之大,民劝矣哉!

《彖传》说:《兑卦》显示喜悦。观卦,阳刚居中而阴柔居外。以喜悦之心对待卦辞"利于守正",所以能顺循天道而和应民意(阐释卦辞"亨")。让老百姓先喜悦起来,他们就会忘却劳苦。以民悦为本,勇战危急险难,老百姓就会舍生忘死。悦(兑)的意义与功用多么重大,民众由此受到劝勉激励呀!

4. 解爻辞

初九:和兑,吉。

《象》曰:"和兑之吉",行未疑也。

初九以阳刚居下而示谦和喜悦,爻辞断语"吉祥"。《象传》解析道:"谦和喜悦求得吉祥",表明初九(处《兑》之始,直道正行),绝不犹豫迟疑。

九二:孚兑,吉,悔亡。

《象》曰:"孚兑之吉",信志也。

九二阳刚居中,胸怀诚信。爻辞说:诚信喜悦,吉祥,悔怨消失。《象传》解析道:九二"诚信喜悦",在于对自己的志向有信念。

六三:来兑,凶。

《象》曰:"来兑之凶",位不当也。

六三不中不正,既欲下乘九二,又欲上比九四。爻辞说:六三引来(阳刚以求)喜悦,造成凶险。《象传》解析这种凶险的发生,缘于六三居位不正。

九四:商兑,未宁,介疾有喜。

《象》曰:九四之喜,有庆也。

九四阳刚不正,据理当上辅九五,依情又下比六三。盘算商研,心神不宁。爻辞说:"商研所悦,思虑不安。"关于"介疾",王弼释"介"为隔，"疾"指六三，即隔绝六三的取悦而辅承九五中正之主。程颐、朱熹则以节操为介。程颐云："人有节守谓之介。"朱熹亦云：九四"质本阳刚，故能介然守正而疾恶柔邪也"。程朱之说较为勉强。"介"通"界"，分界。"介疾"，分隔疾患，自然"有喜"。"疾"指六三，则多无异议。

九五：孚于剥，有厉。

《象》曰："孚于剥"，位正当也。

九五阳刚中正，胸怀诚信，但为阴柔上六所乘，出现危险。爻辞说"孚于剥"，即以诚信对待剥蚀（上六之阴剥九五之阳），"有厉"，会有危险。《象传》解析道："以诚信对待剥蚀"，表明九五居位正当。

上六：引兑。

《象》曰："上六引兑"，未光也。

上六居兑悦之最高点，力图吸引人来悦己（首要对象为九五），所以爻辞说"引兑"。《象传》认为这种行为"并不光彩"。

5. 解卦德

《兑卦》展示悦乐之道，《象传》阐述得简明扼要。总原则为"顺乎天而应乎人"，以民之乐为首乐，要先让人民欢乐；人民乐意，然后冒险犯难；人民心悦诚服，共同奋发劝勉。就个人言，无论自己悦乐，让人悦乐，都要讲"和兑""孚兑"，和顺于形，真诚于心。

6. 解卦主

阴以柔丽而和悦，故六三为成卦之主。阳以刚中而诚悦，故九五为主卦之主。

卦五十九　涣（☵巽上坎下）

《涣》：亨，王假有庙。利涉大川，利贞。

1. 解卦名

《序卦传》曰："说而后散之，故受之以《涣》。涣者，离也。"《杂卦传》亦曰："涣离也。"前一卦《兑》,其义为"说"(悦)。欢乐之聚,必有离散,所以《兑卦》之后接以《涣卦》。《说文》释"涣"为"涣散也"。无论离散或流散,常常由涣致散,统称涣散。

2. 解卦象

《象》曰:风行水上,《涣》。先王以享于帝立庙。

《象传》说:风(上卦巽)飘行在水(下卦坎)上,构成《涣卦》之象。《涣卦》显现涣散之象,涣散首先是人心涣散。为此须收聚人心,确立信念。古代君王的方法是"享帝立庙",祭祀上帝,立庙以聚合大众,共求美好命运。

3. 解卦辞

《彖》曰:"涣亨",刚来而不穷,柔得位乎外而上同。"王假有庙",王乃在中也。"利涉大川",乘木有功也。

《彖传》说:卦辞云"当涣之时,顺畅通达",可由观象得知:阳刚来到下卦,所以不会困穷(假设《涣卦》自《否卦》转化,原《否卦》九四与六二换位。阳刚为富,阴柔为穷。下卦原系全阴之坤卦,来了阳刚就不穷了。而坤土生水,亦具不穷之意)。"柔得位乎外而上同",则指原《否卦》六二上升至外卦得六四之位,同心协力比辅九五。卦辞"君王来到(假)帝庙",就卦象看,便是位居上卦之中。卦辞"有利于渡越大江",表明乘木船(上卦巽为木)取得成功。卦辞"利贞"未释而其义已经包容其中。

4. 解爻辞

初六:用拯马壮,吉。

《象》曰:初六之吉,顺也。

初六阴柔,位处涣散之始,虽身柔力弱,但能亲比阳刚九二,得其强力支助以挽救涣散局面,爻辞"用拯",即用以拯救。"马壮",指阳刚九二健壮。《象传》解析道:初六能够吉祥,在于顺和:顺和地依从阳刚九二。

九二：涣奔其机，悔亡。

《象》曰："涣奔其机"，得愿也。

九二阳刚居中，当涣之时，以健马之势奔向初六，协力化解涣散。爻辞说：面对涣散，九二直奔可以依靠之案座，（"机"之原义为木，引申为木制案座。王弼注："机，承物者也，谓初也。"程颐释："机者，俯凭以为安者也。"此外，亦有释"机"为"时机"者近于义而远于象。）对涣散的悔怨也就消除了。《象传》解析道：爻辞"涣奔其机"，表明九二达到了心愿。

六三：涣其躬，无悔。

《象》曰："涣其躬"，志在外也。

六三阴柔，居位不正，浮于下卦坎水之上而见涣之象，但仍力求比附上九，以期聚合。爻辞说："涣散自身，亦无悔恨。"《象传》解析道："涣散自身"，表明六三的心思寄托于外（外卦上六）。

六四：涣其群，元吉。涣有丘，匪夷所思。

《象》曰："涣其群，元吉"，光大也。

六四阴柔得正，上比阳刚九五，力助其涣散小群而凝聚于大局。爻辞说"涣其群"，"群"就是小团体、小宗派，涣散它们，就可以聚沙成塔，集土成山，实现"涣有丘"，当涣之时，构筑坚强团结的山丘。基于一般认识，这自然是"匪夷所思"，不是平常人按照平常事理能够想出来的。《象传》解析道："涣其群，元吉"，表明六四光明正大。

九五：涣汗其大号，涣王居，无咎。

《象》曰："王居无咎"，正位也。

九五阳刚中正。爻辞说：当涣之时，散发号令如汗之发（密集而出），同时散发王室积蓄（资助民众），免除祸患。《象传》解析道："王室没有祸患"，在于君主九五位子坐得正。

上九：涣其血，去逖出，无咎。

《象》曰："涣其血"，远害也。

上九居涣之极,离下卦坎险最远,呈远离祸害之象。社会涣散到一定程度,可能发生流血冲突。爻辞"涣其血",可释为化解流血冲突。"去逖出"之"逖",程颐、朱熹等据音释为"惕",王弼、孔颖达等则据义释为"远"。现循王弼注,将"去逖出"释为"去远方出离(是非之地)",这既与爻辞结论"无咎"一致,也与《象传》"远害也"的解析符合。而就上九作为最高层的退位者说来,当涣之时,缓解冲突而远离流血之地,或系明智的选择。

5. 解卦德

人心离散之时,应当如何对待处置?《涣卦》提供的忠告是:一、基层(以初六、九二为代表)应顺和心情,协调行动(初六顺比九二,九二奔比初六);二、中层(以六三为代表)应顾全大局,舍身(涣其躬)化解涣散;三、上层(以六四为代表)应打破常规(匪夷所思),清除一切小团体、小宗派、小山头;四、核心领导应居中秉公,正位行令,散财济众,促进大团结;五、高层退位者应多做化解工作,不要卷入是非圈中。《象传》则从确立信念、聚合人心的角度,借鉴古代圣王的做法:"享帝立庙。"

6. 解卦主

时涣人散,必得强有力的领导坚定扭转局面。九五居君位而行中正,"刚来而不穷",远有九二"奔其机"以强固基层,近得六四"涣其群"以促进团结,还有上九协同缓解矛盾,促证其任人唯贤、处事唯公、务实唯民而为贤明卦主。

卦六十 节(☵坎上兑下)

《节》:亨,苦节不可贞。

1. 解卦名

《序卦传》曰:"物不可以终离,故受之以《节》。"《杂卦传》曰:"节止也",与其他二卦似释义相同。一个是《艮卦》:"艮止也。"一个是《大壮卦》:"大壮则止"。其实,三卦之止,情不相同。《艮卦》象征山,安稳静止,这个止是"自止"。事物大壮,当适可而止,这个止是"宜止"。《节卦》则是以节求止,这个止是"节止",亦即"节制",节而制止。《说文》云:"节,竹约也。"即竹子干身环圈束约以萌枝叶的部位,它意味着竹子成长过程中的一种约束,所以"节止"是一种阶段性的"止"。《涣卦》象征分离涣散,这种涣离违背社会进步发展的规律,不能一直持续下去,所以必须接着《节卦》,适时加以制止。

2. 解卦象

《象》曰:泽上有水,《节》。君子以制数度,议德行。

节的下卦兑象征泽,上卦坎象征水,所以《象传》说:泽上有水,就是《节卦》之象。泽水凭借数度计量可供节制,同样地,德行通过评议审检可明取舍。《象传》正是在解卦析义的基础上,启导君子借鉴其理而"制数度,议德行"。所谓数度,不只是算术之数、集合之度,而且包括着不断完善发展的系列规范与体例制度。

3. 解卦辞

《彖》曰:"《节》,亨",刚柔分而刚得中。"苦节不可贞",其道穷也。说以行险,当位以节,中正以通。天地节而四时成。节以制度,不伤财,不害民。

卦辞说"《节卦》象征亨通"。为什么?《彖传》解析道:卦象显示,全卦有三个阳爻与三个阴爻,均衡平分,而九五与九二两个阳爻又各居上下卦之中位。为什么"靠一味吃苦以求节约不可坚持固守"?《彖传》的解答是:一点道理都没有了,此路不通。(人们不想苦,而想乐)"说以行险",让大家喜悦欢乐,就能群策群力战险克难(比照《兑卦》彖辞"说以犯难,民忘其死",其理相通)。《彖传》提醒高层领导坐在系统核心的位置上,应当认真节制,践行中正之道以求顺通。天地有节(依照节律运行),春夏秋冬方能循序完成交替。要拟定制度进行节制,做到不毁伤财物,不损害人民。

4. 解爻辞

初九：不出户庭，无咎。

《象》曰："不出户庭"，知通塞也。

初九阳刚得正，上与六四阴柔相应，但当节之始，止而未进。程颐释爻辞中的"户庭"为"户外之庭"，即住宅外面的庭院。"不出户庭"说明初九能保持节制，安于待时，所以"无咎"，没有过失或祸害。《象传》的解析是"知通塞也"，即初九懂得通达之时前进，阻塞之时停步。

九二：不出门庭，凶。

《象》曰："不出门庭"，失时极也。

九二阳刚，居中不正，敌应九五，却甘为六三所乘，闭门不出。《象传》解析道：爻辞"不出门庭，会有凶险"，表明九二（足不出门）丧失时机已达极点。程颐释"门庭"为门内之庭，范围较"户庭"更窄。

六三：不节若，则嗟若，无咎。

《象》曰："不节之嗟"，又谁咎也？

六三阴柔而不中不正，下乘阳刚求悦（下卦兑悦），不知节制。爻辞说：那样地不节制，就会那样地叹息，但无祸患。《象传》指出：由于自己不节制而叹息，又能责怪谁呢？

六四：安节，亨。

《象》曰："安节之亨"，承上道也。

六四阴柔得正，上比九五，安守其位。《象传》解析道：爻辞说六四"安稳地节制自己，能够通达"，在于其奉行君上（九五）的中正之道。

九五：甘节，吉，往有尚。

《象》曰："甘节之吉"，居位中也。

九五阳刚中正，下得六四比辅，协力行节之道。爻辞"甘节"与"苦节"对应，甜美地节制自己，心甘情愿，自然吉祥。"往有尚",外出会受赞赏。《象传》解析道:九五"甜美地节制自己而保吉祥",在于其身居上卦之中位。

上六:苦节,贞凶,悔亡。

《象》曰:"苦节贞凶",其道穷也。

上六居节之极,无比无应,高高在上而苦苦守节。爻辞说:苦苦地节制自己,固执不变,会有凶险。但系自愿苦节,所以没有怨悔。《象传》指出:"苦节贞凶",表明上六无路可走了。

5. 解卦德

《节卦》的核心要义是自觉节制。不节会嗟叹,安节能亨通,甘节保吉祥,苦节"不可贞"。在促进自觉的同时,还要建立制度,特别注意"不伤财,不害民"。《象传》则倡导"制数度,议德行",抓住道德修养的根本来提高节制非分欲望的自觉性。

6. 解卦主

九五是《象传》"当位以节,中正以通"的贤明代表,当系全卦之主。《周易折中·义例》指出:"盖立制度以节天下,亦唯居尊有德者能之。"这对身居高位的领导人来说,既是社会的期望,也是时代的要求。

卦六十一　中孚(☴巽上兑下)

《中孚》:豚鱼吉。利涉大川,利贞。

1. 解卦名

《序卦传》曰:"节而信之,故受之以《中孚》。"《杂卦传》亦曰:"《中孚》,信也。"《节卦》讲节制。践行节制,展示善德,就会受到信任,所以接着示信的《中孚卦》。鸟常以爪抚卵,促其化生小鸟。徐铉注曰:"鸟之孚卵者皆如其期,不失信也。"认为"孚"通"孵"。而鸟类孵卵,都守定期限,绝不失信。孔颖达曰:"信发于中,谓之中孚。""发于中"即"发于心",发于内心之信,即是诚信或忠信。

2. 解卦象

《象》曰：泽上有风,《中孚》。君子以议狱缓死。

下卦兑象征泽,上卦巽象征风。所以《象传》说:"泽上有风,是《中孚卦》之象。"中孚体现诚信,如何同"议狱缓死"联系起来?程颐的解答是:"君子之于议狱,尽其忠而已。于决死,极其恻而已。故诚意常求于缓。缓,宽也。于天下之事无所不尽其忠,而议狱缓死,最其大者也。"大意为:君子审议案件,在于尽忠。判处死刑,当胸怀极大怜悯。真诚的心意须要通过宽缓体现。天下事都要尽忠,而"议狱缓死"是最大之事。实际上,程颐是将中孚所蕴含的诚信之意与忠实、真诚、仁爱之心一起联系起来了。总的说来,观卦象,巽风感动兑泽之水;体象意,中孚能感动豚鱼,感动人心,当然也能感动真诚悔改的罪犯。

3. 解卦辞

《彖》曰:《中孚》,柔在内而刚得中。说而巽,孚,乃化邦也。"豚鱼吉",信及豚鱼也。"利涉大川",乘木舟虚也。"中孚以利贞",乃应乎天也。

《彖传》说:《中孚》卦象显示,阴柔在内(阴柔六三、六四在上下方四阳刚合围内)而阳刚(九二、九五)各得上下卦之中位。喜悦(下卦兑)而逊顺(上卦巽),表现为诚信,从而教化万邦。爻辞"豚鱼吉",表明诚信触及豚鱼。"利涉大川",表明木船(上卦巽木)浮在水上(下卦泽水),中间是虚空的(全卦中间二爻皆阴,为虚)。"诚信利于守正",是由于符合天道。〔关于"豚鱼",前人有两种说法:一种认为豚鱼是豚(小猪)和鱼,一种认为豚鱼并非二物,而是身躯圆大的如豚之鱼,若江豚、河豚。从"风行于水"的卦象看,后者较合象意。〕

4. 解爻辞

初九:虞吉,有它不燕。

《象》曰:"初九虞吉",志未变也。

初九阳刚得正，与阴柔六四相应，而六四意在比辅九五，是否安守中孚之始，有待考量。爻辞中的"虞"，程颐释为"度也"，即思量，"燕"则释为"安裕也"。据此解释爻辞，意为：思考度量（正确度量）则吉。如生其他（私欲）意念，则不得安宁。《象传》指出：初九真诚考量而保吉祥，表明其守持阳刚的初心不变。

九二：鸣鹤在阴，其子和之。我有好爵，吾与尔靡之。

《象》曰："其子和之"，中心愿也。

九二阳刚得中，言行合乎中孚。其声之出，如高洁之鹤鸣。因位处六三、六四二阴之下，故爻辞谓"在阴"，在幽隐之地，在树木之荫（下卦巽为木）。"其子和之"，儿子和应父鹤之声，缘于其子（初九）同样守信。父亲说："我有一壶好酒（爵：古代酒具），与你一起分享（靡：倒下，分散）。"《象传》解析道："儿子和应父亲"，表明其出自内心的意愿。

六三：得敌，或鼓或罢，或泣或歌。

《象》曰："或鼓或罢"，位不当也。

六三阴柔，与阳刚上九相应却受六四阻隔，因而情绪失常，或喜或悲。爻辞说："六三碰到敌人，不是击鼓欲进，便是退却罢手；不是叹息哭泣，便是放声高歌。"观象可知，六三居位不正，其"敌"当系位正性和之六四（程颐等则认为"敌"指"对敌"上九）。《象传》解析道：六三"或鼓或罢"，缘于其所处位置不当。

六四：月几望，马匹亡，无咎。

《象》曰："马匹亡"，绝类上也。

六四阴居柔位而得正，上比九五，辅以诚信。爻辞说："当月亮即将圆满之际，失去马匹，并无祸害。"《象传》解析道："失去马匹"，表明六四断绝与同类的关系而上行（比辅九五）。同类指六三，亦即失去的马匹（就爻位言，六四居六三之上而为"乘"）。

九五：有孚挛如，无咎。

《象》曰："有孚挛如"，位正当也。

　　九五阳刚中正,下有六四比辅,真诚互信。爻辞说:"九五怀有诚信,如双手紧握(挛 luán:手脚弯曲不能伸开,意为绝不放松)。无灾无碍。《象传》解析道:"有孚挛如",是由于九五所处位置正当。

　　上九:翰音登于天,贞凶。

　　《象》曰:"翰音登于天",何可长也?

　　上九居中孚之终,诚信将尽而又刚愎自信。爻辞说的"翰音",据《礼记·曲礼》,应系祭祀用鸡的鸣叫声。"鸡飞到天上",掉下来非死亦伤,结论自然"贞凶",固执行事必遭凶险。《象传》评述道:"鸡飞到天上",怎么可能长久呢?(上卦巽,象征鸡。上九高居卦顶,见鸡飞登天之象。)

　　5. 解卦德

　　《中孚卦》倡行诚信,《象传》认为可以"化邦","利涉大川"而跨越险阻,是一项"应乎天"的大德。其根本要求在于"刚中",刚毅坚定,决不左右摇摆。《象传》则提出以中孚为行为规范,在判定人的生死之大事上慎为"议狱缓死"。《系辞传》还从"鸣鹤在阴,其子和之"破题,由诚信论及言行秉持诚信、谨慎的极端重要性。

　　6. 解卦主

　　九二阳刚居下而得中,父鸣子和,信发于诚,为成卦之主。九五阳刚居上而得中,胸怀诚信,"有孚挛如",为主卦之主。

卦六十二　小过(☳☶震上艮下)

　　《小过》:亨,利贞;可小事不可大事。飞鸟遗之音,不宜上,宜下,大吉。

　　1. 解卦名

　　《序卦传》曰:"有其信者必行之,故受之以《小过》。"《杂卦传》

曰:"《小过》,过也。"《论语》云:"言必信,行必果。"所以,守信必据
言而行。按照《序卦传》的阐述,"小过"是"过"。《说文》释"过"为
"度也"。这个度,不是"尺度"之"度",而是"虚度年华"之"度",意
为经历、经过、超过或度过。而无论经过、超过或度过,前提都是
"行"。"过"基于"行",行在有信,这就是《小过卦》设在《中孚卦》
之后的缘由。《象传》指出:大过是"大者过也",小过则是"小者过
而能亨也"。因此,小过不是笼统的过,而是小者之过、小的经过、
小的超过、小的过度或小的超越(常规)。

2. 解卦象

《象》曰:山上有雷,《小过》。君子以行过乎恭,丧过乎哀,用
过乎俭。

《象传》说:山(下卦艮)上有雷(上卦震),就是《小过卦》卦象。
雷者,阴阳相薄震而动也。阴阳震动可以自地而起,也可以升越
上山,由此可知,在基本符合自然规律与社会规范的前提下,行为
稍有超常,并无不可,甚或更受同情。如《象传》所言:"君子行事
更谦恭一些,丧悼更哀伤一些,操办更节俭一些。"

3. 解卦辞

《彖》曰:小过,小者过而亨也。过以"利贞",与时行也。柔得
中,是以"小事吉"也。刚失位而不中,是以"不可大事也"。有飞
鸟之象焉:"飞鸟遗之音,不宜上,宜下,大吉",上逆而下顺也。

《彖传》说:小过的意思是:阴柔小者,超过(常规)而能顺通
(从卦象看,上下四阴将二阳包围其内,并以六二、六五把持核心
之中位,阴柔于是占有超常的优势)。有所超越而"利于守正",表
明顺时而行。代表小者的六五、六二两个柔爻分居上下卦之中而
行中道,所以"小事吉祥"。代表大者的九三、九四两个刚爻失去
中位,所以"不可能办大事"。《小过卦》显示飞鸟的图象(中间二
阳爻象鸟身实体,上下两对阴爻如展开双翅飞翔在虚静的空中)。
爻辞说"飞鸟留下的声音不宜上扬,而宜下传",因为向上有阻,向

下顺通（从卦象看，鸟身下侧九三向下有六二顺承，上侧九四向上则为六五逆乘）。读懂了《象传》的解析，就会读懂卦辞的结论"大吉"。

4. 解爻辞

初六：飞鸟以凶。

《象》曰："飞鸟以凶"，不可如何也。

初六阴柔不正，处下卦艮之始，本当静守，却欲应九四而上，违反"不宜上"的准则。《象传》说：爻辞"飞鸟会遇凶险"，表明初六的处境无可奈何。

六二：过其祖，遇其妣；不及其君，遇其臣。无咎。

《象》曰："不及其君"，臣不可过也。

爻辞中的祖、妣、君、臣，众说纷纭。王弼以初六为祖，理由是"始也"；六二为妣，理由是"居内履中而正者也"；臣是六二自己，"过而不至于僭，尽于臣位而已，故曰不及其君，遇其臣，无咎"；君自然指六五。程颐则以九三为父，九四为祖，因为"阳之在上者，父之象；尊于父者，祖之象"；"二从五"，六五为君；"臣"则指"臣道"，六二"上进而不陵及于君，适当臣道，则无咎也"。朱熹大体上认同程颐之说。但从爻辞看，祖、妣、君、臣均为相联系的实称，"臣"是与"君"对应的范畴，并非"臣道"。《小过》是一个小有超越之卦，并非一定要有父才能有祖，否则还得有母以证有妣。比较合理的解析是：阳刚上者为尊，九三居下卦艮之顶，尊之以祖。过祖而遇妣，则九四为妣。"遇其妣"即系"遇其臣"，臣居君侧，所以九四为妣亦为臣。六二遇见九四，"不及其君"，君当为六五无疑。六二阴柔中正，循序而过，当能"无咎"。《象传》解析道："不及其君"，到不了君王面前，是由于不可以超越近臣（九四）这一关。

九三：弗过防之，从或戕之，凶。

《象》曰："从或戕之"，凶如何也。

九三自恃刚正，小过之时，下有六二之比，上有上六之应，对阴柔带来的危险，如爻辞所说：不能过于防范，一味依从，很可能受到戕害，处境凶险。《象传》评述道："从或戕之"，多么凶险呀！

九四：无咎，弗过遇之。往厉必戒，勿用永贞。

《象》曰："弗过遇之"，位不当也。"往厉必戒"，终不可长也。

九四刚居柔位而不刚，当阴柔主导小过之时，可求自保。爻辞说："没有祸患，不要过去会遇阴柔（九四下应初六，上承六五）。前往危险，必须警戒，不必固守常规。"《象传》解析道：爻辞"不要过去会遇阴柔"，因为九四所居的位置不适当。"前往危险，必须警戒"，表明（暂时的会遇）终究不可能长久保持下去的。（王弼注"弗过遇之"："失位在下，不能过者也，以其不能过，故得合于免咎之宜。"程颐则释"遇之"为"得其道也"。是否符合经传之义，供参。）

六五：密云不雨，自我西郊。公弋取彼在穴。

《象》曰："密云不雨"，已上也。

全卦上下多阴，如阴云密布。六五阴柔居中，过乘于阳而刚柔未能和合会遇，难以化雨。爻辞说："阴云密布而不下雨，从六五所处的西郊（阴方）出发飘动。王公用系绳之箭（弋 yì）在穴中射取它。"穴中，地（包括艮山之地）下中空之处，以象观之，为下卦之中，故所取之"彼"，当为六二。六二为六五所取，小者同类相聚，以壮大超过阳刚的力量。《象传》解析道："密云不雨"，但阴柔之气势已上升到高位。

上六：弗遇过之，飞鸟离之，凶，是谓灾眚。

《象》曰："弗遇过之"，已亢也。

上六阴柔，居小过之极，一味上越而不与相应之阳刚九三会遇。爻辞说："不去会遇（阳刚）而过于上求超越，飞鸟会陷入罗网，（"离"可引申为罗网。《系辞传》云："作结绳而为网罟，以佃以渔，盖取诸离。"）从而发生凶险。这就叫作灾祸。"《象传》解析道："弗遇过之"，表明上六已经到了太过头的地步。（《乾卦》上九谓之"亢龙",则《小过》上九可谓为"亢鸟"。)

5. 解卦德

《小过》阐述人的行为可以稍有过度而仍合情理之道。"过犹不及",但"矫枉必须过正"。"小过"的原则是:一、"可小事不可大事",小事稍有过度,并无大碍,大事关乎全局,不可随意超越界限;二、"不宜上,宜下",不宜上,即不宜张扬跋扈,任性拔高,宜下,即合民意,顺社情,接地气,如《论语·八佾》记孔子言:"礼,与其奢也,宁俭。丧,与其易也,宁戚。"就哲学思想言,则为《象传》提示的"柔得中",谦虚和顺,践行中道。

6. 解卦主

按照《象传》"柔得中"的标准,六二与六五分居上下卦之中,共为成卦之主。六五"密云不雨",全力壮大阴柔声势,兼主卦之主。

卦六十三 既济(䷾坎上离下)

《既济》:亨。小利贞。初吉终乱。

1. 解卦名

《序卦传》曰:"有过物者必济,故受之以《既济》。"上一卦《小过》,乃有"过物"之说。"过物",直译是使事物通过(超过、越过、渡过)。"必济",即渡水必然成功。《序卦传》的意思是,小过既能过物,则必能过水而济,成功到达彼岸。所以,意涵"过物"的《小过卦》后接着《既济卦》。既济,渡河已经成功。《杂卦传》曰:"《既济》,定也。"因为渡河的目标已达到,事定了,心也定了。

2. 解卦象

《象》曰:水在火上,《既济》。君子以思患而豫防之。

《象传》说:上卦坎象征水,下卦离象征火,构成"水在火上"的《既济》卦象。既济,意味着事遂功成,容易使人懈怠,尤须引起警惕。孔子在《系辞传》中就《否卦》九五爻辞提出:"君子安而不忘危,存而不忘亡,治而不忘乱。"《象传》则在此警示:事业有成之时,尤须"思患而豫防",思想上确立忧患意识,行动上认真戒备预防。

3. 解卦辞

《彖》曰:"既济亨",小者亨也。"利贞",刚柔正而位当也。"初吉",柔得中也。终止则乱,其道穷也。

《彖传》说:爻辞"既济亨",指小者(阴柔小事)亨通。"利于守正",因为三个刚爻和三个柔爻所居位置全部正当(刚爻居奇数阳位,柔爻居偶数阴位)。"起初吉祥",缘于阴柔在下卦一出现就得到居中之位。"最终停步而生乱象",因为(事成志满)发展的道路已走到尽头。

4. 解爻辞

初九:曳其轮,濡其尾,无咎。

《象》曰:"曳其轮",义无咎也。

初九阳刚得正,居卦之始,象以为尾。上应六四,启动济渡,但坎水险恶,不宜急行。爻辞说:"拉住车轮(放慢渡河),打湿尾巴,没有祸患。"朱熹释云:"轮在下,尾在后,初之象也。曳轮则车不前,濡尾则狐不济。"这里的"狐",由综卦《未济》卦辞引来,以小狐渡河喻"济"。《象传》解析道:"拉住车轮"(谨慎渡河),就道理说不会有错失。

六二:妇丧其茀,勿逐,七日得。

《象》曰:"七日得",以中道也。

六二阴柔,近比九三,远应九五,居中得正。中则明辨得失,正则坚守其位。爻辞说:"妇人丢失座车上用来遮蔽的草帘(茀fú:野草杂乱,朱熹释为"妇车之蔽"),无须追寻,七天后物归原主。"为什么?《象传》的解析是:因为六二秉持中道(正确恰当地处理好这一事件)。

九三：高宗伐鬼方，三年克之。小人勿用。

《象》曰："三年克之"，惫也。

九三阳居刚位，健而正。近受六二承比，远得上六和应，实力充裕。爻辞引用历史事件叙述说："商代高宗（武丁）讨伐北部的鬼方国，持续了三年时间取得胜利。（论功行赏）小人不受重用。"《象传》对长期战争有所隐忧，认为"三年时间取得胜利"，（导致人力、物力、财力、国力）疲乏了。

六四：繻有衣袽，终日戒。

《象》曰："终日戒"，有所疑也。

六四柔居阴位，正统温和，上比九五而忠诚，下应初九而安守。爻辞中的"繻"，自王弼以至程颐、朱熹均认为应作"濡"，以与经文整体相协。其实，《说文解字》谓："繻，缯，采色，从系，需声。""缯"（zēng）是丝织物的统称，古亦称帛，今称为绸。"袽"则系破旧衣衫。爻辞大意为：彩色丝绸服装也会变成破旧衣衫，（富不忘贫，安不忘危）从早到晚都应戒惧警觉。《象传》解析道："终日戒"，表明六四有所疑虑。

九五：东邻杀牛，不如西邻之禴祭，实受其福。

《象》曰："东邻杀牛"，不如西邻之时也。"实受其福，吉"，大来也。

九五刚健中正，近有六四比承，远有六二应援，时当有成。爻辞说："东面的邻国杀牛（举行盛大祭祀），倒不如西面的邻国搞一个简单的祭礼（禴 yuè：夏祭，仪式简单），实实在在地受到福佑。"《象传》解析道："东邻杀牛不如西邻简祭"，缘由在于西邻得时、适时、顺时。"实受其福，吉"（当今学者据楚简《周易》及帛书《易》考证得通行本《周易》爻辞漏一"吉"字），则在于"大来也"，即阳刚（贤明君主）适时地到来（登上九五之君位）。（易学主流以东邻为商纣王，西邻为周文王。《小畜卦》的"西郊"亦可视为周之发祥地。）

上六：濡其首，厉。

《象》曰："濡其首，厉"，何可久也？

上六居既济最高处，为卦象之首，应九三而乘九五，不顾深浅，继续渡河。爻辞说："浸湿了头，危险。"《象传》接着评述：（这样）怎么可能长久呢？

5. 解卦德

从初九"初吉"到上六"终乱"，《既济卦》从正反两方面展示了成事立业之德。既济成功之本，最主要的是《象传》所言："刚柔正而位当。"与此同时，全过程坚持中道。当济之始，慎重入渡；当济之中，警惕戒惧；当济之终，见好就收。而成业固艰难，守成亦不易。有鉴于此，《象传》提出"君子以思患而豫防之"，增强危机感，防患于未然。

6. 解卦主

卦辞有"初吉终乱"之说。六二为"初吉"之代表，《象传》赞之"柔得中也"，应为成卦之主。九五刚健中正，《象传》谓其得时，并且赞评道："实受其福，吉，大来也。"完全合乎主卦之主准则。（《周易折中》未将九五列为卦主，似据程颐、朱熹之说：西邻（隐指文王）为六二，东邻（隐指商纣）为九五。程朱固为一代儒宗，但其东西邻之说却出于一种想象。卦主不能基于研读者的想象推断，而必须根据经传文本加以判明。）

卦六十四　未济（☲离上坎下）

《未济》：亨。小狐汔济，濡其尾，无攸利。

1. 解卦名

《序卦传》曰："物不可穷也，固受之以《未济》终焉。"上一卦《既济》体现事物之成，"初吉终乱"，最后"其道穷也"。而客观规律则为"穷则变，变则通"，所以说"物不可穷也"。于是《既济卦》

后接以《未济》,继续不断地完成永无穷尽的社会发展与人类进步事业。但《杂卦传》却出人意外地指出:"《未济》,男之穷也。""男"是谁? 男其实指卦中的三个阳爻:九二、九四、上九。为什么"穷"? 因为它们以刚居柔,坐位不正,丧失了阳爻本具的刚健有为气质:精神财富穷了。这个"穷",不同于"物不可穷"之"穷"。

2. 解卦象

《象》曰:火在水上,《未济》。君子以慎辨物居方。

下卦坎,象征水;上卦离,象征火。水在下而势下,火在上而势上,上下反向,水火不交,所以"未济",成功不了。为何成功不了? 程颐认为是水火所居位置不当,唐代孔颖达则认为问题在"刚柔失正",即全卦六爻,三个阳爻各居阴位,三个阴爻则分居阳位。刚柔错置,男女颠倒,怎么办得成事? 前儒所言可以互为补充。而我们所得的启示是:要更好理解《象传》(《同人卦》)关于"君子以类族辨物"的认识方法,领悟《文言传》关于"云从龙,风从虎,圣人出而万物睹。本乎天者亲上,本乎地者亲下,则各从其类也"的内涵精义,进一步深解《系辞传》关于"方以类聚,物以群分,吉凶生矣"的规律性论断。懂得"分类辨物""以方识类"的实践价值。火向上,本乎天者也;水向下,本乎地者也。其类族界限泾渭分明。水火处于一卦之中,貌若一体,实则各居一方。君子选居其中一方,则入此方之类,合其物之群,所以必须十分审慎,认真辨别事物的性类德能,择方而居,才能洁身自好,并与志同道合的人携手共进。由此可知,"君子以慎辨物居方"体现着孔子的一贯思想,与《论语》"里仁为美。择不处仁,焉得知"实系同一思路。

3. 解卦辞

《彖》曰:"《未济》,亨",柔得中也。"小狐汔济",未出中也。"濡其尾,无攸利",不续终也。虽不当位,刚柔应也。

《彖传》解析道:爻辞说"《未济》之卦,显示亨通",是由于阴柔六五得上卦离火之中。"小狐渡河将要到岸(汔 qì:通'迄',几,几乎到达)”,是由于阳刚九二尚未走出下卦坎水之中。“打湿了尾巴,未得所利”,表明不能继续达到终点。全卦三阴三阳虽都未处在正当位置上,但刚柔之间均能相互和应(初六应九四,九二应六五,六三应上九)。

4. 解爻辞

初六:濡其尾,吝。

《象》曰:“濡其尾”,亦不知极也。

初六近比九二,远应九四,跃跃欲渡。但当济之始,柔居刚位,力不胜任。爻辞说:“打湿尾巴,显示困辱。”《象传》解析道:“打湿尾巴”,表明初六(未明深浅)不知道哪里河水最深。

九二:曳其轮,贞吉。

《象》曰:“九二贞吉”,中以行正也。

九二阳刚居中,下得初六之比,上有六五相应,稳立其间而不偏,当济之时而不躁。爻辞说:“拉住车轮,守正则吉。”《象传》解析道:“六二守正则吉”,在于居中而行为端正。

六三:未济,征凶。利涉大川。

《象》曰:“未济征凶”,位不当也。

六三阴柔不正,既比九四,又应上九,见急于出行之情,而身居坎水之顶,尚未脱险。爻辞说:“未济之时,出行凶险。利涉水渡江。”《象传》解析道:爻辞“未济之时,出行凶险”,是由于六三所居之位不适当。对“利涉大川”未予置评。就文辞言,“征凶”与“利涉大川”似相矛盾,故朱熹怀疑“利”字上漏一“不”字。就文意而论,“征凶”限于“未济”之时。观象则可知六三有比有应,具备涉水渡江的条件。

九四:贞吉,悔亡。震用伐鬼方,三年有赏于大国。

《象》曰:“贞吉悔亡”,志行也。

九四下得六三之比,上承六五持中明君,虽以刚居柔而无悔。爻辞说:“正守则吉,悔恼消失。震奋而起,受命讨伐小邦鬼方,连续三年受到大国（殷商）的犒劳奖赏。"《象传》解析道：爻辞"贞吉悔亡"，表明九四实现着自己的志向。爻辞中的"震"，程颐释云："震动之极也。古之人用力之甚者。"朱熹亦谓"极其阳刚用力"。而据后来之考证，"震"或为人名，指武将沚震。

六五：贞吉，无悔。君子之光，有孚，吉。

《象》曰："君子之光"，其晖吉也。

六五柔中而居尊，近有九四、上九比护，远有九二在下响应。当未济之时，展将济之业，诚信光明，无怨无悔。爻辞说："纯正吉祥，毫无怨悔。展示君子之光，胸怀诚信，事称吉祥。"《象传》解析道："君子之光"，像太阳的光辉（晖）显示其吉祥。

上九：有孚于饮酒，无咎。濡其首，有孚失是。

《象》曰："饮酒濡首"，亦不知节也。

上九虽退二线，但近受六五关照，远有六三响应，处未济之终而自得其乐。爻辞说："胸怀诚信饮酒，并无过错。"《象传》解析道："（酒水）沾湿了头"，不知节制，诚信就失去理智了。

5. 解卦德

《未济》与《既济》，反映着同一事物的两个方面，相对相成；同一过程的两个阶段，原始反终。事物有异同而其德皆同。《既济卦》"初吉终乱"，《未济卦》"先咎后吉"。治乱去咎，二卦均强调中正。中则"曳其轮"，稳妥踏实。正则阴阳或各就各位，或刚柔相应，以期志同道合，齐心协力，在事物运变发展过程中，知几而谋其远，通变而成其功。

6. 解卦主

"未济"为什么能够"亨通"？《象传》的解答是"柔得中也"。这个得中之柔正是六五。近多比辅，远有援应，扬"君子之光"而"其晖吉也"。其卦主地位不可动摇。

第三讲 《十翼》疏引

第一节 引　言

孔子《易传》由《彖上传》《彖下传》《象上传》《象下传》《系辞上传》《系辞下传》及《文言传》《说卦传》《序卦传》和《杂卦传》共十篇组成，世称"十翼"。翼者，推动《周易》腾飞经典高空之力源也。

在经与传的关系上，历来的易学都奉行"以经为主，以传为辅，以传释经"的原则。然而，立足于哲学价值，经文固然涵有许多生动朴实的内容，但总体说来是碎片化的。而《易传》则形成了博大精深的哲学体系。因此，学用《周易》，必须打破传统观念，把开发《易传》中的孔子哲学思想提到首位。所以，上一章明传解卦，第一位的要求是明传，明白传义，解卦便水到渠成。反之，解卦获得体悟，将会进一步加深明传。为了增进对明传与解卦双向会通过程的体悟，有必要认真研析构成《易传》的十篇文论，即《十翼》的功能、目的、结构、特点等要素，并对各篇原文（《彖》《象》除外）作出白话总体译读。为此专拟疏引，分述于后。

第二节　彖传（上下）

一、《彖传》的功能

《彖传》主要是阐释卦辞，即彖辞的，也涉及卦名、卦象等方面的见解。象原为古代类猪之兽，齿利而善断食物。许慎《说文》释以"豕走也"。南朝梁顾野王撰《玉篇》则谓："豕走悦也。""彖"是否就是"豕"，尚无确论。但象本系禽兽而齿利则较少异议。《周易正义》基于经传诠释，明确指出："彖，断也。断定一卦之义，所以为断也。""夫子所作彖辞统论一卦之体，或说其卦之德，或说其卦之文，或说其卦之名。"王弼则从哲理高度加以阐析："彖者何也？统论一卦之体，明其所由之主者也。""故六爻相错，可举一以明也。刚柔相乘，可立主以定也。""故举卦之名，义有主矣。观其彖辞，则思过半矣。"可见，王弼与孔颖达所言之"彖辞"，实指孔子《彖传》的文辞。

由此可知，《彖传》的基本功能如下。

一是"统论一卦之体"。"体"即卦象体系，包括卦爻形态、结构、各爻关系、卦爻辞联系、卦德展示、卦名意蕴以及总体评价。

二是"明其所由之主"。王弼认为："众不能治众，治众者至寡者也。"即全卦六爻之中，必有处于少数的主爻统率整体中的多数爻。研读《周易》，首当抓住主爻，"执一御众"，在广袤而深邃的认知世界里，"处璇玑以观大运，则天地之动未足怪也。据会要以观方来，则六合辐辏未足多也。"其结论为："举卦之名，义有主矣。观其彖辞，则思过半矣。"也就是说，每当提出一卦而得其名，理论上必存在卦主。《彖传》对此常有阐释，所以读过《彖传》文辞，就能领悟《周易》的大半精义。

诚然，"一卦之体"及"所由之主"相互联系，不可分割。《乾卦》卦主"飞龙在天"之德，绝不能脱离"时乘六龙以御天"的系统时空，然后才会"首出庶物，万国咸宁"。

二、孔子述作《彖传》的目的

就读者言，《彖传》的直观目的是阐释卦辞。而作为传述者的孔子，阐释卦辞只是提供一条通道，真正的目的地则是一幢以义理的砖瓦精心砌成的道德大厦。

　　朱熹说:"《易》本卜筮之书。"毫无疑问,所有卦辞、爻辞原来都是占辞,即筮占断语。孔子晚年开始发现,《周易古经》既包含象数,又深蕴义理,"圣人以神道设教而天下服矣"。特别是当他晚年回到鲁国集中精力整理《春秋》等六经时,有机会读到一本深藏于鲁太史处的珍贵典籍《易象》,颠覆了此前《周易》被认定为筮书的传统认知。《易象》一书,《左传·昭公二年》有相关记载:晋侯使韩宣子来聘,宣子观书于太史氏,见《易象》与《鲁春秋》。曰:"周礼尽在鲁矣! 吾乃今知周公之德与周之所以王矣。"《春秋》据鲁而记周史,一定程度上也可展现"周公之德"。而若认真体会韩宣子之言,能够实现"周礼尽在鲁",反映"周公之德"而使周朝"王天下"的思想武器,则是难得一见的珍贵《易象》。由于此书早已佚失,难知其中确切内容,但从韩宣子的评价中可推断,这是一部经过周公审研(或竟参与编撰)、阐述《周易》卦象的王室文献。它对《易传》的形成应具重大影响。正是由于《易象》中保存着很多有价值的论说,促使孔子毅然决然地排除当时极其强大的舆论阻力,顶住各种怀疑,精心研究与传述《周易》,竟至"居则在席,行则在橐"而"韦编三绝"。他的得意门生、经纶满腹的子贡甚至不敢相信"不语怪力乱神"的老师怎么会对一本筮书发生如此浓厚的兴趣。孔子明明白白地回答他说:"《尚书》多於(疏)矣,《周易》未失也,且有古之遗言焉。予非安其用也,予乐其辞也。汝何尤于此乎?"对于子贡一再提出的疑问,包括"夫子亦信其筮乎",孔子直截了当地解答道:"我观其德义耳也。幽赞而达乎数,明数而达乎德,又仁守而义行之耳。赞而不达于数,则其为之巫;数而不达于德,则其为之史。史巫之筮,向之而未也,始(恃)之而非也。后世之士疑丘者,或以《易》乎? 吾求其德而已,吾与史巫同途而殊归者也。"(引自《帛书易传·要》)从孔子铿锵激越的回答中,我们可以鲜明地体会到以下几点。

　　1.孔子晚年传述《周易》,阻力极大,甚至包括子贡等人在内的知名弟子都心存疑虑。因为当时的儒者,确实把《周易》视为与"怪力乱神"相联系的筮书,认定研传《周易》不合儒道。

2. 孔子不仅知道当时许多弟子的疑虑,而且明智地推断:"后世之士疑丘者,或以《易》乎?"

3. 孔子看到了一般人看不到的《易象》,他也像韩宣子一样,被其中倾注的"周公之德"和"周之所以王"的义理撼动心扉,全然不顾汹涌而至的舆论压力,以极度的至诚与坚毅踏上了精心研传《周易》的历史文化伟大征程。

4. 孔子确认《周易》蕴藏着"古之遗言",即圣贤之教,这些重要的历史文化遗产甚至连《尚书》("上古之书")也未能采集到。

5.《周易》的应用可分列三个层次:赞、数、德。

"赞"而不能达"数",是"巫"的层次,只能祝祷占问,以卜吉凶。

"数"而不能达"德",是"史"的层次。所谓数,主指象数,兼指礼数,其实质是依循一定的程序规范,对筮占过程进行专业分析。

"德"是最高层次,全面体现于《易传》。

综上所述,孔子研传《周易》的根本目的是"乐其辞"而观其德义,既要懂得德义,更要践行德义,"又仁守而义行之耳"。

三、《彖传》与卦辞密切联系,但并非完全一致

《彖传》用以阐解卦辞,自然相互联系,密不可分。然而,二者的根本目的不同:卦辞是筮占术语,目的在为占者提供吉凶休咎之判断。《彖传》则是哲学思辨,目的在弘扬道德义理。因此,在内涵的本质意义上,二者并非完全一致。例如,开门第一卦《乾》的卦辞"元亨利贞",站在纯粹筮占的立场上,其文字原意应为:"大祭(或首祭),利于占问。"而《彖传》则作了浓墨重彩的大篇阐述,以"大哉乾元,万物资始,乃统天"释"元",以"云行雨施,品物流形。大明终始,六位时成以御天"释"亨",以"乾道变化,各正性

命。保合大和,乃利贞"释"利贞",并且延伸描画出"首出庶物,万
国咸宁"的太平景象。此后又补述《文言传》,更为汪洋大肆,多姿
多彩。总之,《彖传》阐释卦辞,常常借题发挥,推出许多富于创造
性的哲学理念。再如《姤》和《归妹》等卦,亦可明显发现卦辞与
《彖》文具有明显不同的视角。

四、《彖传》提出了许多哲学理念与重要命题

1. 大哉乾元,万物资始。(《彖上传·乾》)

2. 六位时成。(《彖上传·乾》)

3. 乾道变化,各正性命。(《彖上传·乾》)

4. 保合大和,乃利贞。(《彖上传·乾》)

5. 至哉坤元,万物资生。(《彖上传·坤》)

6. 坤厚载物,德合无疆。(《彖上传·坤》)

7. 蒙亨,以亨行时中也。(《彖上传·蒙》)

8. 利见大人,尚中正也。(《彖上传·讼》)

9. 贞,正也。能以众正,可以王矣。(《彖上传·师》)

10. 健而巽,刚中而志行,乃亨。(《彖上传·小畜》)

11. 刚中正,履帝位而不疚,光明也。(《彖上传·履》)

12. 天地交而万物通也,上下交而其志同也。(《彖上传·泰》)

13. 文明以健,中正而应,君子正也。(《彖上传·同人》)

14. 刚健而文明,应乎天而时行,是以元亨。(《彖上传·大有》)

15. 天道下济而光明,地道卑而上行。天道亏盈而益谦,地道
变盈而流谦,鬼神害盈而福谦,人道恶盈而好谦。谦尊而光,卑而
不可逾,君子之终也。(《彖上传·谦》)

16. 天地以顺动,故日月不过而四时不忒。圣人以顺动,则刑
罚轻而民服。(《彖上传·豫》)

17. 刚中而应,大亨以正,天之道也。(《彖上传·临》)

18. 圣人以神道设教,而天下服矣。(《彖上传·观》)

19. 柔来而文刚,故亨。分刚上而文柔,故小利有攸往,天文也。文明以止,人文也。观乎天文,以察时变。观乎人文,以化成天下。(《彖上传·贲》)

20. 君子尚消息盈虚,天行也。(《彖上传·剥》)

21. 动而以顺行。复其见天地之心乎!(《彖上传·复》)

22. 动而健,刚中而应,大亨以正,天之命也。(《彖上传·无妄》)

23. 刚健、笃实、辉光,日新其德。刚上而尚贤,能止健,大正也。(《彖上传·大畜》)

24. 天地养万物,圣人养贤以及万民。(《彖上传·颐》)

25. 水流而不盈,行险而不失其信。(《彖上传·坎》)

26. 柔丽乎中正,故亨。(《彖上传·离》)

27. 天地感而万物化生,圣人感人心而天下和平,观其所感而天地万物之情可见矣。(《彖下传·咸》)

28. 天地之道,恒久而不已也。(《彖下传·恒》)

29. 大壮利贞,大者正也。正大而天地之情可见矣。(《彖下传·大壮》)

30. 内文明而外柔顺,以蒙大难,文王以之。利艰贞,晦其明也。内难而能正其志,箕子以之。(《彖下传·明夷》)

31. 女正位乎内,男正位乎外。男女正,天地之大义也。(《彖下传·家人》)

32. 天地睽而其事同也,男女睽而其志通也,万物睽而其事类也。(《彖下传·睽》)

33. 见险而能止,知矣哉!(《彖下传·蹇》)

34. 险以动,动而免乎险,解。(《彖下传·解》)

35. 损刚益柔有时。损益盈虚,与时偕行。(《彖下传·损》)

36. 天施地生,其益无方。凡益之道,与时偕行。(《彖下传·益》)

37. 天地相遇,品物咸章也。刚遇中正,天下大行也。(《彖下传·姤》)

38.亨,聚以正也。(《彖下传·萃》)

39.柔以时升,顺而巽,刚中而应,是以大亨。(《彖下传·升》)

40.险以说,困而不失其所亨,其唯君子乎!(《彖下传·困》)

41.井养而不穷也。(《彖下传·井》)

42.革而信之,文明以说,大亨以正。革而当,其悔乃亡。汤武革命,顺乎天而应乎人。(《彖下传·革》)

43.圣人亨以享上帝,而大亨以养圣贤。(《彖下传·鼎》)

44.震来虩虩,恐致福也。笑言哑哑,后有则也。(《彖下传·震》)

45.时止则止,时行则行。动静不失其时,其道光明。(《彖下传·艮》)

46.进以正,可以正邦也。(《彖下传·渐》)

47.归妹,天地之大义也,天地不交而万物不兴。(《彖下传·归妹》)

48.日中则昃,月盈则食。天地盈虚,与时消息。(《彖下传·丰》)

49.重巽以申命,刚巽乎中正而志行。(《彖下传·巽》)

50.说以先民,民忘其劳。说以犯难,民忘其死。(《彖下传·兑》)

51.苦节不可贞,其道穷也。天地节而四时成。节以制度,不伤财,不害民。(《彖下传·节》)

52.柔在内而刚得中,说而巽,孚,乃化邦也。(《彖下传·中孚》)

53.过以利贞,与时行也。(《彖下传·小过》)

54.利贞,刚柔正而位当也。初吉,柔得中也。(《彖下传·既济》)

55.亨,柔得中也。虽不当位,刚柔应也。(《彖下传·未济》)

第三节　象传(上下)

一、《象传》的功能

《象传》包括《大象》与《小象》,《大象》的直观功能是阐释卦象,《小象》的直观功能是阐释爻辞。孔子认为:"象也者,像也。""爻也者,效天下之动者也。""爻象动乎内,吉凶见乎外,圣人之情见乎辞。"由此说来,《象传》可以反映"圣人之情"。而"圣人立象以尽意",所以,研读《象传》,既有可能在不同情境中领略圣人之情,又有可能在不同程度上体悟圣人之意,从而领会《象传》的深层功能。

二、孔子述作《象传》的目的

与《彖传》一样,孔子述作《象传》,目的在于继承与发展此前古典历史文化传统,弘扬并指导实践道德义理。从整体布局研察,《象传》有一个十分鲜明而集中的指导思想:确立并践行一项推动人类生生与社会进步的公理——天人合德。六十四条《大象》文辞,每一条首先阐析天地自然的具体形象及其德能,接着便据以推天道而明人事,启导人们进行相应的道德修养与义理实践。如开门《乾卦》,《象传》直截了当地指出其象为"天",其德能为"行健",运行刚健。据此,君子合乎天德,则须"自强不息"。与《乾卦》文理交错的《坤卦》,其象为"地",其德能为"势坤",君子合乎天(地)德,则须厚德载物。接着的《屯卦》,其象为"云雷",风云遍起,"雷雨之动满盈",其德能按《象传》所言为"天造草昧"而始生万物,君子合乎天德,则须致力于"经纶"。同样地,《蒙卦》之象为"山下出泉",其德能表现为自然之天让坚实的山峦流出清冽的泉水,君子合乎天德,就应当"果行育德"了。统观六十四卦《大象》,共有《比》《豫》《观》《噬嗑》《无妄》《涣》六卦为"先王以",《泰》《姤》二卦为"后以",《复卦》为"后不",《剥卦》为"上以",《离卦》为"大人以",其余五十三卦均为"君子以"。一般说来,"后"为夏代君主之称,"先王"为商代君主之称,"上"为当时君主之称,"大人"为圣贤通称。《象传》通过记述这些圣贤明君的相关作为,宣示相关卦象的启导意义。而通过五十三卦的"君子以",则依据卦象展示的"天德"来启导君子修养人德,实现天人合德而道在其中矣。

三、《象传》提出了孔子哲学系列命题

孔子通过《象传》,主要是《大象》,以超常的意象思维,联系一个个生动活泼的卦象所示,深刻地进行道义推断,展示了丰富多彩的哲学命题。诸如从《乾卦》推出"天行健,君子以自强不息";《坤卦》推出的"地势坤,君子以厚德载物",几乎已家喻户晓,尽人皆知。又如《讼卦》的"作事谋始",《师卦》的"容民畜众",《履卦》的"辨上下,定民志",《泰卦》的"裁成天地之道",《否卦》的"俭德辟难",《大有卦》的"遏恶扬善,顺天休命",等等,无不持之有象,言之成理,把六十四卦这一博大精微的历史文化符号体系巧妙地构筑成一个别具一格的道德义理花圃,万紫千红,绚丽多彩(可参阅拙著《孔子哲思百题解——周易大传精粹》,浙江大学出版社,2019年)。

四、研读《象传》的几个认知环节

1.《象传》描述卦象,着重具体揭示其所象征的客观实体,如乾为"天",坤为"地",屯为"云雷",蒙为"山下出泉"等。《象传》阐解卦象则主要运用义理分析,如乾为"自强不息",坤为"厚德载物",屯为"君子以经纶",蒙为"果行育德",等等。倘将二者联系起来,既有利于诵记,更有利于相互参照,融会贯通,并在此基础上培养具有独特创新力的意象思维,以补形象思维与抽象思维之不足。

2. 研读《象传》,首先要读懂《说卦传》,以求了解立卦主旨、要义及八经卦的象征对象与象征内容,特别要从宇宙自然、方位、季节、特性、家人、肢体、动物、色彩等基本方面掌握其象征意义,做到见象明意,了然于心。

3. 卦象寓意广泛,不只"举一反三",而且可以"一通百通"。

在研读《彖传》过程中,还可视情联系《杂卦传》与《序卦传》,以加深理解。

第四节　系辞传(上下)

一、《系辞传》的功能

《十翼》作为孔子传述《周易》古经的讲解记录,由商瞿等弟子编纂成集。《彖传》的特点是观象释义而解读卦辞。《象传》的特点是观象拟物而效法其德,并解析爻辞。《系辞传》则不再像《彖传》《象传》那样逐卦逐爻依序阐释,而是从总体上解读卦象,阐扬义理,形成一个严谨完整的哲学思想体系。

"系辞"的原意是系连卦象、爻象的文辞,即卦辞、爻辞。实际上,《系辞传》不仅对部分卦爻再次进行重点剖析,而且对卦爻辞整体及其所由之卦象爻象作出了富有文化创造性的概括、提炼与智慧开发,从而既成为《易传》思想网络之纲,也成为《周易》总体的经典理论之纲。

二、《系辞传》的结构

《彖》《象》均分编为上下传,缘于依循上经三十卦与下经三十四卦。《系辞传》不受此限,因何亦分上下?未见确论。从文字容量看,《系辞上传》(以下简称《上传》)分列十二章,计二千三百余字;《系辞下传》(以下简称《下传》)也分列十二章,计二千一百余字,大体相近。这是否为《系辞传》划分上下的因素,难以确认。从内容看,《上传》较重论道,《下传》较重致用。如《上传》第一章最后归结为"成位";而《下传》第一章最后提出:"圣人之大宝曰位,何以守位曰仁。"《上传》第二章讲"设卦观象";《下传》第二章则讲卦象由来,及十三个卦象如何应用于生产生活。《上传》第三章讲彖爻卦象展示吉凶之原理;《下传》第三章则讲彖爻卦象生成吉凶悔吝之过程。《上传》第四章讲"天地之道",剖析自然规律;《下传》第四章则讲"君子之道",调处君民关系。《上传》第五章讲"一阴一阳之谓道";《下传》第五章则讲"同归而殊途",重点解读《咸》《困》等十一卦的有关爻辞以利践行。《上传》第六章讲"乾坤动静",以明"易之广";《下传》第六章则讲"乾坤刚柔"以入"易之门"。《上传》第七章讲"崇效天,卑法地","成性存存,道义之门";《下传》第七章则讲"九卦三陈",将《履》《谦》《复》《恒》《损》《益》《困》《井》《巽》九卦列为"九德",具体阐析其意义、表现与功能。《上传》第八章讲什么是"象"、什么是"爻",讲"天下之赜""天下之动",讲"拟之而后言,议之而后动";《下传》第八章则讲"变动不居,周流六虚,上下无常,刚柔相易,不可为典要,唯变所适",讲"初率其辞,而揆其方,既有典常"。《上传》第九章论证筮占的数理机制;《下传》第九章则解析六爻的功德、性能、应用。《上传》第十章讲学用《周易》的"圣人之道";《下传》第十章则讲天、地、人"三才之道"。《上传》第十一章讲"是以明于天之道,而察于民之故,是兴神物,以前民用","以定天下之吉凶,成天下之亹亹者,莫大乎蓍龟";《下传》第十一章则讲"《易》之兴也,其当殷之末世,周之盛德邪? 是故其辞危。危者使平,易者使倾,其道甚大"。《上传》第十二章讲"乾坤其《易》之缊邪? 乾坤成列而《易》立乎其中矣",回应第一章的"乾易坤简";《下传》第十二章则讲"夫乾,天下之至健也,德行恒易以知险。夫坤,天下之至顺也,德行恒简以知阻",既回应《上传》第一章的"易简成位",也回应《下传》第一章的"圣人之位"。由此可知,《系辞上传》前后各章与《系辞下传》相应各章具有密切的内在联系,后者对前者进行了顺理成章的补充:不是一般的补充,而是内容丰富、理念深刻、意义重大、可以独立成章的创造性补充。

　　可以想见,孔子在逐卦传述《周易古经》(此后由弟子们论纂为《彖传》与《象传》)后,通过对"古之遗言"(包括《易经》《易象》)的进一步研究,针对门生的学习领悟情况,在其晚年一个相当长的时段(至少两三年)内,又联系经典的宏旨大义与弟子们的思想实际进行了数十次传讲。孔子去世后,商瞿等弟子开始酝酿并着手论纂《易传》。由于颜回早逝,子夏自立门户执教,受传《周易》的其他弟子多系后起,不如记入《论语》的早期弟子声名显赫。加之孔子传《易》又不为当时儒家主流(如子贡等)理解,所以《易传》的论纂适与《论语》形成鲜明对照,始终默默无闻。但商瞿等弟子传记、弘扬孔子关于《周易》的道德义理言说,同样矢志不渝。《系辞传》前十二章编成校阅后,又促进了弟子们对孔子传述《周易》大量言论的回忆追思。这些珍贵的记述资料就主体思想言与前十二章息息相关,但其内容之精、体量之宽,已不可能在原有篇章中简单叠加,于是增立篇章,以供相互补充。这大概就是《系辞》先有十二章又再成十二章而分立为《上传》《下传》的缘由。倘此推论成立,则《易传》成书当在战国初期。从老子论"道"、庄子说"易",以及反映于子思《礼记》《中庸》的一系列《易传》理念看,也可证明《易传》在当时已经产生了广泛影响。

《系辞上传》以"乾坤易简""得理成位"起始(第一章),以"乾坤成列""道器变通"结尾(第十二章),中继十章,理念互通;同样地,《系辞下传》以"乾坤易简""刚柔变通"起始(第一章),以"乾健坤顺""象事知器"结尾(第十二章),中继十章,脉络贯通。

三、《系辞传》对其他各传的要旨阐释

在孔子哲学的灿烂星空中,《彖传》与《象传》如同弥漫伸展的星云,交集于无边无际的天宇。《文言传》《说卦传》《序卦传》与《杂卦传》则汇成一条乳白色的银河,以其独特的亮丽与广袤深沉的星云相映生辉。《系辞传》更似北斗璇玑,高瞻远瞩,按王弼的说法是:"处璇玑以观大运,则天地之动未足怪也。"

处《系辞传》璇玑之位观《彖传》:"彖者,材也。爻也者,效天下之动者也。是故吉凶生而悔吝著也。"(《系辞下传》第三章)它明确地揭示了"彖"是"材",朱熹由此指出"彖言一卦之材"。李光地解释得更具体:"材者,构屋之木也,聚众材而成室。彖亦聚卦之众义以立辞。"这就是说,"彖"为总论一卦之文辞,《彖传》则为一卦的总注解。其中对"效天下之动"的爻象,首先是主爻,《彖传》常常作出色彩鲜明而精义独到的见解,使吉凶悔吝之说,"默而成之,不言而信,存乎德行"。

处《系辞传》璇玑之位观《象传》:"易者,象也。象也者,像也。"(《系辞下传》第三章)由此表明《周易》的精粹全存于卦象爻象之中。这种象,其实是事物的征象。"圣人立象以尽意"(《系辞上传》第十二章),探究象中之意,不仅在于视觉之像不像,更在于怎样展开想象的翅膀,翱翔于道义的太空去寻求真理之光。

处《系辞传》璇玑之位观《文言传》:"乾坤,其易之门邪? 乾,阳物也。坤,阴物也。阴阳合德而刚柔有体,以体天地之撰,以通神明之德。"(《系辞下传》第六章)"文言"正是阐析"阴阳合德而刚柔有体"之言,以期从接触经典之始就能堂堂正正地走进"体天地之撰,通神明之德"的大门。

处《系辞传》璇玑之位观《说卦传》,可知"参伍以变,错综其数。通其变,遂成天地之文。极其数,遂定天下之象"(《系辞上传》第十章)。明确《说卦》之义,即在"通变成文,极数定象",进而懂得"成性存存,道义之门"(《系辞上传》第七章)与三才之道。并且懂得"设卦以尽情伪",达到"极天下之赜者存乎卦"(《系辞上传》第十二章),顺理成章地以八经卦为根基,叠为重卦,实现"万物类象",会通世界。

处《系辞传》璇玑之位观《序卦传》:"是故君子所居而安者,易之序也。"(《系辞上传》第二章)朱熹认为:"易之序谓卦爻所著事理当然之次第。"《朱子语类》中朱熹在回答弟子所问时又说:"序

是次序,谓卦爻之初终。"据此明《序卦》要义,在于通过从《乾》
《坤》到《既济》《未济》的卦序次第论析,展示事理之当然。

处《系辞传》璇玑之位观《杂卦传》:"物相杂,故曰文。文(当)
不当,故吉凶生焉。"(《系辞下传》第十章)由此可见,"杂卦"者,错
综二卦相互为文,交流比应,以示两两相对之德义而推其吉凶也。

四、《系辞传》中的"子曰"

几乎所有儒学的历史文献,凡记"子曰"者,皆指孔子之言,几
乎无一例外。但北宋文学家欧阳修在其《易童子问》中竟然提出:
"子曰者,讲师之言也。"理由是:"余之所以知《系辞》而下非圣人
之作者,以其言繁衍丛脞而乖戾也。""繁衍"谓芜杂冗余,"丛脞"
谓细碎纷乱,"乖戾"谓矛盾反常。其实,就系统结构与文辞总体
看,《系辞传》条理清晰,文脉顺畅,绝非"繁衍丛脞而乖戾"。少量
文字内容有时重复,是由于编纂者不只一个弟子,对师说的记忆
也不可能完全一致(《论语》中的不少文句重复,原因亦是如此)。
多数篇章由于主题明确,一气呵成,所以无须另注"子曰"。加"子
曰"者,有以下几种情况:一是篇章之首冠以"子曰",包括《系辞上
传》第七章、第十一章与《系辞下传》第六章。《系辞上传》第七章
开篇"子曰",是感叹"《易》其至矣乎",从而展示孔子在讲堂上一
开始就以激人心弦的语言来调动弟子们的求知情绪。第十一章
开篇"子曰夫《易》何为者也"与《系辞下传》第六章开篇"子曰乾坤
其《易》之门邪",都是首先提出问题,促使弟子们凝聚心神听取其
下的答案。此外的"子曰",见于《系辞上传》第八章、第十二章与
《系辞下传》第五章,为的是表明孔子在讲课中回答弟子们的问
题,使老师的言说与相关的《周易》经文清楚分开。看来,这样的
"子曰",确确实实是儒家掌门大师之言。欧阳修所讥的"讲师之
言",这位讲师,正是至圣先师孔子(详见拙著《意象悟道》中"孔子
是《易传》的作者吗"一节)。

五、《系辞传》疏引

《系辞上传》第一章

【原文】

天尊地卑，乾坤定矣。卑高以陈，贵贱位矣。动静有常，刚柔断矣。方以类聚，物以群分，吉凶生矣。在天成象，在地成形，变化见矣。是故刚柔相摩，八卦相荡，鼓之以雷霆，润之以风雨。日月运行，一寒一暑。乾道成男，坤道成女。乾知大始，坤作成物。乾以易知，坤以简能。易则易知，简则易从。易知则有亲，易从则有功。有亲则可久，有功则可大。可久则贤人之德，可大则贤人之业。易简而天下之理得矣，天下之理得而成位乎其中矣。

【译文】

天居上为尊，地处下为卑，乾坤据此而奠定相互会通的格局与根基。低和高相应排设，贵与贱相对就位。动与静有其常理，刚和柔乃可判明。各方以同类相聚，物众以族群相分，吉凶祸福由此产生。天由日月星辰成象，地由山河丘原成形，运动变化随之呈现。所以刚柔相互摩合，八卦相互激荡，雷霆鼓动世界，风雨滋润万物。日月据空间运转，寒暑循时节往来。时空交融中按乾道而生成刚健的男性，按坤道而生成柔顺的女性。乾执掌宇宙之大与生命之始，坤操持万物养育与生长发展。乾因平易而受人熟识，坤以简单而显示德能。平易就容易认识，简单就容易随从。容易认识就有人亲近，容易随从就有事成功。有人亲近就可以持久，有人随从就可以壮大。可以持久显现贤人的美德，可以壮大发展贤人的事业。领会了乾易坤简的法则，便掌握了天下事物的道理。掌握了天下事物的道理，也就确定了体行中道的圣贤之位。

【疏引】

1. 本章提纲挈领，简明扼要。郑玄《易赞》曰："易一名而含三义：易简一也，变易二也，不易三也。"皆可据本章而明。从"天尊地卑"到"刚柔断矣"，展示恒常之道，表明"不易"。从"方以类聚"到"坤作成物"，阐述分合化裁，反映"变易"。从"乾以易知"到"成位乎中"，则立论修德创业，归因"易简"。

2. 乾坤立《周易》之门户，蓄《周易》之精蕴，故《系辞传》即以乾坤开篇，析其由来，辨其尊卑，识其动静，断其刚柔。借以立足时空化合运变，进而明性见情，修德立业，直至得理成位。

3. 从篇首"天尊地卑"到"坤作成物"，讲述天道；从"乾以易知"到篇终"成位其中"则推论人道。

4. "乾坤定矣"之"定"，一般释为"确定"。其实，"定"涵稳定、恒定、奠定等义。蔡清云："定者，有尊卑各安其分之意。"从揭示本质出发，白话释为"奠定相互会通的格局与根基"。

《系辞上传》第二章

【原文】

圣人设卦观象，系辞焉而明吉凶，刚柔相推而生变化。是故吉凶者，失得之象也。悔吝者，忧虞之象也。变化者，进退之象也。刚柔者，昼夜之象也。六爻之动，三极之道也。是故君子所居而安者，《易》之序也。所乐而玩者，爻之辞也。是故君子居则观其象而玩其辞，动则观其变而玩其占。是以自天佑之，吉无不利。

【译文】

圣人设置八经卦与六十四重卦以供观察卦爻之象，系加文辞以判明吉凶，通过刚柔两种爻式生成运动变化。所以，吉凶表现为失得之象（比应承乘），悔吝（羞辱）表现为忧虞之象（居位是否中正），变化表现为进退之象（刚柔往来）。刚与柔，则表现为白天（阳）与黑夜（阴）之象。六爻运动，反映着天地人三极之道。由此之故，君子静心安居，在于探究《周易》的义理次序；乐于玩味，在于体悟爻辞的精思妙义。所以君子静居就观象玩辞,行动则观变玩占。因而得到来自上天(自然规律)的护佑,求得吉祥而无所不利。

【疏引】

1. 本章承接上章乾坤运变之说,使之落实于"设卦观象",把吉凶、悔吝、变化、刚柔归结为四种卦爻之象,为观象玩辞、观变玩占提供理论根据。

2. "刚柔者,昼夜之象也。"昼为阳,夜为阴。所以,刚与柔亦即阳与阴之象。由此可明刚柔阴阳的相互关系:阴阳为原,刚柔为象;阴阳为性,刚柔为质;阴阳隐于内,刚柔显于外。

3. "自天佑之",按孔子哲学整体上崇尚唯物论的倾向看,"天"更宜理解为自然秩序、客观规律。

4. 传统解释常将"居而安"当作《易》之序"的结果,如孔颖达所言:"以所居而安者,由观《易》位之次序也。"其实,"居而安"和下句的"乐而玩"是对应的文辞,皆为行为主体提供探究《易》之序"和体悟"爻之辞"的氛围背景。

5. "居则观其象"之"居"与"居而安"之"居"含义有所不同。后者着重于主体所处环境之稳定,前者则强调主体行事活动的止息,即静,从而与其后的"动"相呼应。诚如《朱子语类》所言:"上'居'(居而安)字是总就身体所处而言,下'居'字则静对动而言。"

《系辞上传》第三章

【原文】

象者言乎象者也,爻者言乎变者也,吉凶者言乎其失得也,悔吝者言乎其小疵也,无咎者善补过也。是故列贵贱者存乎位,齐小大者存乎卦,辩吉凶者存乎辞,忧悔吝者存乎介,震无咎者存乎悔。是故卦有小大,辞有险易。辞也者,各指其所之。

【译文】

卦辞是说卦象的,爻辞是说爻变的,吉凶是说卦爻象之时位得失的,悔(懊悔)吝(羞恨耻辱)是说有些瑕疵的,无咎是说善于反省补救过失的。所以贵贱分列于爻位,小(阴)大(阳)排定于卦象,吉凶识别于经文,悔吝关注于细节(介),无咎警觉于悔省。所以卦有阴阳大小,辞有凶险平顺。所谓卦辞爻辞,意在分别指明相关事物发展的趋向与应对之方。

【疏引】

1. 本章承接上章"观象玩辞""观变玩占"之说,具体解释"象""爻""吉凶悔吝"的含义,进而联系贵贱之位与阴阳大小,阐析经文险易及其功用。按朱熹的说法,"此第三章释卦爻之通例"。

2. 关于卦之大小,三国曹魏著名经学家王肃认为:"阳卦大,阴卦小。"朱熹也说:"小谓阴,大谓阳。"但此后在《朱子语类》中则看法有变,他说:"卦有大小,看来只是好底(的)卦便是大,不好底(的)卦便是小。如《复》如《泰》如《大有》如《夬》之类,尽是好底卦;如《睽》如《困》如《小过》之类,尽是不好底卦。"这个观点并不确切。一是卦分阴阳大小,仅指八经卦,即"阳卦多阴,阴卦多阳"。对于六十四重卦,《易传》只说"阴阳消长",并无小卦大卦之言。二是"卦有小大"并非说重卦分小卦大卦,而是卦象中有小有大,有阴有阳,即"齐小大者存乎卦"。三是不论经卦重卦,皆系阐发义理的文化符号,本身不分好与不好。比如《泰卦》虽好,但须"得尚于中行",当"城复于隍时",则"贞吝"。如说《睽卦》"不好",则难以解释卦辞"小事吉";初九"悔亡","见恶人无咎";上九"往遇雨则吉"。从根本上说,卦倘离时位,难言善恶。

3. 本章中除"吉凶悔吝"外,增加了一个"无咎",应予重视。"无咎者善补过也"是孔子晚年研传《周易》的一项重要心得,即便当时编纂《论语》的孔门弟子亦不忘记述"假我数年,五十以学

《易》，可以无大过矣"，"无大过"即"无咎"，其要领是"悔"，反省悔改。其典范则为颜渊：子曰："颜氏之子，其殆庶几乎！有不善未尝不知，知之未尝复行也。"（《系辞下传》第五章）

4. 章末"之"字涵往达、趋向之意。潘梦旂曰："辞者，各指其所向：凶则指其可避之方，吉则指其可趋之所。"

《系辞上传》第四章

【原文】

《易》与天地准，故能弥纶天地之道。仰以观于天文，俯以察于地理，是故知幽明之故。原始反终，故知死生之说。精气为物，游魂为变，故知鬼神之情状。与天地相似，故不违。知周乎万物，而道济天下，故不过。旁行而不流，乐天知命，故不忧。安土敦乎仁，故能爱。范围天地之化而不过，曲成万物而不遗，通乎昼夜之道而知，故神无方而《易》无体。

【译文】

《易》据天地为模式，所以能概括条理天地之道。抬头观看天文，俯首察视地理，所以知道阴幽阳明的原由。由本始而归返终结，所以知道死生的规律。人体运行的精气是物质，游离体外的魂魄则是物质变化，所以可知鬼神情状（并不神秘）。《易》与天地相比拟，所以不会违反自然规律。其道遍及万物而周济天下，所以不会发生差错。广泛施行而不滥流，乐从天道而知命运，所以不会忧闷。安居所在之地踏实践行仁德，所以能显爱心。规范包容天地变化而不生偏差，周到慎密地生成万物而巨细无遗，贯通阳刚阴柔之道而明白事理，所以它显示的神明并无固定方式，而《易》自身亦无具体形态。

【疏引】

1. "《易》与天地准"，"准"寓平准、等同、准则等义。孔颖达曰："言圣人作《易》，与天地相准，谓准拟天地。"朱熹曰："《易》书卦爻具有天地之道,与之齐准。"苏轼则说得很简洁:"准,符合也。"其实,"准拟"也好,"齐准"也好,"符合"也好,天地是客观标准,《易》是据标准模拟,向标准看齐,以期与标准相符合。因此,从本质上看,《周易》正是以天地为模型程式而设计展示卦爻图象,并进一步展开道义演绎的。

2."弥纶"既有"普遍包括"之义,兼具"条理经纶"之义。朱熹曰:"弥,如弥缝之弥,有终竟联合之义。纶有选择条理之意。"《朱子语类》又云:"'弥'如封弥之'弥',糊合使无缝罅(xià);'纶'如纶丝之'纶',自有条理。言虽是弥得外面无缝罅,而中则事事物物各有条理。……弥而非纶,则空疏无物;纶而非弥,则判然不相干。此二字,见得圣人下字甚密也。"苏轼曰:"弥,周浃也。纶,经纬也。"胡炳文曰:"天地之道,弥之则是合万为一,浑然无欠;纶之则一实万分,粲然有伦。"

3."与天地相似"和"《易》与天地准"是相互联系的双关之语。"准"是模拟之"准","似"则是模拟之"似"。韩康伯曰:"德合天地,故曰相似。"胡炳文曰:"上文言《易》与天地准,此言'与天地相似',似即准也。知似天,仁似地。"俞琰曰:"'与天地相似',《易》似天地,天地似《易》,彼此相似也。"

4."知周乎万物"之"知",与第一章"乾知大始"之"知"基本含义是一致的(执事,掌管)。但这里的"知"宜理解为乾坤之"知",以顺应下句"道济天下"之"道"为阴阳之"道"。当然,也可把"知"独归于乾天而把"道"单赋于坤地,如朱熹所云:"知周万物者,天也;道济天下者,地也。"

5."范围天地之化"的"范围",其含义应比"包括"更深广。朱熹曰:"范,如铸金之有模范。围,匡郭也。天地之化无穷,而圣人为之范围,不使过于中道,所谓裁成者也。"朱熹说的范围,有限制之意。"不过"即"不过于中道"。译文大意则将"范围"释为"规范包容","不过"谓"不生偏差"。朱熹说的"裁成",指经过化裁而后完成。孔颖达曰:"范谓模范,围谓周围。"

《系辞上传》第五章

【原文】

　　一阴一阳之谓道,继之者善也,成之者性也。仁者见之谓之仁,知者见之谓之知,百姓日用而不知,故君子之道鲜矣。显诸仁,藏诸用。鼓万物而不与圣人同忧,盛德大业至矣哉。富有之谓大业,日新之谓盛德。生生之谓易,成象之谓乾,效法之谓坤,极数知来之谓占,通变之谓事,阴阳不测之谓神。

【译文】

　　一阴一阳的对立统一称为道。承接道的要求凭借生发善德,完成道的进修依靠端正品性。仁慈的人见到道称之为仁,理智的人见到道称之为智。老百姓天天运用道的原理生产生活却不知道什么是道。所以,作为社会精英的君子,真正应去追求研究的道(仁智兼具,日常可用)实在很少见了。道显示于仁德,隐藏于日用,鼓动万物而不同圣人那样常怀忧虑,它的盛德大业登峰造极了。丰富充足,大量拥有,称之为大业。一心从善,面貌日新,称之为盛德。阴阳和合,生生不息,称之为易。构成卦象根基的称之为乾,仿效乾的功能共成卦象的称之为坤,极尽阴阳奇偶之数以推知未来者称之为占,会通运动变化者称之为事,阴阳推移,变幻莫测,称之为神。

【疏引】

　　1."继之者善也"之"继",可释为继续、继承、继发、继循。朱熹云:"继言其发也,善为化育之功,阳之事也。"《朱子语类》又云:"继是继续不息之意,成是凝成有主之意。"熊良辅云:"天道流行,养育万物,善之继也。"李光地认为圣人用"继"字极精确,不可轻忽此"继"字,因为"人者,天地之子也。天地之理,全付于人,而人受之。犹《孝经》所谓'身体发肤,受之父母'者是也。但谓之付,则主于天地而言。谓之受,则主于人而言。惟谓之继,则见得天人承接之意,而付与受两义皆在其中矣"。即"继"字既体现道对善的付托承接,又体现善对道的积极承受。

2."故君子之道鲜矣"中的"之"字,历来皆视为语助词,与君子一起成为形容"道"的定语。可是问题来了:什么是君子之道呢? 王弼云:"君子体道以为用也,仁知则滞于所见,百姓则日用而不知,体斯道者不亦鲜矣。"这就是说,君子之道是既能体悟又能运用的,仁者谓仁、智者谓智之道停留于他们的局限性见解,未识道之妙用;百姓则只管应用而不明道的存在。简言之,所谓君子之道,乃是体悟与应用合一之道。所谓"君子之道鲜矣"就是"体斯道者不亦鲜矣"。作为一种易学见解,自无不可,但我们从多角度探究文本词语的原意出发,还可将"之"判为动词,其含义为前去、往达、趋向、寻求。"君子之道鲜矣"即君子真正定下心来去精研深究一阴一阳之道者实在太少了。

3."富有"既可指物质,亦可指道德。"日新"既可指德业,亦可指时成。张载曰:"富有者,大而无外。日新者,久而无穷。"王凯冲曰:"物无不备,故曰富有。变化不息,故曰日新。"吴澄曰:"生物之仁,及夏而日长日盛,故曰日新。收物之用,至冬而包括无余,故曰富有。"胡炳文曰:"富有者,无物不有,而无一毫之亏欠。日新者,无时不然,而无一息之间断。藏而愈有,则显而愈新。"上录《周易折中》所集众说,可窥前儒论说之缤纷。

4."生生",朱熹的解释是:"阴生阳,阳生阴,生生不息。"严格地说,宜释阴阳交和,共生不息。

5."成象之谓乾","成象"专指构成卦象,而非泛成万象。这样,其后的极数、通变、阴阳之占才能一线贯穿。其实,成象既须由乾主导，还须由坤协同，所以文中提到"效法之谓坤"，效法者，效乾成象之法也。

<h2 style="text-align:center">《系辞上传》第六章</h2>

【原文】

夫《易》广矣大矣，以言乎远则不御，以言乎迩则静而正，以言乎天地之间则备矣。夫乾，其静也专，其动也直，是以大生焉。夫坤，其静也翕，其动也辟，是以广生焉。广大配天地，变通配四时，阴阳之义配日月，易简之善配至德。

【译文】

《周易》是多么广博宏大啊！说到远可以达无止境，说到近可以心静志正，说到天地之间则包罗万事万物，极其完备了。乾的特性是，静止时固执专一，运动时一往直前，故而产生了大。坤的特性是，静止时封闭围合，运动时敞开宽阔，因而产生了广。广大对应天地，变通结合四时，阴阳的义理比拟日月，易简的完善符合最高的美德。

【疏引】

1. "以言乎远则不御，以言乎近则静而正。""不御"是没有阻拦，无所限止，空间极大。这个空间不仅可指自然空间，而且更指义理空间。"静而正"既可指经典本身，更宜指读经者身心。这个身心不仅可指外显形体，而且更指内在品性。诚如李光地所云："远近是横说，天地之间是直说。理极于无外，故曰远。性具于一身，故曰静。"

2. "广大配天地"，天言大，地言广，广与大有何区别？元代学者胡炳文的见解是："乾惟健，故一以施。坤惟顺，故两而承。静专，一者之存。动直，一者之达。静翕，两者之合，动辟，两者之分。一之达，所以行乎坤之两，故以质言而曰大。两之分，所以承乎乾之一，故以量言而曰广。"简单地说，"大"反映质，"广"反映量;"大"着重能位,"广"着重容量。

《系辞上传》第七章

【原文】

子曰:《易》其至矣乎! 夫《易》,圣人所以崇德而广业也。知崇礼卑,崇效天,卑法地,天地设位而《易》行乎其中矣。成性存存,道义之门。

【译文】

孔子说:《易经》精妙到极点了!《易经》,圣人据以崇尚善德,广开事业。认识崇高,礼敬卑下,崇高以天为表率,卑下以地为规范,天地设定了上下尊卑之位,人则据《易》以行中道。养成善良德性,不断积累蓄存,从而打开道义的大门。

【疏引】

1. "知崇礼卑","知"与"礼"均系动词,"知"为认知、明白,"礼"为礼敬、尊重。圣人"崇德广业",从而"知崇礼卑"。朱熹云:"穷理则知崇,如天而德崇;循理则礼卑,如地而业广。"《朱子语类》记朱子语:"知识贵乎高明,践履贵乎著实。知既高明,须放低著实作去。"将"知"提高到"穷理",将"礼"提高到"循理",并且将二者放到"知"与"行"的关系中去阐析。这种见解,接近晋代韩康伯所言:"极知之崇,象天高而统物;备礼之用,象地广而载物也。"将"知崇"归于认识,将"礼卑"归于应用。明代学者张振渊则谓:"知即德之虚明炯于中者,礼即业之矩矱成于外者。天运于万物之上,而圣心之知亦独超于万象之表,故曰崇效天。地包细微,不遗一物,而圣人之礼亦不忽于纤悉细微之际,故曰卑法地。"将"知"认作虚德而藏于圣人之心,将"礼"认作实规而列于圣人之行。前人的研释可称精到,但今天我们更应关注的是:孔子哲学告诉世人怎样对待客观地位的高低:崇处乾天之高,义统万物,自然值得尊尚;而卑居坤地之低,德载万物,同样需要礼敬。位有高低，德无双标；俗言贵贱，其道一也。

2.“天地设位而《易》行乎其中矣”，可联系第一章“天下之理得而成位乎其中矣”加以融通理解。天位尊，地位卑，天地之间的人以尊卑为两极之范。天位行天道，地位行地道，人位行人道。天道刚，地道柔，人道中。中者，仁义合一也。

3.“成性存存”之“性”，一般均释为天赋之性、不变之性。战国时期告子云：“生之谓性。”汉董仲舒云：“人受命于天，有善善恶恶之性。”唐孔颖达云：“性者，天生之质，若刚柔迟速之别。”宋朱熹云：“成性，本成之性。存存，谓存而又存，不已之意也。”其实，《系辞传》的“成性”，并非天成之性、本成之性，而是运动变化之性、习成之性。习者，实践也。经过修养实践，去恶从善，人性的道德成分不断增长，这就是“存存”，不断地存而又存，自然会进入“道义之门”。《论语》谓“性相近也，习相远也”，“性”指始生的天性，人人相近，具自然属性；“习”指后天的习性，人人各异，具社会属性。先天之性经过社会道德实践的习性而存存成性，进入道义之门。

《系辞上传》第八章

【原文】

圣人有以见天下之赜，而拟诸其形容，象其物宜，是故谓之象。圣人有以见天下之动，而观其会通，以行其典礼，系辞焉以断其吉凶，是故谓之爻。言天下之至赜而不可恶也，言天下之至动而不可乱也。拟之而后言，议之而后动，拟议以成其变化。“鸣鹤在阴，其子和之。我有好爵，吾与尔靡之。”子曰：“君子居其室，出其言，善则千里之外应之，况其迩者乎！居其室，出其言，不善则千里之外违之，况其迩者乎！言出乎身，加乎民；行发乎迩，见乎远。言行，君子之枢机。枢机之发，荣辱之主也。言行，君子之所以动天地也，可不慎乎！”“同人，先号咷而后笑。”子曰：“君子之道,或出或处,或默或语。二人同心,其利断金。同心之言,其臭如兰。""初六,藉用白茅,无咎。"子曰:"苟错诸地而可矣,藉之用茅,何咎之有? 慎之至也。夫茅之为物薄,而用可重也。慎斯术也以往,其无所失矣。""劳谦,君子有终,吉。"子曰:"劳而不伐,有功而不德,厚之至也。语以其功下人者也。德言盛,礼言恭。谦也者,致恭以存其位者也。""亢龙有悔。"子曰:"贵而无位,高而无民,贤人在下位而无辅,是以动而有悔也。""不出户庭,无咎。"子曰:"乱之所生也,则言语以为阶。君不密则失臣,臣不密则失身,几事不密则害成,是以君子慎密而不出也。"子曰:"作《易》者其知盗乎? 《易》曰:'负且乘,致寇至。'负也者,小人之事也。乘也者,君子之器也。小人而乘君子之器,盗思夺之矣。上慢下暴,盗思伐之矣。慢藏诲盗,冶容诲淫。《易》曰:'负且乘,致寇至。'盗之招也。"

【译文】

圣人看到天下事物深奥复杂,于是比拟它们的形态面貌,以卦象表达其特征,所以称作象(象征)。圣人看到天下万物都在运动变化,于是观察它们交会变通的过程,推行典章礼仪,使之规范,并在卦爻之后系加文辞以判断事物发展结果的吉凶,所以称作爻(效仿)。

《易经》阐述天下的极端奥秘而不厌恶,阐述天下的极致变动而不杂乱。经过象征比拟,然后发表论说。经过卦爻研议,然后采取行动。通过比拟研议,完成对运动变化过程的推演展示。

(怎样评析《周易下经·中孚》九二爻辞)"鸣鹤在阴,其子和之。我有好爵,吾与尔靡之。"孔子说:"君子坐在室内发表言论,讲得好,千里之外也有人响应,何况近处之人! 坐在室内发表言论,讲得不好,千里之外也有人反对,何况近处之人! 言论出于自身,影响及于民众;行为近在身边,见闻传播广远。言行是君子立身的中枢机关,中枢机关一发动,就决定了后果是光荣还是耻辱。所以言行是君子惊天动地的大事,怎么可以不慎重呢!"

（怎样评析《周易上经·同人》九五爻辞）"同人,先号啕而后笑。"孔子说:"君子的处世之道是:或外出创业,或安居守正;或默不发声,或侃侃而谈。二人同心,力量足以断裂金铁。同心的语言,犹如兰香扑鼻。"

（怎样评析《周易上经·大过》初六爻辞）"初六,藉用白茅,无咎。"孔子说:"倘若把祭品放到地上也就可以了。现在用白茅草加以铺垫,有什么过错呢?慎重得很了。茅草为物虽然微薄,但作用可以重大,审慎地采取这种方法办事,大概不会有失误了。"

（怎样评析《周易上经·谦》九三爻辞）"劳谦,君子有终,吉。"孔子说:"尽辛劳而不夸耀,有功德而不说好,忠厚至极了。这说的是立了功劳却甘居人下者。德讲盛大,礼讲恭敬。所谓谦,即以恭敬来保持其地位。"

（怎样评析《周易上经·乾》上九爻辞）"亢龙有悔"。孔子说:"尊贵而没有实位,高高在上而没有民众,贤人在下面得不到辅佐,所以行动便生悔恨。"

（怎样评析《周易下经·节》初九爻辞）"不出户庭,无咎。"孔子说:"祸乱的发生,言语是阶梯。君主不慎密就会失去臣子信任,臣子不慎密就会丧生失身,凡事不慎密就会酿成祸害。所以君子谨慎严密而不随意出声表态。"

孔子说:"《易经》的作者难道了解盗贼吗?《易》曰:'负且乘,致寇至。'(《周易下经·解·六三》爻辞)背东西是小人的事情,座车是君子的器物。小人乘用君子器物,(被盗寇看清其家底)就想来掠夺了。上面轻慢,下面凶暴,盗寇就想来侵犯了。疏于收藏,教唆偷盗;打扮妖艳,教唆淫乱。《易》曰:'负且乘,致寇至。'表明盗寇是自己招引来的呀!"

【疏引】

1. 本章记录了孔子晚年传述《周易》，为弟子们进一步读懂经典上了生动的一课。本章强调象爻的模拟形容功能，要求会通运动变化，系连卦辞爻辞以判断吉凶。针对弟子们的研学实际，共提出七条爻辞进行深层次的拟议解析。

2. 七条解析，前六条都是爻辞在前，"子曰"在后，似乎反映着学生提问与老师回答的一般程序。最后一条忽然改变规则，把"子曰"提到爻辞之前，并且出人意外地插上一句"作《易》者，其知盗乎"的惊叹。由此可能作出的推断是：前六条爻辞解析几乎均已离开经文的狭义意蕴而广开新的思想境界，让弟子们对《周易》的精微神明深受震撼。孔子受到现场气氛的感染，更以大教育家的敏锐借机发力，将课堂氛围进一步提到令人惊叹的高度：你看，《易经》就是这样神明，作者甚至还能参透盗寇的内心世界呢！

3. 七条爻辞拟议解析，重点在把握"君子之枢机"——慎言行。第一条提出此命题及其所涵意义；第二条崇尚"同心之言"；第三条以"藉用茅草"推行"慎之术"；第四条以"劳而不伐，有功而不德"作为谨言慎行的标杆；第五条借"亢龙有悔"揭示言行过度（亢）造成恶果；第六条从"不出户庭"推演到"慎密而不出"，以防乱去害；第七条则剖析"负且乘"，告诫不当之行。

《系辞上传》第九章

【原文】

天一，地二；天三，地四；天五，地六；天七，地八；天九，地十。天数五，地数五，五位相得而各有合。天数二十有五，地数三十，凡天地之数五十有五，此所以成变化而行鬼神也。大衍之数五十，其用四十有九，分而为二以象两，挂一以象三，揲之以四以象四时，归奇于扐以象闰。五岁再闰，故再扐而后挂。《乾》之策二百一十有六，《坤》之策百四十有四，凡三百有六十，当期之日。二篇之策万有一千五百二十，当万物之数也。是故四营而成易，十有八变而成卦。八卦而小成，引而伸之，触类而长之，天下之能事毕矣。显道神德行，是故可与酬酢，可与佑神矣。子曰："知变化之道者，其知神之所为乎！"

【译文】

天数（奇数）一，地数（偶数）二；天数三，地数四；天数五，地数六；天数七，地数八；天数九，地数十。天数有五个位序，地数有五个位序，五个位序相互联系而各自偶合。天数总和二十五，地数总和三十，天地之数合计五十五。据此运算推演，就可以成功地模拟事物的运动变化，奇妙得如同鬼使神差。

筮占推演的策（筮草或竹签等）数总计五十，实际使用数为四十九。把它们随意分握于左右二手以象征两（天地阴阳），取右手中的一策掛夹在左手小指与无名指之间以象征三（天地人）。然后每次四支揲（shé）取右手之策以象征四时，将剩余下来（奇指余数，即四支及以下）的蓍策扐（lè）夹到左手无名指与中指之间以象征闰年。五岁再闰，所以再用左手每次四支揲取右手之策，将余策扐掛到左手中指与食指之间（最后根据掛扐在左手中的蓍策数确定阴阳老少之爻）。由此算来，《乾卦》的策数为二百十六（老阳为九，推演时每次揲取四策，乘以四得三十六，六爻之和则为二百十六），《坤卦》的策数为一百四十四（老阴为六，每次揲取四策，乘以四为二十四，六爻之和则为一百四十四）。二者相加为三百六十，相当于一年的总天数。上下爻二篇六十四卦，共有阴阳爻各一百九十二个，合计策数为一万一千五百二十，相当于天下万物之数。

由此可知，筮占推演经过四次营运（分二，掛一，揲四，归奇于扐），十八次变化而成一卦（每四营为一变，三变得一爻，十八变得六爻成卦）。八卦是小范围的系统集成，由此引申开来，触类旁通，错综扩张（因而重之为六十四卦），那么天下事物及其运动变化就可以模拟描述而无一遗漏了。它显示阴阳之道与美德善行，从而可以应对各种情况，可以助神判事而断吉凶了。孔子说："懂得变化之道者，大概懂得神的所作所为了！"

【疏引】

1. 本章记述孔子讲解《周易》筮占的操作方法与象征意义。它使象数融合义理，义理会通象数，从而化解传统筮占的本有巫性，使之趋于文化理性，让天上之神回归为人间之"神"。

2. 所谓"大衍之数五十"，历来理解不一。"衍"，有人认为同"演"，演算也，推演也。有人认为同"延"，延展也，延伸也。"五十"之数，更是众说纷纭。一说十天干加十二地支，再加二十八星宿。一说太极、两仪、日月、四季、五行、十二月、二十四节气的总和。三国时的姚信、董遇则推想："天地之数五十有五，其六以象六画之数，故减之而用四十九。"对图书情有独钟的朱熹更由此大加发挥：其一，"《河图》《洛书》之中数皆为五，衍之而各极其数以至于十，则合为五十矣"；其二，"《河图》积数五十五，其五十者，皆因五而后得，独五为五十所因，而自无所因，故虚之，则但为五十"；其三，"五十五之中，其四十者分为阴阳老少之数，而其五与十者无所为，则又以五乘十，以十乘五，而亦皆为五十矣"；其四，"《洛书》积数四十五，而其四十者散布于外，而分阴阳老少之数，唯五居中而无所为，则亦自含五数而并为五十矣"。此外，还有人认为大衍之数即天地之数的总和五十五，传本在"五十"之后漏掉了"有五"二字。

循文责义，"大衍"寓广大、隆重的引申推演之义。《系辞传》云："夫《易》，广矣大矣。"又云："八卦而小成，引而伸之，触类而长之，天下之能事必矣。"筮占就是"广矣大矣"的"能事"推演。它从天地之数的总和五十五中取其五十，存一象征太极之体，四十九则为推演之用，具有自身的内在机理：随机揲取掛扐而皆合九（老阳）、八（少阴）、七（少阳）、六（老阴）之数。

3. 孔子传述的筮占操作程序,文字十分简洁,不易具体把握。现按朱熹及蔡元定合撰的《易学启蒙》,择要演示如下。

(1)分二:将四十九根蓍草(或竹签等筹具)任意分握二手,左象征天(阳),右象征地(阴),这就是"分而为二以象两"。

(2)挂一:取右握中的蓍草一支夹挂于左手小指与无名指之间,象征人通天地,而立三才,这就是"挂一以象三"。

(3)揲四:先以右手连续揲取左握蓍草,每次四支置于案前,直至剩余四支或四支以下止。再用同样方法以左手揲取右握蓍草,直至剩余四支或四支以下止。这就是"揲之以四以象四时"。

(4)扐奇:将左握的剩余蓍草扐夹于无名指与中指之间,再将右握的剩余蓍草扐夹于左手的中指与食指之间,二者之和必为四或八,加上最初的挂一,则左手指间挂扐的蓍草总数必为五或九,而案前的蓍草则相应减少为四十或四十四。这就是"归奇于扐以象闰,五岁再闰,故再扐而后挂"。

上述四个步骤即为"四营",构成第一变。接着以剩余的四十四或四十支蓍草起步,再按相同的四营程序依次运作,则挂扐于左手指间的蓍草总数必为四或八,而案前的剩余蓍草则相应减少为四十支或三十六支或三十二支,于是完成了第二变。如法炮制完成第三变,则挂扐于左手指间的蓍草总数也必为四或八,而案前的剩余蓍草数最终将减少到三十六支或三十二支,或二十八支,或二十四支。从而完成了第三变。

第一变挂扐数五或九减去挂一,除以四时之数四,得商数一或二,一为奇,二为偶。

第二变与第三变挂扐数四或八直接除四时之数四,亦得商数一或二,一为奇,二为偶。

由此推见,挂扐数九与八为偶为阴,五与四为奇为阳。

经过三变,可得出八种可能的挂扐数组合,如下图:

九				五			
（偶）				（奇）			
八		四		八		四	
（偶）		（奇）		（偶）		（奇）	
八	四	八	四	八	四	八	四
（偶）	（奇）	（偶）	（奇）	（偶）	（奇）	（偶）	（奇）

右起第一组五（奇）四（奇）四（奇），三数皆奇，为老阳。

第二组五（奇）四（奇）八（偶），二奇一偶，为少阴。

第三组五（奇）八（偶）四（奇），二奇一偶，为少阴。

第四组五（奇）八（偶）八（偶），一奇二偶，为少阳。

第五组九（偶）四（奇）四（奇），一偶二奇，为少阴。

第六组九（偶）四（奇）八（偶），二偶一奇，为少阳。

第七组九（偶）八（偶）四（奇），二偶一奇，为少阳。

第八组九（偶）八（偶）八（偶），三数皆偶，为老阴。

少阳或称单，记号为—；少阴或称拆，记号为--；老阳或称重，记号为□；老阴或称交，记号为 X。

三变后的挂扐数组合形成一爻：或阳或阴或老阳或老阴。十八变则形成六爻，自下而上叠为一卦。少阴少阳，阴阳相对稳定。老阴老阳则生变动，成卦（本卦）后将由阴变阳或由阳变阴而另成一卦（之卦）。如：

一偶二奇　　— —

一偶二奇　　— —

一偶二奇　　— —

一奇二偶　　——　　　　　　是为《泰卦》

一奇二偶　　——

一奇二偶　　——

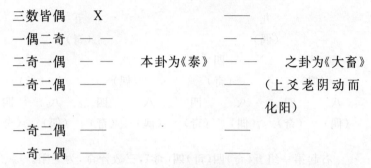

老阴老阳称为动爻或变爻。动爻越多,之卦越多。那么以何卦何爻为据进行占断呢?《易学启蒙》的解答是:一爻变,则以本卦变爻辞占;二爻变,则以本卦二变爻辞占,仍以上爻为主;三爻变,则占本卦及之卦之象辞,而以本卦为贞,之卦为悔;四爻变,则以之卦二不变爻占,仍以下爻为主;五爻变,则以之卦不变爻占;六爻变,则乾坤占二用(用九与用六),余卦占之卦象辞。上述对占断卦爻辞的选取,是《启蒙》作者借鉴筮占古例综合推导得出的结论,可供参考而未必拘泥。

4. 爻性阴阳由掛扐数确定,亦可由过揲数确定。过揲数即经过“揲四”而得到的蓍草数(即案前的蓍草数)。第一变后的掛扐数必为五或九,则过揲数必为四十四或四十;第二变后的掛扐数必为四或八,则过揲数必为四十或三十六或三十二;第三变后的掛扐数必为四或八,则过揲数必为三十六或三十二或二十八或二十四。除以四时之数,则得或九或八或七或六。九为老阳,八为少阴,七为少阳,六为老阴。实际结果与采用掛扐数者完全一样。但朱熹坚持应以掛扐为准,认为:“掛扐之数乃七八九六之原,而过揲之数乃七八九六之委,而其势又有轻重之不同。而或者乃欲废置掛扐而独以过揲之数为断,则是舍本取末,去约以就繁,而不知其不可也。岂不误哉!”

5. 孔子传述的筮占方法,超越了原筮的巫性而融入了象数的理性。它的指导思想是:模拟天地自然,运用数学推演,借鉴运动变化,确立程序规范,随机推得答数,最终以数定象,以象系辞,以辞断事,其理论核心在以数定象,关键在取得一个定象之数。这个数原系未知数,经四营十八变而成已知数,这就是"数往者顺,知来者逆"。数往是总结已往的经验之数,知来是推求未来的断事之数。孔子在继承古筮文化的基础上所进行的这一伟大理论创新闪耀着独具一格的哲学光辉。

6."以数定象,随机取数"的原理,被宋代的著名易学家、数学家邵雍发挥到极致。他以时间取数,音声取数,字画取数,尺寸取数,随机选择,不拘一格。甚至撇开数字,直接定象,诸如方位定象、动物定象等等,不一而足。读者如有兴趣,可参阅其《梅花易数》(拙著《想象的智慧》第五章"占的想象"对之有简介)。

7.孔子传述的筮占方法,本质上是一种以道德义理为准则的推理咨询。这种重视经验数据、规范程序模式、运用数学演算、会通象数联系、崇尚理性推断的原则,即便对现代预测学的完善发展,亦具不可忽视的借鉴作用。诚然,孔子倡导的理性是融真善美于一体的文化理性,它既尊崇知识,同时强调感悟:"易无思也,无为也,寂然不动,感而遂通天下之故。"如《论衡》记述:鲁国打算征伐越国,筮占得《鼎卦》九四,爻辞为"鼎折足,覆公餗,其形渥,凶"。子贡认为鼎脚都折断了,出征必然凶险。孔子却说:"越人水居,行用舟,不用足,故谓之吉。"伐越果然获胜。它反映着占断的道义悟性。

《系辞上传》第十章

【原文】

《易》有圣人之道四焉:以言者尚其辞,以动者尚其变,以制器者尚其象,以卜筮者尚其占。是以君子将有为也,将有行也,问焉而以言,其受命也如响,无有远近幽深,遂知来物。非天下之至精,其孰能与于此? 参伍以变,错综其数。通其变,遂成天地之文；极其数，遂定天下之象。非天下之至变，其孰能与于此？《易》，无思也，无为也。寂然不动，感而遂通天下之故。非天下之至神，其孰能与于此？夫《易》，圣人之所以极深而研几也。惟深也，故能通天下之志；惟几也，故能成天下之务；惟神也，故不疾而速，不行而至。子曰"《易》有圣人之道四焉"者，此之谓也。

【译文】

《周易》有四条圣人指引学习与应用的途径：对研究讲解理论的人（学术、教育、宣传、文化工作者及领导干部）来说，要着重研学领会其文辞。对投身实践活动的人（包括工农商学兵）来说，要着重把握其事物运动变化的机理。对制作器物的人（科技生产工作者）来说，要着重体会领悟卦象运化及由此活跃的意象思维（实即钱学森先生晚年躺在病床上念念不忘、一再叮咛科研人员关注运用的"大跨度艺术思维"）。对于从事卜筮的人（相对于现代，或为预测学家、未来学家及专业咨询工作者）来说，则要着重参照研发其象数机制与道义原理。所以君子将要有所作为，有所行动，向《周易》请教，它便即刻受命回应。无论远的、近的、隐的、深的，都能推知事物的未来。如果不是天下最精妙的慧法，怎么可能达到这样的境地？以三才之道与从一到十的五对自然数运作变化，使阴阳老少错综组合，会通变化，从而构成天地乾坤的文化符号（卦爻）；极数演算，从而确定天下万物的模象。如果不是天下最深奥的运变，怎么可能达到这样的境地？《周易》作为书本是没有思维、没有行为的。它默默地静寂不动，人们通过感受领悟来通晓天下万事万物的道理。如果不是天下最灵验的神明，怎么可能达到这样的境地？所以，对《周易》这本经典，圣人探究得极其深刻并且研析得极其精微。正是由于深刻，所以能沟通天下万民的思想；正是由于精微，所以能完成天下万事之任务；正是由于神明，所以看起来并不迅捷却能快速反应，看起来并未行动却能达到目的地。孔子说，《周易》有四条圣人指引学习与应用的途径，说的就是这些。

【疏引】

1．"参伍以变"，"参"为三，"伍"为五，学界大抵一致。"三五"指什么，则各有所说。或谓"三"指三才，"五"指五行。或谓"三五"指三辰五星，反映天文。朱熹《周易本义》云："参者，三数之也。伍者，五数之也。既参以变，又伍以变，一先一后，更相考覈，以审其多寡之实也。"《朱子语类》则云："纪数之法，以三数之，则遇五而齐。以五数之，则遇三而会。所谓'参伍以变'者，前后多寡，更相反覆，以不齐而要其齐。"故可从天地人"五位相得"之说与筮占之间的内在联系，释"三五"为天地人三才及五对天地之数。

2．"错综其数"，错综即卦爻阴阳的交错对置。数立定爻，爻合成卦，所以数可推演卦爻之象。

3．"天下之文"中的"文"，意指天下万物丰富多彩、相互关联的情景形态。"物相杂，故曰文。"这种"文"可以模拟为错综变化的卦爻，构成各种卦象结构。

4．"天下之象"，意指天下千姿万态的物象。"定象"则是模拟设定卦爻之象。李光地认为："成文，谓八卦也。雷风水火山泽之象具而在地之文成矣。定象，谓六爻也。内外上下贵贱之位立而天下之事定矣。"但八卦只是"小成"，模拟天下万物的则是"引而伸之，触类而长之"的六十四卦。

《系辞上传》第十一章

【原文】

子曰："夫《易》何为者也？夫《易》开物成务，冒天下之道，如斯而已者也。"是故圣人以通天下之志，以定天下之业，以断天下之疑。是故著之德圆而神，卦之德方以知，六爻之义易以贡。圣人以此洗心，退藏于密，吉凶与民同患。神以知来，知以藏往，其孰能与此哉？古之聪明睿知神武而不杀者夫！是以明于天之道，而察于民之故，是兴神物，以前民用，圣人以此斋戒，以神明其德夫。是故阖户谓之坤,辟户谓之乾。一阖一辟谓之变,往来不穷谓之通。见乃谓之象,形乃谓之器,制而用之谓之法,利用出入,民咸用之谓之神。是故《易》有太极,是生两仪,两仪生四象,四象生八卦,八卦定吉凶,吉凶生大业。是故法象莫大乎天地,变通莫大乎四时,悬象著明莫大乎日月。崇高莫大乎富贵,备物致用,立成器以为天下利,莫大乎圣人。探赜索隐,钩深致远,以定天下之吉凶,成天下之亹亹者,莫大乎蓍龟。是故天生神物,圣人则之。天地变化,圣人效之。天垂象,见吉凶,圣人象之。河出图,洛出书,圣人则之。《易》有四象,所以示也。系辞焉,所以告也。定之以吉凶,所以断也。

【译文】

孔子说:"《易经》是做什么用的呀?《易经》是用来开发万物,成就事业,包容天下事物运动变化之道的,如此而已!"所以圣人用以开启天下万民的思想,用以奠定天下发展的事业,用以决断天下人事的疑难。所以蓍草的德性圆通而神奇,卦象的德性方正而明白,六爻的意义在于通过推演变化把结果告诉大家。圣人据此清理思虑,不动声色地默藏于心灵深处,与百姓共吉凶,同患难。神明可以推知未来,智见可以容涵古今,谁能做到这样的地步呢?是古代聪明智慧、神奇勇武而又不滥施杀伐的人吧!正由于既明白天道,又通晓民情,因而创设《易经》这个神妙的宝物提供民众在行动前应用。圣人以此斋戒正心,以发挥筮占的神明之德。所以关闭门户表现为坤,开启门户表现为乾,一关一开表现为变,来来往往永不止息表现为通。视觉可见的称作象,形成实体的称作器,制器应用称作法(效法卦象),利用门户往来进出,老百姓普遍践行,这就称作神了。因此,《易经》之原理在于:世界的本初是太极,由此生成阴阳二仪,二仪生发(太阳、少阴、少阳、太阴)四象,四象生发八卦,八卦推演判断吉凶,人类由此趋吉避凶,生生不息地推进历史,创建大业。因此,法象没有比天地更广大了;变通没有比四时更重大了;悬象于天,展示光明,没有比日月更宏大了;地位崇高没有比既富有又尊贵更盛大了;存备物品以供应用,设计制成器具以利天下,没有比圣人更伟大了;探索奥秘,究深达远,推定天下人事吉凶,促成天下勤勉奋发(亹亹 wěi),没有比蓍龟更博大了。所以,蓍草是天生神灵之物,圣人引来作为筮占的准绳。天地运动变化,圣人模拟仿效。天掛星象,显现吉凶,圣人据以象征。黄河出现龙图,洛水出现龟书,圣人引来作为象数显示吉凶的范例。《易经》有太阳、少阴、少阳、太阴四象,为的是模拟显示运动变化。卦爻后系加文辞,为的是告知事物运变的情状与应变的道理。确定吉凶,为的是判断结果以明确行动的方向。

【疏引】

1."冒天下之道"的"冒",古通"帽",涵覆盖、包容之义。朱熹云:"冒天下之道,谓卦爻既设,而天下之道皆在其中。"

2."退藏于密",程颐说:"密是用之源,圣人之妙处。"王宗传说:"退藏于密,而不尽之用,密存于我焉。"其实,"退"是与"进"相联系的,进而问事以占,退而藏道于密。所藏之道,即通过卦爻之象和卦辞爻辞悟得之意。"退"显不事张扬之色,"密"含心灵深处之义。如按现代心理学析解,"藏密"近乎存入潜意识,一遇时用,便跳跃而出形成明确的意识。

3."圣人以此斋戒","斋"古通"齐"。韩康伯说:"洗心曰齐,防范曰戒。"朱熹说:"湛然纯一之谓齐,肃然警惕之谓戒。"古人在祭祀、占卜前必行斋戒。《礼记》云:"散齐七日,致齐三日。"目的在于端正心态,守诚敬意。

4."神明其德",朱熹认为"德即圣人之德,圣人自有此理,又以蓍龟之理以神明之"。

5."阖户谓之坤,辟户谓之乾,一阖一辟谓之变,往来不穷谓之通,见乃谓之象,形乃谓之器,制而用之谓之法,利用出入,民咸用之谓之神。"上述"八谓",以百姓日用的门户开关为例,阐明了

《周易》的基本原理与基本功能，言简意赅，生动活泼，值得深入体会，经常玩味。始谓坤，其象如关门，包容广大而趋静止。次谓乾，其象如开门，生发广大而趋运动。继之谓变，门户开关，比喻阴阳交互，刚柔推移。继之谓通，或进或出，往来不穷，缘于门户之能、阴阳之功。继之谓象，特征在"见"，显于视觉，蕴于意念。继之谓器，以象启意，形成实体。继之谓法，由象到器，实践应用，总结经验，化为规范。终则谓神，利用出入，人民咸用，道在利民，验在践行。由此可知，经典非象牙之塔，真理须践行认可。老百姓天天日用，虽不明道而谓之"神"，神其实并不神秘，而是可供万民日用之道。

6. "立成器以为天下利"，"立成器"包括立器与成器两层相互联系的含义。按现代语言表述，立器就是确立设计思想和目标蓝图，成器就是制定技术规范与落实工艺过程。由此可见，孔子传述《周易》，绝非坐而论道，而是密切联系生产生活与各项社会实践，广开思路，为民谋利。

7. 从"法象莫大乎天地"开始，《系辞》接连提出六个"莫大乎"，最终归结为"莫大乎蓍龟"。这一系列的"大"，皆缘于上一句"吉凶生大业"之"大"。须知人类生生不息的历史，就是一部趋吉避凶、造吉化凶的历史。由此必须"数往知来"，不断总结经验，积累知识，预见未来，自强不息。面对现代科技的飞速发展，现代的人们自然无须再去因袭套用古时的蓍占龟卜，但从中汲取其象数义理的微旨妙功，会通思维时空与现实世界，营造哲学的"元宇宙"，进而启悟时代灵感，开发精神潜能，则是当今应予高度重视、认真研发的"蓍龟"。

8. "河出图，洛出书，圣人则之。"传统易学都将"则之"释为八卦的蓝本是《河图》《洛书》。其实，"河图""洛书"原系古代传说的吉祥瑞物，《尚书》记载的"河图"，与大玉、夷玉、天球一起陈列在周王室大堂的东序，当系玉石珍品。至汉，《春秋纬》生造出"河以通乾出天苞,洛以流坤吐地符"的描述,孔安国更误认"河图则八卦是也"。到了宋代,欧阳修在《易童子问》中进一步提出:"《系辞》曰:'河出图,洛出书,圣人则之。'又曰:'包牺式之王天下也,仰则观象于天,俯则观法于地。观鸟兽之文,与地之宜,近取诸身,远取诸物,于是始作八卦。'又曰:'昔者圣人之作《易》也,幽赞于神明而生蓍,参天两地而倚数,观变于阴阳而立卦',则卦又出于蓍。八卦之说如是,是故何从出而也。谓此三说出于一人之手,则殆非人情也。"由此他得出结论:"余之所以知《系辞》而下非圣人之作者,以其言繁衍丛脞而乖戾也。"大略说来,欧阳修认为《系辞传》阐述的八卦来源相互矛盾,一说来自"仰观俯察",一说"则之河图洛书",一说"生蓍观变而立卦",据此,他认定《系辞》而下"(包括《说卦》《序卦》《杂卦》)均非孔子之作而是其后"讲师"拼凑的论说。事实是,《易传》总体上是孔子本人的传述,不但有丰富众多的历史文献记载,而且已为当代考古出土的简帛所证实,这里不予详论。单就欧公所言的矛盾,实际上并非《系辞》文本的矛盾,而恰恰是他的阅读误解。八卦来源于"仰观俯察",《系辞传》说得非常明确。而"河出图,洛出书,圣人则之",同上文"天生神物,圣人则之;天地变化,圣人效之;天垂象,见吉凶,圣人象之"一样,唯为说明"河图""洛书"如同蓍龟一样是天生神物,如同"天垂象,见吉凶"一样,圣人可加以规范,模拟效法,视为判断吉凶祸福的依据,由此认真地"仰观俯察"而设象立卦。"则之"者,则之推断吉凶而设象定卦也,绝非则之为蓝图而描摹八卦也。至于"生蓍观变而立卦",更是直说通过运用蓍草"四营十八变"而随机选爻立卦,与圣人设卦立象风马牛无关。

《系辞上传》第十二章

【原文】

《易》曰:"自天佑之,吉无不利。"子曰:"佑者助也。天之所助者顺也，人之所助者信也。履信思乎顺，又以尚贤也，是以'自天佑之，吉无不利'也。"子曰："书不尽言，言不尽意，然则圣人之意其不可见乎?"子曰："圣人立象以尽意，设卦以尽情伪，系辞焉以尽其言，变而通之以尽利，鼓之舞之以尽神。《乾》《坤》，其《易》之缊邪?《乾》《坤》成列而易立乎其中矣。《乾》《坤》毁则无以见易。易不可见，则《乾》《坤》或几乎息矣。是故形而上者谓之道，形而下者谓之器，化而裁之谓之变，推而行之谓之通，举而错之天下之民谓之事业。是故夫象，圣人有以见天下之赜，而拟诸其形容，象其物宜，是故谓之象；圣人有以见天下之动，而观其会通，以行其典礼，系辞焉以断其吉凶，是故谓之爻。极天下之赜者存乎卦，鼓天下之动者存乎辞，化而裁之存乎变，推而行之存乎通，神而明之存乎其人。默而成之，不言而信，存乎德行。"

【译文】

　　《易经》说："来自上天护佑，吉祥而无不利。"(《上经·大有》上九)孔子阐述道："佑就是帮助。天所帮助的是顺从天道者，人所帮助的是诚实守信者。践行诚信而思顺从天道，又能尊重贤德，所以'来自上天护佑，吉祥而无不利'了。"孔子说："文字不能完全表达语言，语言不能完全表达意念，那么圣人的意念就无法显现了吗?"孔子说："圣人确立卦爻之象以完满地表达意念；设置经卦重卦以全面显示事物情状；在卦爻后系加文字以尽可能表达语言；会通变化以尽所利，鼓舞民众以臻日用而显神明。《乾》《坤》二卦大概是《易经》的精蕴所在吧!《乾》《坤》化生六十四卦形成系列，易道就确立其中。乾坤毁亡便无从展现易道，易道不能展现，则乾坤或许近乎息灭了。因此，察象观形而归纳上升至理论称为道，察象观形而推演下延以期实用称为器，不断地运化裁制称为变，推动运变循道践行称为通，为天下民众作出通变的举措就称为事业。所以，这个'象'，是圣人看到天下事物复杂玄奥，从而设法比拟形容，恰当地进行象征，所以称作'象'。圣人看到天下万物运动变化，从而观察它们怎样交会沟通，以践行礼仪规范，系加文辞以判断吉凶，所以称为爻。极尽天下繁杂玄奥的事物依存于卦象，鼓动天下万民勤勉奋发依存于经文，转化制作依存于爻变，推演践行依存于会通，掌易之神妙而明悟其道依存于人，不事张扬而获成功，无须多说而受信任，依存于善德品行。"

【疏引】

1. 本章记述孔子关于读经学《易》提出的一项极其重要的原则：应从整体上、根本上与内在联系上把握经义，体会意蕴，努力求得"神而明之"。切不可拘泥文字，一味埋首于只言片语的具体解释。

从整体上读经学《易》，必须懂得：卦象、经文、筮占、变通都只是着重一个方面向人们提供信息，所以必须立足全局，综合方方面面，使各项信息条理化、系统化，以期真正领悟"圣人之意"。孔子认为，从整体性、系统性出发，卦象具有基础性意义。卦象比文字内容更为丰富与深刻，因为"书不尽言，言不尽意"。

从根本上读经学《易》，必须紧紧抓住《乾》《坤》二卦，它们是《周易》之精蕴。乾坤成列，化生六十四卦，《易经》的全部机理与功能就确立其中。

从内在联系上读经学《易》，要领在于懂得并掌握象、数、义、理、变、通、占、断的有机统一，以求"开物成务，冒天下之道"。

2. "形而上者谓之道，形而下者谓之器。"历来析"形"者众，多未得真。形者，象形也，即卦象、爻象之形也。由象探圣人之意，究明其由，便是道。由象探圣人之意，化裁万物，便成器。明本由，知化裁，便能变通，进而服务人民，造就事业。

3. 读经学《易》的最高境界是神明。神明不在天上，不处世外。孔子说："神而明之，存乎其人。"这样的人，"默而成之，不言而信"，因为他"日新其德"，修积了深厚的德行。

4. 本章为《系辞上传》末篇，与首章始终呼应而会合主题。首章以"天尊地卑，乾坤定矣"开篇，以乾坤易简，得理成位结局。本章则归纳乾坤为《易》之精蕴，"乾坤成列而《易》立乎其中矣"。进而以象为基，形上形下，分合道器；化裁变通，举措事业，直至悟神明，存德行。

5. 孔子阐述读经学《易》原则，生动活泼，深入浅出。他首先举《大有卦》上九爻辞"自天佑之，吉无不例"为例，启引弟子们不可停留于文字表层，而应深入探究：什么是"佑"？为什么天会佑？又为什么人会来助？从而十分自然地提出"书不尽言，言不尽意"的现实命题。接着因势利导，指出尽言尽意的根本途径在于体悟圣人设立的卦象，以乾坤为核心而系列展开。由此可以探道成器，化裁变通，举措推行，为人民立功业，直至进入"神而明之"的境界。而在《系辞上传》第二章中，孔子通过演示"观象玩辞""观变玩占"，从又一关联辞象的维度，阐明"自天佑之，吉无不利"的缘由。

6. "鼓之舞之以尽神"，《朱子语类》云："既占则无所疑，自然使得人脚轻手快，行得顺便，如言'显道神德行'，'成天下之亹亹'，皆是鼓之舞之之意。"门人问："鼓之舞之以尽神"，又言："鼓天下之动者存乎辞，鼓舞恐只是振扬发明底意思否？"朱熹回答说："然。盖提撕警觉，使人各为其所当为也。"看来，"鼓"指以文辞鼓动，"舞"则以占断振扬。

《系辞下传》第一章

【原文】

八卦成列，象在其中矣。因而重之，爻在其中矣。刚柔相推，变在其中矣。系辞焉而命之，动在其中矣。吉凶悔吝者，生乎动者也。刚柔者，立本者也。变通者，趣时者也。吉凶者，贞胜者也。天地之道，贞观者也。日月之道，贞明者也。天下之动，贞夫一者也。夫《乾》确然示人易矣，夫《坤》隤然示人简矣。爻也者，效此者也。象也者,像此者也。爻象动乎内,吉凶见乎外,功业见乎变,圣人之情见乎辞。天地之大德曰生,圣人之大宝曰位。何以守位曰仁,何以聚人曰财。理财正辞,禁民为非曰义。

【译文】

八卦错综形成系列,卦象就在其中。单卦叠为重卦,六爻就在其中。阳刚与阴柔相互推移,变化就在其中。系加卦辞爻辞而作出明示,事物运动发展就在其中。吉凶悔吝,是在事物运动发展中产生的。阳刚与阴柔,是万事万物的根本。适应变化使发展顺通,是顺时而为之。吉与凶,以正取胜。天地之道,以正达观。日月之道,以正示明。天下万物运动变化,以正而遵循统一的客观规律。《乾卦》,刚决地向人们展示其平易。《坤卦》,柔顺地(隤 tuí)向人们展示其简单。所谓爻,就是对此仿效。所谓象,就是像其情状。卦爻之象在筮占中变动,吉凶后果在象外现实中显现,功德事业在运动变化间展示,圣人的仁慈心情在文辞上表现。天地的大德是赋予万物生生不息,圣人的大宝是得理成位。怎样守护名位?坚持仁德。怎样聚合人心?创积财富。合理积财,名正言顺,禁止民间为非作歹,这就称作义。

【疏引】

1. 本章既与《系辞上传》第一章串联:一是以"八卦成列"承继"八卦相荡";二是强调"《乾》确然示易,《坤》隤然示简"而进一步突出乾坤易简之功能与意义;三是在提出"成位"命题的基础上进一步明确"守位"的核心:仁。与此同时,又与《系辞上传》第二章并联:彼章说"设卦观象",此章则说"因而重之,象在其中";彼章说"刚柔相推而生变化",此章则说"刚柔相推,变在其中矣。系辞而命之,动在其中矣";彼章说"吉凶者,失得之象也。悔吝者,忧虞之象也。变化者,进退之象也。刚柔者,昼夜之象也。六爻之动,三极之道也";此章则说"刚柔者,立本者也。变通者,趣时者也。吉凶者,贞胜者也。天地之道,贞观者也。日月之道,贞明者也。天下之动,贞夫一者也"。此章"贞夫一者"即彼章"三极之道也"。彼章说"观象玩辞",本章则述观象须知:"爻也者,效此者也。象也者,像此者也。"彼章说"观变玩占",本章则点明筮占之义:"爻象动乎内,吉凶生乎外,功业见乎变,圣人之情见乎辞。"二章相互呼应,环环紧扣。

2."变通者,趣时者也。"变通指适应变化而使事物通顺发展。怎么适应变化? 最重要的是顺时而动。"趣(趋)时",就是随从时情时势,抓住时机,适时行动。

3."贞胜""贞观""贞明"直至"贞夫一","贞"即是"正",《象上传·师》曰:"贞,正也。能以众正,可以王矣。"本章则将正与道直接联系起来,表现于吉凶之道、天地之道、日月之道乃至普天之下运动变化的一统之道。

4. 本章最后将仁与义密切结合起来,构成一对相互联系的主德。"圣人之大宝曰位,何以守位曰仁。"可见仁是圣人守位的主德。而施仁聚人,万众一心,还须行义,因为聚人既需精神动力,又需物质基础,这就要求在合乎道义的原则下不断创造积累财富。而"理财正辞,禁民为非",正是行义的重点内容。由此,本章不仅提供了天地之道、日月之道,而且已经蕴涵着立人之道。

《系辞下传》第二章

【原文】

古者包牺氏之王天下也,仰则观象于天,俯则观法于地,观鸟兽之文,与地之宜,近取诸身,远取诸物,于是始作八卦,以通神明之德,以类万物之情。作结绳而为网罟,以佃以渔,盖取诸《离》。包牺氏没,神农氏作,斫木为耜,揉木为耒,耒耨之利以教天下,盖取诸《益》。日中为市,致天下之民,聚天下之货,交易而退,各得其所,盖取诸《噬嗑》。神农氏没,黄帝、尧、舜氏作,通其变,使民不倦,神而化之,使民宜之。易,穷则变,变则通,通则久,是以自

天佑之,吉无不利。黄帝、尧、舜垂衣裳而天下治,盖取诸《乾》
《坤》。刳木为舟,剡木为楫,舟楫之利,以济不通,致远以利天下,
盖取诸《涣》。服牛乘马,引重致远,以利天下,盖取诸《随》。重门
击柝以待暴客,盖取诸《豫》。断木为杵,掘地为臼,臼杵之利,万
民以济,盖取诸《小过》。弦木为弧,剡木为矢,弧矢之利,以威天
下,盖取诸《睽》。上古穴居而野处,后世圣人易之以宫室,上栋下
宇,以待风雨,盖取诸《大壮》。古之葬者,厚衣之以薪,葬之中野,
不封不树,丧期无数,后世圣人易之以棺椁,盖取诸《大过》。上古
结绳而治,后世圣人易之以书契,百官以治,万民以察,盖取
诸《夬》。

【译文】

古时候伏羲氏为王统管天下,抬头观察天上的星云气象,低
头观察大地的环境格局,观察鸟兽的体表形态,地势的伸延相宜,
就近处选取身体器官为模象,从远处选取事物特征为范式,据以
设定八卦,来会通神明的功德,类比万物的情状。结扎绳线编织
罗网,用以围猎捕渔,大概取法于《离卦》之象。伏羲氏去世,神农
氏当位,砍伐树木制成耜(sì),弯曲树木制成耒(lěi),利用耜耒耕
作(耨 nòu:除草)广教天下,大概取法于《益卦》之象。以太阳中
悬为集市之时,招徕天下百姓,聚集天下货物,交换贸易后返回,
各得所需,大概取法于《噬嗑》这个卦象。神农氏去世,黄帝、唐
尧、虞舜相继即位,通达自然变化的规律,使人民不会厌倦。以神
明之道潜移默化,使人民适应环境。易道表明:事物发展到尽头
就会产生质变,质变就会畅通,畅通就会持久,所以"上天自然会
来护佑,吉祥而无不利"(《上经·大有》上九)。黄帝、唐尧、虞舜
倡行穿着衣裳而天下大治,大概取法于《乾》《坤》二卦。挖空(刳
kū)树木制成船只,劈削木头制成船桨(楫),发挥船只的效用解决
水路不通,以达远方而利天下,大概取法于《涣卦》之象。驾乘牛
马,长途拉运货物以利天下,大概取法于《随卦》之象。层层设置

门户,敲打巡夜梆子,用以防备盗贼,大概取法于《豫卦》之象。切断木头制成木棒,挖掘捣臼,利用木棒和捣臼(脱谷出米),使万民受益,大概取法于《小过卦》之象。用弦绳拉紧木条为弓,将木料削制为箭,发挥弓箭之利扬威天下,大概取法于《睽卦》之象。上古时期人们住在旷野山洞里,后世圣人改变为房屋住宅,上架栋梁,下设壁檐,以遮挡风雨,大概取法于《大壮卦》之象。古代丧葬,在尸体上厚盖柴草,葬在荒野中,既不封土,也不植树,丧期没有规定日数。后世圣人改变为使用复层棺材(椁 guǒ:包装内棺之外棺),大概取法于《大过卦》之象。上古时结绳记事进行治理,后世圣人改为书文刻写,百官用来管辖治理,百姓用来了解情况,大概取法于《夬卦》之象。

【疏引】

1. 本章与《系辞上传》第二章"设卦观象"上下相望,阐述八卦如何设定,又为何设定。接着以十三个卦象为例,结合古代生产生活实践,与设定八卦的路径(类物取象)相反,以象类物,以象推事,演绎出十二种(如将《乾》《坤》类比的衣裳分为上衣下裳则为十三种)影响广泛的创造发明或与卦象含义相关。它反映了"易有圣人之道四焉"中的一道:制器尚象。

2. 《系辞上传》第十二章指出:"形而上者谓之道,形而下者谓之器。"这里的形即为象形,卦象之形。彖象系辞是形而上的产物,制器尚象则是形而下的过程。

3. 制器尚象,实质是以卦象之形为蓝本,联系生产生活之所需,类比想象,提出器物创新的图象构思。以十三卦为例。

(1)《离卦》二阳夹一阴。阳爻实,象征绳线;阴爻虚,象征网孔,明显地展示"作结绳而为网罟"之象。《诗经》有云:"鱼网之设,鸿则离之。""有兔爰爰,雉离于罗。"将"离"视为罗网之用,既可捕鱼,又可抓鸟捉兔子。《帛书易》则直接以《罗卦》替代《离卦》。

(2)《益卦》之初九阳爻在下,象犁头(耜);上九阴爻在上象扶手;九五实木,使扶手与犁头入土。(也有人说:上方二阳爻象征扶犁双手,中间三阴爻象征曲柄,底层阳爻为犁头。)

(3)《噬嗑卦》上卦为离,象征"日中为市",下卦为震,象征商贸交换活动。(也有人说:上下二阳爻是市场进出门栏,中间一阳爻为管理者,三个阴爻为交易民众。)

(4)《乾》《坤》二卦,体现天尊地卑,秩序自然。上衣下裳,展示尊卑一体,文明和合。黄帝、尧、舜氏体悟乾坤之道,通时世之变,适衣裳之宜,使人民孜孜不倦乐新创新,变洪荒之穷为时运之通,这就是"神化":推乾坤之神道,化万民之风气。所以说"黄帝、尧、舜垂衣裳而天下治,盖取诸《乾》《坤》"。

(5)《涣卦》上为巽,象征木;下为坎,象征水。木浮于水,启发人们想象如何利用水上之木,乘人载物。从卦象看九二到九五四爻象征船体:外实中空。最上方的阳爻上九象征桨,最下层的阴爻初六象征水:水上行舟的画面跃然纸上。

(6)《随卦》上为兑,象征和悦;下为震,象征行动。行动要力量强壮,上古人力不足,须利用畜力。这就要求牲畜和悦行动,顺随人意,从而要求驯化家畜,"服牛乘马"。从卦象看,下卦震象征马,上卦兑象征羊,与牛同类。如将《随卦》视为由《否卦》变化而来(《否卦》之上九与初六换位),则《否》之上卦乾象征马,下卦坤象征牛。卦之变也,驯而化也。

(7)《豫卦》之"豫",有预之义。预者,防也。防备盗贼,宜设重门。《豫卦》五个阴爻,象征多重门户。一个阳爻,象征敲击梆子的巡夜之人,所以说"重门击柝(tuò:打更用的梆子,多以空心木头或竹子制成),以待暴客"。

(8)《小过卦》下卦艮,静止不动,象征舂米之臼;上卦震,不断运动,象征舂米的杵。从卦象看,四个阴爻在两边,象地置空白。两个阳爻在中间,象一对杵棒在臼中捣动。

(9)《睽卦》九二与上九象征弓身两端之木梢,九四为弯曲之弓身,六三与六五两个阴爻象征连接两端之弓弦,初九阳爻为配弓之箭。上卦离火,以明扬威。下卦兑泽,惠悦保民。

(10)《大壮卦》四个阳爻,两个代表"上栋",两个代表"下宇",构成坚实的房屋。上面二阴爻则象征阻挡于外的风雨。

(11)《大过卦》中间的四个阳爻象征坚实的棺椁(内棺外椁),上下两个阴爻则象征棺椁埋入的泥土。

(12)《夬卦》之"夬",寓决断之义,可推想到官书契约的制作。上卦兑,象征口,引申为语言,记录为文字。下卦乾象征金石,可供刻字。古人受此启示,刻写书契,历史则由"结绳而治"进化到始创文字的全新时代。

《系辞下传》第三章

【原文】

是故易者,象也。象也者,像也。彖者,材也。爻也者,效天下之动者也。是故吉凶生而悔吝著也。

【译文】

所以说易的实质是卦爻象。所谓象,就是对事物的模拟效仿。卦辞就是判断裁定。爻就是对天下运动变化情状的仿效。于是,(通过象、辞、卦、爻的运作)产生吉凶,显示悔吝。

【疏引】

1. 与前两章类似,《下传》第三章与《上传》第三章同样前后呼应。其内容主要涉及象、辞、卦、爻与吉凶悔吝。阐释角度虽有所不同,主旨要义则完全一致。如《上传》第三章首先说"彖者言乎象者也",指出卦象是卦辞之本;《下传》第三章则首先说"是故易者象也",后说"象者材也",进一步把象提升为整个经典的根本。《上传》第三章说"爻者言乎变者也";《下传》第三章则说"爻者效天下之动者也",明确肯定地将爻的运变视为天下运动变化的符号模式。《上传》第三章讲吉凶悔吝的体现;《下传》第三章则讲吉凶悔吝的缘由,使这一命题更为完整充实。因此,注意对照研读,将能加深理解。

2. "象者材也","材"通"裁",既可解为化裁、裁制,也可解为裁断。总的说来,象作为卦辞的专称,是根据卦象化裁制作而成文字的。由于"象"也通"断",所以将"材"释为裁断似较合宜。

3. 本章在主体内容上与《上传》同章前后呼应,而在结构体系上则与第二章密切联系:一是对"仰观俯察""始作八卦""以通神明之德,以类万物之情"的成果综合:产生象、辞、卦、爻,指明吉凶悔吝;二是对制器尚象十三卦作出原理阐析。

《系辞下传》第四章

【原文】

阳卦多阴,阴卦多阳,其故何也? 阳卦奇,阴卦偶。其德行何也? 阳一君而二民,君子之道也。阴二君而一民,小人之道也。

【译文】

阳卦多阴爻,阴卦多阳爻,这是什么缘故呢? 因为阳卦以奇为主,阴卦以偶为主。它们的德行如何? 阳卦一个君主掌管两个百姓(一个阳爻,两个阴爻),反映君子之道。阴卦两个君主掌管一个百姓(两个阳爻,一个阴爻),反映小人之道。

【疏引】

1. 本章论析的阳卦阴卦,专指八经卦(单卦),而非六十四个别卦(重卦)。

2. "阳卦多阴,阴卦多阳"。在八经卦中,乾坤二卦各为纯阳与纯阴,性质分明。其余六卦如何分阴阳? 就卦体结构说,以少数爻之性定卦之性。如震、坎、艮三卦都是一个阳爻,两个阴爻,阳爻为少数,构成阳卦。反之,兑、离、巽三卦都是一个阴爻,两个阳爻,阴爻为少数,构成阴卦。这就如王弼所言:"众不能治众,治众者至寡者也。""阳一君而二民"，符合此道，所以说是"君子之道"。"阴二君而一民"，违反此道，所以说是"小人之道"。

3."阳卦奇，阴卦偶"。阳卦一君，所以说奇。阴卦二君，所以说偶。奇偶之根本在数，奇指奇数，偶指偶数。就筮占定象的过揲数言，九与七属奇数，为阳。六与八属偶数，为阴。

4.《系辞上传》第四章提出"天地之道"，亦即"昼夜之道"的理念。至第五章，进一步归纳为"一阴一阳之谓道"。阴阳学说由此明确列入孔子的哲学体系。基于"易者象也"的观念，阴阳学说必然地要求与卦象、爻象有机联系起来。为此，本章以特别简洁的文字论析了卦爻之阴阳及其根据，最终则归结于道：君子之道与小人之道。

《系辞下传》第五章

【原文】

《易》曰："憧憧往来，朋从尔思。"子曰："天下何思何虑？天下同归而殊途，一致而百虑。天下何思何虑？日往则月来，月往则日来，日月相推而明生焉。寒往则暑来，暑往则寒来，寒暑相推而岁成焉。往者屈也，来者信也，屈信相感而利生焉。尺蠖之屈，以求信也。龙蛇之蛰，以存身也。精义入神，以致用也。利用安身，以崇德也。过此以往，未之或知也。穷神知化，德之盛也。"

《易》曰："困于石，据于蒺藜，入于其宫，不见其妻，凶。"子曰："非所困而困焉，名必辱。非所据而据焉，身必危。既辱且危，死期将至，妻其可得见邪？"

《易》曰："公用射隼于高墉之上，获之，无不利。"子曰："隼者，禽也。弓矢者，器也。射之者，人也。君子藏器于身，待时而动，何不利之有？动而不括，是以出而有获，语成器而动者也。"

子曰："小人不耻不仁，不畏不义，不见利不劝，不威不惩。小惩而大诫，此小人之福也。《易》曰：'履校灭趾，无咎。'此之谓也。

善不积不足以成名,恶不积不足以灭身。小人以小善为无益而弗为也,以小恶为无伤而弗去也。故恶积而不可掩,罪大而不可解。《易》曰:'何校灭耳,凶。'"

子曰:"危者,安其位者也。亡者,保其存者也。乱者,有其治者也。是故君子安而不忘危,存而不忘亡,治而不忘乱,是以身安而国家可保也。《易》曰:'其亡其亡,系于苞桑。'"

子曰:"德薄而位尊,知小而谋大,力小而任重,鲜不及矣。《易》曰:'鼎折足,覆公餗,其形渥,凶。'言不胜其任也。"

子曰:"知几其神乎?君子上交不谄,下交不渎,其知几乎?几者动之微,吉凶之先见者也。君子见几而作,不俟终日。《易》曰:'介于石,不终日,贞吉。'介如石焉,宁用终日,断可识矣。君子知微知彰,知柔知刚,万夫之望。"

子曰:"颜氏之子,其殆庶几乎?有不善未尝不知,知之未尝复行也。《易》曰:'不远复,无祗悔,元吉。'天地絪缊,万物化醇。男女构精,万物化生。《易》曰:'三人行则损一人,一人行则得其友。'言致一也。"

子曰:"君子安其身而后动,易其心而后语,定其交而后求。君子修此三者,故全也。危以动,则民不与也。惧以语,则民不应也。无交而求,则民不与也。莫之与,则伤之者至矣。《易》曰:'莫益之,或击之。立心勿恒,凶。'"

【译文】

《易经》说:"心神不宁地走来走去,有朋友附和你的想法。"(《周易下经·咸》九四)孔子由此说道:"天下思考什么,忧虑什么呢?天下终将回归到一个相同的目的地,只是所走的道路不同。天下都确信一个共同的真理,只是思考的内容和角度多种多样。天下思考什么,忧虑什么呢?太阳去,月亮来。月亮去,太阳来。太阳与月亮相互推移而产生光明。寒冬去,炎暑来。炎暑去,寒冬来。寒冬与炎暑相互推移而岁时顺成。去体现收缩,来体现伸张,收缩与伸张相互感应而产生利益。尺蠖小虫弯缩身体,为的是寻求伸张。龙蛇蛰伏隐藏,为的是保全身体。精蕴要义体悟入神,为的是加以应用。利用合适条件安身立命,为的是崇尚修养道德。除此之外,或许我尚未认识到。穷尽神明,通晓运化,表明道德高尚盛大。"

《易经》说:"前受磐石之困,后靠蒺藜依托。进入家室,见不到妻子。情状凶险。"(《周易下经·困》六三)孔子就此分析道:"不该受困而受困,名声必然受到损辱。不该依靠而依靠,人身必遇危险。既受辱,又危险,死期都快到了,还能见着妻子吗?"

《易经》说:"王公置身高墙,箭射鹰隼,猎获所得,并无不利。"(《周易下经·解》上六)孔子解释道:"鹰隼是飞鸟,弓箭是器具,发射者是人。君子备藏器具在身边,等待时机行动,怎么会不利呢? 一旦行动,毫不迟疑,所以出猎便有收获,这是说要准备完善器具再行动啊!"

孔子说:"小人不以不仁为耻辱,不以不义为畏惧,不见好处不勤快,不受刑威不警戒。通过小惩罚而诫闯大祸,其实是小人的福祉。《易经》说:'带上脚镣损伤足趾,但无祸害。'(《周易上经·噬嗑》初九)说的正是这个道理。善行不积累不足以成就名声,恶事不积累不足以毁灭自身。小人认为小善没有好处而不去做,认为小恶没有害处而不去改,所以恶事积累而难于掩盖,罪行扩大而不可消免。这就是《易经》说的:'颈负木枷,磨灭耳朵,凶险。'(《周易上经·噬嗑》上九)"

孔子说:"危险,就会采取措施安固地位;灭亡,就会想方设法保护生存;动乱,就会有人进行治理。因此,君子安居之时不忘危险,身存之时不忘灭亡,世治之时不忘动乱。所以自身安全而国家可保稳定。这就是《易经》说的:'危亡啊,危亡啊!像丛生的桑树一样团结一致呀!'(《周易上经·否》九五)"

孔子说:"德行浅薄而地位尊贵,智能低下而图谋狂大,力量弱小而任务繁重,很少不会祸及其身的啊!《易经》说:'鼎足折断翻倒,弄得一塌糊涂,是凶险之象。'(《周易下经·鼎》九四)说的就是力不胜任的情状。"

孔子说:"懂得'几'的,大概是神明吧!君子对上交往不奉承,对下交往不怠慢,大概算懂得'几'了吧!所谓'几',就是事物运动变化刚开始出现的细微征象,从中可以预见结果的吉凶。君子见几而即刻行动,不须整天等待。《易经》说:'阻隔在岩石前,不要整天等待下去了,走正道为吉。'(《周易上经·豫》六二)阻隔如同岩石那样坚固确实,怎么用得上整天等呢?断然可以认识了。君子知道隐微就知道显明,知道阴柔就知道阳刚,因而受到万众的敬仰。"

孔子说:"颜家的这个学子(颜回)差不多达到如此要求了:有了过失从来不会不察觉,察觉了从来不会再违犯。这就是《易经》说的:'走得不远便会返回,不至于后悔,从而吉祥。'(《周易上经·复》初九)天地阴阳弥漫交融,世界万物运化情浓。雌雄互动蓄精交配,世界万物运化生存。《易经》云:'三人同行,会有一人受损落下。一人独行,会得朋友携手前进。'说的正是阴阳偶合必然达到以一合一。"

孔子说:"君子安顿好自身而后行动,平息好心志而后讲话,结交好朋友而后求助。君子有这三方面修养,就完备了。在危急中行动,民众不会支持。以疑惧之言讲话,民众不会响应。没有交往而求助,民众不会给予。这就是《易经》所言:'不帮助他,甚至可能打击他。立心不坚定,必遭凶险。'(《周易下经·益》上九)"

【疏引】

1. 这一章,孔门弟子记述了孔子所作的一堂《易经》讲课,联系实际,生动活泼。老师讲解有声有色,学生记录自然真实。有时候,孔子先提示经文,后进行阐述;有时候,孔子先提出见解,后对照经文。显示出一位长期献身教育的师尊所特有的知行合一、

诲人不倦、循循善诱的崇高品格与才思横溢、举一反三、疏导自如
的杏坛风范。

2. 全章联系十卦十一条爻辞,提出命题,明确意义,广开思
路,落实应用,帮助弟子们凝神体悟,加深理解,以求通其精义,行
其要旨。

3. 各条爻辞"各指其所之",而孔子的论析则各明其所本。

第一条《咸卦》九四,爻辞"憧憧往来",展现思虑不定。孔子
从中阐明精义:"殊途同归"。同归的大方向是道,具体立足点则
在致用、安身、崇德。

第二条《困卦》六三,爻辞表明"困在岩石边,靠在荆棘前,入
室不见妻"的凶险。孔子则着重分析因果:进入场所不当,必然声
名受辱;依靠对象失误,必然置身危境。

第三条《解卦》上六,爻辞描述高墙射隼,获无不利。孔子则
强调"藏器于身,待时而动",成器作好准备,几来及时行动。

第四条《噬嗑卦》初九,爻辞表明"脚镣磨灭足趾,并无大祸"。
孔子则深刻解释小人的价值取向:"不耻不仁,不畏不义,不见利不
劝,不威不惩。"所以必须实行法治,带上脚镣小惩罚,防止其犯大罪。

第五条《噬嗑卦》上九,爻辞表明"颈负木枷,磨没耳朵"的凶
险。孔子由此指出:善与恶都是从小到大不断积累起来的。初九
"履校灭趾"还是"小惩大诫",可说"无咎"。上九"何校灭耳"则已
"恶积而不可掩,罪大而不可解",以至"凶险"了。孔子告诫人们,
在日常生活中,莫以善小而不为,莫以恶小而勿改。

第六条《否卦》九五,爻辞为"其亡其亡,系于苞桑"。面对灭
亡之灾,必须像紧密相依的桑丛那样团结抗争。孔子借题发挥,
提出了危与安、亡与存、乱与治相互对立统一的辩证法,提醒人们
增强危机感,以期安不忘危,存不忘亡,治不忘乱,防患于未然。

第七条《鼎卦》九四,爻辞以鼎足折断而倒出王公美食为模
象,断言凶兆。孔子则从鼎脚折断之表象深刻地揭示其内在根

源：力不胜任，指出德不配位、智不足谋、力不胜重者必无好结果。对照现实，一针见血。

第八条《豫卦》六二，爻辞为"介于石，不终日，贞吉"。人们常因"贞吉"二字而赋"介于石"褒义。王弼注为"不改其操介，如石焉"。孔颖达释爻辞谓"得位居中，故守介如石"。释《易传》"介如石"为"耿介如石"。传承至宋，程颐释为"节介如石"，朱熹亦云"其介如石"。总之，"介"是耿介、节介、操守，是美德。但应注意，爻辞为"介于石"，而各家均释成《系辞传》的"介如石"。《说文解字》释"介"为"画也，从八从人。人各有介"。这里的"画"，是分界之"画"、画（划）分之"画"。"介如石"者，阻隔在磐石前，无法通过。如《困卦》六三之"困于石"。自然，"介"较"困"受阻程度较轻。所以，"介于石"绝非赞语，赞语是其后的"不终日"。既知前行受阻，不再成天等待下去，于是"贞吉"，走正道则吉利。《易传》不说"介于石"，而说"介如石焉，宁用终日"，阻隔已经像石头那样明确坚实了，何须再成天等下去！孔子其实预设了一个讲课主题：知几，"几"是事物运动变化过程中出现趋势性发展的细微迹象，能够认识这种迹象反映着易道的神明，从而能正确处理各种人事。"上交不谄，下交不渎。"孔子的教导是："君子见几而作，不俟终日。"联系爻辞，六二"介于石"，能"见几而作"，"不终日"观望等待，所以"贞吉"。惜乎长期以来，学者误解经文，以"介"为德。

第九条《复卦》初九，爻辞为"不远复，无祗悔，无咎"。复者，复归正道也。人非圣贤，孰能无过，重要的不在无过，而在知过即改。孔子讲到这段经文，即景生情，不禁想起德行昭著的心爱门生颜渊，当着听课弟子们的面，表彰这位去世不久的学生既能认识过错，又能即刻改过，为"不远复"作出表率。由此看来，颜回是孔子晚年传述《周易》的重要参与者。他死于公元前481年，时当孔子虚龄七十一岁。孔子传述《周易》既持理性，也重感情。此时他未按平素习惯直呼爱徒之名"颜回"而称"颜氏之子"，表现了对死者的尊重。商瞿等弟子认真听课,如实记录,编撰成传,当系历史事实。

第十条《损卦》六三,爻辞说"三人行则损一人,一人行则得其友"。孔子在这样一句极其平常的文辞中,竟然体察到"天地缊缊""万物化生"的道理,进而提出了"致一"的论断。一者,理也,道也,不以人们意志为转移的客观规律也。

第十一条《益卦》上九,爻辞为"莫益之,或击之。立心勿恒,凶"。看来,这个高高在上的"上九"碰到大麻烦了:人们不想帮助他,甚至还要打击他。为什么?对此,孔子一针见血地作出批判,换成当今语言是:脱离群众,脱离人民!以人民为中心,孔子从正反两个方面进行剖析,提出了"君子安其身而后动,易其心而后语,定其交而后求"的指导思想与工作方法,或可谓为古代之群众路线。

上述十一条爻辞论析,概括起来,其要义分别为:殊途同归,困于失据,利在器备,小惩大诫,积善去恶,安不忘危,位须德配,见几而作,复道无悔,万化致一,立一为民。统言之,围绕明之以理,促进实践之行。

《系辞下传》第六章

【原文】

子曰:"乾坤,其《易》之门邪?"乾,阳物也;坤,阴物也。阴阳合德而刚柔有体,以体天地之撰,以通神明之德。其称名也杂而不越。于稽其类,其衰世之意邪?夫《易》彰往而察来,而微显阐幽,开而当名辨物,正言断辞,则备矣。其称名也小,其取类也大。其旨远,其辞文,其言曲而中,其事肆而隐。因贰以济民行,以明失得之报。

【译文】

孔子说:"乾坤二卦是《易经》的门户吧?"乾象征阳性事物,坤

象征阴性事物。阴阳的德性相互和合,而刚健与柔顺的品质皆有
所本之体。由此体现天地的造化,融通神明的德能。卦名错杂而
不超越义理次序,考察其模拟仿效的事物门类,或许蕴涵着乱世
(殷商末年世态)的意味。《易经》昭示过去,察知未来,显现微妙,
阐启幽隐。开启思路,依据卦爻名称辨别事物。进而理正言说,
确断文辞,一切就周全完备了。各卦的名称虽小,但其类比的事
物范围却很大。它的意向深远,文字精彩,用语委婉而适当,事理
率直而深邃。从事物运变可能发生的两种不同结局指导帮助民
众如何行动,明白吉凶得失的因果关系。

【疏引】

1. 本章讲乾坤,《上传》同章亦讲乾坤。本章由乾坤引出"阴
阳合德而刚柔有体","彰往察来而显微阐幽","当名辨物,正言断
辞",乃至"因贰以济民行,以明失得之报"。着重于阐述《易》的功
能。《上传》同章则由乾坤引出动静、广大、变通、易简,着重于阐
述《易》的德行。相互补充,前后呼应。

2. "阴阳合德而刚柔有体","体"指什么? 体指刚柔所立之
本。刚柔是质,质由体生。质刚,其体为阳;质柔,其体为阴。

3. "以体天地之撰","撰"涵编写、造作之义。乾坤成列模拟
世界万物,所以可体现天地自然的造作运化。

4. "其称名也杂而不越",首先,"其"是否仅指乾坤或指六十
四卦? 联系到前面说的乾坤为阴阳之代表,"阴阳合德而刚柔有
体",则"其"当指卦象总体。况且,乾坤两个卦名也难以称"杂"。
"杂"可释为繁杂、复杂,但《周易》卦象错综系连,故以释"错杂"为
宜。"越"指"超越",超越常理,超越规范。考虑到《序卦传》发明
的卦序意义,故释"不越"为不超越义理次序。

5. "其称名也小,其取类也大",卦象称名反映卦象概念,从而
反映卦象的本质属性,即卦象的内涵。大家知道,概念的内涵越
简少,则概念的外延越宽广,取类繁多。"取类"者,外延之展示

也。"称名小,取类大",与"正名"等论说,表明孔子哲学体系中还蕴藏着逻辑理论,更蕴藏着辩证逻辑理论("穷—变—通")。

6."因贰以济民行","贰"是什么? 王弼注曰:"贰则失得也。因失得以通济民行,故明失得之报也。失得之报者,得其会则吉,乖其理则凶。"讲得十分清楚明白。"贰"(二)指失与得。失为失当,得为得当。失当即不合道义,得当即合乎道义。报者,报应也。"得道义则吉,失道义则凶。"帮助民众明白得失吉凶之理以采取合适的行动,就是"因贰以济民行"。当然,也可将"贰"理解为阴阳,即一阴一阳之道。朱熹云:"贰,疑也。"一阴一阳之道乃以解惑释疑。

《系辞下传》第七章

【原文】

《易》之兴也,其于中古乎? 作《易》者,其有忧患乎? 是故《履》,德之基也;《谦》,德之柄也;《复》,德之本也;《恒》,德之固也;《损》,德之修也;《益》,德之裕也;《困》,德之辨也;《井》,德之地也;《巽》,德之制也。《履》,和而至;《谦》,尊而光;《复》,小而辨于物;《恒》,杂而不厌;《损》,先难而后易;《益》,长裕而不设;《困》,穷而通;《井》,居其所而迁;《巽》,称而隐。《履》以和行,《谦》以制礼,《复》以自知,《恒》以一德,《损》以远害,《益》以兴利,《困》以寡怨,《井》以辨义,《巽》以行权。

【译文】

《易经》流行起来,大概在中古时期吧?《易经》的撰作者,大概有忧患意识吧? 因此,《履》是构成德行的基础(履者,礼也);《谦》是德行的抓手("人道恶盈而好谦");《复》是德行的根本("复自道","见天地之心");《恒》是德行的坚定("天地之道,恒久而不已也");《损》是德行的修养(为道日损);《益》是德行的宽裕("天施地生,其益无方"),《困》是德行的检验("困而不失其所亨");

《井》是德行的境地（"养而不穷"）；《巽》是德行的规范（"巽乎中正而志行"）。《履》，和顺而达目的；《谦》，尊重别人而光大自己；《复》（一阳初生），虽小而方兴未艾，不同于众；《恒》，在纷繁复杂的环境中坚持信念而从不厌倦；《损》（去恶从善），先难而后易；《益》，长期宽裕待人而不矫揉造作；《困》，穷困而矢志不渝，终告通达；《井》，守住固定的场所而将福德赐送四方；巽，和顺适中，藏而不露。行《履》之德，在于和顺行动；行《谦》之德，在于遵循礼仪；行《复》之德，在于自知之明；行《恒》之德，在于始终如一；行《损》之德，在于去恶远害；行《益》之德，在于惠民兴利；行《困》之德，在于减少怨恨；行《井》之德，在于明辨道义；行《巽》之德，在于权衡相宜。

【疏引】

1. 本章通称"九卦三陈"。孔子以其妙意慧思，将《履》《谦》《复》《恒》《损》《益》《困》《井》《巽》九个卦名阐释为九项德行，并且构成一个从基础、抓手、根本到持久坚定、损益互补、穷困不移、静守动施、综合权衡的道德实践体系，就道德教化创新说，可谓别开生面。

2. "三陈"表达道德实践的三个层次：第一层次在明确九德各自在总体系统中的地位；第二层次是九德的各自表现；第三层次论述九德各自的功能。

3. 九卦三陈以"履"始，以"巽"终。因为"履"通"礼"，"克己复礼为仁"，而"仁"在孔子的道德观念中则占有首屈一指的地位。而"巽"，"德之制也"，表现为"称而隐"，其功能是"巽以行权"。"权"在道德实践中发挥着综合平衡的重要机制，没有深厚的道德情操与理论修养，实不易把握。所以《论语·子罕》云："可与共学，未可与适道；可与适道，未可与立；可与立，未可与权。"就本质而言，"权"乃是得"中"的方法。方方面面的"德"皆体现为方方面面的"正"，而面对方方面面的"正"择取最为适宜的"中"，就必须通过"权"。程颐说:"正未必中,中则无不正也。"诚然,正须致中,中当先正。

4. 孔子说:"作《易》者其有忧患乎?"实际上孔子自己也怀有强烈的忧患意识,从而阐述"九卦三陈",在乱世中张开道德实践体系之网。

5. "《益》,长裕而不设",施益于人贵在恒常,所以要长期利物裕人。"不设",不摆设,不生造,不造作。朱熹云:"益但充长,而不造作。"陆九渊则云:"益者,迁善以益之德,故其德长进而宽裕。设者,侈张也。有侈大不诚实之意。"侈,夸大也。

6. "《井》,居其所而迁",井是固定的,固守其位,而它的供水惠人之德,则是可以变迁的:随水流动,惠及四方。

7. "《巽》,称而隐","巽"的德能表现为"称":衡量,审度。这种衡量审度并非形于表象,更非大张旗鼓,而是不露声色,暗自审察度量。这也符合"巽"的特性:和顺而内伏。

8. "《复》以自知","复"是一阳复生之卦。《象传》曰:"不远之复,以修身也。""中行独复,以从道也。""敦复无悔,中以自考也。""自考"即自我考察,自我反省,所以应有自知之明。

9. "《困》以寡怨",身处困境,须始终保持信念,矢志不渝,方能"困穷则通",所以不能怨天尤人。朱熹云:"寡怨,谓少所怨尤。"陆九渊云:"凡道有所不可行,皆困也。君子于此,自反而已,未尝有所怨也。"

《系辞下传》第八章

【原文】

　　《易》之为书也,不可远;为道也,屡迁。变动不居,周流六虚,上下无常,刚柔相易,不可为典要,唯变所适。其出入以度,外内使知惧,又明于忧患与故。无有师保,如临父母。初率其辞,而揆其方,既有典常。苟非其人,道不虚行。

【译文】

《易经》作为书本，不可能随意（运动）远去。而作为一阴一阳之道，则可以经常流转四方。运动变化从不停止，在全卦六爻中循环流转。上去下来永无定局，阳刚阴柔互相更迭。不可作为教条定则，只能根据变化加以适应。言行出入，举止动静皆具分寸；外处事物、内修身心均知警戒，并且明白忧患及其原由。看起来没有师长监护，却像父母守在身边教诲。开始时遵照经文了解辞义，考量其中道理，然后悟得典范规律。倘若不是品德完善的人，《易经》之道是不可能空虚运行的。

【疏引】

1. 本章强调：学用《易经》，重道不拘辞，重变不守成。核心四个字：唯变所适。

2. "《易》之为书也不可远，为道也屡迁。"前一句一般解释为：《易经》（很重要）不可远离于人。如韩康伯注："拟议而动，不可远也。"其实应将前后两句联系起来进行理解：前一句说的是"书"，是物质，远近不由其自身可定。后一句说的是"道"，是精神，运动变化，不拘远近。

3. "周流六虚"，"周流"即循环流转；"六虚"指卦象虚拟的六个空间位置，即六个爻位。《周易略例》韩康伯注曰："六虚，六位也。"孔颖达疏云："周流六虚者，言阴阳周遍流动在六位之虚。六位言虚者，位本无体，因爻始见，故称虚也。"

4. "不可为典要，唯变所适。""典"为典范、定则，"要"为要领、纲要。"不可为典要"即不可奉为教条，而应"唯变所适"，只能按照运动变化的实际情况，确定相应的对策。韩康伯的注释是："不可立定准也。变动贵于适时，趣舍存乎会也。"孔颖达疏云："不可为典要者，言阴阳六爻两相交易，或以阴易阳，或以阳易阴；或在初位相易，在二位相易；六位错综，上下相易皆不同；是不可为典常要会也。唯变所适者，言刚柔相易之时既无定准，唯随应变之时所之适也。"

5."其出入以度，外内使知惧。"由于含义空泛，以致令朱熹觉得不好解释，认为"此句未详，疑有脱误"。传统释义多据《周易注疏》阐发。韩康伯注曰："明出入之度，使物之内外之戒也。出入犹行藏，外内犹隐显。"孔颖达疏曰："出入犹行藏也，言行藏各有其度，不可违失于时。""外内犹隐显，言欲隐之人使知畏惧于《易》也。"简言之，"出入"指言行动静，"外内"指情状隐显。但笔者认为，理解"出入"之语，可联系《系辞上传》第十一章"利用出入，民咸用之谓之神"。所谓"出入"，即适应阴阳开合，运动变化顺时出入。出者动也，入者静也。出入以度，亦即言行有则，动静有度。理解"外内"之意，则可联系《文言传·坤》"君子敬以直内，义以方外，敬义立而德不孤"。"内"指身心，"外"指处事。无论外处事物，内修身心，都要遵循《易经》之教，懂得经常保持警觉、戒惧，这就是"外内使知惧"。

6."无有师保，如临父母。"包涵着双重意义：一是学习《易经》，虽然并无老师直接讲课指导，也像是严父慈母在身边谆谆教导；二是学习《易经》，虽然身边没有老师站着看管，也要像父母来到面前那样严肃认真。

7."初率其辞，而揆其方，既有典常。"韩康伯注云："能循其辞，以度其义。原其初以要其终，则'唯变所适'是其常典也。"孔颖达疏云："率，循也。揆，度也。方，义也。言人君若能初始依循其《易》之文辞，而揆度其《易》义理，则能知《易》有典常也。""典"是典范，"常"是恒常，亦即常道、规律，"既"通"已"。"既有典常"，即在已经"率辞""揆方"而后，就会领悟其中涵有"典常"了。

8."苟非其人，道不虚行。""苟"是倘若、如果；"非其人"，并非道德君子、贤士圣人。孔颖达曰："苟非其人，道不虚行者，言若圣人则能循其文辞，揆其义理，知其典常，是易道得行也。若苟非通圣之人，则不晓达《易》之道理，则《易》之道不虚空得行也。""道不虚行"，按当今言语说，就是理论不能脱离实际，《易经》之道是不可能凭空实现的。它要求明辞、揆方、悟得典常，才能做到"出入以度"，"唯变所适"。

《系辞下传》第九章

【原文】

《易》之为书也，原始要终，以为质也。六爻相杂，唯其时物也。其初难知，其上易知，本末也。初辞拟之，卒成之终。若夫杂物撰德，辨是与非，则非其中爻不备。噫！亦要存亡吉凶，则居可知矣。知者观其象辞，则思过半矣。

二与四同功而异位，其善不同。二多誉，四多惧，近也。柔之为道，不利远者，其要无咎，其用柔中也。三与五同功而异位，三多凶，五多功，贵贱之等也。其柔危，其刚胜邪？

【译文】

《易经》作为典籍，本质在于推原事物之起始，探求运变之结果。全卦六爻错综交替，唯为表现特定时刻事物的情状。初爻还难看出究竟，上爻则容易知晓了。前者反映本原，后者反映尾端。初爻的爻辞比拟事物开始的状况，最后由上爻显示结局。至于参杂对照事物，设定其品质德性，辨别其是非曲直，就得研析中间四爻才能完全齐备。这样嘛，也就可以探求事物发展过程中的存亡吉凶，坐在室内便知道了。有识见的人观看卦辞，即能领会卦象包含的大部分意思了。

第二爻与第四爻功能相同而位置不同，得益也不同。二爻多赞誉，四爻多畏惧，因为它靠近第五爻君主之位了。阴柔遵循的原则，对远者不利。其要旨在无灾无患，其功用在柔顺致中。第三爻与第五爻，功能相同而位置不同，三爻多凶险，五爻多功绩，因为贵贱等级有别（三贱五贵），因而阴柔居之危险，阳刚居之优胜了吗？

【疏引】

1.《系辞上传》第二章提出"君子居则观其象而玩其辞，动则观其变而玩其占"。《系辞上传》第九章阐述筮占的方法与过程。本章则论析如何观象玩辞，如何玩味全卦六爻在筮占判断中的不同视角与不同对待。着重指出：第一，《周易》卦象的实质在于"原始要终"，六爻阴阳参杂，为的是反映随时运变的事物；第二，初爻表现事物之本始，上爻表现事物之终局，中间四爻表现自始至终的发展过程，共同构成不停运变的事物系统；第三，掌握了上述两点，就可"居则观其象"而推断存亡吉凶，而首先应当明白卦辞以启导基本思路；第四，中间四爻，两个爻占据偶数阴位（二与四），两个爻占据奇数阳位（三与五），奇偶之功能相同，但所处位置上下不同，断语（爻辞）因而不同；第五，阴柔一定不好，阳刚一定好吗？（潜台词是"未必"，要根据其所处时位而定。）

2."《易》之为书也，原始要终以为质也。"这里，"书"和"质"相互对应，书是表象，质是内涵。而这种实质性的内涵，表现为"原始要终"：探究其本初，推求其结局。

3."六爻相杂，唯其时物也。""相杂"，指阴阳相杂。"时物"之"时"，是动词。"时物"，反映事物随时运动变化。

4."杂物撰德。""杂"与"撰"相应而皆为动词。杂，交错参杂；撰，设置拟定。《周易折中》案语云："杂者，参错其贵贱上下之位也。撰者，体察其刚柔健顺之德也。德位分而是非判也。"

5."知者观其象辞，则思过半矣。"象辞即卦辞。《周易折中》案语认为，各个卦象的意义"皆先定于象，爻辞不过因之而随爻细别耳。其爻之合于卦义者吉，不合于卦义者凶。故象辞为纲领而爻其目也，象辞为权衡而爻其物也。"

6."柔之为道，不利远者。"这里的问题是："柔"指全部阴柔还是特定的柔爻？就单句言，当系前者。但联系到后接的"其要无咎，其用柔中也"，则所云"柔"者，应为居中之六二阴柔。"远"与

"近"亦由此表明与第五爻之关联。然而,二较四远,但"二多誉,四多惧",又怎么解释"不利远者"呢? 朱熹的论点是:"柔不利远,而二多誉者,以其柔中也。"此前崔憬亦云:"阴之为道,近比承阳,故不利远矣。二远阳虽则不利,其要或有无咎者,以柔居中,异于四也。"吴澄说得更具体些:"柔之为道以下,释二多誉。柔不能自立,近者有所依倚,远者宜若不利。二远于五而其归得以无咎者,以其用柔而居下卦之中也。"

《系辞下传》第十章

【原文】

《易》之为书也,广大悉备,有天道焉,有人道焉,有地道焉。兼三才而两之,故六。六者非它也,三才之道也。道有变动,故曰爻。爻有等,故曰物。物相杂,故曰文。文不当,故吉凶生焉。

【译文】

《易经》作为典籍,内容宽广完备。它上有天道,中有人道,下有地道。将模拟天地人三才的经卦两相重叠而成别卦,所以有六爻。六爻不是别的东西,它反映的还是三才之道。这种道存在于运动变化中,所以称作爻。爻有上下位置等级,所以称作事物。事物(或阴或阳)错综交杂,所以称作"文"。"文"得当或不得当,所以就产生吉凶祸福了。

【疏引】

1. 本章阐明,无论是三爻的经卦或六爻的别卦,都体现着天地人三才之道。各爻则模拟运动变化的事物。事物分阴分阳,阴阳交错组合为"文"。文得适当就会吉祥多福,文得不适当则有凶险灾祸了,从而将《系辞上传》第十章提出的学用《周易》四条圣人之道集中提升为如何认识与实践三才之道。

2. "物相杂,故曰文。"《说文解字》云:"文,错画也。"即笔画交错而成文。孔子则谓爻画交错而成文,并进一步将事物相互交错会合定义为"文"，而事物皆分阴阳。《说卦传》云："分阴分阳，迭用柔刚，故《易》六位而成章。"这种文而成章的范例，鲜明地显示于《彖上传·贲》，其中指出："刚上而文柔"，"柔来而文刚"，是"天文也"；而"文明以止，人文也"。由此进而阐述："观乎天文，以察时变；观乎人文，以化成天下。"从而创造了"文化"这一概念。可见，"文"得适当不适当，亦即文化实践适当不适当。

　　3. "文不当，故吉凶生焉。""文不当"应理解为"文当或不当"。

《系辞下传》第十一章

【原文】

　　《易》之兴也，其当殷之末世，周之盛德邪？当文王与纣之事邪？是故其辞危。危者使平，易者使倾，其道甚大，百物不废。惧以终始，其要无咎，此之谓《易》之道也。

【译文】

　　《易经》时兴起来，大概是在殷朝末年，西周声势蒸蒸日上之时吧？关联着周文王与商纣王之间的历史事件吧？因此其文辞具有危机感。感受危险就会引起警觉使之化为平安，觉得太平无事就会丧失戒备造成颠覆。它所包含的道理非常广博，各种事物都依循其道得以存在而不致废灭。自始至终保持戒惧谨慎，其要旨在于避免过错祸害，这就称之为《周易》之道。

【疏引】

　　1. 一阴一阳之道是统领《周易》之道，"言、动、器、筮"四道是学用《周易》之道，本章提出的"《易》之道"则是具体修身之道："其要无咎"，"无咎"是孔子十分看重的一项德能。《系辞上传》第三章指出："无咎者善补过也。""震无咎者存乎悔。""悔"就是认真反思。其典范为《系辞下传》第五章赞扬的"颜氏之子"颜渊，"有不善未尝不知，知之未尝复行也"。孔子自己亦慨叹："加我数年，五十以学《易》，可以无大过矣。""无大过"即"无咎"，宜深加体会。

2."其辞危"指卦辞爻辞表现的危机感。"危者使平",增强危机意识,及时戒备,当可求得稳定平安。

3."其道甚大,百物不废。""百物不废"包含两层含义:一是易道不废百物,或易道使百物不废,乃至"品物咸亨",生生不息;二是百物不废易道,百物必循易道方能存在。孔颖达云:"其道甚大,百物不废者,言易道功用甚大,百种之物赖之不有休废也。"总而言之,易道与百物相互依存:有易道便有百物存在之依据,有百物便有易道功能之显示。

《系辞下传》第十二章

【原文】

夫乾,天下之至健也,德行恒易以知险。夫坤,天下之至顺也,德行恒简以知阻。能说诸心,能研诸侯之虑,定天下之吉凶,成天下之亹亹者。是故变化云为,吉事有祥,象事知器,占事知来。天地设位,圣人成能,人谋鬼谋,百姓与能。八卦以象告,爻象以情言,刚柔杂居,而吉凶可见矣。变动以利言,吉凶以情迁。是故爱恶相攻而吉凶生,远近相取而悔吝生,情伪相感而利害生。凡《易》之情,近而不相得则凶,或害之,悔且吝。将叛者其辞惭,中心疑者其辞枝,吉人之辞寡,躁人之辞多,诬善之人其辞游,失其守者其辞屈。

【译文】

乾,天下之最刚健者,其德行是永远保持平易而察知危险。坤,天下之最柔顺者,其德行是永远显示简单而明白阻难。两者能令人心悦诚服,能审研各国君侯的思虑,确定天下运变吉凶,促成天下勤勉奋发。因此,或渐变,或顿化,或语言,或行为,凡吉利者会给以祥和的预示。象征事物而可明白器用,占问人事而可了解未来。天地设定尊卑之位,圣人完成乾坤之能。人们的谋划与鬼神的妙用结合起来,让老百姓也能参与筮占的功用。八卦以卦爻之象演示运动变化,爻辞卦辞用语言描述事物情状。阳刚与阴柔错综相处,吉凶后果便可显现。决定行动以卦爻变化是否有利而言,推断吉凶以卦爻情态是否得当而转移。所以,爱与恶冲突而产生吉或凶,远与近取舍而产生悔或吝,真情与假意交感而产生利或害。大凡《易经》的卦爻之情,二者相互接近而不和合就有凶险,倘或有一方对另一方加以危害,既生悔恨,又遭羞辱。背信弃义的人说话会流露惭愧之情,内心疑虑的人说话支支吾吾,善良的人说话少,浮躁的人说话多,诬陷善良的人说话游移不定,丧失操守原则的人说话理不直气不壮。

【疏引】

1. 本章讲乾坤易简,与首章首尾衔接。首章着重讲原理,最后归结于仁义。本章着重讲功能,最后归结于人情。联系《下传》与《上传》看,可知上下呼应。《上传》首章讲乾坤,以易简而成位乎其中终;尾章讲乾坤,成列而以化裁变通终。由此可见,《系辞传》的一个突出重点,在于阐明乾坤为"《易》之缊","乾坤成列而《易》立乎其中矣,乾坤毁则无以见《易》"。而"乾,阳物也。坤,阴物也",乾坤是阴阳的代表。"天尊地卑,乾坤定矣。"则乾坤又系天地的象征。抓住乾坤之纲,就是抓住阴阳之纲,天地之纲,《周易》之纲。

2. 夫乾,"德行恒易以知险"。《系辞上传》第一章云:"乾以易知",所以"德行恒易"。天高悬于上,施德于下并非一蹴而就,故虽刚而当知险。如朱熹言:"如自高临下,而知其险。"

3. 夫坤,"德行恒简而知阻"。《系辞上传》第一章云:"坤以简能",所以"德行恒简"。地伸延于下,厚德载物亦非没有阻难,故虽柔而当知阻。如朱熹言:"如自下趋上,而知其阻。"

4. "能说诸心,能研诸侯之虑。"朱熹怀疑"侯之"二字有误,系多余文字,"能说诸心,能研诸虑"似较通顺。朱熹解释说:"说诸心者,心与理会,乾之事也;研诸虑者,理因虑审,坤之事也。"唯从现行文本出发,又考虑到"诸侯"在春秋时期的历史重要性,仍按原文释义。

5."定天下之吉凶,成天下之亹亹。"句中虽未明确写出主语,但可推断是指以乾坤为代表的卦象筮占功能,因为《系辞上传》第十一章早就提出:"定天下之吉凶,成天下之亹亹者,莫大乎蓍龟。"

6."变化云为",孔颖达的解释是:"《易》既备含诸事,以是之故,物之或以渐变故,或顿从化易,或口之所云,或身之所为也。"即"变"是渐变,"化"是顿(立即)化,"云"是口言,"为"是身行。

7."天地设位,圣人成能。""天地设位"意味着"设卦定象"。"圣人成能"就是《系辞上传》第九章所阐述的:通过"四营十八变","天下之能事毕矣",亦即演卦占断。

8."人谋鬼谋,百姓与能。"人谋,指人的筹算。鬼谋,指筮的运作。韩康伯注曰:"人谋,况议于众以定得失也。鬼谋,况寄卜筮以考吉凶也。""百姓与能"即百姓参与筮占之能事。

9."变动以利言",韩康伯认为是"变而通之以尽利也"。其实,"变动"二字源于《系辞上传》第二章:"动则观其变而玩其占。""变"是卦爻之变,"动"是人的相应行动。

10."吉凶以情迁",韩康伯注云:"吉凶无定,唯人所动。情顺乘理以之吉,情逆违道以陷凶。故曰'吉凶以情迁'也。"其实,这里的情,是指卦爻感应之情,如"比应承乘"之类。

11."爱恶相攻而吉凶生,远近相取而悔吝生,情伪相感而利害生。"以三个并列的层次来阐述根据爻情(相攻、相取、相感)作出判断(吉凶、悔吝、利害)。项安世曰:"'爱恶相攻'以下,皆言'吉凶以情迁'之事,而以六爻之情与辞明之。'吉凶'、'悔吝'、'利害'之三辞,分出于'相攻'、'相取'、'相感'之三情,而总属于'相近'(联系下文'近而不相得则凶')之一情。此四者,爻之情也。"崔憬曰:"'远'谓应与不应,'近'谓比与不比。或取远应而舍近比,或取近比而舍远应。由此远近相取,所以生悔吝于系辞矣。"《周易折中》案语说:"须知《易》之吉凶,皆在'时''位''德'三字上取。时随卦爻而变,时变则有爱恶矣。""位逐六爻而异,位异则有远近矣。""德由刚柔当否而别,德别则有情伪矣。""时有消息盈虚之变,位有贵贱上下之异,德有刚柔善恶之别,此三者皆吉凶悔吝之根。然其发动,皆因彼己之交而起。所谓彼己之交者,比也,应也。非因比应,则无所谓相攻也,无所谓相取也,无所谓相感也。所谓相攻、相取、相感者,皆以比应言之。"

12."凡《易》之情,近而不相得则凶。"这里的"情",同样指卦爻之情。"不相得",即相互不合拍、不协调。朱熹曰:"不相得,谓相恶也。凶、害、悔、吝,皆由此生。"

第五节　文　言　传

乾　卦

【原文】

元者,善之长也。亨者,嘉之会也。利者,义之和也。贞者,事之干也。君子体仁足以长人,嘉会足以合礼,利物足以和义,贞固足以干事。君子行此四者,故曰:乾,元、亨、利、贞。

初九曰:"潜龙勿用。"何谓也? 子曰:"龙德而隐者也。不易乎世,不成乎名,遁世无闷,不见是而无闷,乐则行之,忧则违之,确乎其不可拔,潜龙也。"

九二曰:"见龙在田,利见大人。"何谓也? 子曰:"龙德而正中者也。庸言之信,庸行之谨,闲邪存其诚,善世而不伐,德博而化。《易》曰'见龙在田,利见大人。'君德也。"

九三曰:"君子终日乾乾,夕惕若,厉无咎。"何谓也? 子曰:"君子进德修业。忠信,所以进德也。修辞立其诚,所以居业也。

知至至之,可与几也。知终终之,可与存义也。是故居上位而不骄,在下位而不忧,故乾乾,因其时而惕,虽危无咎矣。"

九四曰:"或跃在渊,无咎。"何谓也? 子曰:"上下无常,非为邪也。进退无恒,非离群也。君子进德修业,欲及时也,故无咎。"

九五曰:"飞龙在天,利见大人。"何谓也? 子曰:"同声相应,同气相求。水流湿,火就燥。云从龙,风从虎。圣人作而万物睹。本乎天者亲上,本乎地者亲下,则各从其类也。"

上九曰:"亢龙有悔。"何谓也? 子曰:"贵而无位,高而无民,贤人在下位而无辅,是以动而有悔也。"

"潜龙勿用",下也。"见龙在田",时舍也。"终日乾乾",行事也。"或跃在渊",自试也。"飞龙在天",上治也。"亢龙有悔",穷之灾也。乾元"用九",天下治也。

"潜龙勿用",阳气潜藏。"见龙在田",天下文明。"终日乾乾",与时偕行。"或跃在渊",乾道乃革。"飞龙在天",乃位乎天德。"亢龙有悔",与时偕极。乾元"用九",乃见天则。

乾元者,始而亨者也。利贞者,性情也。乾始能以美利利天下,不言所利,大矣哉,大哉乾乎,刚健中正,纯粹精也。六爻发挥,旁通情也。时乘六龙,以御天也。云行雨施,天下平也。

君子以成德为行,日可见之行也。潜之为言也,隐而未见,行而未成,是以君子弗用也。

君子学以聚之,问以辩之,宽以居之,仁以行之。《易》曰:"见龙在田,利见大人。"君德也。

九三,重刚而不中,上不在天,下不在田,故乾乾,因其时而惕,虽危无咎矣。

九四,重刚而不中,上不在天,下不在田,中不在人,故或之。或之者,疑之也,故无咎。

夫大人者,与天地合其德,与日月合其明,与四时合其序,与鬼神合其吉凶。先天而天弗违,后天而奉天时。天且弗违,而况于人乎？况于鬼神乎？

元之为言也，知进而不知退，知存而不知亡，知得而不知丧。其唯圣人乎？知进退存亡而不失其正者，其唯圣人乎？

【译文】

元是众善的尊长，亨是众美的会合，利是事义的和谐，贞是百事的主干。君子实行仁能够做人的尊长，集合众美以合于礼，对事物有利从而与义相应和，坚持正道可以做好事情。君子是施行这四种美德的人，所以说乾卦，元亨利贞。

弟子问：初九爻辞"潜龙勿用"，什么意思？孔子回答说："那是有德而隐藏着的龙。不随世俗改变操守，不图虚名，远离俗尘而不烦恼，不被认可而不苦闷。称心的事就做，有忧患的就反对。坚定刚毅，不可动摇，这就是潜龙呀！"

弟子问：九二爻辞"见龙在田，利见大人"，什么意思？孔子回答说："那是有德而刚正持中（九二处下卦中位）之龙。平常言语守信，行为谨慎，防邪恶而保真诚，有益社会而不炫耀，德行广博而善于教化。爻辞说'见龙在田，利见大人'，体现了君主之德。"

弟子问：九三爻辞"君子终日乾乾，夕惕若，厉无咎"，什么意思？孔子回答说："君子增进道德，修习学业。忠诚守信，所以要增进道德。修习文辞以确立诚意，所以要稳实地搞好学业。懂得应达到的目标而去努力达到，就可以讨论时机精微了。懂得事物发展过程已临终止而及时收场，就可以保存道义了。因此，居于上位（九三居下卦上位）而不骄傲，处在下位（就全卦言，九三位处于下卦）而不忧愁，所以始终兢兢业业，随时保持警惕，虽遇危险也无祸患了。"

弟子问：九四爻辞"或跃在渊，无咎"，什么意思？孔子回答说："上上下下不按常规，并非走邪路。进进退退没有定则，并非脱离大众。君子进益道德，修习学业，想要及时呀，所以不会有祸害。"

弟子问：九五爻辞"飞龙在天，利见大人"，什么意思？孔子回答说："声音和同,相互呼应;气息类同,相互追求。水往低湿之地流动,火向高燥之处蔓延。云随龙飘,风跟虎行,圣人造化运作而万物信服仰望。立身于天的(如鸟雀)喜爱亲和向上,立足于地的(如草木)亲和下延,它们都依从于自己的类属。"

弟子问:上九爻辞"亢龙有悔",什么意思? 孔子回答说:"尊贵却没有实位,高高在上却没有民众拥护,贤德之人在下面却得不到辅佐,所以行事会有悔恼。"

(第二次,孔子又对《乾卦》六爻及"用九"作了概括阐解,这就是《文言传》所指出的)

"潜龙勿用"说明阳爻还处于下位。"见龙在田"说明时机尚未成熟。"终日乾乾"说明正在成事立业。"或跃在渊"说明自己尝试(发挥功能)。"飞龙在天"说明居上位而行德治。"亢龙有悔"说明途穷而生灾难。乾元之时运用阳刚之道,则天下大治。

(《文言传》记述孔子对《乾卦》爻辞及"用九"的第三次讲解指出)

"潜龙勿用",显示阳气还在下潜藏。"见龙在田",显示天下文化昌明。"终日乾乾",显示与时势发展同步而行。"或跃在渊",显示乾天之道在于运动、变化、改革。"飞龙在天",显示正当天位而具备天的美德。"亢龙有悔",显示已同卦时(由初至上)一起走到了尽头。乾阳刚健为首而须正确运作,所以要注意"用九",它显示天道体现的自然规律。

(在三度专题释解《乾卦》各爻及"用九"后,孔子为不断加深弟子们的认识,又进一步对卦辞卦德作出综合阐发)

乾居首为"元",而始萌万物,亨通顺和。"利贞"反映性情。乾一开始就能给天下带来美利,但自己不说做了利人利物的好事,多么伟大的乾呀! 品性刚健中正,气质纯粹精颖。通过六爻体系发挥功用,广泛沟通万物之情。顺时而乘六龙以驾驭长天。云行雨施,天下于是安宁太平。

（接着孔子又为学生们讲解《乾卦》爻辞，形成《文言传·乾》的最后部分）

初九：君子以成就功德而施作行为，那是日常可见的行为。所谓"潜"，就是隐藏而不显现，行动而未达成，所以君子不随便发挥作用。

九二：九二居下卦之中，象征稳定宽厚地进修学问的君子，通过学习积累知识，通过求教辨明是非，以宽大的胸怀安居其位，以仁慈的美德付诸行动。爻辞"见龙在田，利见大人"，体现着君主的品德。

九三：处下卦上位而成刚爻刚位的"重刚"，未得中位。上不在天（未入上卦之乾），下不在田（九二之位如"田"），所以兢兢业业、勤勤恳恳，依据当时情势保持警惕，虽有危险，但无祸患。

九四为下卦三刚之上又一阳刚而成"重刚"，未能居上卦之中，可谓上不在天，下不在田，中不在人，所以爻辞说"或"。"或"会发生，只是怀疑有可能发生，所以没有祸患。

九五爻辞中的"大人"，合乎天地的大德，合乎日月的光明，合乎四时的顺序，合乎鬼谋神算而趋吉避凶。所循之道先于天而天不违道，所行之事后于天而遵循天时。天尚且不违反大人奉行之道，何况人呢？何况鬼神呢？

上九爻辞中的"亢"，指的是知前进而不知后退，知生存而不知灭亡，知获得而不知丧失。大概只有圣人吧，知道进退存亡而不失正确原则，也大概只有圣人了吧？

坤　卦

【原文】

坤至柔而动也刚，至静而德方，后得主而有常，含万物而化光。坤道其顺乎，承天而时行。

积善之家，必有余庆；积不善之家，必有余殃。臣弑其君，子弑其父,非一朝一夕之故,其所由来者渐矣,由辨之不早辨也。《易》曰:"履霜,坚冰至。"盖言顺也。

直其正也,方其义也。君子敬以直内,义以方外,敬义立而德不孤。"直方大,不习无不利",则不疑其所行也。

阴虽有美,含之以从王事,弗敢成也。地道也,妻道也,臣道也。地道无成而代有终也。

天地变化,草木蕃;天地闭,贤人隐。《易》曰:"括囊,无咎无誉。"盖言谨也。

君子黄中通理,正位居体,美在其中,而畅于四支,发于事业,美之至也。

阴疑于阳必战,为其嫌于无阳也,故称龙焉。犹未离其类也,故称血焉。夫玄黄者,天地之杂也,天玄而地黄。

【译文】

(《文言传》在《彖传》《象传》的基础上进一步对《坤卦》开展专题阐解,明确指出)

坤的品性极其柔顺,然而一旦行动起来也很刚劲。其性至静,其德方大。此后得遇乾天之主,有了恒常之道的引领,从而全身心地去包容万物,化生坤阴特具的顺和之光。坤道该是顺和吧,它秉承乾天的运变而与时偕行。

(孔子对初六爻辞首先作了铺垫,认为)积善之家必有余庆,积不善之家必有余殃。臣子杀君主,儿子杀老子,不是一朝一晚形成的事,而是一个逐步积累的渐进过程,本来早可察辨而未察辨(悔之晚矣)。爻辞说"履霜,坚冰至",大体是说"顺"(这里的"顺"非专指"柔顺""顺和",而特指事件按顺序逐渐发展,尤指顺时)。

六二的直,表明它的正;六二的方,表明它的义。君子以严肃认真的态度端正内心思虑,以公正合宜的理性规范外在言行。敬义确立起来,道德就不觉得孤单无依了。爻辞"直方大,不习无不利",表明六二的行为无可怀疑。

六三阴柔,虽有文采奕奕之美,但含蓄不露(爻辞谓"含章"),按照这样的姿态参与君王政事,就不敢成事居功。这就是为地之道、为妻之道、为臣之道。地道表面看来一无所成,却世世代代都能善终。

天地正常地运动变化,草木兴盛繁茂。天地闭塞,有才有德的人就会隐退。六四爻辞"括囊,无咎无誉",就是讲要保持谨慎("天地闭塞",暗指当政上层任性而行,不通民众下情)。

六五作为君子,以黄裳中色展示通达义理,位置端正,体态稳实,外显富丽(黄裳),而真正的大美则在内守中道。由此四肢畅通,事业发达,美到极点了。

上六阴居最高端,形成全阴的《坤卦》,引起阳刚疑惑,必然会发生战斗。由于不满足自身并非阳刚,所以要称龙。但它尚未离开阴柔类属,所以还要通过血的称谓加以区别。所谓黑色与黄色,表明天地交杂,黑的属于乾天,黄的属于坤地。

【疏引】

1. 孔子认为《乾》《坤》二卦在《周易》中具有举足轻重的地位:"《乾》《坤》其《易》之缊邪?《乾》《坤》成列而《易》立乎其中矣。《乾》《坤》毁则无以见《易》。《易》不可见,则《乾》《坤》或几乎息矣。"(《系辞上传》第十二章)为此,在《彖》《象》逐卦阐解的基础上,又对《乾》《坤》二卦多次加以诠释,常常联系现实,语言生动活泼。

2. 《文言传》为什么称"文言"?"文"涵美好、文饰之义。陆德明《经典释文·周易音义》云:"文言,文饰卦下之言也。"孔颖达疏引庄氏云:"文谓文饰,以乾坤德大,故特文饰以为《文言》。"乾坤须要文饰吗?《系辞传》曰:"乾以易知,坤以简能。"既然平易简单,何须文饰?所以孔颖达又补充说:"今谓夫子但赞明易道,申说义理,非是文饰华彩,当谓释二卦之经文,故称《文言》。"《说文解字》云:"文,错画也。象交,文。"错画,指笔画交错。"象交",可有两种解释:其一,"文"之字如"交";其二,两种物象(如笔画)相交。如从第一种解释,则"象交"之后无须再加一"文"字。看来以第二种解释为宜,即两种物象相交称之为"文",这也符合孔子关于"物相杂,故曰文"之定义。《乾》《坤》为《周易》开门双卦,前者纯阳,后者纯阴,相互对应,交错为文。因此,对《乾》《坤》二卦进行专题阐述称之"文言",可谓名副其实。

3.《文言传》在《彖传》《象传》的基础上进一步开拓想象,丰富意念,引申发挥,张扬义理,虽尚与卦爻辞有所关联,更呈出经论道之势。

4. 值得重点关注的论述与观念:

(1)元者,善之长也。亨者,嘉之会也。利者,义之和也。贞者,事之干也。

(2)不易乎世,不成乎名,遁世无闷。

(3)庸言之信,庸行之谨,闲邪存其诚,善世而不伐。

(4)知至至之,可与几也。知终终之,可与存义也。

(5)君子进德修业,欲及时也。

(6)同声相应,同气相求。水流湿,火就燥。云从龙,风从虎。圣人作而万物睹。本乎天者亲上,本乎地者亲下,则各从其类也。

(7)终日乾乾,与时偕行。

(8)君子以成德为行,日可见之行也。

(9)君子学以聚之,问以辩之,宽以居之,仁以行之。

(10)夫大人者,与天地合其德,与日月合其明,与四时合其序,与鬼神合其吉凶。

(11)知进退存亡而不失其正者,其唯圣人乎?

(12)坤至柔而动也刚,至静而德方,后得主而有常,含万物而化光。

(13)积善之家,必有余庆;积不善之家,必有余殃。

(14)君子敬以直内,义以方外,敬义立而德不孤。

(15) 地道无成而代有终也。

(16) 天地变化,草木蕃;天地闭,贤人隐。

(17) 君子黄中通理,正位居体,美在其中,而畅于四支,发于事业,美之至也。

(18) 阴疑于阳必战。

5.《文言传》对《乾卦》讲解多次,《坤卦》为何仅讲一次? 可能有以下几个因素:一是《乾》《坤》是一对旁通错卦,《乾》为主导,《坤》以顺动,乾道既明,则坤"后顺得常"(《象上传·坤》),因此重点阐明《乾卦》;二是弟子们关于《乾卦》的提问更多;三是孔子联系自身实际,晚年学研《周易》,对于《乾卦》"六位时成"感慨良深,他即景生情,感言"加我数年,五十以学《易》,可以无大过矣"(《论语·述而》)。并对照《乾卦》六个时位,将自己一生归纳为六个时段:"吾十有五而志于学,三十而立,四十而不惑,五十而知天命,六十而耳顺,七十而从心所欲,不逾矩。"彼此可互相参证(参见拙著《孔子哲思百题解》相关论述)。

第六节 说 卦 传

《说卦传》共分十一章。首章阐述占蓍立卦的由来、意义与功能。第二章进一步展示"性命之理",归结于天地人三才之道而立足于"六位成章"之卦。接着由虚到实,层层展开。自第三章始至十一章终,逐章论说八经卦之象征,从天地之大到果谷之微,从宇宙自然到人类社会,从体表形色到万物性情,基于不同的视角反映事物特质,"而拟诸其形容,象其物宜",由此成为"观象玩辞""观变玩占"不可或缺的认知基础。

由于第五章的卦序排列与第二章不同,从而导出后天八卦图与先天八卦图,既引起种种争议,也引发玄思妙想。体则乾坤定位,用则周流不已。

第一章

【原文】

昔者圣人之作《易》也,幽赞于神明而生蓍,参天两地而倚数,观变于阴阳而立卦,发挥于刚柔而生爻,和顺于道德而理于义,穷理尽性以至于命。

【译文】

从前圣人运作易象,暗暗祝赞神明生发蓍草,以天为三(参),以地为二(两),组成奇偶会通的自然数系统作为运算依据(倚数)。观察阴阳变化而确立卦象,发挥刚柔之间的有机联系(九为老阳,七为少阳,六为老阴,八为少阴),通过筮占(四营十八变)而化生六爻,由此显示道德的和谐顺通,合乎义理,从而能够彻底探究事物原理,尽修善良之性而达成美好之命。

【疏引】

1. 开章首句"昔者圣人之作《易》也",圣人指谁?孔颖达疏云:"此圣人即伏牺也。不言伏牺而云圣人者,明以圣知而制作也。"倘若仅从这一单句孤立分析,"圣人"当指伏牺。然如联系下句"幽赞于神明而生蓍",则此圣人当为文王。而所言"作《易》",亦非"制作"易象,而是"运作"易象,亦即《文言传》所谓"圣人作而万物睹"之"作"也。"生蓍",则是生发用蓍之道,而非生长蓍草。欧阳修将"生蓍"视为设制卦象,从而与"仰观俯察"发生矛盾,进而断定《系辞》而下非孔子之作",实在是一个重大的误读。

2. "神明"就字面说,自然可谓"鬼神之明"。但从根本观念看,孔子是反对"怪力乱神"的。有时提到鬼神,无非从俗而言,便于交流。所以《系辞传》特别作出阐述:"神而明之,存乎其人。"即神明存在于真正得意悟道、知几通变之人。

3. "参天两地而倚数","参"通"三","两"即二。三为奇数、天数,二为偶数、地数。孔子阐释《周易》筮占,目的在于消除巫术的神秘性而代之以象数的义理性。按照《系辞上传》第九章所示,通过运作蓍草,经过"四营十八变",最终可得"或九或七或六或八"四个过揲数:九为老阳(三个三),七为少阳(一个三,二个两),六为老阴(三个两),八为少阴(一个两,二个三)。由此确定一爻,六重而成一卦,这就是"倚数"。据数推定天地、阴阳、刚柔以断卦爻,亦即传文所言:"观变于阴阳而立卦,发挥于刚柔而生爻。"对"参天两地",也有以"两"通"量"而释为"参天量地"的,但"参量"仍落实于"倚数"。

4."生蓍""倚数",使蓍占方法与蓍占过程义理化;"和顺于道德而理于义,穷理尽性以至于命",则使筮占意念与筮占目的道义化。筮占断事,表象在问吉凶后果,本质在明吉凶之道。和道顺德,讲理行义,则义理弘扬而善性积存,最终才有可能"顺天休命"。

第二章

【原文】

昔者圣人之作《易》也,将以顺性命之理,是以立天之道,曰阴与阳;立地之道,曰柔与刚;立人之道,曰仁与义。兼三才而两之,故《易》六画而成卦。分阴分阳,迭用柔刚,故《易》六位而成章。

【译文】

从前圣人制作易象,为的是顺通修性正命的原理,所以确立天道,称之为阴与阳;确立地道,称之为柔与刚;确立人道,称之为仁与义。将天地人三才加倍重合在一起,因而构成六画之卦。六画分为阴爻与阳爻,代表阴柔与阳刚,交替组合,错综运用,所以《周易》卦象包含六个时位而蔚然成章。

【疏引】

1. 本章"昔者圣人之作《易》也",后面有"六画而成卦"语,因此这个"作"与上章之"作"不同,明指"制作""创作"。

2. "将以顺性命之理",指的是卦象的设计功能。上一章"和顺于道德而理于义,穷理尽性以至于命",则指通过筮占实现这一设计功能。相互联系,前后呼应。

3."三才","才"可通"材",材质、资质。天地人三才即天地人三种各具自身资质的主体与类别,相互之间具有内在联系,其核心为道:天道表现为阴与阳。与其对应,地道表现为柔与刚,人道表现为仁与义。第五爻、上爻象征天位,初爻、第二爻象征地位,第三爻、第四爻象征人位。六位时成,于是构成反映事物运动变化的完整篇章。

第三章

【原文】

天地定位,山泽通气,雷风相薄,水火不相射,八卦相错。数往者顺,知来者逆,是故《易》,逆数也。

【译文】

天与地奠定基准位置,山与泽刚柔交流通气,雷与风相互迫促激荡,水与火相资而不相恶,八卦交错排列。历数过去,顺序相继;推知未来,逆向求数。所以,《周易》筮占的原理在于逆数推断。

【疏引】

1."天地定位",其中的"位"当指空间之位,同时更应理解为基准之位。天地之位的基准确定了,山泽、雷风、水火方可各就各位,形成一个自然之文与卦象之文相映生辉的宏大格局。

2."山泽通气"之说,可以下卦艮山、上卦兑泽的《咸卦》为例加深认识。山刚泽柔,所以《象传》阐述道:"柔上而刚下,二气感应以相与。"山之气性阳而质刚,水之气性阴而质柔,因此,山泽二气之通,实为阴阳之感、刚柔之应。

3."雷风相薄","薄"涵迫近之义,故释以"迫促激荡"。

4."水火不相射","射"涵进入之义。水入火内,火旺水则蒸,火入水内,水盛火则灭。相互不入,互不为敌,当各保其存。然为

《易》之道，既讲对应分立，尤重交流统一。水火相交，可以"既济"，亦可"未济"。所以孔颖达认为："水火不相入而相资。"资者，蓄也，助也。范仲淹《水火不相入而相资赋》云："水火之性也，偏其反而。水火之利也，一以贯之。居惟异处，动必相资。"也有释"入"为"厌"者，不相入即不相厌。既不相厌，自可相资。《译文》释为"不相恶"者，缘于水火既可异处，亦可共存，其条件是"适度"。适度则水得火而温暖，火遇水而和顺。

  5."数往者顺，知来者逆。"就文本言，明指易占原理：总结过去，常由近及远，顺时历数；推断未来，则致远返近，逆向求数。北宋大易学家邵雍则据本章导出著名的先天学说。《易学启蒙》引邵氏云："八卦相错者，明交相错而成六十四卦也。数往者顺，若顺天而行，是左旋，而皆已生之卦也，故曰数往也。知来者逆，若逆天而行，是右行也，皆未生之卦也，故云知来也。夫《易》之数，由逆而成矣。"经卦次序左旋为乾、兑、离、震，右行为巽、坎、艮、坤。宋代先天（伏牺）八卦图即由此给出，如下所示：

  依上图，乾坤定南北而离坎分东西，兑巽震艮各据四隅。相对二卦各爻阴阳相反，谓之相错旁通。而其序数相加，数皆成九。在此基础上，八个经卦，重叠成列而成先天（伏牺）六十四卦图。

  在"顺逆"的指向上，易学家们的理解并不完全一致。其实邵雍说得很明确:"乾南坤北,离东坎西,震东北,巽西南,兑东南,艮西北,自震至乾为顺,自巽至坤为逆。"他说的"左旋",是在先天图的左方旋转。

6. 本章阐述八卦位序及两相对应的态势,为何标示物象名而非卦名? 原因在于:其一,与第一章"参天两地"及第二章天地、阴阳、刚柔之道相呼应;其二,以物的具象反映相互态势,比之卦名虚义要生动明白得多。

第四章

【原文】

雷以动之,风以散之,雨以润之,日以烜之,艮以止之,兑以说之,乾以君之,坤以藏之。

【译文】

雷(震)用以象征震动,风(巽)用以象征发散,雨(坎)用以象征湿润,日(离)用以象征照耀,艮(山)用以象征止息,兑(泽)用以象征和悦,乾(天)用以象征统领万物,坤(地)用以象征包藏万物。

【疏引】

1. 上章以天地定位始,显示八卦两相对应的总体格局与交错态势。本章则以乾坤君藏终,表现八卦两相对应的会通模式与象征功能。朱震曰:"前说乾坤以至六子,此说六子而归乾坤,终始循环,不见首尾,《易》之道也。"项安世则谓:"自'天地定位'至'八卦相错',言先天之顺象也。自'雷以动之'至'坤以藏之',言先天之逆象也。"

2. 就字面直解,本章阐述的是八卦的功能:雷用以震动,风用以散发……但从本文的整体布局看,其实质在于表述八卦象征的事物性能:震雷的性能是动,巽风的性能是散……乾天的性能是君(领导),坤地的性能是藏(包容)。应当懂得,性能象征比事物象征更重要。诚如王弼所言:"触类可为其象,合义可为其征。

义苟在健,何必马乎? 类苟在顺,何必牛乎? 爻苟合顺,何必坤乃
为牛? 义苟应健,何必乾乃为马?"他明确地指出:物类的特性、事
物的义理比具体的物象更具认知价值。而决定事物类别与事物
义理的,则是事物的共同属性与本质功能。正确运用卦爻的具体
事物象征,首先要掌握卦爻的本质性能象征。

3.阐述八卦的象征功能,为何前四句主语用物象而后四句用
卦名? 看来,第四章是一个过渡:其前一章以物象论卦,其后一章
以卦名释象,本章则一半言物象,一半言卦名。前后补充,物象与
卦名于是配套完整。孔颖达疏曰:"上四举象,下四举卦者,王肃
云'互相备也'。""互相备"即互相配合而臻完备。《朱子语类》的
解读是:"'雷以动之'以下四句取象义多,故以象言。'艮以止之'
以下四句,取卦义多,故以卦言。"

4."日以烜之","烜"(xuǎn)是晒干的意思,又寓温暖、照耀、
干燥等义。

第五章

【原文】

帝出乎震,齐乎巽,相见乎离,致役乎坤,说言乎兑,战乎乾,
劳乎坎,成言乎艮。

万物出乎震,震东方也。齐乎巽,巽东南也。齐也者,言万物
之絜齐也。离也者,明也,万物皆相见,南方之卦也。圣人南面而
听天下,向明而治,盖取诸此也。坤也者,地也,万物皆致养焉,故
曰致役乎坤。兑,正秋也,万物之所说也,故曰说言乎兑。战乎
乾,乾,西北之卦也,言阴阳相薄也。坎者水也,正北方之卦也,劳
卦也,万物之所归也,故曰劳乎坎。艮,东北之卦也,万物之所成
终而所成始也,故曰成言乎艮。

【译文】

远古圣帝观震卦之象(动)而顺时出行,观巽卦之象(逊)而齐

整万物,观离卦之象(明)而会见大众,观坤卦之象(生)而部署使命,观兑卦之象而喜悦万物,观乾卦之象而阴阳相薄。观坎卦之象(险)而辛勤劳作,观艮卦之象(止)而定言功成。

万物生发于震,震处东方。齐列于巽,巽处东南。所谓"齐",指万物洁净整齐。离,象征光明,万物皆于此会见,为南方之卦。圣人面对南方听取天下意见,朝向光明治理天下,大体上取法此卦之象。坤即大地,万物都受其生养,所以说"致役乎坤"(天帝交给它的使命)。兑当正秋(收获之时),万物喜悦,所以谓"说言乎兑"。"战乎乾",乾是西北方位之卦,表明阴阳在这里相互搏击。坎就是水,正对北方之卦(日夜奔流),象征辛勤操劳,万物历此复归安息,所以说"劳乎坎"。艮是东北方位之卦,环形至终而又成新的起点,所以定而说"成"。

【疏引】

1. 本章以两段文字构成:第一段阐述"帝"对八经卦的感悟及效法其德行:据震而出,据巽而齐,据离而见,据坤而役,据兑而悦,据乾而战,据坎而劳,据艮而成。第二段阐述万物依循"帝"对八经卦的感悟及效法其德行,仿照"帝"的模式逐卦践行,但增加了一个重要内容:八卦的空间方位。中间还插上一条圣人(以"帝"为代表)"向明而治"的描叙。

2. 上一章阐述八卦象征的功能,本章则阐述八卦象征的启示而循义践行:雷的功能是动,帝于是由震而出;风的功能是散,帝于是由巽而齐(天下风行,散发致齐);日的功能是烜,帝于是由离而见;坤的功能是生,帝于是由坤致役;乾的功能是健,帝于是由乾率战;雨的功能是润,帝于是由坎而劳(劳须水润);艮的功能是止,帝于是止于功成。

3. 传统易学历来释"帝"为"天帝"。王弼阐释《下经·益》六二爻辞"王用享于帝"时,首先注"帝"为"生物之主"。孔颖达疏曰:"帝,天也。"在《周易正义》中更明确指出:"辅嗣(王弼)之意,以此帝为天帝也。"朱熹也说"帝者，天之主宰"。王夫之则云："帝者，万物之君，运物而终始之者也。"然而，仔细研读文章，当知"帝"非天帝，而是人间的上古圣帝。本章所言之"帝"，是作为万物的引领者而非创世者出现的，他具有智慧之思而无神灵之玄，实际上就是《象上传·乾》"首出庶物，万国咸宁"之"首"。作为万物之灵的代表者，他对八卦的深刻感悟与效法践行，成为引导万物随之而动的楷模。所以，第二段万物面对八卦的表现与第一段"帝"的表现基本相似。

4. 第一段"战乎乾"，"战"是谓语，主语是"帝"。第二段"战乎乾。乾，西北之卦也，言阴阳相薄也"，以文体观之，主语当为"万物"，综合起来的理解应是"帝统领万物战乎乾"。为什么？《文言传》曰："阴疑于阳必战。""帝"是阳方代表，阴方代表又是谁？我们不妨联系一个古老的传说，想象他是共工氏。《淮南子·天文训》云："昔者共工与颛顼争为帝，怒而触不周之山，天柱折，地维绝。天倾西北，故日月星辰移焉；地不满东南，故水潦尘埃归焉。"颛顼（zhuān xū）列五帝之一。《史记·五帝本纪》载："帝颛顼高阳者，黄帝之孙而昌意之子也。静渊以有谋，疏通而知事；养材以任地，载时以象天。"可谓足智多谋，应地顺天。由于共工被颛顼击败，怒撞地处西北的不周山（今陕西境内），折毁了顶天之柱，拉断了系地之绳，造成西北天塌，东南地沉，恰与《说卦传》乾天方位西北，坤地则由于东南沉陷成潦而转处西南，不能不说是一个有趣的巧合。当然，我们也不能由此便轻易推论《说卦》所云之"帝"即指颛顼。

5. 本章阐述八卦象征的一项重要内容是空间方位，后天八卦图即据此描绘，并循空间方位进而引申出时间节气。朱熹引邵雍说云："此卦位乃文王所定，所谓后天之学也。"但确定八卦方位的依据究竟是什么不很明确，所以朱熹又云："所推卦位之说，多未详者。"一般认为，五行之说可以参议。首先，帝处于震，象属东方春天之木，是为阳木。下接巽风阴木，因木生火而至南方夏日之离。火生土而达坤,坤土生金而抵西方秋季之兑。兑为阴金,后连乾之阳金,金乃生水而入北方冬令之坎。最终入艮土而止。艮土蓄坎水,复生东方春天之震木。原始反终,循环不已。

第六章

【原文】

神也者,妙万物而为言者也。动万物者莫疾乎雷,挠万物者莫疾乎风,燥万物者莫熯乎火,说万物者莫说乎泽,润万物者莫润乎水,终万物始万物者莫盛乎艮。故水火相逮,雷风不相悖,山泽通气,然后能变化,既成万物也。

【译文】

所谓神,是说能神妙地化育裁成万物。鼓动万物的没有比雷更迅捷的了。吹拂(挠 náo:碰扰,触动)万物的没有比风更快速了。干燥万物的没有比火更炽热(熯 hàn:火热)了。悦乐万物的没有比泽更顺和了。润泽万物的没有比水更滋润了。终而复始地促成万物生发的没有比艮更盛大了。所以水与火相互会合(逮:到达),雷与风互不背离,山与泽彼此通气,然后能够运动变化,促成万物生化发展。

【疏引】

1. 本章阐述乾坤(除外)六子的基本功能,表现手法仍为象征。未言乾坤而实赞乾坤,因为雷风、水火、山泽皆处天地之间而见天地之功,所谓天地无为而无不为。乾坤乃体,六子乃用。

2. 本章六卦位序,仍按上章所示依次排列。

3.《周易折中》引胡炳文说:"以上第三章、第四章言先天,第五章言后天,此第六章则由后天而推先天者也。"李光地案曰:"此章合羲文卦位而总赞之。盖变易之序,后天为著,而交易之理,先天为明。变易者化也,动万物,挠万物,燥万物,说万物,润万物,终始万物者也。交易者神也,所以变变化化,道并行而不相悖,使物并育而不相害者也。"由此而言,后天卦序侧重体现变易,动、挠、燥、悦、润、盛,终始循环,运化万物。先天卦序侧重体现交易,阴阳错综,对偶互补,共道而行,依存并辅。但须明白,在现实世界中,变易与交易常相伴发功,反映事物运动变化,故尤见神妙无穷。

第七章

【原文】

乾,健也。坤,顺也。震,动也。巽,入也。坎,陷也。离,丽也。艮,止也。兑,说也。

【译文】

乾象征刚健,坤象征柔顺,震象征起动,巽象征进入,坎象征险陷,离象征明丽,艮象征静止,兑象征和悦。

【疏引】

1. 本章阐述八卦的基本品德,有性有情,用以象征事物的本质特点。全篇言简意赅,既十分简洁,又非常重要。须知天下万物,繁杂陆离,必当抓住它们共有的本质属性,方能分门别类,概括归纳,以象征情性而包容万千事物。

2. 本章表述八卦的情性,而第三章表述八卦的主体。应当懂得,八卦的情性象征原于其主体象征:乾的象征主体为天,天体运转,昼夜不息,所以情性为健。坤的象征主体为地,地顺天而承载万物,所以情性为顺。震的象征主体为雷,雷惊远迩,撼动万物,所以情性为动。巽的象征主体为风,风行千里,无孔不入,所以情性为入。坎的象征主体为水,水深莫测,易陷险境,所以情性为陷。离的象征主体为火,火光明丽,附物而燃,所以情性为丽(附丽)。艮的象征主体为山,山立于地,阻挡行进,所以情性为止。兑的象征主体为泽,广容宽藏,滋润万物,所以情性为悦。

3. 邵雍以阴阳起伏阐释八卦情性,对卦名、卦德、卦象、卦性的综合认识或有启示。他指出:"乾,奇也,阳也,健也,故天下之

健莫如天。坤,偶也,阴也,顺也,故天下之顺莫如地,所以顺天
也。震,起也,一阳起也,起,动也,故天下之动莫如雷。坎,陷也,
一阳陷于二阴,陷,下也,故天下之下莫如水。艮,止也,一阳于是
而止也,故天下之止莫如山。巽,入也,一阴入二阳之下,故天下
之入莫如风。离,丽也,一阴丽于二阳,其卦错然成文而华丽也,
天下之丽莫如火,故又为附丽之丽。兑,说也,一阴出于外而说于
物,故天下之说莫如泽。"李光地虽以邵说不俗,"其说三阳卦既得
之",却又以为"其说三阴卦,以巽为阴入于阳,离为阴附于阳,则
似未合经义。盖阴在内,阳必入而散之。阴在中,阳必附而散之。
入与丽皆阳也,特以先有阴质为主,故谓之阴卦尔"。也就是说,
邵雍把巽卦之象视为"阴入于阳"(指一阴入于二阳之下),而李光
地则视为"二阳欲入而陷阴";邵雍把离卦视为"一阴丽于二阳",
李光地则视为二阳附丽于一阴。李为此印证张载之说:"阳陷于
阴为水,附于阴为火。""阴在内,阳在外者不得入,则周旋不舍而
为风,尽物理之妙。"疏引之意,惟为拓宽读者视野,广揽诸说以广
思路而悟意象之妙,不宜固守一端。

第八章

【原文】

乾为马,坤为牛,震为龙,巽为鸡,坎为豕,离为雉,艮为狗,兑
为羊。

【译文】

乾是马,坤是牛,震是龙,巽是鸡,坎是猪,离是雉,艮是狗,兑
是羊。

【疏引】

1. 本章阐述八卦的象征内容,属于《系辞传》所说"远取诸物"
的部分动物的例证:由"观鸟兽之文"始作八卦而逆转为由八卦象
征相应的类属之物。

2."仰观俯察"所取得的,首先是万物的主要情性,由此作成的八卦,又反过来主要以情性象征万物。如乾卦情性健,所以象征奔驰健行的马。坤卦情性顺,所以象征驯顺耕作的牛。震卦情性动,所以象征飞舞天际的龙。巽卦之风呼号入耳,所以象征啼鸣之鸡。坎卦低湿下陷,所以象征爬滚之猪。艮卦情性止,所以象征守门之狗。兑卦情性悦,所以象征温和之羊。

3.子曰:"举一隅不以三隅反,则不复也。"掌握八卦象征,当知举一反三。

第九章

【原文】

乾为首,坤为腹,震为足,巽为股,坎为耳,离为目,艮为手,兑为口。

【译文】

乾是头,坤是腹,震是脚,巽是腿,坎是耳朵,离是眼睛,艮是手,兑是口。

【疏引】

1.本章阐述八卦的象征内容,属于《系辞传》所说"近取诸身"的例证:由人身相关部分取义入卦而逆转为以八卦象征人身的相关部分。

2.八卦与人身之间的象征联系,重在会意。如乾为万物首领,所以象征头。坤为生养万物之大地,所以象征腹。震性动,所以象征脚。"帝出乎震,齐乎巽。"巽,齐也,顺也。震为足,则巽齐顺而动为腿。坎,虚(阴爻)在外(耳孔)而实(阳爻)在内(耳膜),耳之象也。离,实(阳爻)在外(眼球)而虚(阴爻)在内(瞳孔),目之象也。艮为止,挥手止之,所以象征手。兑为悦,笑口常开,所以象征口。

3.本章"近取诸身"与上章"远取诸物"一样,不论取象作卦或象事征物,皆可举一反三。

第十章

【原文】

乾，天也，故称乎父。坤，地也，故称乎母。震，一索而得男，故谓之长男。巽，一索而得女，故谓之长女。坎，再索而得男，故谓之中男。离，再索而得女，故谓之中女。艮，三索而得男，故谓之少男。兑，三索而得女，故谓之少女。

【译文】

乾是天，所以称为父亲。坤是地，所以称为母亲。震卦由第一条阳爻进入坤卦取代初六而得男（初爻化为阳刚），所以称作长子。巽卦由第一条阴爻进入乾卦取代初九而得女（初爻化为阴柔），所以称作长女。坎卦成于第二条阳爻进入坤卦取代六二而得男（中爻化为阳刚），所以称作中男。离卦成于第二条阴爻进入乾卦取代九二而得女（中爻化为阴柔），所以称作中女。艮卦成于第三条阳爻进入坤卦取代上六而得男（上爻化为阳刚），所以称作少男。兑卦成于第三条阴爻进入乾卦取代上九而得女（上爻化为阴柔），所以称作少女。

【疏引】

1. 本章阐述八卦象征，由此前的天地自然、家畜动物、人体器官发展到家庭成员。其推演准则是，以乾坤为纯阳、纯阴的父母，通过阴阳交错，化生六子：长男、长女、中男、中女、少男、少女。

2. 八经卦通过阴阳相互交换，乾坤可以化生六子。同理，六十四卦的《乾》《坤》二卦，也可以通过阴阳交换化生其他六十二卦，两两对应，即成错综之象。

3. 卦象既然可以反映事物，反映家庭结构，当然也可以反映社会关系。这种事物、结构、关系经常处于运动变化的过程中，绝非固定不变。

第十一章

【原文】

乾为天,为圜,为君,为父,为玉,为金,为寒,为冰,为大赤,为良马,为老马,为瘠马,为驳马,为木果。

坤为地,为母,为布,为釜,为吝啬,为均,为子母牛,为大舆,为文,为众,为柄,其于地也为黑。

震为雷,为龙,为玄黄,为旉,为大涂,为长子,为决躁,为苍莨竹,为萑苇。其于马也为善鸣,为馵足,为作足,为的颡。其于稼也为反生。其究为健,为蕃鲜。

巽为木,为风,为长女,为绳直,为工,为白,为长,为高,为进退,为不果,为臭。其于人也为寡发,为广颡,为多白眼。为近利市三倍,其究为躁卦。

坎为水,为沟渎,为隐伏,为矫輮,为弓轮。其于人也为加忧,为心病,为耳痛,为血卦,为赤。其于马也为美脊,为亟心,为下首,为薄蹄,为曳。其于舆也为多眚。为通,为月,为盗,其于木也为坚多心。

离为火,为日,为电,为中女,为甲胄,为戈兵。其于人也为大腹。为干卦,为鳖,为蟹,为赢,为蚌,为龟。其于木也为科上槁。

艮为山,为径路,为小石,为门阙,为果蓏,为阍寺,为指,为狗,为鼠,为黔喙之属。其于木也为坚多节。

兑为泽,为少女,为巫,为口舌,为毁折,为附决,其于地也为刚卤。为妾,为羊。

【译文】

乾卦象征天,圆,君主,父亲,玉石,金属,寒冷,冻冰,大红,良马,老马,瘦(瘠)马,杂色(驳)马,木生果实。

坤卦象征地,母亲,布帛,锅子,吝啬,平均,母牛,大车,文采,人众,把柄,对地说来是黑色。

震卦象征雷，龙，黑黄色，散布（旉 fū），大路（"涂"通"途"），长子，果断急躁，青竹（苍莨 láng），芦苇。作为马类，是善于鸣叫的马，后脚白色的马，奔驰的马，额头白色的马。作为庄稼，则是果实长在地下的。终极象征刚健，象征繁茂新鲜。

巽卦象征木，风，长女，绳线拉直，工匠，白色，长，高，进进退退，不果断，气味。对人说来是头发少的，额角宽的，眼白多的。入市得利三倍，终究是个躁动之卦。

坎卦象征水，沟渠，暗藏，曲直可变，弯弓圆轮。对人说来是增加忧愁的，心脏有病的，耳朵痛的，它是血卦，红色。对马来说是脊背健美的，心急（亟心）的，低头（下首）的，蹄薄的，拖拖拉拉（曳）的。就车子说是故障多（眚）的。还象征通畅，月亮，盗贼。就树木说是坚硬而年轮密实的。

离卦象征火，太阳，闪电，中女，盔甲，干戈兵器。对人说来是肚皮大的。它是燥卦。还象征鳖，蟹，螺（蠃 luǒ），蚌，龟。就树木说是空心枯燥。

艮卦象征山，小路，小石，门楼，瓜（蓏）果，门卫，手指，狗，鼠，黑嘴（黔喙）鸟兽。就树木说是坚硬多节。

兑卦象征泽，少女，巫婆，口舌，毁坏折断，掉离脱落（附决）。就土地说是盐碱地。还象征妾，羊。

【疏引】

1. 本章仍按先天卦序错综排列进行象征。内容较此前诸章大加扩充，纷繁错杂，象征范围包括天地自然、形状体态、性情品质、家庭成员、社会职位、冷暖色彩、动物、植物、人工器材等等。如果"因而重之"比类延续，则象之所征，何止千万！诚如《系辞传》所云："八卦而小成，引而伸之，触类而长之，天下之能事毕矣。"

2.《易传》运用卦爻象征阐释经文，注重道德义理而非展示琐碎具体之事物。本章依序分述八卦，首先列出《易传》阐明的基本象征：天地雷风水火山泽，然后引申扩展，乃至巨细无遗，甚至有的象征并不合乎通例，如坤为黑色，巽为白色，坎为红色。由此看来，这些象征文字或为《易传》形成之后在传承过程中所加入，其功用在于适应筮占事物的广泛性、复杂性与具体性。汉时还盛行"射覆"，即仿效筮占之术推断置于倒放盆中之物，亦须增列具象。关于具体象征的原由，李鼎祚《周易集解》有较多记述，可供参阅。

3.《易传》重视运用象数，倡言以数定象，以象纳数（自然之数、天地之数、奇偶之数、掛扐之数、四营之数、二篇策数、卦象序数、爻象位数、四时之数、万物之数等等），进而"参伍以变，错综其数"，"极其数，遂定天下之象"。通过象征阐解经文，解出了特色，解出了道义，解出了新意。可见"观象玩辞"是孔子阐释《周易》的一项重要心得。但须明白，《周易》卦象与经文作为历史文献，有其特定依据、特定背景与特定内涵，绝非辞必函数，字必藏象。两汉以来，在复兴《周易》的历史文化潮流中，为了以象解经，易学家们创设了种种造象方法，一个重卦可以由本卦推演出之卦（动爻新卦）、错卦（阴阳爻交变）、综卦（卦体倒转）、互卦（由本卦上移一爻组合新的下卦与上卦；连续上移化成新卦，谓之连互）。还有五花八门的卦变之说，不一而足。或臧或否，聚讼良多。窃认为事物可变，六爻可变，卦象自亦可变，唯宜适度运作，不可滥用。否则，凡举经文一言，必先硬探其象，细碎繁琐，脱离正道，遂致王弼举起义理大旗，一扫乱象。所谓乱象，是指不合经义文理之象，而非所有循道化生之象。王弼为此作《周易注》及《周易略例》，其中有专题论述《明爻通变》《明卦适变通爻》及《明象》，认为爻是讲运动变化的，"言乎变者也"，"卦以存时，爻以示变"，"时"与"变"都不能离开卦象爻象。他指出："应者，同志之象也。位者，爻所处之象也。承乘者，逆顺之象也。远近者，险易之象也。内外者，出处之象也。初上者，终始之象也。"必须懂得："象者，出意者也。言者，明象者也。"所以，学习研究《周易》要诀在明象、识象、辨象、解象,切不可随意编象,胡乱造象,违义说象。

第七节 序卦传

上 篇

【原文】

有天地,然后万物生焉。盈天地之间者唯万物,故受之以《屯》。屯者,盈也。屯者,物之始生也。物生必蒙,故受之以《蒙》。蒙者,蒙也,物之稚也。物稚不可不养也,故受之以《需》。需者,饮食之道也。饮食必有讼,故受之以《讼》。讼必有众起,故受之以《师》。师者,众也。众必有所比,故受之以《比》。比者,比也。比必有所畜,故受之以《小畜》。物畜然后有礼,故受之以《履》。履而泰然后安,故受之以《泰》。泰者,通也。物不可以终通,故受之以《否》。物不可以终否,故受之以《同人》。与人同者物必归焉,故受之以《大有》。有大者不可以盈,故受之以《谦》。有大而能谦必豫,故受之以《豫》。豫必有随,故受之以《随》。以喜随人者必有事,故受之以《蛊》。蛊者,事也。有事而后可大,故受之以《临》。临者,大也。物大然后可观,故受之以《观》。可观而后有所合,故受之以《噬嗑》。嗑者,合也。物不可苟合而已,故受之以《贲》。贲者,饰也。致饰然后亨则尽矣,故受之以《剥》。剥者,剥也。物不可以终尽,剥穷,上反下,故受之以《复》。复则不妄矣,故受之以《无妄》。有无妄然后可畜,故受之以《大畜》。物畜然后可养,故受之以《颐》。颐者,养也。不养则不可动,故受之以《大过》。物不可以终过,故受之以《坎》。坎者,陷也。陷必有所丽,故受之以《离》。离者,丽也。

【译文】

有了天地(乾坤),然后万物生成。充满天地之间的唯有万物,所以下接《屯卦》。屯,意味着充盈,意味着万物开始生发。万物始生必然蒙昧无知,所以下接《蒙卦》。蒙的意思是蒙昧,表明生物的幼稚。生物幼稚不可以不食养,所以下接《需卦》。需体现饮食之道。而寻求饮食必然引起争讼,所以下接《讼卦》。争讼必会引起成群结队的人众对垒,所以下接《师卦》。师就是成群结队。成群结队必然互相亲近,所以下接《比卦》。比就是亲近朋比。亲比必能有所积蓄,所以下接《小畜卦》。财富有了积蓄,然后讲究礼仪,所以下接《履卦》。讲究礼仪而顺通安泰,所以下接《泰卦》。泰的意思就是顺通。事物不可能始终顺通,所以下接闭塞的《否卦》。事物不可能始终闭塞,所以下接与人交往的《同人卦》。与人和同交往,万物必来归从,所以下接《大有卦》。拥有了大量人力物力财力,不可以自满,所以下接《谦卦》。力量强大又能谦虚,必然快乐欢豫,所以下接《豫卦》。生活欢愉必有人来追随,所以下接《随卦》。喜欢追随的人必然出事,所以下接《蛊卦》。蛊的意思就是事。事件发生后必然扩大,所以下接《临卦》。临的意思就是大。事物盛大而后可观,所以下接《观卦》。可观而后有所会合,所以下接《噬嗑卦》。嗑的意思是合。事物不能勉强凑合,所以下接《贲卦》。贲的意思是文饰。受到文饰然后亨通而达尽头,所以下接《剥卦》。剥就是剥落。事物不可能永远剥落到底,剥到极点,阳刚由上返下,所以下接一阳复生的《复卦》。回复正道便不虚妄,所以下接《无妄卦》。没有虚妄然后可以实实在在地积蓄,所以下接《大畜卦》。财物有了蓄积然后可以生养,所以下接《颐卦》。颐就是生养。不生养就不可能行动,所以下接《大过卦》。事物不可能大过到底,所以下接《坎卦》。坎就是陷落。陷落必有所依附(而后可出险),所以下接《离卦》。离就是依附(依附同时显其明丽)。

【疏引】

1.《序卦传》阐释六十四卦排列次序的因由。依上下经而分上下篇。

八卦的排列,据《说卦传》描述而成的先天图,两两相对,错综分明。如按邵雍所谓"加一倍法"横排,则乾兑离震巽坎艮坤之序亦粲然可见。所以朱熹认为:"虽其见于摹画者,若有先后而出乎人为,然其已定之形,已成之势,则固已具于浑然之中,而不容毫发思虑作为于其间也。"即八卦次序全出自然,浑然天成。倘若顺势推排,可得伏羲六十四卦图,但与经文所列之六十四卦顺序不合。所以,《周易》经文的卦序到底是怎么确定的,其中包含什么信息,一直是易学史上的一个研究课题。1973年出土的马王堆帛书《周易》,其经文卦序的排列设计贯串阴阳错综的观念,依乾坤艮兑坎离震巽的次序分列上下,"因而重之",井然有序。而考证认定,帛书《周易》晚于今本《周易》,可见修编者同样未解古经卦序之谜而别出心裁另设自具意涵的卦序。

然而,对古经卦序的探索,终究不能离开典籍文本,不能离开《易传》。尽管《序卦》文字简朴,精深无多,然次序前后,循名责义,亦蕴天人之理。诚如李光地所云:"卦之所以序者,必自有故。而孔子以义次之,就其所次,亦足以见天道之盈虚消长,人事之得失存亡,国家之兴衰理乱。"

一般认为,《连山》以《艮》为始卦,反映渔猎社会的时代背景。《归藏》以《坤》为始卦,反映农牧社会的时代背景。由此一脉相承的《周易》以《乾》为始卦,而至《未济卦》终,其中亦必有缘由。孔子《序卦传》乃探前圣之意,固非必然,但其中阐发的义理则足令世人深受教益。隋代思想家、教育家王通《中说》崇而赞之云:"大哉时之相生也,达者可与几也。"他把卦之依次承接,视为时之化转相生。通达此理,自然可以"与几":探究洞察运变之微而先见吉凶了。

2.《序卦传》开篇为何不提乾坤卦名而直说天地?事出有因。其一,《系辞传》云:"天尊地卑,乾坤定矣。"天地为体,乾坤为用,

《序卦》首示其体,可谓寻根究底,从头讲起;其二,序卦者,逐卦排列次序也,乾坤为《易》之精蕴,二者同时并生,无分次序之先后,诚若天地之始,齐出比立,共同形成容纳万物之无穷空间,直抵《屯卦》之境。

3. "屯卦"之"屯",《彖传》阐释为"刚柔始交而难生"。《说文》云:"屯,难也。象草木之初生,屯然而难。"也有聚集、储存、驻守等义。但《序卦传》释为"盈",为什么?宋儒项安世云:"屯不训盈也。当屯之时,刚柔始交,天地细缊,雷雨动荡,见其气之充塞也,是以谓之盈尔。"即所谓"盈",是指当屯之时天地细缊之气充盈。

4. "蛊卦"之"蛊",原是一种害人的小毒虫,引申而为蛊惑,并没有"事"的含义。《序卦传》为何言其为"事"?项安世解释说:"蛊不训事。物坏则万事生矣,事因坏而起,所以蛊为事之先。""事之先"即事之先导,事之因由。

5. "临卦"之"临",原义为自上而下靠近,并无"大"的含义。对《序卦传》"临者大也"之言,项安世解释说:"临不训大。大者以上临下,以大临小。凡称临者,皆大之事,故以大释之。"韩康伯则谓:"可大之业,由事而生。"

6. "贲者,饰也。"这个"饰",译文释为"文饰"。所谓文饰,指合礼合情之饰。诚如苏轼所云:"直情而行谓之苟,礼以饰情谓之贲。苟则易合,易则相渎,相渎则易以离。贲则难合,难合则相敬,相敬则能久。"

7. 怎样理解"剥尽,上反下,故受之以《复》"?《剥卦》只剩上九一个阳爻,其下均系阴爻,显"五阴剥一阳"之势。剥到尽头,就成为全阴的《坤卦》了。而物极必反,一阳自下始生,初爻由阴转阳,这就是"上反下":《剥卦》的上爻阳刚返回底部初九之位,《剥卦》也由此转变为《复卦》了。

8. 怎样理解"不养则不可动,故受之以《大过》"中之"过"?先儒大体有三种思路。其一,"过"为过度、超过之"过"。如郑玄曰:

"以养贤者宜过于厚。"其二,"过"为过失之"过"。如王肃言:"过莫大如不养。"对此,孔颖达分析道:"此《序卦》以《大过》为次《颐》也,明所过在养。子雍(王肃)以为过在不养,违经反义。"其三,孔颖达认为"过为过越之过","大过以人事言之,犹若圣人过越常理,以拯患难也"。从经传整体研判,郑、孔之说较为恰当,因为《序卦传》已明示:"大过"是一种颐养之后才能获得的"动",即大的行动,超越常规的行动,绝非过失。

9."离者,丽也。"王弼注曰:"物穷则变,极陷则反所丽也。"传统易学历来将"丽"的含义归为"依附",但细考《象传》:"离,丽也。日月丽乎天,百谷草木丽乎土,重明以丽乎正。""丽"在表达"依附"含义的同时,兼显"明丽"之意。"依附"是离的行为,明丽是离的品貌,二者不可偏废。观之卦象,二阳依附于居中之一阴。依附者,阳也;明丽者,阴阳协和而生辉也(亦有认为离乃一阴附于二阳之间,殊不知卦主为居中之阴也)。

10. 上篇以乾坤始,乾坤者,父母也。以坎离终,坎离者,中男中女也。前者一阳居中,后者一阴居中,天地始立而人居其中也。

下　篇

【原文】

有天地然后有万物,有万物然后有男女,有男女然后有夫妇,有夫妇然后有父子,有父子然后有君臣,有君臣然后有上下,有上下然后礼义有所错。夫妇之道,不可以不久也,故受之以《恒》。恒者,久也。物不可以久居其所,故受之以《遁》。遁者,退也。物不可以终遁,故受之以《大壮》。物不可以终壮,故受之以《晋》。晋者,进也。进必有所伤,故受之以《明夷》。夷者,伤也。伤于外者必反其家,故受之以《家人》。家道穷必乖,故受之以《睽》。睽者,乖也。乖必有难,故受之以《蹇》。蹇者,难也。物不可以终难,故受之以《解》。解者,缓也。缓必有所失,故受之以《损》。损而不已必益，故受之以《益》。益而不已必决，故受之以《夬》。夬者，决也。决必有所遇，故受之以《姤》。姤者，遇也。物相遇而后聚，故受之以《萃》。萃者，聚也。聚而上者谓之升，故受之以《升》。升而不已必困，故受之以《困》。困乎上者必反下，故受之以《井》。井道不可不革，故受之以《革》。革物者莫若鼎，故受之以《鼎》。主器者莫若长子，故受之以《震》。震者，动也。物不可以终动，止之，故受之以《艮》。艮者，止也。物不可以终止，故受之以《渐》。渐者，进也。进必有所归，故受之以《归妹》。得其所归者必大，故受之以《丰》。丰者，大也。穷大者必失其所居，故受之以《旅》。旅而无所容，故受之以《巽》。巽者，入也。入而后说之，故受之以《兑》。兑者，说也。说而后散之，故受之以《涣》。涣者，离也。物不可以终离，故受之以《节》。节而信之，故受之以《中孚》。有信者必行之，故受之以《小过》。有过物者必济，故受之以《既济》。物不可穷也，故受之以《未济》终焉。

【译文】

有了天地之后于是有了万物，有了万物之后于是有了男女，有了男女之后于是有了夫妻，有了夫妻之后于是有了父子，有了父子之后于是有了君臣，有了君臣之后于是有了上下，有了上下之后于是会有关于礼仪规制的安排举措。夫妻（下经首卦《咸》）之间的正常关系不可以不长久保持，于是下接《恒卦》。恒就是长久。事物不可以久居其所不动，所以下接《遁卦》。遁就是退避。事物不可始终退避，所以下接《大壮卦》。事物不可始终壮大，所以下接《晋卦》。晋就是前进。前进必然会遭受伤害，所以下接《明夷卦》。夷就是伤害。在外受伤必然回家，所以下接《家人卦》。家道走上穷途势必乖僻不顺，所以下接《睽卦》。睽就是乖僻。乖僻必然遇到艰难，所以下接《解卦》。解就是缓解。缓解必然会有所减损，所以下接《损卦》。减损不止总会得益，所以下接《益卦》。受益不止终将决断，所以下接《夬卦》。夬就是决断。决断之后会有相遇,所以下接《姤卦》。姤就是遇。万物相遇而后集聚,所以下接《萃卦》。萃就是集聚。集聚起来发展上升称为《升》,所以下接《升卦》。上升不止必遇困难,所以下接《困卦》。受困于上必然反转向下,所以下接《井卦》。水井之道不可能不变革,所以下接《革卦》。变革食物者没有比鼎更好了(生的变熟的),所以下接《鼎卦》。主管鼎器(祭祀)者没有比长子更适合了,所以下接《震卦》(象征长子)。震就是动。事物不可始终在动,要使其静止,所以下接《艮卦》。艮就是静止。事物不可始终静止,所以下接《渐卦》。渐就是前进。前进必会有所归宿,所以下接《归妹卦》。万物前来归从必然盛大,所以下接《丰卦》。丰就是盛大。穷尽盛大必然丧失所处之地,所以下接《旅卦》。行旅没有收容之所,所以下接《巽卦》。巽就是进入。进入就会喜悦,所以下接《兑卦》。兑就是喜悦。喜悦之后离散,所以下接《涣卦》。涣就是离散。事物不可始终离散,所以下接《节卦》。节制得信任,所以下接《中孚卦》。有诚信必会行动,所以下接《小过卦》。能够审情度势超过平常事物者必能成功,所以下接《既济卦》。事物运动发展不可能穷尽,所以下接《未济》而为最后一卦。

【疏引】

1.《序卦传》下篇由“有天地然后有万物”起始,直接与上篇相呼应,以乾坤为共同序首,表明《易传》述作者将六十四卦视为统一完整的卦序系列,不因上下经而有所分隔。《咸卦》作为少男(下卦艮)、少女(上卦兑)之结合,紧接于上篇中男(《坎》)中女(《离》)之后,亦属顺理成章。明代易学大家来知德云:“上经首《乾》《坤》者,阴阳之定位,万物之男女也。《易》之数也,对待不移者也。”“下经首《咸》《恒》者,阴阳之交感,一物之乾坤也。《易》之气也,流行不已者也。”但据《序卦》以言,则下经三十四卦,从本质上看,称得上卦序之首的,与上经一样,唯为《乾》《坤》,《咸》《恒》绝非下经其他三十二卦之首。乾坤既是“《易》之数也”的本原,又是"《易》之气也"的根据,从而表现为既"对待不移者也",而又"流行不已者也"。

2. 乾坤作为"万物之男女",分列二卦。《咸卦》作为"一物之乾坤",合居一体。所谓"万物之男女",其德能是生:生物不息。所谓"一物之乾坤",其德能是化:化生夫妇。乾坤也罢,男女也罢,本原皆在阴阳。阴阳化生万物,阴阳化生夫妇。

3. 依《序卦》体例,在第三句"有男女然后有夫妇"之后,应当直连"夫妇之道不可以不久矣……",不料中间却插上一段"有夫妇然后有父子……有上下然后礼义有所错"。这足以表明《周易》的传述者正在抓住一切机会来宣扬礼义的迫切心情。

4.《序卦传》释"咸"为"男女",而《彖传》则谓"咸,感也。柔上而刚下,二气感应以相与"。所以一般都视咸为"无心之感"。二气,即艮山之气与兑泽之气,根据在《说卦传》的"山泽通气"。山泽无心而有感,感而无心则成咸。由此联想《彖上传·乾》"万国咸宁"与《彖上传·坤》"品物咸亨",倘如把"咸"看作动词(一般视其为副词,表示"都、皆、全"等意),强调万国之间朴实的无心之感,则天下必当安宁。实现万物之间自然的无心之感,则诸事必当亨通。可见对于经典之研阅,意念可殊,哲理则一。

5. "有其信者必行之,故受之以《小过》。"由此可知,"小过"是一种"行",行为,行动。联系上篇"不养则不可动,故受之以《大过》",表明"大过"也是一种行动,二者本义一致而程度不同。过,指的是超过常规,超越常理,超出常情。这种超过、超越与超出,都是符合道义的超过与超越。"大过"反映特立独行的精神与无畏的气概,往往针对大事,面对的矛盾常会剧烈而深刻,所以须要注意后面的坎陷。"小过"反映审情度势的心态与进则有止的方略,所以较易成事而达既济。

6. 上篇以《坎》《离》二卦终,下篇以《既济》《未济》终。《坎》《离》二卦各自分列,《既济》《未济》则坎离上下交互相错,既济坎上离下,未济离上坎下。观之爻象,则既济六爻皆正,未济六爻不正,唯各爻阴阳相应。一个卦象就是一个系统。六爻皆正,即系统各部分均尽责守职,自然利于成事而既济。六爻不正,各自出位,势必离心离德难以成事而未济。但有关二爻保持相应状态,则尚能减轻内卷,争取共事向好。尤其居下卦之中的九二与居上卦之中的六五协和相应,乃有可能促成未济走向既济,故二爻断辞皆吉。

第八节 杂卦传

【原文】

乾刚坤柔,比乐师忧。临观之义,或与或求。屯见而不失其居,蒙杂而著。震,起也。艮,止也。损益,盛衰之始也。大畜,时也。无妄,灾也。萃聚而升不来也。谦轻而豫怠也。噬嗑,食也,贲,无色也。兑见而巽伏也。随无故也。蛊则饬也。剥,烂也。复,反也。晋,昼也。明夷,诛也。井通而困相遇也。咸,速也。恒,久也。涣,离也。节,止也。解,缓也。蹇,难也。睽,外也。家人,内也。否泰,反其类也。大壮则止,遁则退也。大有,众也。同人,亲也。革,去故也。鼎,取新也。小过,过也。中孚,信也。丰,多故也。亲寡旅也。离上而坎下也。小畜,寡也。履,不处也。需,不进也。讼,不亲也。大过,颠也。姤,遇也,柔遇刚也,渐,女归待男行也。颐,养正也。既济,定也。归妹,女之终也。未济,男之穷也。夬,决也,刚决柔也。君子道长,小人道忧也。

【译文】

乾刚健,坤柔顺;比欢乐,师忧愁。临和观的意义,一是给予,一是索求。屯显示万物出现而有所居之处,蒙显示芜杂幼稚而明养正之途。震,动而起。艮,静而止。损与益各为兴盛与衰落的开始。大畜在于适时。无妄隐伏灾祸。萃表明集聚而升则不再下来。谦看轻自己。豫松懈自己。噬嗑是嚼食。贲则不着颜色。兑外显而巽内伏。随没有故旧。蛊就要整治。剥是败烂。复是回归。晋是白昼。明夷是伤害。井畅通而困为阴柔与阳刚相遇致受阻碍。咸，快速。恒，长久。涣，离散。节，制止。解，宽缓。蹇，艰难。睽，违于外。家人，亲于内。否与泰反映两种相反的事类。大壮当适可而止。遁就是要隐退。大有拥有群众。同人和合相亲。革为去旧。鼎是取新。小过有所超过。中孚展示诚信。丰多故旧。旅少亲友。离火上扬而坎水下流。小畜积聚尚少。履则居止未定。需不前进。讼无亲情。大过喻颠覆。姤示阳遇阴。渐则是闺女出嫁等待新郎来迎而同行。颐，培养正气。既济，功成事定。归妹是女子终身大事的了结。未济是男人事业步入穷尽。夬是决断，阳刚决断阴柔，它表明君子之道增长，小人之道堪忧。

【疏引】

1.《系辞传》曰："物相杂，故曰文。""杂卦"即交错相杂之卦，错综复杂之卦。错卦是阴阳交错的一对卦，如《乾》与《坤》、《坎》与《离》、《颐》与《大过》、《中孚》与《小过》。综卦指卦象互相倒置的一对卦，如《屯》和《蒙》、《需》和《讼》等。六十四卦中，各卦均有相应之错卦，但成对顺序排列的则唯八对。除上述四对外，还有《泰》与《否》、《随》与《蛊》、《渐》与《归妹》、《既济》与《未济》，它们既系错卦，又系综卦。其余皆为综卦，共二十四对。《序卦传》依序讲解次序因由。《杂卦传》则打破卦序，错综分述卦义。所以孔颖达说："《序卦》依文王上下而次序之。此《杂卦》，孔子以意错杂而对，辨其次第，不与《序卦》同。"

2.《杂卦》言极简而意至赅。释卦之义，甚或可以一字挑明。由于过分简洁，难以完整全面地阐释卦象全部意涵，故可供参研而未可拘泥于一。

3. 细察全传，卦义重释较多。如"屯见"，又有"兑见"；"随，无故也",又有"丰,多故也";"艮,止也",又有"节,止也",还有"大壮则止";"困,相遇也",又有"姤,遇也"等。诚然,文字可以相同,其意容或不同,推其缘由,《杂卦传》所释诸卦之义,或非孔子的系统性传述,而是在一个长期教学过程中时或插入的分散评点,后经弟子们回忆而编集成传。

4. 全传前五十六卦,两两相偶,非错即综。自《大过卦》起,至《夬卦》终,则超越通例,八个重卦穿插阐释,另立规程。故有先儒怀疑,言传文注或有错乱。朱熹云:"自《大过》以下,卦不反对,或疑其错简。今以韵协之,又似非误,未详何义。"即从两卦对应看,似有差错。而文句音韵协和,则又不像出错。《朱子语类》又云:"《杂卦》以《乾》为首,不终之以它卦,而必终之以《夬》者,盖《夬》以五阳决一阴。决去一阴,则复为纯《乾》矣。"项安世则谓:"《大过》之象,本末俱弱,而在《杂卦》之终,圣人作《易》,示天下无终穷之理,教人以拨乱反正之法,是故原其乱之始生于《姤》,而极其势之上穷于《夬》,以示微之当防,盛之不足畏。自《夬》而《乾》,有终而复始之义也。"他还指出:"自《大过》以下,特皆以男女为言,至《夬》而明言之曰君子小人。然则圣人之意,断可识矣。"但圣人之意究竟为何,项氏之言唯为可供参酌一识。

5. 全篇阐释卦义,一般均易理解,需要推敲者或有以下数卦。其一,"蒙杂而著"。"杂"为芜杂幽昧,"著"为卓越明显。前者为下卦之象,后者为上卦之象。苏轼曰:"蒙以养正。蒙正未分故曰杂。童明,故曰著。"柴中行则谓:"在蒙昧之中,虽未有识别而善理昭著。"其二,"井通而困相遇"。"井通",毫无疑问通水,通风(如住宅天井、矿山风井),还可通邻里之情,"往来不穷"。"困"则如何相遇?通常《周易》之遇,指刚柔相遇,如《睽卦》九二:"遇主(六五)于巷。"《象下传·姤》:"姤,遇也,柔遇刚也。"同样,《困卦》之遇,亦如朱熹所云:"刚柔相遇而刚见掩也。"其三,"小过,过也","大过,颠也"。小过也是过,即超越通常情理而最终还能回归情理。大过则是颠覆性之"过"。就卦象言,木沉泽水,舟覆无疑。然而,这种颠覆体现着独立不惧的大无畏精神,它不仅是一种颠覆性的行动,而且是一种颠覆性的改变。其四,"未济,男之穷也"。为什么?《未济卦》三个阳爻均迫居阴位,无法振扬,所以说"男穷"。然则"未济"意味着永远难以成事了吗?否。《易传》告诉我们:"穷则变,变则通。"未济又是一个阶段的时,"时止则止,时行则行",行止之际,又可以从未济走向既济。

6.《杂卦》之鲜明特色在于:卦重一义,尤著情性。错综对立,湛然辩证。过犹不及,唯尚中正。全篇文采粲然,读来朗朗上口。默而诵之,遐思无穷。倘若联系人生时位,静心体会,则宜贯通《乾卦》六爻,分段凝思。第一段自"乾刚坤柔"至"盛衰之始",默诵传文而定念"潜龙勿用"。第二段自"大畜时也"至"兑见巽伏",默诵传文而定念"见龙在田"。第三段自"随无故也"至"井通困遇",默诵传文而定念"终日乾乾"。第四段自"咸速恒久"至"遁则退也",默诵传文而定念"或跃在渊"。第五段自"大有众也"至"离上坎下",默诵传文而定念"飞龙在天"。第六段自"小畜寡也"至"小人道忧"终,默诵传文而定念"亢龙有悔"。何以如此分段入《乾》?但问自心,心有灵犀一点通也。清代易学家焦循自叙:"丁卯春三月,遘寒疾,垂绝者七日,昏瞀无所知。惟《杂卦传》一篇往来胸中。既苏,遂壹意于《易》。"看来,《杂卦传》之湛博精微,唯诚者识之,识者悟之,悟者化之,化则"可与几也"而神明悠然近之。

下编
孔子哲学归原

第一讲 孕育孔子哲学的
历史背景

孔子生于鲁襄公二十二年(前551)。"三十而立,四十而不惑",五十五岁离鲁,开始周游列国。后于鲁哀公十一年(前484)自卫返鲁,时年六十八岁。于鲁哀公十六年(前479)去世,时年七十三岁。《史记·孔子世家》载:"孔子之去鲁凡十四岁而反乎鲁。"晚年修编《诗》《书》《礼》《乐》《春秋》,尤其注重《周易》的传承。《孔子世家》云:"孔子晚而喜《易》,序《彖》、《系》、《象》、《说卦》、《文言》,读《易》,韦编三绝。曰:'假我数年,若是,我于《易》则彬彬矣。'"这同《论语》"加我数年,五十以学《易》,可以无大过矣"的记述相互对应。

孔子传述《周易古经》的论说,经商瞿等弟子记录并编撰成集,使《周易》由卜筮之书转化为哲思博大精深、体系缜密严整的历史典籍而居群经之首。这一伟大的学术创新成果,展示了两千多年前人类智慧的一次独特结晶,也让人们怀着无限遐想去探索这一智慧结晶凝成的时空偶然性与历史必然性。

一、剧烈的社会动荡引发阶级分化,一个新的文士阶层开始形成

春秋末年,礼崩乐坏。臣弑其君,子弑其父,家国不宁,战乱频仍。由此导致社会分化,开始产生新的阶级阶层。他们萌发于城邑,也萌发于乡村。随着井田制的被淘汰,农奴中不断分化出封建约束较少的自由民。根据《左传》记述,襄公十年,"子驷为田洫,司氏、堵氏、侯氏、子师氏皆丧田焉,故五族聚群不逞之人,因公子之徒以作乱。"子驷是郑穆公之子,任相主宰郑国大政时药死釐公,拥立简公。"田洫"即田沟,"为田洫"实即土地被重新画界分配,由此强占司氏、堵氏、侯氏和子师氏的田地,促使他们联合政治上受压制的尉止家族,聚集"不逞之人",即政治经济失利而怏怏不得意的各色人众,发动政变,杀死子驷,但最终还是兵败被歼。其结果,围绕对于土地的得失利害,与此相关的各个阶层,从主宰者到劳动者,原有的社会地位都发生剧烈的改变。同样地,在鲁国,当政的季孙氏与孟孙氏一起,亦曾几次分割土地,并且各自采取不同的分配方式,既保留了部分农奴,也催生出大批雇农与自耕农。而像《论语》中出现的长沮、桀溺,更是一批具有相当文化水准和独立思考能力的农村自由民代表。

春秋时期,城乡联动十分紧密,城否乡不泰,乡变城即乱。城邑的动乱促使农村以土地为基础的生产关系发生变革,农村生产关系的变革则反过来又加速城邑阶级关系的分化。最明显的是,一大批贵族没落了,一大批士人出现了。《诗经·小雅·大东》赋云:"东人之子,职劳不来。西人之子,粲粲衣服。舟人之子,熊罴是裘。私人之子,百僚是试。"正是在这种各方官民庶众大起大落的社会剧变中,士人阶层举起了自己特立独行的旗帜。"士"这个字最早可见于西周金文。《说文》云:"士,事也。数始于一,终于十。从一从十。孔子曰:'推十合一为士。'"五帝时代,士指治狱的刑官,如《尚书》所言:"汝作士,五刑有服。"春秋时期,士隶属于贵族阶层,游浮于官民之间。如孔子先祖孔父嘉原系宋国宗室,穆公时任大司马,殇公十年被太宰华父督杀害,其子木金父降阶为士,离乡背井逃到鲁国。其孙防叔依附贵族臧孙氏为家臣,任防邑宰。其子伯夏是一个默默罕闻之"闲士"。伯夏子叔梁纥则是一个颇有名气的武士,当过陬邑宰。所以,孔子其实出生于一个四代为"士"之家,自己在"五十而知天命"前也是一个"士"。他造就的大批儒生同样为"士"：儒士。所以曾子有言："士不可以不弘毅，任重而道远。"倘若跳出儒家门，不论方士、术士、侠士、隐士、名士，或重墨，或重道，或重名，或重法，凡具相当学识者，皆可称之"文士"。文士有一个鲜明而集中的特色，这就是孔子所说的"推十合一"。照当今说法，他们拥有运用归纳法的大智慧与真功夫。归纳的起始点是"十"，即比较丰富的知识与经验，从中求得一般原理和具有规律性认识的"一"。"一"的不断深化，则达于归纳的终极点，亦即"一"的最高层，正是儒家孜孜以求的常道。唯诸家表述各有不同，遂启各攻异端的论争。

合格之"士"，既有"十"的才识、"一"的能力，更有求道、行道的品德。这也是孔子提出的为士之标准。它记述于《论语·里仁》：子曰："士志于道。"

二、动乱的社会亟需提供对策，提供思想指导

春秋时期政治思想的一个特点是：当政者既要勾心斗角，乱中取利，又畏人言其不正，于是刻意筹算谋划，装腔作势。如昭公二十五年，鲁国发生斗鸡事件，加剧了公室内斗。昭公兵败三桓，逃亡齐国。执政的季平子乃志得意满，但大夫昭子却当面批评他："子以逐君成名，子孙不忘，不亦伤乎？"[1]季平子于是假惺惺地表示认错，派昭子赴齐请昭公返鲁，背后则贿赂齐晋二国大臣向其求助。七年后昭公客死晋国乾侯，季氏虽热衷于"八佾舞于庭"[2]，也不敢公然篡位称君，而立昭公弟公子宋，这就是鲁定公。

面对如此变幻的政局，怎样辩解？怎么应变？怎样获取实利和舆论的双重主导权？自然急需一批胸藏经纶、口含方略之士，他们顺时而起，脱颖而出，运谋策划。如对昭公与季氏的是非评

---

① 事见《左传·昭公二十五年》。
② 见《论语·八佾》。

价，常常公说公有理，婆说婆有理。晋国主政大夫赵简子为此请教史墨说："季氏出其君，而民服焉，诸侯与之。君死于外，而莫之或罪也。"史墨由此作了一番富有哲思的回答："物生有两，有三，有五，有陪贰。故天有三辰，地有五行，体有左右，各有妃耦。王有公，诸侯有卿，皆有贰也。天生季氏，以贰鲁侯，为日久矣。民之服焉，不亦宜乎？鲁君世从其失，季氏世修其勤，民忘君矣。虽死于外，其谁矜之？社稷无常奉，君臣无常位，自古以然。"①他从事物常常配对产生的自然现象出发，推论季氏家族与鲁国君侯是天生以配对的。而世世代代以来，君侯一方多有失误，季氏一方则勤谨修业，所以老百姓忘记了国君，死在外地又有谁怜悯呢？社稷不会永远给一人奉享，君臣不会永远固定彼此的地位，自古以来都是如此。史墨甚至引用《诗经》"高岸为谷，深谷为陵"来支持其论点，并以"在《易》卦，雷乘乾曰大壮"来表明鲁国之变是"天之道也"。而像孔子这样的大思想家，尽管诸侯基于各种利害因素未能任用，其社会影响力始终遍及各国，不仅弟子们十分崇敬，甚至季氏家臣阳货为扩大权势，公山弗扰在费邑谋反，晋国的佛肸据中牟对抗当政的赵简子，也都曾企图拉拢孔子。政治家需要智库，需要文士，迷茫的社会则需要及时应运的思想指导。春秋时期的这种政治文化的强劲需求，促进了文士阶层风生水起，踊跃参与并扩大供给，进而启引了学术思想的创造性发展与多元化共竞，并直接导致战国时期许多豪门贵族动辄食客上千，而百家争鸣一时形成空前绝后的历史文化现象。

三、新的文士阶层以新的面貌、新的途径激扬起新的时代思潮

　　大略观之，春秋时期的政治特点是各谋其政，经济特点是各

①　见《左传·昭公三十二年》。

争其利,文化特点是各逐声色,学术特点则是各倡其说。天下分崩,社会离析,其中有以下一些值得注意的新情况。

　　1. 质疑天神以至诅咒天神

　　上古时期,人受天佑神护的观念盛行不衰,敬天畏神已成社会习俗。然而,面对动乱频仍的现实世界,人们开始对天神的权威产生怀疑,反映于《诗经·大雅·荡》中的描述是:"荡荡上帝,下民之辟。疾威上帝,其命多辟。"《诗经·小雅·雨无正》则云:"浩浩昊天,不骏其德。降丧饥馑,斩伐四国。旻天疾威,弗虑弗图。"天帝鬼神的高大形象,于此一落千丈。

　　2. 天神之威降而庶民之位升

　　《左传·庄公十年》引曹刿说:"小惠未遍,民弗从也……小信未孚,神弗福也。""小惠"即给民众的实惠,"小信"即让民众能信任。《左传·僖公五年》引宫之奇说:"鬼神非人实亲,惟德是依。"表明鬼神不居世外而依附人德。《左传·襄公十四年》引师旷说:"夫君,神之主,而民之望也。"将君王定为神的意志而须符合人民的希望。《左传·桓公六年》记季梁之语:"夫民,神之主也,是以圣王先成民而后致力于神。"《国语·楚语》还记载了"绝地天通"的上古传闻:颛顼帝为改变"民神杂糅,不可方物"之困局,"乃命南正重司天以属神,火正黎司地以属民",明确宣示王权高于神权,而神与民各居天地,平行生活,"无相侵渎"。《国语·周语》则引内史过言:"国之将兴,其君齐明、衷正、精洁、惠和,其德足以昭其馨香,其惠足以同其民人。神飨而民听,民神无怨。故明神降之,观其政德而均布福焉。国之将亡,其君贪冒辟邪,淫佚荒怠。……民神怨痛,无所依怀。故神亦往焉,观其苛慝而降之祸。"这就将兴亡祸福集中归因于君王之德,神与民则完全坐在一条船上,从而要求统治者听民意,惠民福。如《左传·庄公三十二年》记史嚚之说:"吾闻之,国将兴,听于民;将亡,听于神。神,聪明正直而壹者也,依人而行。"既系"闻之",则此种说法已在社会上流行。

3. 阴阳五行之说出炉

《国语·周语》记伯阳父言："夫天地之气，不失其序，若过其序，民乱之也。阳伏而不能出，阴迫而不能蒸，于是有地震。今三川实震，是阳失其所而震阴也。阳失而在阴，川源必塞。"《左传·僖公十六年》引周内史叔兴评宋国落下陨石和"六鹢退飞"（六只水鸟倒退飞行）事所言："阴阳之事，非吉凶所生也，吉凶由人。"《诗经·大雅·公刘》描述周代先祖公刘带领民众由邠迁豳，勘察新址，亦以阴阳测度环境："既溥既长，既景乃冈，相其阴阳，观其流泉。""五行"则伴阴阳之说而立。据《尚书·洪范》，箕子向周武王传授"九畴"治国之方，列于首位的便是"五行"："一曰水，二曰火，三曰木，四曰金，五曰土。水曰润下，火曰炎上，木曰曲直，金曰从革，土爰稼穑。润下作咸，炎上作苦，曲直作酸，从革作辛，稼穑作甘。"这当是中国古典哲学逐步走向系统探索的起始。

4. 观察天文，研究历法提上议程

《尚书·洪范》的第四项大法，就是"五纪：一曰岁，二曰月，三曰日，四曰星辰，五曰历数"。第八项大法"庶征"则要求适应"雨、旸（晴）、燠（暖）、寒、风"，二十八宿与朔望星座，列入史官视野。如《左传·昭公十年》记曰："春，王正月，有星出于婺女。"而十天干与十二地支亦已行于历数纪事。《周易古经》中即有"先甲三日""后甲三日"等文辞，并有雷击、地震、陨石、日蚀等记述。最精彩的是将天地水火雷风山泽八大自然景象，凝练成象征天地万物的八经卦与六十四别卦，在仰观俯察茫茫世界中首创人类第一个足以包容所有归纳与广泛推演的简明文化符号系统，从而成为古典哲学生动活泼的渊薮。

5. 占卜盛行而义理之释渐得人心

春秋时期，人人夺利，层层擅权。诸侯不听王室，大夫不听国君，陪臣不听家主，忠言逆耳而唯龟卜筮占是从。《左传》与《国语》就记载了大量筮例。如《左传·僖公十五年》，秦国讨伐晋国，

秦伯就先要请卜徒父占卦,断以"吉,涉河,侯车败"。秦伯问为什么,卜徒父的回答是:占得《蛊卦》,"我落其实而取其材,所以克也。实落材亡,不败何待!"即《蛊》的下卦是贞卦巽,象征风;上卦是悔卦艮,象征山。时已入秋,正可乘风吹落山林的果实,获取木材,所以说能胜。敌方则脱落果实,丧失木材,怎么会不败? 秦伯于是下令伐晋,大获全胜。据《左传·襄公二十八年》,子大叔礼访楚国后返回郑国,对当政的子展说:"楚王快要死了。"原来他占了一个《复卦》,上六变爻,爻辞为"迷复,凶"。鉴于楚王不修政德,欺凌诸侯,"欲复其愿而弃其本,复归无所"。"这就是迷复,能不遭到凶险吗?"结局果然如此。

　　以义理阐解筮占的一个著名案例是"穆姜知过"。穆姜是鲁宣公夫人、鲁成公的母后。她与大夫宣伯私通,干预国事。东窗事发,请史旺筮占,得"《艮》(本卦)之《随》(变卦)"。史旺告诉她"随其出也,君必速出"。建议她随情夫赶快逃离。不料穆姜明白易理,回答说:"亡。是于《周易》曰:'《随》,元亨利贞,无咎。'元,体之长也。亨,嘉之会也。利,义之和也。贞,事之干也。体仁足以长人,嘉德足以合礼,利物足以和义,贞固足以干事。然,固不可诬也。是以虽随无咎。今我妇人而与于乱,固在下位而有不仁,不可谓元。不靖国家,不可谓亨。作而害身,不可谓利。弃位而姣,不可谓贞。有四德者,随而无咎。我皆无之,岂随也哉! 我则取恶,能无咎乎? 必死于此,弗得出矣!"后被软禁,于襄公九年亡于东宫。穆姜自我反省的一大段话,阐明了占断吉凶的基本原理:善则吉泰,恶则凶否。这一史事还证实了:孔子突破《周易古经》原义,将"元亨利贞"这一占断用语阐释为"四德",既有义理教化考量,也有历史传闻依据。

四、世界范围的认知革命到达一个新的历史节点

　　以色列历史学博士尤瓦尔·赫拉利在其《人类简史》中提出

了"认知革命"这一概念。他认为:"在历史的路上,有三大重要革命:大约7万年前,'认知革命'让历史正式启动。大约12 000年前,'农业革命'让历史加速发展。而到了大约不过是500年前,'科学革命'可以说是让历史画下句点而另创新局。"这样的论断是并不完善的,因为人类的认知革命是一个历史长过程而非某一时刻人类思维方式的突发变异,但它提出了把人类社会的历史与思想发展的历史密切联系起来的重大课题。

人类的认知依赖于人类的思维。原始人类的思维主要是感性思维,或称形象思维。离开了事物的具体形象,思想的海洋便风平浪静,波澜不兴。随着生产生活的迭代实践进步,人类开始逐步学会摆脱具象而进行思维的能力,这就是理性思维,或称抽象思维。按照赫拉利的说法,在认知革命以后,传说、神话、宗教出现,因为人可以说"狮子是我们部落的守护神",讨论虚构事务正是智人语言最独特的功能。虚构,让人类能够拥有想象,最重要的是可以一起想象,共同编织出故事。由此可见,赫拉利所称的"认知革命",其实质在于人类拥有了"虚构"的能力,亦即抽象思维的能力。

然而,当人类开始进行抽象思维后,形象思维并未消退,二者相互依存,有机结合,从而大大丰富与活跃了人类的思维活动,不断地推动生产发展与社会进步。

从最早开始运用抽象思维起,人类认知革命的列车沿着历史轨道进入了一个重要节点:文字的形成。相应于西方出现波斯帝国的亚兰字母,在东方则开启了以仓颉为代表的华夏造字工程。文字的不断完善立足于一个长时期的演化过程。正如亚兰字母源于更早的腓尼基字母一样,东方的象形文字,同样可以追溯到距今一万年前伏羲八卦的创设。需要指出,认知的深化造就了文字,而文字的应用反过来又促进了认知的发展。文字作为思维的生产成果,又可以反过来作为促进思维扩大再生产的文化资料,进而把认知革命推向新的高度。人类扩大生产形象思维与抽象思维的历史聚合，基于文字与认知的会通，集中地反映在一些具有广博识见和突出智慧的人类先进代表人物身上，于是产生了东方的孔子、西方的苏格拉底和中南印度的释迦牟尼。这就是卡尔·雅斯贝尔斯在 20 世纪 40 年代所发现的"轴心时代"。这是世界哲学在认知革命推动下的创造性时代，更是孔子哲学尽收认知革命之美而在思维的中正性上独树一帜的时代。所谓中正，正体现着思维的理性方向，中则体现着理性主导下和谐兼容的感性直觉及与此联系的情志关切。《中庸》云："喜怒哀乐之未发，谓之中；发而皆中节，谓之和。"在秉持中正的认知过程中，势将促进理性与性情、知觉与直觉、抽象与形象在同一思维过程中的自然交融。在希腊，一代大哲苏格拉底讲善，并认为"知识就是善德"。然而，知识的主要功能不在致善，而在求真。求真必然强调理性，依赖抽象思维。传到他的弟子柏拉图，就开发出"相"的世界、"相"的理论，进一步推动理性升级，深化抽象。柏拉图的学生亚里士多德则将"相"转化成"形式"而列其为"四因说"的一项重要因素，并将世界万物归纳为实体，还从理性推演出发，创立了影响深远的"逻辑学"。所有这些哲学思考表现着认知革命进程中抽象思维水平的急遽提高。而诞生于古印度迦毗罗卫国的王子释迦牟尼静坐菩提树下悟得四谛与十二因缘，其无边佛法超越三界，迥异凡尘，实际上已把思维的抽象化提升至几近极限而与现实世界的具体形象彻底绝缘，从而超越理性范畴而最终进入玄思境界。由此可见，当认知革命进程达到某一节点导致思维功能明显完善之际，正是轴心时代拉开哲学思想厚重帷幕之日。

如前所述，人类的第二次认知革命，即从所谓"编织故事"提升到"研析故事"，其实不是从公元前 5 世纪的轴心时代开始的，它应当追溯到一万年前。这就是文字正在孕育发生的时代。在中国，始于一万年前的伏羲画卦，成于五千年前的仓颉造字。这种文字最大的特色便是象形,从而与西方简单的拼音字母及与此相关的纯粹理性划出一道文化的鸿沟。在印度,流传至今的最古文字是阿育王铭文,使用婆罗米文与佉卢文。后者盖源于阿拉美亚人的字母,已失传。前者盖源于塞姆人的字母,至公元 7 世纪发展成梵文,由四十七个字母组成,类似古希腊文与古拉丁文,属印欧语系,从而使其彻底告别远古出现过的某种象形文字符号,降低了形象思维在整个大脑活动中的功能,这也正是释迦牟尼的佛法思想脱离现实,向往西天而追求涅槃的文化背景。而孔子的哲学则在象形文字的启悟下,借助"象形、指事、形声、会意、转注、假借"六项认知深化功能,开发出"圣人立象以尽意,设卦以尽情伪"的中正思维,亦即文化理性思维,恰到好处地糅合形象和抽象于一体,从而创造了形上与形下交融会通的"三才之道","生生之易"和"备物致用,立成器以为天下利"的严整思想体系。

第二讲 锻造孔子哲学的
艰巨历程

孔子哲学薄发于其晚年而厚积于其一生。其间经历的艰难曲折,辛劳困顿,可谓超乎寻常。

一、艰辛的知识积累

孔子编修的六经,萃集了春秋时期及此前中华优秀传统文化的全部精华。欲求兼收并蓄,绝非易事。尤其是从公室官学转为民办私学,要实现这样一次影响巨大、意义深远的文化教育的革命性超越,作为出身于没落贵族阶层的孔子,其发愤进取之志与艰难困苦之情自当可想而知。他学琴于师襄,勤习苦思,直到悟得曲作者文王。问礼于老子,长途奔波,诚敬求教。与齐太师语乐,切磋交流,闻《韶》,三月不知肉味。其治学范围之广、良苦用心之深,时常溢于言表。依他的自我评价说是:"默而识之,学而不厌。"(《论语·述而》)"十室之邑,必有忠信如丘者焉,不如丘之好学也。"(《论语·公冶长》)特别是《周易古经》,诘屈晦涩,包罗万象,孔子却认定它是"得一而群毕"的智慧宝典,下决心用平生汲取的知识与累积的经验攻克这座外画奇特符号、内藏金玉珍宝的文化堡垒。他对这部"为书也不可远,为道也屡迁"(《系辞下传》第八章)的济世大典,常常爱不释手,随时研阅,如《帛书易传·要》所言:"居则在席,行则在囊",乃至"韦编三绝"。

从"十有五而志于学","入太庙,每事问"始,孔子"终日乾乾,夕惕若",夜以继日地"进德修业,欲及时也"。即使在周游列国、历经磨难的十四年中,不论蒲邑受厄,宋城遭险,陈蔡绝粮,仍然心无旁骛,继续风尘仆仆地推行其政治主张,孜孜不倦地汇聚其真知卓识,甚至在杀身大祸可能来临之际,依旧坚信"天之未丧斯文也"。这个博古通今的"郁郁乎之文",源于"敏而好学,不耻下问,是以谓之文也"(《论语·公冶长》)。在传述阐解《周易》过程中,孔子更进一步将"文"提升到哲学基本理论的高度:刚柔之文,并进一步指出:"文明以止,人文也";"观乎人文,以化成天下"。他认为:"物相杂,故曰文。文不当,故吉凶生焉。"于是,知识之"文"、礼乐之"文",伸而延之,化生出义理之"文"、大道之"文"。

二、不懈的文献考证

文献考证,是孔子完成六经编修的文史本原与学术依据。

《史记·孔子世家》载:"孔子之时,周室微而礼乐废,《诗》《书》缺。追迹三代之礼,序《书传》,上纪唐、虞之际,下至秦缪,编次其事。""孔子晚而喜《易》,序《彖》、《系》、《象》、《说卦》、《文言》,读《易》,韦编三绝。曰:'假我数年,若是,我于《易》则彬彬矣。'"

什么是"追迹"?追迹就是追寻历史遗存,追寻文献踪迹。孔子修编《诗经》,先后搜集原初文稿三千余首,几经考量斟酌,最后才选定三百零五首以为最终文本。修编《书经》,孔子查考了大量资料,由于黄帝以前文献不足,遂由唐尧为始搜集史事,至秦穆公止,所以《汉书·艺文志》云:"《书》之所起远矣,至孔子纂焉,上断于尧,下迄于秦,凡百篇,而为之序,言作其意。"为明夏商周三代礼制,孔子远赴周京礼问老聃,乐访苌弘;入杞地,游宋国。然后才明确肯定地说:"夏礼吾能言之,杞不足征也。殷礼吾能言之,宋不足征也。文献不足故也。足,则吾能征之矣。"为修《乐经》,孔子搜集散佚杂乱的雅、颂之乐,精心整理,并配适相应诗章,他自己还身体力行,弹奏和唱。其真知灼见载于典籍:"子语鲁大师乐,曰:'乐其可知也:始作,翕如也。从之,纯如也,皦如也,绎如也,以成。'"(《论语·八佾》)孔子又从"正名"出发,整理鲁国史官所记史事资料,参照周室史记,编成《春秋》。其间正襟端坐,"笔则笔,削则削,子夏之徒不能赞一辞"(《史记·孔子世家》),可见措辞之严肃,行文之缜密。对于《周易》的传述更是旁征博引,一丝不苟,不仅探究卦象,阐释系辞,而且考证文字背景,推断作者意图。在研发传述《周易古经》过程中,他特别感到振奋的是"有古之遗言焉"(《帛书易传·要》),这个遗言,就是他考证得到的古代典籍文献,其中特别重要的当为《易象》。此书见于《左传·昭公二年》,晋侯委派卿大夫韩宣子出使访问鲁国,"见《易象》与《鲁春秋》曰:'周礼尽在鲁矣。吾乃今知周公之德与周之所以王矣。'"韩宣子将《易象》与《鲁春秋》同列,可见《易象》之重要。并且把它和"周公之德与周之所以王"联系起来,表明《易象》之成书与周公相关,并且富有思想性和指导性,从而在治国理政中发挥着重要作用。鲁哀公十一年(前 484),孔子六十八岁自卫返鲁,潜心撰述,查考文献而发现《易象》,内容博大精微,这让他突然明白"圣人立象以尽意,设卦以尽情伪"的宏愿伟旨,不免喟然慨叹:"圣人以神道设教而天下服矣!"反省自身命运经历,更增感触,所以他情不自禁地说:"加我数年,五十以学《易》,可以无大过矣。"这里的"加"与《史记·孔子世家》"假我数年"之"假"通,意思是如果多给我几年时间,五十岁就开始学习《周易》,(以后)便不至于有大过错了。

　　孔子自谓"述而不作,信而好古"(《论语·述而》),"述"指传述古代文献;"不作"非指不著文字,唯行口述,或者无所创造,不重著作,而是指传述古代文献时忠实于原本,绝不随意增删,乱添私货。这与其"信而好古"的态度密切联系。"好古"者,崇尚喜好古代文献也;"信"者,诚信谨慎,真实不虚,亦即"不作"也。所以,我们阅读孔子传述的《周易》,一般情况下无须疑虑,都是货真价实、绝少水分的,而《易传》则是他据经发挥的自由思想,是他自己的著作(述作)。

三、严峻的舆论压力

"子不语怪力乱神",可在春秋时期,《周易》被普遍认作筮占之书,涉及"怪""神",许多孔门弟子更难以接受这一事实。从《帛书易传·要》中所记子贡质疑老师晚年学《易》的对话,就可以察觉当时的气氛。

子赣(贡)曰:"夫子它日教此弟子曰:'德行亡者,神灵之趋;知谋远者,卜筮之繁(察)。'赐以此为然矣。以此言取之,赐缗□之为也。夫子何以老而好之乎。"大意为:"您以前教导弟子说:'丧失德行,才会求神灵;头脑不清,才去问卜筮。'子贡我认为很正确而把这句话当成行为准则。老师怎么到了老年却喜好起筮占来呢?"孔子的回答是:"君子言以矩方也。前羊(祥)而至者,弗羊(祥)而巧也。察其要者,不诡其德。《尚书》多於(当通"疏")矣,《周易》未失也,且有古之遗言焉。予非安其用也。"大意为:"君子以言语规范行为。筮占预言吉祥而随之来临,未言吉祥而别有巧妙(意蕴)。应当研察它的内涵要旨,不违反道德大义。《尚书》多有疏漏,《周易》则未佚失,还保存着古代圣贤的言说。我研学《周易》并非满足于用来搞筮占的呀!"

子赣进一步质问道:"赐闻诸夫子曰:'逊正而行义,则人不惑矣。'夫子今不安其用而乐其辞,则是用倚(奇)于人也,而可乎?"大意为:"我子贡听老师说过:'顺正而行道义,人就不会疑惑了。'老师如今不满足于正常应用筮占,却喜好它的文辞,使人偏离《周易》的实际应用,这样的做法可以吗?"孔子回答道:"校(狡)哉,赐! 吾告汝,《易》之道……而不……百姓之道《易》也。夫《易》,刚者使知惧,柔者使知图(刚),愚人为而不忘(妄),惭人为而去诈。文王仁,不得其志以成其虑,纣乃无道,文王作,讳而辞咎,然后《易》始兴也。"大意为:"子贡你真会狡辩! 我告诉你,《周易》之道(博大精微),而不(尽同于)百姓之道易也。易道者,使刚强的人懂得畏惧,柔顺的人懂得刚毅,缺乏知见的人做事不妄乱,奸刁的人行为除欺诈。周文王仁慈,未能得志实现他的治国构想。商纣丧失了道义。文王(被囚羑里)演《周易》而作卦辞,文字隐晦以免祸害。此后《周易》便开始兴盛流行起来。"

子贡仍不罢休,继续追问:"夫子亦信其筮乎?"孔子答道:"吾百占而七十当,唯周梁山之占也,亦必从其多者而已矣。"梁山处周之境,《史记·周本纪》载:"周代先祖古公去豳,度漆,沮,逾梁山,止于歧下。"《春秋》载:"鲁成公五年春王正月,梁山崩。秋,大水。冬十有一月己酉,天王崩。"梁山崩塌,堵塞黄河,大水泛滥,人们疑虑而问占,当然不祥。到冬天十一月己酉日,果然周定王驾崩。孔子自言筮占的准确率为百分之七十,无非像大众占问"周梁山崩"的结果一样,只是依据大多数人认定的道理来推断,并不神秘。

子贡何许人也? 子贡为字,姓端木,名赐。他是孔子的得意门生,被孔子评为"瑚琏之器",孔门十哲之一,曾仕鲁、卫丞相,出使齐、吴、越、晋,得心应手。子贡富才干,善雄辩,处事练达,并善经商,为七十二士之首富。孔子曾言:"回也其庶乎,屡空。赐不受命,而货殖焉,亿则屡中。"(《论语·先进》)孔子去世时,鲁哀公诔文祭云:"旻天不吊,不憖遗一老,俾屏余一人以在位。茕茕余在疚。呜呼哀哉,尼父! 无自律。"意为:"老天缺乏怜悯,竟不肯留下一位老人,以保我一人安居君位,使我孤单地留身病中。多么悲伤呀,仲尼老人家! 我没有了匡正自己的长者。"听完哀公悼词,跪在地上的子贡猛然气呼呼地站起来批评说:"君其不没于鲁乎! 夫子之言曰:'礼失则昏,名失则愆。'失志为昏,失所为愆。生不能用,死而诔之,非礼也。称一人,非名也。君两失之。"意为:"您这位君侯或许不想终其一生于鲁国了! 夫子说过:'礼仪丧失就会昏乱,名分丧失就会出错。'失去志向就是昏,失去立场就是错。孔子生前不予任用,死去了才来吊唁,违反了礼仪。自称一人,不符名分(只有周天子才能称'一人')。君侯您两方面都失误了!"

孔子死后,众弟子循礼服丧三年。唯独子贡结庐墓旁,足足守丧六年。鲁大夫叔孙武叔在朝堂上对大臣们说"子贡贤于孔子"。子服景伯转告子贡。子贡回答道:"譬之宫墙,赐之墙也及肩,窥见室家之好。夫子之墙数仞,不得其门而入,不见宗庙之美,百官之富。得其门者或寡矣。夫子之云,不亦宜乎。"子贡自比德能如墙矮可见家室,孔子则墙高而难窥其中的堂皇富丽。他讥嘲叔孙武叔不能进入孔子圣贤之门,所以才会讲出这样无知的话。之后,叔孙武叔又诋毁孔子,子贡旗帜鲜明地加以反驳:"无以为也!仲尼不可毁也。他人之贤者,丘陵也,犹可逾也。仲尼,日月也,无得而逾焉。人虽欲自绝,其何伤于日月乎?多见其不知量也!"意思是:"不要这样搞了!仲尼是毁谤不了的。其他贤良之人,如同山峦,还可以翻越。仲尼是天上的日月,不可能加以超越。(武叔)虽要自绝于圣贤,怎么可能伤着日月呢?只是充分表明他不自量力而已!"

综上所述,子贡是一位大贤人,大智大勇而更大尊师长孔子之人。他在当时的社会地位于三千弟子中也是少有其匹的。现在,这样一位对其师学问道德真心服膺的门生竟然对孔子晚年研学传述《周易》正式提出了一系列认真的质问,可见兹事体大,在当时肯定影响不小。由此应可感受到孔子传《易》过程中所受到的思想舆论压力何等巨大!难怪孔子喟然预言:"后世之士疑丘者,或以《易》乎?"(《帛书易传·要》)也许经过孔子多方解释,情况有所改变,所以《论语·述而》记孔子之言:"假我数年,五十以学《易》,可以无大过矣。"《公冶长》篇则述子贡之憾:"夫子之文章,可得而闻也。夫子之言性与天道,不可得而闻也。"而在《子路篇》中,又以"南人有言",通过《恒卦》阐释经文德义以与筮占巫医既相联系却又有区别。

第三讲　孔子哲学的理论精要

《周易大传》阐经而不拘于经，解卦而不尽于卦。全传近二万字，文采奕奕，珠玑辉映，开合显隐，深博精微。其理论精要如何采撷条纶，自然见仁见智，各具维度。现按"初率其辞而揆其方，既有典常"[①]的原则，顺数揆理，合为十识，即：一归太极，二分阴阳，三才共道，四德合体，五行藏象，六谛立本，七断占疑，八谓入神，九卦三陈，十翼时中。

第一识　一　归　太　极

一、太极的纷纭众说

自从孔子提出"易有太极"的创造性命题后，易学长河波澜迭起。最早受此启悟而自成思想体系者，或为战国前期署名老子之隐士[②]。他在《道德经》中将太极引申转化为"一"，亦称之"道"。其表现为："有物混成，先天地生。寂兮寥兮，独立不改。周行而不殆，可以为天下母。"[③]所谓"先天地生""为天下母"，实际上正是太极。"一"或"道"只为更名而立新说。庄子则进一步将"道"拔高而使之立于太极之上："夫道有情有信，无为无形；可传而不可受，可得而不可见；自本自根，未有天地，自古以固存；神鬼神帝，

---

① 《周易·系辞下传》第八章。
② 参见冯友兰《中国哲学史》第八章"《老子》及道家中之老学"，商务印书馆，2011年。
③ 见《道德经》第二十五章。

生天生地;在太极之先而不为高,在六极之下而不为深;先天地生而不为久,长于上古而不为老。"①这里所谓的"太极之先"的"道",其描述的情状恰恰无异于太极。《礼记·礼运篇》则将"太极"述为"太一",指出:"夫礼必本于太一,分而为天地,转而为阴阳,变而为四时。"《吕氏春秋》亦引"太极"为"太一",《大乐》篇云:"音乐之所由来者远矣,生于度量,本于太一。太一出两仪,两仪出阴阳。"此后,西汉流行的《易纬·乾凿度》又将天地生成前的境界划分为太易、太初、太始、太素四段。无气无形为太易,有气始动为太初,有形始见为太始,有质始具为太素。气形质三者浑然一体而为"浑沦",类似太极而非全然。

到了东汉,王充《论衡·谈天》篇引说《易》者言,认为天地之初"元气未分,混沌为一"。郑玄亦说是"淳合未分之气",他在《乾凿度》"易有太极"文下注道:"气象未分之时,天地之所始也。"

三国曹魏的年轻思想家王弼从《周易·系辞传》关于"大衍之数五十,其用四十有九"的断语出发分析道:"演天地之数,所赖者五十也。其用四十有九,则其一不用也。不用而用以之通,非数而数以之成,斯易之太极也。四十有九,数之极也。夫无不可以无,明必因于有。故常于有物之极而必明其所由之宗也。"②他从数理研发的维度论述太极为筮占留存的一支签,体现"无之用""有之宗"。

晋代的韩康伯顺其理路,进一步阐释说:"夫有必始于无,故太极生两仪也。太极者,无称之称。不可得而名,取其有之所极,况之太极者也。"③他的意思是,太极既然是"无",难以称呼,不可名言,所以只能说它是"有"的始极点。唐代的孔颖达疏云:"太极

① 见《庄子·大宗师》。
② 《周易注疏》卷十一。
③ 《周易注疏》卷十一。

谓天地未分之前,元气混而为一,即是太初、太一也。故老子云'道生一',即此太极是也。"①而比他晚些时候的易学家崔憬同样顺着王弼占卦用筮开始分步计数的思路述其见解:"舍一不用者,以象太极,虚而不用也。"②从而确认太极为"一"之象。

　　宋代伊始,在儒释道的相互竞争中,儒家围绕太极这一玄深的课题掀起了一波研议热潮。司马光云:"易有太极,极者中也,至也,一也。凡物之未分,混而为一者皆为太极。"③将太极归结成元始之物,其质为气。影响最大的则推周敦颐的《太极图说》,全文 249 字,内蕴深广。开篇即直奔主题:"自无极而太极。太极动而生阳,动极而静,静而生阴,静极复动。一动一静,互为其根。分阴分阳,两仪立焉。阳变阴,合而生水火木金土。五气顺布,四时行焉。五行一阴阳也,阴阳一太极也,太极本无极也。"一个太极,引出一系列道理,使《周易》之学,由两汉以象数为主、晋唐以义理为主转而进入义理为基干与象数、图书融合的新阶段,由此开启宋代理学的系统研发。诚若程颐在《程氏易传·易序》所言:"《易》之为书,卦爻象象之义备,而天地万物之情见。""六十四卦,三百八十四爻,皆所以顺性命之理,尽变化之道也。散之在理,则有万殊;统之在道,则无二致。所以易有太极,是生两仪。太极者,道也。两仪者,阴阳也。阴阳一道也,太极无极也。万物之生,负阴而抱阳,莫不有太极,莫不有两仪。"作为两宋理学集大成者的朱熹,更将太极说成是"理之极致"或"极致之理",进一步强调"理一分殊",即太极包含万物之理,万物则分别体现着作为理的太极,于是"人人有一太极,物物有一太极"了。他还在《太极图注》中指出:"太极,理也;阴阳,气也。"

① 《周易注疏》卷十一。
② 《周易集解》卷十四。
③ 司马光《温公易说》卷五。

明代学者对太极的认知,大体承继宋学。如来知德所言:"太极者,至极之理也。理寓于象数之中,难以名状,故曰太极。"①明末清初的王夫之解释道:"太者,极其大而无上之辞。极,至也,语道至此而尽也。其实阴阳之浑合者而已,而不可名之为阴阳,则但赞其极致而无以加,曰太极。太极者,无有不极也,无有一极也。"②

清代学者解《易》多疑宋而尊汉,轻义理而重象数。如胡渭名著《易图明辨》便认为《易传》阐述太极、两仪等,"大抵言揲蓍求卦之事";"窃意所谓太极者,一而已矣。命筮之初,奇偶未形即是太极"③。意思是所谓太极,不过是筮占过程之初,阴阳之爻(奇偶)尚未形成的那个场景。

二、太极学说辨正

如前所述,对太极的理解与阐释可谓见仁见智,异彩纷呈,但真要得到原初的"圣人之意",则都只能从孔子的《易传》文本中去寻找答案。

《易传》提出"太极"这一概念唯独一次,即"易有太极,是生两仪",所以我们只能也必须由此入手去探究太极的内涵与意义。鉴于《道德经》对《易传》之"道"的某种传承与发扬,因而可以参用其中一些论说。

1.太极是生发阴阳两仪的母体。

2.阴阳有质无形,与此相应,太极亦有质无形。

3.有质,表明太极是"物",是"有",是"存在"。无形,则如《道德经》第十四章所云:"视之不见名曰夷,听之不闻名曰希,搏之不

---

① 来知德《周易集注》卷十三。
② 王夫之《周易内传》卷五下。
③ 胡渭《易图明辨》卷一。

得名曰微。此三者不可致诘,故混而为一。"这里的"一",当理解为"道",就像第三十九章说的:"天得一以清,地得一以宁,神得一以灵,谷得一以盈,万物得一以生,侯王得一以为天下贞。"诚然,《道德经》的作者虽从《易传》中汲取了丰富学养,但在另立新说时尚难完全会通而对"道"与"一"的阐述含糊不清,以致其在第四十二章中又提出了相互矛盾的论述:"道生一,一生二,二生三,三生万物。"正像第二十五章"人法地,地法天,天法道,道法自然"一样,其终极范畴究竟是"一",是"道",还是"自然"? 其实没有说清楚。而孔子哲学则非常鲜明而确凿:太极,它正是《道德经》第二十五章首段描述的对象:"有物混成,先天地生,寂兮寥兮,独立不改。周行而不殆,可以为天下母。"所谓"有物混成",就是阴阳混成;所谓"先天地生",就是两仪之母;所谓"寂兮寥兮",因为有质无形;所谓"独立不改",因为太极是世界与万物的本原;所谓"周行而不殆",因为太极包容着阴阳两仪始终运变不息;所谓"可以为天下母",确切地体现着太极的实至名归。

4. 有质而无形,令人浮想联翩。有质,有也。无形,无也。从而提出一个"有无相生""无中生有"的命题。周敦颐说"自无极而太极",朱熹去掉句首的"自"字,以为"非太极之外复有无极也",看来颇具慧思。因为前者表明无极与太极为二物,存在于两个时段,后者则可兼而通之,一以释二,二以致一。更确切地说,应是"太极而无极",太极居原始点,无极则由太极导出。

5. 周敦颐关于"太极动而生阳,动极而静,静而生阴,静极复动"的论说,并不完全符合《易传》原意。须知《易传》确认阳固然主动,但阳也可以静;阴固然主静,但阴也可以动。《系辞上传》第六章明确指出:"夫乾,其静也专,其动也直,是以大生焉。夫坤,其静也翕,其动也辟,是以广生焉。"动可以来自阳,也可以来自阴;静可以来自阴,也可以来自阳,不能以动静分割阴阳,更不能以太极之动静推断生阴生阳。合理的阐释是:太极静而孕育阴阳,动而分生阴阳。静极,表明阴阳孕育已臻完备。静极而动,显示阴阳开始分娩出生。至于动极而静,反映在生命个体由始而终的时空点上,表现为阴阳之间有机联系的断绝。须知"精气为物,游魂为变,故知死生之说",精气是阴阳和合之生物,变则表明由和合而互绝,乃成僵死之物。反映在世界总体的运变趋势上,同样表现为阴阳之间有机联系的断绝,结果将是宇宙突变,由运动膨胀而瞬间收缩,从趋向极大而回归极小,乃至灭寂。于是,太极重归于静,开始重新孕育阴阳,直至再度静极而动,化生阴阳,化生新的世界,从而意味着又一个新的太极周期复归启行。

6. 如前所述,宋代理学的理论根基立于太极。程颐认定:"太极者,道也。"朱熹更视太极为"理之极致"或"极致之理"。他们把太极等同于道或理,把道或理与太极混同一体。但《易传》明确指出:"易有太极,是生两仪";"一阴一阳之谓道"。由此可知,太极是萌生一阴一阳的母体,道则是引领一阴一阳运变发展的规律。道与一阴一阳同在共存,一阴一阳既然存居于太极之体,道也必然寄载于太极之体。因此,《易传》论述的"圣人之意"其实清楚明白:太极是世界的本体,通过阴阳运化生成世界及其万物,道则是引领这一过程发展及其因果关系的恒定规律。

7. 太极包含阴阳而存在。凡有阴阳则必有太极。世界及其万物均由阴阳两仪构成,因此,世界既包容于太极,万物亦包容于各自的太极。

8. 有太极则有道的承载。世界循道运化阴阳,万物亦循道运化阴阳,故行合于道则生生而昌,行逆于道则渐渐消亡。

三、太极学说的现代解读

以现代观念解读太极并不是要让中国的古典哲学西方化。事实上,中国古代并无哲学的概念,却有明哲的圣贤与哲学的思想。中国的圣贤之教能够跨越长远宽广的时空进行现代解读,足以表明其理论的特殊高度、深度及与时俱进的文化能量。就太极而言,人们可以从中得到以下启示。

1. 本体论在西方哲学史上跌宕兴衰,至今仍然是一个重要的学术课题。太极概念的提出,恰恰为此指明了合理的归纳方法和正确的认识路径。

众所周知,太极的现实基础在于世界及其万物,以伏羲氏为代表的上古智者以创造性的构思,通过"仰观俯察"使之转化为八卦系列人文符号。以周文王为代表的上古圣贤进一步归纳卦爻运变规律,开始运用阴阳两仪推演八卦。而后来的圣师孔子更以石破天惊的气势提出了"形而上者谓之道,形而下者谓之器"的全新哲学命题,并在八卦之"形"的阶梯上顺理成章地推进阴阳两仪的理论升华,导出太极这一最高层次的范畴,从而实现了探究世界本原的终极归纳飞跃。

古希腊的哲学家曾经代代相继地研索世界本原。泰勒斯认为水是"万物始基",阿那克西美尼则说是"气",赫拉克利特主张为"火",恩培多克勒则归纳成"土、气、火、水"的组合。为了规范关于世界本原的评价,公元前 5 世纪的巴门尼德提出了三条准则:第一,世界的本原必须不生不灭,无从所生,永恒存在;第二,世界的本原只能唯一,独存此在,别无再有;第三,世界的本原必须完整无缺,足以涵盖世界,周及万物。显然,孔子哲学的太极完美地体现着始有的第一、本原的唯一与涵盖世界及其万物的统一,应当毫无疑义地列为关于世界本原哲学论述的典范。

对于世界本原的学术研究绵延不绝,自 17 世纪德国的经院学者戈科列尼乌斯首次提出"本体论"至今,一直波澜起伏,迁延流变,甚至使本体的概念延伸运用到科技领域。如果适时引入太极理念,必将有助于学术研究的深化与整体水平的提高。

2. 自从爱因斯坦发表"相对论"和哈勃使用太空望远镜观察到星系光谱的"红移"现象后,人们开始认识到宇宙的边缘正在离我们的世界远去而不断膨胀扩大。由此又经一系列研究论证,主流科学明确肯定,宇宙在一百多亿年前原来处于一个密度极高、能量极大、体积则相对极小的奇点,亦即世界的太极。在某种条件下,太极突起动变而发生温度极高的大爆炸,随之产生物质与反物质、能量与暗能量。归纳为形而上的概念,就是一阴一阳。

3. 世界由物质、能量与信息三大要素组成。物质来自太极,既可存于无形,亦可化成有形。能量源于太极,表现于阴阳运变,刚柔推移。"信息"这个现代科技名词,直到1948年才在数学家香农《通信的数学理论》一文中首次获得明确定义:"信息是用来消除随机不确定性的东西。"而在两千五百多年前,孔子已在《易传》中明确提出:"天地盈虚,与时消息。"一般说来,人们通常都将消息视同信息,而从本质上分析,消息其实是信息的本原。什么是消息? 消息就是阴阳消长,刚柔推移,虚实转化。《周易折中·义例》指出:"消息盈虚之谓时。"这个"时",并不局限于表示一般的过程节点,而是一种高度哲理化的"时"。按《周易折中·义例》的说法,除"泰否剥复之类"外,"又有指事言者","又有以理言者","又有以象言者"。概括地说,这个"时",包涵了整个时空即时空中的世界与所有事物及其运动变化。简言之可谓阴阳运化,而信息正是阴阳运化的产物。孔子哲学认为:"阴阳不测之谓神"[1],所谓"不测",就是"不确定性"。认识阴阳运动变化,认识消息,也就获得了用以消除不确定性的信息。其中的尖端信息,被孔子哲学称为"几":"几者,动之微,吉凶之先见者也。"[2]亦即事物运动变化过程中显现的趋势性、先行性信息。

4. 太极存在于宏观世界,也存在于微观世界。所谓"量子态",依据孔子哲学论析,无非是以太极为本原,表现为阴阳消息、

---

① 见《系辞上传》第五章。
② 见《系辞下传》第五章。

刚柔推移的超微观系统的运变状态。"量子纠缠"则是"二气感应以相与"①的一种特殊景象。创立"并协性原理"的量子力学权威玻尔将太极图刻印在自己的族徽上必然经过深思熟虑,因为量子的波粒二象性只有在"太极生两仪"的格局下才能在相互排斥中实现适时的统一。

第二识　二　分　阴　阳

一、阴阳之说源远流长

庄子曰:"《易》以道阴阳。"②正是《易传》提出了系统的阴阳学说。而作为对外部世界的一种感性认识,远古的人们则已经有了阴阳观念。八卦的本质就是基于阴阳观念的人文符号。古人还据阴阳以明季节,治历法,立疆域。《周礼·大司徒》云:"以土圭之法测土深,正日景,以求地中。""日至之景,尺有五寸,谓之地中,天地之所合也,四时之所变也,风雨之所会也,阴阳之所和也。然则百物阜安,乃建王国焉,制其畿方千里而封树之。"即通过运用土圭这一测量手段,观察夏至日影为一尺五寸处,选为地域中心,植树立疆,建设立国都城。所谓地中者,阴阳交和、环境适宜之地也。《诗经·大雅·公刘》赞颂周代先祖公刘开辟疆土,自邰迁豳(今陕西旬邑、彬县一带),也有类似描述:"笃公刘,既溥既长,既景乃冈,相其阴阳,观其流泉。""既溥既长"显示地域宽广辽阔。"景"古通"影",依朱熹《诗集传》,"景,考日景以正四方也"。考日景,登山岗,观察阴阳气势,还要看水源汇流的方向,然后定都建国,大功告成。

《说文解字》云:"阴,暗也。水之南,山之北也。"一般说来,山

---

① 见《象下传·咸》。
② 见《庄子·天下篇》。

南阳光充裕，山北日照短缺。因此，山北为阴，山南为阳。而水流虽无遮阳之蔽，然其情性适与山峦相反，故阴阳属性亦反。《说文解字》又将"阳"释为"高明也"，缔造了一个高朗明丽、令人眼前一亮的境界。在周代，阴阳之说已由自然领域伸延至社会、政治以至经济、军事领域。《尚书·周官》曰："论道经邦，燮理阴阳。"《管子·四时》篇则云："是故阴阳者，天地之大理也。四时者，阴阳之大径也。刑德者，四时之合也。"将阴阳视为自然的根本规律、社会的治理经略。《道德经》则谓"万物负阴而抱阳"，使阴阳和合与万物生发联系起来。而以邹衍为代表的阴阳家更是神灵其说，风靡一时。《史记·孟子荀卿列传》载："驺衍睹有国者益淫侈，不能尚德。若《大雅》整之于身，施及黎庶矣。乃深观阴阳消息，而作怪迂之变。《终始》、《大圣》之篇十万余言，其语闳大不经，必先验小物，推而大之，至于无垠。"其主要特点是将五行说纳入阴阳观，杂解世事，警饰政治，竟令"王公大人初见其术，惧然顾化，其后不能行之"。一时震惊朝野，备受礼遇。如《史记》所述："是以驺子重于齐。适梁，惠王郊迎，执宾主之礼。适赵，平原君侧行撇席。如燕，昭王拥彗先驱，请列弟子之座而受业，筑碣石宫，身亲往师之。作《主运》。其游诸侯见尊礼如此。"①阴阳家受宠于宫室，可谓盛极一时。然其荒诞不经之说，最终还是被淘汰于尊崇理性的历史潮流中。

依据《易传》阴阳观而奠定理论基础，卓有成效地开发学术研究以指导实践者，不能不推《黄帝内经》。它明确指出："阴阳者，天地之道也，万物之纲纪，变化之父母，生杀之本始，神明之府也。治病必求于本。"②由此提出的"四诊八纲"，"望闻问切"探究的是"象"，"阴阳、寒热、表里、虚实"的核心则为阴阳。东汉魏伯阳亦

---

① 见《史记·孟子荀卿列传》。
② 见《黄帝内经·阴阳应象大论》。

发阴阳观明卦开义,所撰《周易参同契》成为道家炼丹的首部经典。其《上篇》开头便提纲挈领地指出:"乾坤者,《易》之门户,众卦之父母。坎离匡郭,运毂正轴。牝牡四卦,以为橐籥,覆冒阴阳之道,犹工御者准绳墨,执衔辔,正规矩,随轨辙。"举乾坤坎离阴阳四卦运作调节宇宙,行阴阳刚柔之道准则规矩万物,虽炼丹之事具体而微,明阴阳之义则博大而著也。

汉唐以降,阴阳之学与五行说、干支说不断融和会通,相映生辉,至宋代成为构建理学体系的重要内容。随着历史的传承,代代相继,至今影响着广大人群的认知视角与认知路径。

二、阴阳学说宣本明义

《易传》关于阴阳的论述主要如下。

1. 易有太极,是生两仪。(《系辞上传》第十一章)

2. 一阴一阳之谓道。继之者善也,成之者性也。(《系辞上传》第五章)

3. 阳卦多阴,阴卦多阳。其故何也?阳卦奇,阴卦偶。其德行何也!阳一君而二民,君子之道也。阴二君而一民,小人之道也。(《系辞下传》第四章)

4. 乾,阳物也。坤,阴物也。阴阳合德而刚柔有体,以体天地之撰,以通神明之德。(《系辞下传》第六章)

5. 潜龙勿用,阳在下也。(《文言传·乾》初九)

6. 履霜坚冰,阴始凝也。(《文言传·坤》初六)

7. 阴疑于阳必战。为其嫌于无阳也,故称龙焉。(《文言传·坤》上六)

8. 昔者圣人之作《易》也,幽赞于神明而生蓍,参天两地而倚数,观变于阴阳而立卦,发挥于刚柔而生爻,和顺于道德而理于义。穷理尽性以至于命。(《说卦传》第一章)

9. 昔者圣人之作《易》也,将以顺性命之理。是以立天之道曰阴与阳，立地之道曰柔与刚，立人之道曰仁与义。兼三才而两之。故《易》六画而成卦。分阴分阳，迭用柔刚。故《易》六位而成章。（《说卦传》第二章）

10. 君子尚消息盈虚，天行也。（《彖上传·剥》）

11. 日中则昃，月盈则食，天地盈虚，与时消息。（《彖下传·丰》）

研究分析以上十一条《易传》原文，应可得出下列判断。

1. 阴与阳相互对立，相互伴随，不可分离。

2. 阴阳的对应统一，构成世界与万物及其运动变化。

3. 有阴阳必有道，道伴阴阳而存在，阴阳循道而运变。

4. 阴阳之道是天道、自然之道、世界的永恒规律。反映于人类社会，则是以仁（体刚用柔）义（体柔用刚）为根本的人道。因此，继道而行为善，成道而存在性。

5. 遵循一阴一阳之道，穷理尽性，结果将反映于命。

6. 《系辞下传》第二章关于"仰观俯察"的那一大段文字，概括起来就是"观变于阴阳"。由此设爻立卦，其主旨在和顺道德，阐扬义理，正性休命。

7. 阴阳的象征标志是乾坤。乾刚坤柔，阴阳和合，体现着天地自然之情、圣贤神明之德。

8. 阴阳为体，刚柔为用，阴阳立卦，刚柔生爻。刚柔随阴阳而显隐。"刚柔者，昼夜之象也。"[1]"昼夜之象"即"阴阳之象"。阴阳无形，刚柔可感，阴阳借刚柔之象显示其存在。"分阴分阳，迭用柔刚。"因此，《易传》关于刚柔的大量论述，均可归结于阴阳学说。

9. "潜龙"阳在下，"履霜"阴始凝。阴阳消长，自下而上。

10. 阴阳对应而立，其道在相互协和，相互亲善，相互依存，相互赞赏。但在一定条件下，二者也会产生矛盾纷争，直至出现敌对状态。造成这种条件的外因是"同功而异位"；"二多誉，四多

---

[1] 《系辞下传》第二章。

惧"；"三多凶，五多功"①。内因则是互相疑嫌："阴疑于阳必战，为其嫌于无阳也，故称龙焉。"②因此，欲求阴阳和谐相处，一须去疑，二须消嫌。

　　11. 阴阳运变，表现为消息盈虚。何谓消息盈虚？孔颖达云："君子通达物理，贵尚消息盈虚。道消之时行消道也，道息之时行息道也。在盈之时行盈道也，在虚之时行虚道也。若值消虚之时，存身避害，危行言逊也。若值盈息之时，极言正谏，建事立功也。天行谓逐时，消息盈虚乃天道之所行也。"③《周易折中·义例》据此提出："消息盈虚之谓时。"消息盈虚为什么能形成"时"？根本原因在于阴阳运变，阴阳运变之过程就是不停地消息盈虚。消息反映阴阳消长，盈虚反映刚柔推移。明确地说：阴盛阳衰谓消，阳伸阴屈为息；刚进柔退为盈，柔升刚降为虚。消息导出盈虚，盈虚展示消息。关于消息的观念，夏代《归藏》中已有体现，这就是"十二辟卦"。其表达为："子复，丑临，寅泰，卯大壮，辰夬，巳乾，午姤，未遁，申否，酉观，戌剥，亥坤"，即将复、临、泰、大壮、夬、乾、姤、遁、否、观、剥、坤十二卦顺序与十二地支相合，标志每天十二个时辰与每年十二个月份以至十二个节气。自《复卦》一阳始生于五阴之下到六爻皆阳的《乾卦》，表现为息，即阳渐伸而阴渐屈。自一阴初起于五阳之下的《姤卦》到六爻皆阴的《坤卦》，则表现为消，即阴渐盛而阳渐衰。《易纬》云："辟卦为君，杂卦为臣，四正为方伯。二分二至，寒温风雨，总以应卦为节。"将辟卦提到君主的位置，可见阴阳消息的重要。"四正"指四正卦：坎离震兑，分主北南东西四方。"二分二至"即春分、秋分、冬至、夏至，反映时令节气。

---

① 《系辞下传》第九章。
② 《文言传·坤》上六。
③ 《周易注疏·象上·剥》。

实际上,阴阳消息不仅表现于时,而且表现于空,表现于万事万物。所以《周易折中·义例》在论"消息盈虚之谓时"指出,"时"不仅指"泰否剥复"之类,而且"又有指事言者","又有以理言者","又有以象言者"。因此,"消息"作为"天行"、天地自然的运行规律,乃是阴阳学说的一个重要组成部分。

三、阴阳学说的现代解读

1. 阴阳学说与辩证法。

源自古希腊的辩证法,经过不断论辩发展,至黑格尔集其大成,总结出对立统一、量变质变与否定之否定三大规律,粗看与阴阳学说相似:对立统一规律即"一阴一阳之道";量变质变即"穷则变,变则通";否定之否定的原理更普遍而持续地昭示于《序卦传》,如:屯—蒙—雷,蒙—雷—讼,需—讼—师,讼—师—比,等等,中卦为前卦之"质变",后卦则为"否定之否定"。泰—否—同人这组前后承继的卦列,表现得尤其明显。《序卦传》指出:"泰者,通也。物不可以终通,故受之以《否》。物不可以终否,故受之以《同人》。"道理说得何等明白!

然而,细究深析,西方的辩证法与东方的阴阳学说是有区别的。

第一,辩证法讲对立统一,着重于统一物的对立,突出斗争的绝对性、永恒性;平衡则是相对的、暂时的。阴阳学说恰恰相反,注重矛盾双方的相互依存、相互亲和;阴阳斗争则是相对的、有条件的、阶段性的。从这个维度看,阴阳学说并非完全的对立统一,而是完美的对应统一。用对应统一的观点看世界及其万物,世界及其万物会更加真实,更加美好,"民吾同胞,物吾与也"的思想才能油然萌发。

第二,辩证法讲量变到质变,质变表现为事物属性的根本改变,新旧事物互不相容。阴阳学说则认为既有根本属性完全改变的质变(如汤武革命),也有部分属性发生改变的质变,如"大人虎变""君子豹变""小人革面"①。其原则在于"革而当,其悔乃亡"②。依《论语》所言,则为合理"损益"。经过"损益",尽管社会性质发生部分改变,但绝非互不相容,而可前后承继,"其或继周者,虽百世可知也"③。

第三,黑格尔讲"否定之否定",作为哲学的基本规律,表现着一定的绝对性。而阴阳学说的"否定之否定",如《序卦传》所示,实质上是"肯定—否定"的连续迭现(并非简单重复)。它生动地表明,所谓"否定之否定"规律,其实是由"量变—质变"规律派生出来的。

第四,辩证法的对立统一是事物结构形式的对立统一,阴阳学说的对立统一则不仅体现事物结构形式的对立统一,而且展示事物结构本体(涵于太极之阴阳)的对应统一。

由此看来,阴阳学说的通适度(会通世界、适应万变的范围与程度)就思想触角的普遍性与灵活性看,应当高于辩证法,从而更加接近客观世界的真实性、多样性与不确定性。

2. 阴阳学说与系统论。

系统论是一门现代新兴学科,强调从总体上观察和研究事物。它认为每一事物作为系统都具有整体性、层次性、相关性、目的性和动态性,据此可以搜集相关数据,建立系统模型以供研究分析。孔子哲学则将阴阳视为世界及其万物(包括所有宏观系统与微观系统)存在的两大基因,通过卦爻构建包涵象数与义理交融的图象模型,同样可以从特定维度反映系统的五项特性。

---

① 见《象下传·革》。
② 见《象下传·革》。
③ 见《论语·为政》。

　　卦象反映整体性，用以模拟事物整体的系统结构。六爻依次排列，反映系统的层次性。各爻之间发生"应、比、承、乘"的相互关联，反映系统的相关性；卦爻时位的错综变动，反映系统的动态性。系统的目的性则蕴藏于卦德中。

　　现实系统当然不会简单到都由六个部分组成。六画成卦的系统结构，理论基础立足于三才之道，"分阴分阳，迭用柔刚，故《易》六位而成章"①。因此，以阴阳学说研究分析事物系统，侧重于道德义理，突出时与位，强调中和正，注意各单元之间的相互比助，上下和应，守顺承，避逆乘，顺时而动，当位尽职。

　　研析客观事物系统，"分阴分阳"，主旨在于考察各组成单元的综合素质是否适合所处之位。"迭用柔刚"，主旨在于合理调节各组成单元的协同配合能够顺应运变之时。诚然，这些论说只是更好地掌握系统理论的哲学思考，不可能代替现实的技术操作。

　　3. 阴阳学说与量子论。

　　量子论揭示微观物质世界的基本规律，它以全新的视角展现了关于自然界的观察、研究、思考、表述的方法与别具一格的认识路径，从而在事实上会通与运用着阴阳学说，开启了现代科学的哲学之门。

　　（1）量子的波粒二象性证明了自身的存在符合阴阳学说，而量子与环境的互动进一步证实了阴阳消长、刚柔推移的原理，研察与构建微观世界和宏观世界相互衔接的开放系统，可以为引入外部测量手段、改变内部量子状态，进而扩大其功能利用创造相应的机会。

　　（2）量子力学的实验证明，不确定性是量子的内秉特征。这种不确定性的哲学论证，至今只能依循阴阳学说方能阐解，这就

————————

① 见《说卦传》第二章。

是：量子的波粒二象性立足于阴阳运变，而阴阳运变的过程始终表现为"变动不居，周流六虚，上下无常，不可为典要，唯变所适"[①]。"变动不居"，就量子言，表现为或位置不定，或动量不定。为什么？因为量子以波粒二象性（阴阳）在微观宇宙（太极包含的"六虚"）中周流不息。所以"不可为典要"，不能再死扣经典物理定律了，而必须"唯变所适"，唯有根据微观世界的运动变化，采取与之适应的思维方式和实践举措。孔子哲学还告诉我们："阴阳不测之谓神"，"神而明之，存乎其人"，这就激励人们去努力探究微观世界也可能存在的因果律。

（3）2003 年波兰物理学家卓勒克（Zurek）首次提出的量子达尔文主义，近年来不断取得实验进展。量子达尔文主义认为：系统与环境的作用导致"退相干"，使量子系统转入可测定位置或速度的"指针状态"。其哲学意义在于：量子只有具备最适应其特定环境的状态，才能在退相干的过程中存活。它让人再次联想到阴阳运变"不可为典要，唯变所适"的哲学论断不仅可以校正人类的思维与行为，而且反映着万物内秉的存在机制：没有经典不变的法则，物自身唯有运动变化以适应环境，才能保持存活。达尔文关于生存竞争、自然选择的进化论理念此后被斯宾塞等西方学者移用至社会领域，形成"适者生存"的社会达尔文主义。如今又回返量子学理论，看似新鲜奇特，实际上早为两千多年前的阴阳学说所阐解。对此，孔子在《易传》中还作了生动活泼的描述："天下何思何虑？日往则月来，月往则日来，日月相推而明生焉。寒往则暑来，暑往则寒来，寒暑相推而岁成焉。往者屈也，来者信（伸）也，屈信相感而利生焉。尺蠖之屈，以求信也。龙蛇之蛰，以存身也。精义入神，以致用也。利用安身，以崇德也。过此以往，未之

---

① 见《系辞下传》第八章。

或知也。"①由此告诉人们,无论日月往来、寒暑往来、龙蛇的屈伸相感还是人类的思维活动、立命安身,本质都是刚柔推移、阴阳运变,目的在维护自身的生存。量子系统的波粒运变同样如此。"唯变所适","变"展现运动之因,"适"展现所求之果,这是否可以成为微观世界的因果律,值得探究。而最应关注的是:社会达尔文主义竞逐资本之利,宣扬强食弱肉;阴阳学说,则求"相感生利",物我共存。

(4)现代科学提出了一系列新观点、新课题,如物质与反物质、能量与暗能量、星系与黑洞、时间与空间的相对性等等,现在看来,均可借阴阳学说的哲学之光,照亮人们苦思冥想过程中的某些暗角。

(5)阴阳之变体现构设卦爻过程中的"加一倍法"(由北宋邵雍归纳提出),被17世纪的德国数学家、哲学家莱布尼茨认定是数学二进位制的范例,大加赞赏。如今已众所周知,不再引申。

4. 如果说太极学说是哲学本体论的典范,那么阴阳学说可称宇宙生成论的翘楚。从"易有太极"到"是生两仪,两仪生四象,四象生八卦,八卦定吉凶,吉凶生大业",全面地概括了世界生成和人类社会生成发展的基本过程。而"乾道成男,坤道成女。乾知大始,坤作成物",进一步为此作了明确的补充。而尤当注意的是,现代宇宙学关于宇宙爆炸、膨胀、时空互动、四种基本力与场的统一等前沿课题,完全可运用阴阳学说开启意象思维之窗,因为阴阳作为概念,基于无形的物质而超乎有形的物质。两仪者,既可以理解为两种素质,也可以理解为两种基因、两种形式、两种状态、两种类别、两种性质、两种动力、两种能量,以至两种物理场等等。总之,它们是一对从微观世界到宏观世界无处不在、无时不存,始终彼此缠绕、消长相衡,可感而不可及的物质形态。悟得

① 《系辞下传》第五章。

其中奥秘,对于开阔思路、触发联想、萌生创意具有妙不可言的潜在促发作用。

第三识　三才共道

一、三才共道由来

"道"这个字,首见于甲骨文,《诗经》中亦多处出现。如《邶风·谷风》云:"行道迟迟,中心有违。"《小雅·四牡》云:"四牡骓骓,周道倭迟。"《鲁颂·泮水》云:"顺彼长道,屈此群丑。"《大雅·生民》云:"诞后稷之穑,有相之道。"《大雅·韩奕》云:"奕奕梁山,维禹甸之,有倬其道。"等等。可知古人早有"道"的观念,但其意涵多样,尤其缺乏哲学定义。《论语·尧曰》篇记有"天之历数""天禄",未见说"道"。《尚书·洪范》所言"彝伦",应指伦常秩序,近道而未达道。而"无有作好,遵王之道;无有作恶,遵王之路"则将"道"与"路"等同起来。周初的四个重要历史文件《大诰》《康诰》《召诰》《洛诰》均无"道"字,但有"天降威"、"上帝命"(《大诰》)、"天迪格保"、"夏服天命"、"祈天永命"(《召诰》)、"天基命定"、"敬天之休"(《洛诰》)等。崇尚"天""天帝""天命""上帝"之语,而无"道"之所言。《康诰》记"道极厥古"之文,但此处之"道",专指法律规范,非哲学之道。直到春秋时期,《左传》记述郑国子产所言:"天道远,人道迩,非所及也。"[①]"道"字乃焕发哲理之光。《说文》释"道"曰:"所行道也,从辵从首。"《论语》言"道"多达六十次,其中孔子的论说四十四次。有时指道德,有时指学术,有时指方法[②]。然而,孔子说"朝闻道,夕死可矣"之"道",所指当具特殊意义。他为此梦寐以求,直至晚年传述《周易》过程中豁然开朗,

---

① 见《左传·昭公十八年》。

② 见杨伯峻《论语译注》所附《论语词典》。

悟得"一阴一阳之谓道,继之者善也,成之者性也"①,进而引申发挥:"立天之道曰阴与阳,立地之道曰柔与刚,立人之道曰仁与义。兼三才而两之,故《易》六画而成卦。"②

　　孔子传《易》悟道,这是覆盖天下之道、普遍遵行之道、恒久不变之道,简称常道。而《道德经》的作者在震撼之余,并不服气,继而针对性地作出批评:"道可道,非常道。"(或"道,可道非常道")并根据自己的理解,提出一大堆解释,最终人们能够从中获得的印象是:道法自然。道者无也,或无为也。庄子说道,汪洋恣肆,诙谐活泼。他冒用老子所言:"夫道,于大不终,于小不遗,故万物备。广广乎其无不容也,渊乎其不可测也。"③这个"道",大无尽头,小不遗漏,广而其中无所不包,深而冥冥难测,所以,语言很难表达,文字更难表达。他指出:"世之所贵道者,书也。书不过语,语有贵也。语之所贵者,意也,意有所随。意之所随者,不可以言传也,而世因贵言传书。世虽贵之,我犹不足贵也,为其贵非其贵也。"④这段立论,明显受《易传》"书不尽言,言不尽意"⑤的启发,但庄子尚未完全领悟孔子的真谛。孔子以其毕生追求真理的体验提出质问:"然则圣人之意其不可见乎?"答案是否定的。因为"圣人立象以尽意,设卦以尽情伪,系辞焉以尽其言"⑥。只要把系辞之言与卦情象义会通,是完全能够领悟"圣人之意"而明道的。孔子关于"一阴一阳之谓道"的论述,正是融合经文与卦象深究圣人之意得出的真切命题。对此,《说卦传》第二章进行了全面而深刻的阐解,从圣人作《易》的目的、三才之道的内涵、三才之道与卦象

---

① 《系辞上传》第五章。

② 《说卦传》第二章。

③ 见《庄子·天道》篇。

④ 见《庄子·天道》篇。

⑤ 《系辞上传》第十二章。

⑥ 《系辞上传》第十二章。

的内在联系等三个方面,对"道"的书面定义的相对真理性作出了令人信服的论证。

二、三才共道辨正

孔子提出的以一阴一阳为共同核心的三才之道通过《易传》问世后,在中国哲学史上引起一系列连锁反应。诸子百家,各言其道,可以说"百家争鸣",本质上反映着"百家争道"。除前述老庄的道家之道外,墨家以"天志"为道而倡"兼相爱,交相利"之说。阴阳学家杂糅阴阳与五行学说自成闳大却多怪癖的术数异道。兵家直言兵者之"诡道"。法家倡行法、术、势一体,如以管仲为始祖,则可归结为孟子所反对的霸道。孟子主张"仁也者,人也。合而言之,道也"①,即仁人为道。他认为:"以力假仁者霸,霸必有大国。以德行仁者王,王不待大。"②所以他倡行的是仁人王道。荀子同样重道,他指出:"故善用之,则百里之国足以独立矣;不善用之,则楚六千里而为仇人役。故人主不务得道而广有其埶(势),是其所以危也。"(《荀子·仲尼》篇)强调不仅要明道,而且要善于用道。这段话深受司马光赞赏而引入《资治通鉴》③。荀子习《周易》,通《易传》,悟道而多有发挥。如"天有常道矣,地有常数矣,君子有常体矣"④,似或延伸于三才之道。"大道者,所以变化,遂成万物也。"亦可推原于《系辞上传》的"范围天地之化而不过,曲成万物而不遗"。荀子特别注重君主明道、行道,并施于民众,为此特撰《君道》:"道者何也? 曰:君道也。君者何也? 曰:能群也。"就哲理言,他强调道的普遍性与恒常性,指出"万物为道一

---

① 见《孟子·尽心下》。
② 见《孟子·公孙丑上》。
③ 见《资治通鉴》卷四"周纪四"。
④ 《荀子·天论》篇。

偏，一物为万物一偏"①。他还阐析道的理性体系，开两宋理学之先声，并导出以陆九渊、王阳明为代表的心学分支。

两宋理学亦称道学，理即是道，顾名思义，要旨在于研究阐发儒家之道。应当说，理学构建了儒学历史上最缜密、完备的形而上学体系。理学肇始于周敦颐的《太极图说》，深深地植根于易学。然而，在一些重要方面，理学并未真正完全地继承孔子《易传》阐明的根本理念，包括三才之道。我们不妨作些对比辨析。

1.《易传》明示"一阴一阳之谓道"。一阴一阳涵于太极，太极是世界的本体，道的载体。而宋代理学则将太极等同于理。朱熹云："无极而太极，不是说有个物事光辉辉地在那里，只是说这里当初皆无一物，只有此理而已。"②"若在理上看，则虽未有物，而已有物之理，然亦但有其理而已，未尝实有是物也。"③"太极是个极好至善的道理。""太极是五行阴阳之理皆有，不是空的事物。""事事物物，皆有个极，是道理之极至。"④由此可见，第一，《易传》对太极与道的两个概念区分明确：太极是本体，道是承载本体的规律。宋代理学则混淆区别，将二者合而为一。第二，《易传》视太极为本体，是世界的本体、万物的本体，是有的本体、存在的本体。宋明理学视太极即理，作为本体，是无的本体、精神的本体、非物质形态存在的本体。因此，前者反映唯物论，后者反映唯心论。第三，《易传》道载于太极，太极为物之原存在，所以道在物中。理学则说"当初皆无一物，只有此理而已"，明言理在物先。这就是说，理可以脱离物质世界高高挂起，可以生发世界，生发万物，如同基督教之上帝，而超乎佛教之释迦牟尼、道教之太上老君。于是，儒学走上理性异化之路。

① 《荀子·天论》篇。

② 见《朱子语类》卷九十四。

③ 见《朱子文集》卷四十六《答刘叔文》。

④ 均见《朱子语类》卷九十四。

2. 在道与性的关系上,《易传》的表述是:"一阴一阳之谓道,继之者善也,成之者性也。""成性存存,道义之门。"它表明,道由人来实践,继之以行善积德,成之于养心修性。通过不断地积德行善,蓄储精神能量,形成人性的良好品质,从而进入道义殿堂的大门。而程颐则谓:"性即理也,所谓理性是也。"[①]"理也,性也,命也,三者未尝有异。穷理即尽性,尽性则知天命矣。"[②]朱熹则云:"人物皆禀天地之理以为性。"[③]"性者,心之理。"[④]同样认定性由理成。他们都将性视为天生的理性,以性代理,以性表道,延伸《中庸》"天命之谓性,率性之谓道"与孟子性善论的思想体系,既违《易传》"据道—继善—成性"的原理,亦非《论语》"性相近也,习相远也"之真实解说。

3. 三才之道的核心是"一阴一阳之谓道"。一阴一阳本于自然,所以又为"立天之道"。伴随阴阳之体,则有刚柔之用。地顺天而行,所以"立地之道,曰柔与刚"。阴阳刚柔,表里相衬,为人类社会开创生存发展的环境,由此引出与天道、地道相适应的人道。仁与义就体言,仁为阳,义为阴。就用言,仁为柔,义为刚。而阴阳刚柔以乾坤表征。乾之德为"元亨利贞",坤之德为"元亨,利牝马之贞"。孔子释曰:"元者,善之长也";"君子体仁,足以长人";"利者,义之和也";"利物足以和义"。这就是说,仁为首善大善,与其对应者义也。所以,"立人之道,曰仁与义"。由此可见,以阴阳为核心的三才之道具有灿然可明的内在联系和条理清晰的逻辑思路。而程朱理学则将阴阳限定为"气","阴阳是气,五行

---

① 见《遗书·二十二》。
② 见《遗书·二十一》。
③ 见《朱子语类》卷四。
④ 见《朱子语类》卷五。

是质"①。"气也者,形而下之器也"②。既属"形而下之器"的气,只能以形居方,自然难以明白阴阳运变何以能会通天地人三才而共立恒常之道了。

4. 程朱理学讲"性即理",陆王心学则称"心即理"。这个心是良心、良知之心,或得自《易传》的"天地之心"。《彖上传》曰:"复其见天地之心乎?"此言原为阐释《复卦》卦辞"反复其道,七日来复"。孔子认为"复道"是"天行",当出于"天地之心"。由此可知,心的要义在归复于道,而非以心代道。《尚书·大禹谟》云:"人心惟危,道心惟微。"人心动荡不安,道心洁静精微。道心者,非其心即道,而是存道之心也。道是客观规律,性是事物品质,心是思想动源,三者各有不同功能、不同内涵。纵然哲学允许玄思,但亦不可混淆概念。

三、三才共道的现实意义

1. 三才之道,体现着"《易》之为书也,广大悉备"。《说文》云:"才,草木之始也。"天地为万物之始,人为生物具思想之始。三者展示着物质世界的博大与精神世界的深广。三者既有区分,又有联系。认识世界,改造世界,既须天人相分,"制天命而用之";又须天人共道,顺天时地利而尽人用。异道则离,共道则亲。弘扬三才之道,既能指导人类社会认识自然面貌,适应自然环境,又能指导人类社会保护自然环境,合理使用资源。

2. 在世界急剧变化的当今,秉持三才之道,可以"顺性命之理","和顺于道德而理于义,穷理尽性以至于命",从而理清思路,振奋精神,坚定信念,采取"唯变所适"的措施来面对未来的各种不确定。

---

① 见《朱子语类》卷一。
② 见《朱子文集》卷五十八。

3. 数学与科技的结合及突飞猛进，打开了互联网络与虚拟世界的大门，所谓的元宇宙正在跳跃而出。这就特别需要从现实世界最大多数人的根本利益和长远利益出发，未雨绸缪，事先制订完善应付各类不测事件的共同规则。三才之道的研发与实践，将为超越现实世界的另类时空提供保护人类生生不息的行为规则，形成道德理性的共识。

4. 三才之道究其本质与原理，天道阴阳在于求真，地道刚柔在于求美，人道仁义在于求善。这种具有综合性、整体性、系统性与统一性的物我相与、内外协和的共谐之道，必将为包括东西方的世界哲学的创新发展提供与时俱进的精神动能。

第四识　四　德　合　体

一、四德之说由来

《周易》的开门双卦，《乾卦》卦辞为"元亨利贞"，《坤卦》卦辞起首是"元亨，利牝马之贞"。此后"元亨利贞"四字或分或合，见于多卦经文。就文字本义言，元涵大、始之义，亨涵通、达之义，利涵益、宜之义，贞涵正、固之义。而古字"亨"又通"享"，"贞"则通"占"，所以作为占辞，"元亨利贞"之意为"盛大祭享，利好占卜"。朱熹《周易本义》释为"言其占当得大通，而必利在正固，然后可以保其终也"，从而既视作占断用语，又添了义理注解。

孔子首先在《彖传》中对元亨利贞进行生动的道义景象描述：元者，"大哉乾元，万物之始，乃统天"。亨者，"云行雨施，品物流形，大明终始，六位时成。时乘六龙以御天"。利贞者，"乾道变化，各正性命，保合大和，乃利贞"。接着，孔子在《文言传》中进一步对"元亨利贞"进行了道德义理阐解："元者，善之长也。亨者，

嘉之会也。利者，义之和也。贞者，事之干也。君子体仁，足以长
人。嘉会，足以合礼。利物，足以和义。贞固，足以干事。"由此提
出了"元亨利贞"四德的经典课题。

　　将"元亨利贞"列为四德并非孔子心血来潮的产物，它是前人
对《周易》筮占不断深化认识的理性结晶，经过孔子深思熟虑的研
究推敲，并经受历史的长期评价验证而获得社会的广泛认同。

　　筮占起源于巫术，夏代的《连山》、商殷的《归藏》，已开始将卦
象用来预测吉凶祸福。周初，文王于羑里演《易》，《周易》遂兴。
由于比较简便，使用范围不断扩大而呈取代龟卜之势。据《左传》
记载，从庄公二十二年到哀公九年，就有十三则重大史事的占例。
在大量的实践验证中，史巫的原始神秘性不断受到理性思维的质
疑和挑战，渐渐地，对占辞的释解开始增加基于道义的分析考量。
如前已论析的襄公九年"穆姜事件"：穆姜占得《随卦》"元亨利贞"
警觉"四德"，拒绝戴罪出逃便是明证。昭公十二年中的筮例，也
有"元，善之长也"的言教。由此可见，"四德"之说早在孔子出生
之前已经流传鲁国，正好为"不语怪力乱神"的孔子所用，在传述
《周易》过程中加以弘扬，以求消除其神秘巫性，增强其道义理性。
《帛书易传·要》明确记述孔子为自己传述《周易》的正当性进行
了一系列辩护，他坚定地指出："《尚书》多於（疏）矣，《周易》未失
也。且有古之遗言焉。予非安其用也，予乐其辞也。汝何尤于此
乎？"针对子贡的疑问，他进一步推心置腹地说："《易》，我后其祝
卜矣。我观其德义耳。幽赞而达乎数，明数而达乎德，又仁（守）
者而义行之耳。赞而不达乎数，则其为之巫。数而不达于德，则
其为之史。史巫之筮，乡（向）之而未也，始（恃）之而非也。后世
之士疑丘者，或以《易》乎？吾求其德而已。吾与史巫同途而殊归
者也。"同途，表面上都走在学用《周易》的道路上；殊归，目的地却
各不相同：史巫热衷筮占，孔子崇尚德义。不料后世之人莫名其
妙，至今仍有怀疑者，岂不可叹可悲！

二、四德如何合体

四德合体,指的是元亨利贞相互会通,组合成一个完整缜密的道德逻辑体系。

《文言传》云:"元者,善之长也","君子体仁足以长人",故知元为仁。"亨者,嘉之会也","嘉会足以合礼",故知亨为礼。"利者义之和也","利物足以和义",故知利为义。"贞者,事之干也","贞固足以干事",故知贞为正固。

仁居四德之首。子曰:"克己复礼为仁。"而克己重在正固自心,去除不正之念。所以,仁既通礼,又达于正,亦即元与亨、贞相合。三者协和,共济利物,从而在仁、礼、正的道德组合中自然地与义会通,使元、亨、利、贞四者合为一个完善的行为准则体系。

程颐认为:"元者万物之始,亨者万物之长,利者万物之遂,贞者万物之成。"①从万物存在与生命发展的全过程阐析四德,使元亨利贞合成生生不息的自然进化体系。

唐人则以元亨利贞顺合四时:"元,始也,于时配春。言万物始生,得其元始之序,发育长养。亨,通也,于时配夏。夏以通畅含其嘉美之道。利,义也,于时配秋。秋以成实得其利物之宜。贞,正也,于时配冬。冬以物之终,纳干正之道。"②从而又把元亨利贞合为时空交替的运变体系。

孟子云:"恻隐之心,仁之端也。善恶之心,义之端也。辞让之心,礼之端也。是非之心,智之端也。人之有是四端也,犹其有四体也。"③孟子的"四端"说,明显源自对孔子"四德"说的体悟。他将元亨利贞比拟为人身整体,既是躯干之一体,更是精神之

———————————
① 《周易程氏传》卷一。
② 史徵《周易口诀义》。
③ 见《孟子·公孙丑上》。

一体。

上述后人对四德合体的感悟有生发自然的比拟,有四时运变的对照,有人身四体的和应。可谓清水长流,波浪迭起。而其流之长,实则反映着其源之远。孔子站在元亨利贞的理论峰顶,其实早已将四德合体演绎为世界的运化、性命的正定与社会的和宁。这就是《彖上传·乾》的生动论述:"大哉乾元,万物资始,乃统天。云行雨施,品物流形。大明终始,六位时成,时乘六龙以御天。乾道变化,各正性命,保合大和,乃利贞。首出庶物,万国咸宁。"

三、四德合体的精深意义

1. 四德合体之说丰富了"立人之道曰仁与义"的内涵。唐代大文豪韩愈认为:"博爱之谓仁,行而宜之之谓义,由是而之焉之谓道,足乎己无待于外之谓德。"因此"仁与义为定名,道与德为虚位"(《原道》)。虚位当然不是指道德的内容空虚,而是指其高高在上的名位离开仁义便难以落实。这就把常道压缩于人道范围内,又把人道限制于仁义二德。孔子哲学不仅明确"立人之道,曰仁与义",而且以四德补充仁义二项大德,使道德框架更加坚实,道德体系更加完善。

2. 四德说表明,仁、礼、义、正源于乾阳,源于天德,源于自然与社会进化的客观规律。它与孟子关于仁义礼智发端于人心的唯心主义观念形成鲜明的对照。但四德说并未完全否定四端说,而是通过体仁以长人、嘉会以合礼、利物以和义、贞固以干事四个方面,简言之为"体、会、和、正"的原理揭示人类修性养心以适应客观世界的本有精神动能。

3. 四德说包含了真善美的基本要义及其相互关系。

元亨利贞,"元者善之长也",所以元是善,是首善、大善。"亨者嘉之会也",所以亨是嘉会、美好的会集。"利者义之和也",所以利在和义。《说卦传》谓"和顺于道德而理于义",和义必然合理,合理则须求真。"贞者事之干也",所以贞是成事立业的主干。主干之要义在正,方向正,道路正,对策正。孔子云:"贞者正也。"而正是真与善的结合点。正必求真,真当先正。而善的前提也在正:正心,正观,正思,正行。总而言之,元亨利贞聚集了真善美的精义,相互联系,相互补充,相互进益,共同构建起一个道德认识与实践的宏大逻辑体系。

第五识　五 行 藏 象

一、五行由来

古代的人们在初步解决温饱问题后,开始进行哲学思考。首先是世界的本原。公元前 6 世纪,古希腊学者泰勒斯首先提出,世界万物皆源于水。其后,阿那克西曼德归之为"无定",阿那克西美尼说是"气",毕达哥拉斯则强调"数",认为"数"产生点,点产生线,线产生面,面产生立体,立体产生水火土气四种元素,元素可以产生世界万物。其后巴门尼德归纳为"存在",赫拉克利特又说是"火",因为水与空气都有静止不动的时候,只有火从来没有不动的时候,它时时都在运动。自然与世界上任何事物,都是时时在运动之中的。"火产生一切,一切统一于火,整个世界就是一团活生生的火。"阿那克萨哥拉提出世界万物的本原有两个:种子与理智。而德谟克利特的结论却是原子与虚空[①]。

西方各种本原说此起彼落之时,中国古代的五行说已相当成熟,《尚书·洪范》即有记载,箕子告诉周武王:"五行:一曰水,二曰火,三曰木,四曰金,五曰土。水曰润下,火曰炎上,木曰曲直,

---

① 参见高亮之《漫游西方哲学》第二讲"西方智慧的朝霞——古希腊的自然哲学",武汉大学出版社,2013 年。

金曰从革,土爰稼穑。润下作咸,炎上作苦,曲直作酸,从革作辛,稼穑作甘。"这里的五行,不只是指五种不同性质的物质类别,而且表现为五种本性不同的运动方式、五种不同的感觉功能,彼此相互联系,相互区别,相互补充,又相互抗衡,从而将世界及其万物视为具有共同本原的宏观系统与具象不同的亿万微观系统。

战国时期,孔子通过《易传》阐述的阴阳学说不断扩大影响,并在流传中与五行说结合起来,形成以邹衍为代表的阴阳家。"驺子养政于天文","以谈天飞誉"[①]。邹衍的《五德终始》等论说,"迂大而闳辩"[②],一时势被九州,受宠于诸侯。秦汉以降,阴阳家逐渐销声匿迹,而阴阳五行学说则分化儒道,各张其术。《黄帝内经》以阴阳为"四诊""八纲"的核心,以五行为肢体脏腑的模式。道家更将阴阳五行视同至宝,直到神而化之。儒家则以阴阳二气拓展哲思,以五行申述仁义礼智信。朱熹对阴阳五行说颇多论析。他指出:"有太极,则一动一静而两仪分;有阴阳,则一变一合而五行具。然五行者,质具于地而气形于天者也。以质而语其生之序,则曰水、火、木、金、土。而水、木,阳也;火、金,阴也。以气而语其行之序,则曰木、火、土、金、水,而木、火,阳也;金、水,阴也。又统而言之,则气阳而质阴也。又错而言之,则动阳而静阴也。盖五行之变,至于不可穷。然无适而非阴阳之道。"他认为:"五行之生也","各一其性";"各一其性,则浑然太极之全体,无不各具于一物之中,而性之无所不在,又可见矣"。周敦颐《太极图说》则提出:"阳变阴合,而生木、金、水、火、土,五气顺布,四时行焉。"[③]

二、《易传》与五行说

《易传》包含五行说,但未充分展开论述。

---

① 分见《文心雕龙·诸子》与《文心雕龙·时序》。
② 见《史记·孟子荀卿列传》。
③ 以上分见朱熹《太极图说解》与周敦颐《太极图说》。

《易传》的五行观念,主要见于《说卦传》,其中第十一章指出:乾为金,坤为地(土),巽为木,坎为水,离为火。

孔子在传述《周易》过程中是否还有五行观方面的阐释而未被收入通行本《易传》,现在看来很有可能。马王堆汉墓考古发掘得到的《帛书易传·要》篇"孔子籀《易》"章云:"又(有)地道焉,不可以水、火、金、土、木尽称也,故律之以柔刚。"另一篇《易之义》也有"子曰五行"一段残缺文字[①]。由此可见,孔子曾经联系《周易》,对于五行说有过论析,只是未被负责编纂的弟子收入通行本《易传》。

从通行本《易传》和《帛书易传·要》的记述看,孔子对五行说有这样几项识见。

1. 肯定五行说是古之遗言,值得探讨研究。

2. 五行说关联着阴阳说,而阴阳体现常道,水火金土木则"不可以尽称",它们当在阴阳之道的引领下发挥其功能,因此要"律之以柔刚"。

3. 孔子对五行说的重要贡献在于,他敏锐地发现,五行藏之于象,卦象中蕴藏着金木水火土。象是什么? 象是人类认识进程中一定阶段的产物,以哲学语言说,它反映着物的"共相",是在"仰观俯察"世界万物的基础上进一步依属归类获得的认知产物。孔子认为:"圣人立象以尽意。"卦象之中,意境无限,从而可以提高人们的思维境界,大大增强他们的想象潜力。这就为五行学说进入自然与社会领域的方方面面顺理成章地打开了大门。

现据宋代易学大家邵康节拟制的后天八卦应用图添加五行因素描画如下,可见其功能之广泛。

---

① 参看李学勤《周易溯源》第五章第八节"帛书《要》篇及其学术史意义",巴蜀书社,2006年。

上图不仅可包容宇宙时空,而且涉及广大社会领域,如生产、生活、军事、政治,以至性命、人生,但只是一个虚拟的意象世界。

三、五行说的现实意义

1. 五行说作为一种哲学观念,可以活跃人们的思维,扩大理路视野,触发思想创新。

2. 五行说可以提高人们的整体意识,自觉地从系统观出发,正确把握多维度因果关系,以期更为恰当地处理好具体事物。

3. 在医护、保健、生理、心理等学术领域,五行说可以扩大可能的研发思路与实践途径。

第六识　六谛立本

六谛是对《易传》蕴藏的孔子哲学六项基本理论的综合概括,包括生生谛(太极生生律)、易简谛(易简成位说)、通变谛(通变知几论)、道性谛(道德性命观)、文化谛(文以化成法)与意象谛(意象思维学)①。立本者,立孔子哲学之本也,当然也是立德之本、立业之本、立人之本。

一、生生谛(太极生生律)

1. 文本

易有太极,是生两仪。两仪生四象,四象生八卦。八卦定吉凶,吉凶生大业。(《系辞上传》第十一章)

生生之谓易。(《系辞上传》第五章)

2. 提要

(1)生生指阴阳错综运变,交互和应相生。

(2)世界源于太极,它包含的一阴一阳,形而下表现为物质的存在,形而上承载着真理之常道。

(3)太极之道,简言之为阴阳化生,运变不止。循道而行,万物各成始终,人类生生不息。

(4)阴阳化生的过程是首成四象——少阳、少阴、老阳、老阴,对应于时为春夏秋冬,对应于空间为东南西北,对应于人为父母子女。

(5)时空交织,万物化醇,人智顿开,八卦成文。借以模拟世界,推断吉凶。进而趋吉避凶,开物成务,缔造生生不息的伟大事业。

二、易简谛(易简成位说)

1. 文本

乾以易知,坤以简能。易则易知,简则易从。易知则有亲,易

---

① 2012年10月12日,笔者受邀为浙江省老领导文史学习班讲解《周易》,首度概括"五谛",其中意象谛因时间有限,当时未予申述。2019年6月22日,金华市金东区下宅村开办孔子哲学讲堂,笔者在切磋交流中补充了文化谛。详说参见拙著《意象悟道》"解读周易五谛:孔子的伟大创见"(复旦大学出版社,2013年)。

从则有功。有亲则可久,有功则可大。可久则贤人之德,可大则贤人之业。易简而天下之理得矣,天下之理得而成位乎其中矣。(《系辞上传》第一章)

阴阳之义配日月,易简之善配至德。(《系辞上传》第六章)

夫乾,天下之至健也,德行恒易以知险。夫坤,天下之至顺也,德行恒简以知阻。(《系辞下传》第十二章)

2. 提要

(1) 乾阳至刚至健,但德行平易,以平常之心对待险难而能战胜险难。坤阴至顺至柔,但德行简单,以简朴之情对待阻碍而能克服阻碍。

(2) 易简是"至德",最高境界之德。它外见于德行,内藏于德性。这种德性的功能可以发生连锁反应:易知易从—有亲有功—可久可大—德业双馨—天下理得—成位其中。由此清晰明白地阐解了孔子"穷理尽性以至于命"的理念路径与实践过程。这里"命"的标志,就是"成位",就是以圣贤为范的价值观的实现。

(3) 易简于性为理,于情为真,于心为诚。《中庸》云:"自诚明,谓之性。自明诚,谓之教。"自诚明,即性自理明。自明诚,即明理存性。明理之方在教。

(4) 易简是修性正命的根本途径,始点在真诚,过程在得理,终点在成位,要义在求中。

三、通变谛(通变知几论)

1. 文本

易,穷则变,变则通,通则久。(《系辞下传》第二章)

在天成象,在地成形,变化见矣。(《系辞上传》第一章)

通变之谓事。(《系辞上传》第五章)

广大配天地,变通配四时。(《系辞上传》第六章)

拟之而后言,议之而后动,拟议以成其变化。(《系辞上传》第

八章)

通其变,遂成天地之文。极其数,遂定天下之象。(《系辞上传》第十章)

是故阖户谓之坤,辟户谓之乾。一阖一辟谓之变,往来不穷谓之通。(《系辞上传》第十一章)

化而裁之谓之变,推而行之谓之通。(《系辞上传》第十二章)

化而裁之存乎变,推而行之存乎通。(《系辞上传》第十二章)

刚柔相推,变在其中矣。(《系辞下传》第一章)

黄帝尧舜氏作,通其变,使民不倦。(《系辞下传》第二章)

知几其神乎? 君子上交不谄,下交不渎,其知几乎? 几者,动之微,吉凶之先见者也。(《系辞下传》第五章)

变动不居,周流六虚,上下无常,刚柔相易。不可为典要,唯变所适。(《系辞下传》第八章)

四时变化而能久成。(《彖下传·恒》)

天地革而四时成。(《彖下传·革》)

知至至之,可与几也。知终终之,可与存义也。(《文言传·乾》九三)

2. 提要

(1) 运动变化是自然的客观规律。事物运动发展的过程到达一定节点,必然由量变发生质变,以求长顺久通。

(2) 万物运动变化,在天表现为星象流转,在地表现为形态更改(是可以被人们认识的)。

(3) 现实世界事物的运动变化,反映于卦爻,则呈现"进退之象",即阳进阴退或阴进阳退。认识卦爻进退消长之象,便能会通变化,成事立业。

(4) 从根本上说,通变就是会通阴阳变化。乾坤为阴阳标志,如以日常生活现象比拟,关门就是坤,开门就是乾,一关一开就是变,往来进出不止就是通。

（5）从会通阴阳变化出发，适应变化，就须循道化裁；通达变化，就须据德推行。化裁在于变，推行在于通。《周易折中·案语》指出："上文化裁推行，是泛说天地间道理，故曰谓之变，谓之通。此化裁推行，是说《易》书中所具，故曰存乎变，存乎通。言就易道之变处，见得圣人化裁之妙。就易道之通变，见得圣人推行之善也。"

（6）通变是认识世界、改造世界的必然要求，黄帝、尧舜皆为此作出表率。

（7）通变当先知几。知几就是认识事物运动发展过程中即将发生趋向性变化的细微迹象，非常神妙。君子秉持道义上下交往，进退自如，即缘于知几。只有认定正确目标，"知至至之"，坚持走到目的地的人，才有可能参研几理。

（8）变通对应四时之成，阴阳对应日月之明。认识世界与改造世界必须适应事物的运动变化，绝不可死啃教条。

（9）能否适应变化，最终表现于人的言行。孔子指出："言出乎身，加乎民。行发乎迩，见乎远。言行，君子之枢机。枢机之发，荣辱之主也。言行，君子之所以动天地也。可不慎乎？"（《系辞上传》第八章）为此，要认真思考好了再发言，周详商研定了再行动。经过认真思考，周详商研，才能完成通变的人生伟业。

四、道性谛（道德性命观）

《论语》记子贡言："夫子之文章，可得而闻也。夫子之言性与天道，不可得而闻也。"由此可见，孔子原来很少谈论性与天道，直到晚年传述《周易》，才将性道提上重要的教学日程，从而拉开了具有中国特色的道德哲学的历史序幕。

1. 文本

一阴一阳之谓道，继之者善也，成之者性也。仁者见之谓之仁,知者见之谓之知。百姓日用而不知,故君子之道鲜矣。显诸仁,藏诸用,鼓万物而不与圣人同忧,盛德大业至矣哉!(《系辞上传》第五章)

成性存存,道义之门。(《系辞上传》第七章)

苟非其人,道不虚行。(《系辞下传》第八章)

乾道变化,各正性命。(《彖上传·乾》)

君子攸行,先迷失道,后顺得常。(《彖上传·坤》)

内阳而外阴,内健而外顺,内君子而外小人,君子道长,小人道消也。(《彖上传·泰》)

内阴而外阳,内柔而外刚,内小人而外君子,小人道长,君子道消也。(《彖上传·否》)

天道下济而光明,地道卑而上行。天道亏盈而益谦,地道变盈而流谦,鬼神害盈而福谦,人道恶盈而好谦。(《彖上传·谦》)

终日乾乾,反复道也。(《象上传·乾》)

不习无不利,地道光也。(《象上传·坤》)

龙战于野,其道穷也。(《象上传·坤》)

后以财成天地之道,辅相天地之宜,以左右民。(《象上传·泰》)

有孚在道,明功也。(《象上传·随》)

干母之蛊,得中道也。(《象上传·蛊》)

初六童观,小人道也。(《象上传·观》)

观我生进退,未失道也。(《象上传·观》)

中行独复,以从道也。(《象上传·复》)

迷复之凶,反君道也。(《象上传·复》)

习坎入坎,失道凶也。(《象上传·坎》)

黄离元吉,得中道也。(《象上传·离》)

遇主于巷,未失道也。(《象下传·睽》)

系于金柅,柔道牵也。(《象下传·姤》)

七日得,以中道也。(《象下传·既济》)

阴虽有美,含之以从王事,弗敢成也。地道也,妻道也,臣道也。地道无成而代有终也。(《文言传·坤》)

和顺于道德而理于义,穷理尽性以至于命。(《说卦传》第一章)

立天之道曰阴与阳,立地之道曰柔与刚,立人之道曰仁与义。(《说卦传》第二章)

夬,决也。君子道长,小人道消也。(《杂卦传》)

2. 提要

(1) 道与阴阳相伴,如影随形。阴阳是客观存在,道也是客观存在。

(2) 道引领万物运动变化,万物循道生存发展。《象传》多方论道,概言之为:得道多助,失道寡助;顺道者昌,逆道者亡。

(3) 人道与天地之道相和应,《易传》明确指出其主体内涵为仁与义,同时强调"人道好盈而恶谦",应当得道而不矜耀。

(4) 从文字表面看,《易传》多言道而少说性,其实它广泛阐述的阴阳刚柔,恰恰显示着事物之性,并且是具有根本意义的属性。这种阴阳刚柔之性,在形而上的深层次上与道相会通。其原理为"内阳而外阴",反映着"内健而外顺,内君子而外小人",表现为"君子道长,小人道消"。相反,"内阴而外阳"反映着"内柔而外刚,内小人而外君子",表现为"小人道长,君子道消"。

(5)《易传》阐明的性道关系是:道引领性,性积存道。依据"乾道变化",力求"各正性命",进入"成性存存"的"道义之门"。这里,性既可理解为品质,又可理解为功能。一定的品质产生一定的功能,一定的功能源自一定的品质。人生之始,性由天生,基于自然而"性相近也",因为都是饮食男女。人生之成,性必运变,基于社会而"习相远也",因而各有喜怒哀乐。《中庸》云:"天命之谓性,率性之谓道,修道之谓教。"又云:"喜怒哀乐之未发,谓之中;发而皆中节,谓之和。"历来均将"率性"释为"循性而行"。但这样的论述明显违反孔子哲学的基本理念。须知"喜怒哀乐"表现性的功果,"发而皆中节"则反映性的品质。唐代文学家李翱认为:"喜怒哀惧爱恶欲七者,皆情之所为也。"而"无性则情无所生矣。是情由性而生。情不自情,因性而情。性不自性,由情以明"(《复性书》)。喜怒哀乐之情既然由性而生,由性而发,则"发而皆中节"绝不能"率性",即循性而作,任性而行,相反地必须循之以道,正之以理。这就是以道率(统领)性,修性成道。至于"命",亦非一成不变,常随性而运。因此正性亦即正命。道以善德之继而成于性,性尽善德之积而正于命,这就是"穷理尽性以至于命"。"穷理"即务达道之真,"尽性"即力存德之善,由此而至,则必臻命之美。道真,性善,命美,即《象上传·大有》所谓"顺天休命"。休者,美也。

五、文化谛(文以化成法)

1. 文本

分刚上而文柔,故小利有攸往,天文也。文明以止,人文也。观乎天文以察时变,观乎人文以化成天下。(《象上传·贲》)

物相杂,故曰文。文不当,故吉凶生矣。(《系辞下传》第十章)

内文明而外柔顺,以蒙大难,文王以之。(《象下传·明夷》)

革而信之,文明以说。(《象下传·革》)

黄裳元吉,文在中也。(《象上传·坤》六五)

风行天上,小畜。君子以懿文德。(《象上传·小畜》)

大人虎变,其文炳也。(《象下传·革》九五)

君子豹变,其文蔚也。(《象下传·革》上六)

2. 提要

(1)"观乎人文,以化成天下",这就是文化的本义。

(2)"物相杂,故曰文。"杂者,《说文》解为"五彩相会"。"物相杂"即事物错综聚合,交互往来。由此而言,人文的本质在于人与人的交往会合,亦即人与人的关系,这种关系的总和,构成社会。"观乎人文",即观察研究社会,调节和完善人与人之间的关系,从而"化成天下",化成一个善美的世界。

(3) 怎样调节与完善人与人的关系? 从社会治理角度说,包括制礼、作乐、律法、弘德等等。从哲学视角说,则在阴阳交往,刚柔互文。刚柔相文本是自然规律:"分刚上而文柔,天文也。""分刚",指《泰卦》下卦乾分出中爻阳刚,"上而文柔"指其达于上卦坤的上爻位置与阴柔互换,转化为下离上艮、象征文饰的《贲卦》。这种刚柔互文就是"天文",自然之文。明白天文,效法天文,践行社会之文,"文明以止",这就是人文。可见孔子哲学的"文化"是与"文明"密切联系的。

(4) 以文化物、以文化人、以文化世界的思想,在《易传》中可谓一以贯之。其典范是周文王:"内文明而外柔顺,以蒙大难,文王以之。"其境界示于《坤卦》六五:"黄裳元吉,文在中也。"其践履为形成风气:"风行天上,小畜。君子以懿文德。"其功能在改变人们的精神面貌:"革而信之,文明以说";"大人虎变,其文炳也";"君子豹变,其文蔚也"。

(5) 孔子哲学的"文",着重于认识层面、精神层面与社会层面,"化"则延伸至实践层面、物质层面以至经济、技术与体制结构层面。深刻领会文化的精深本义,必将与时俱进地促进现实的思想文化建设。

六、意象谛(意象思维学)

《周易》意象是思维过程中足以会通形象和抽象的特殊人文成果,它既具有表象的品格(直观感知),又蕴藏着认知的精粹(深层意念)。意象内展,开启心扉(思想),意象外显,化生形体(卦爻及其象征事物)。

1. 文本

圣人设卦观象,系辞焉而明吉凶,刚柔相推而生变化。是故吉凶者,失得之象也。悔吝者,忧虞之象也。变化者,进退之象也。刚柔者,昼夜之象也。六爻之动,三极之道也。(《系辞上传》第二章)

是故四营而成易,十有八变而成卦。八卦而小成,引而伸之,触类而长之,天下之能事毕矣。(《系辞上传》第九章)

通其变,遂成天下之文。极其数,遂定天下之象。(《系辞上传》第十章)

易,无思也,无为也,寂然不动。感而遂通天下之故。(《系辞上传》第十章)

子曰:"书不尽言,言不尽意。"然则圣人之意其不可见乎?子曰:"圣人立象以尽意,设卦以尽情伪,系辞焉以尽其言,变而通之以尽利,鼓之舞之以尽神。"……是故形而上者谓之道,形而下者谓之器,化而裁之谓之变,推而行之谓之通,举而措之天下之民谓之事业。是故夫象,圣人有以见天下之赜,而拟诸其形容,象其物宜,是故谓之象。圣人有以见天下之动,而观其会通,以行其典礼,系辞焉以断其吉凶,是故谓之爻。(《系辞上传》第十二章)

八卦成列,象在其中矣。因而重之,爻在其中矣。刚柔相推,变在其中矣。系辞焉而命之,动在其中矣。……夫乾,确然示人易矣。夫坤,隤然示人简矣。爻也者,效此者也。象也者,像此者也。爻象动乎内,吉凶见乎外。(《系辞下传》第一章)

古者包牺氏之王天下也,仰则观象于天,俯则观法于地,观鸟兽之文与地之宜,近取诸身,远取诸物,于是始作八卦,以通神明之德,以类万物之情。(《系辞下传》第二章)

是故易者,象也。象也者,像也。彖者,材也。爻也者,效天下之动者也。是故吉凶生而悔吝著也。(《系辞下传》第三章)

乾,阳物也。坤,阴物也。阴阳合德而刚柔有体,以体天地之撰,以通神明之德。(《系辞下传》第六章)

六爻相杂,唯其时物也。(《系辞下传》第九章)

兼三才而两之,故六。六者非它也,三才之道也。道有变动,故曰爻。爻有等,故曰物。物相杂,故曰文。文不当,故吉凶生焉。(《系辞下传》第十章)

此外,《说卦传》列出了关于卦象的模拟范例,前已论叙,此处从略。

2. 提要

(1)圣人设置卦列,在于通过观象,联系经文判明吉凶祸福。吉凶表现为得失(失时得时,失位得位)之象,悔吝表现为忧虞(是否应比承乘)之象,变化表现为进退(阴阳消长)之象,刚柔表现为昼夜(光明幽暗)之象。六爻的运动变化,体现着天地人三大方面的规律。它告诉人们,卦象爻象绝非僵固不变的符号,而是内涵深广的思想图象、意念图象。其结构遵循天道、地道、人道,反映着世界万物的运动变化,从而可推断未来,判明吉凶。

(2)筮占经过"四营""十八变"的极致通变过程择取卦爻,定万物运变之象,成趋吉避凶之能事。

(3)八卦源自对世界万物运动变化的模拟仿效而归类成象。象是"像",模像。爻是"效",仿效。"六爻相杂,唯其时物也。"即卦爻系统的功能,就是在时间流驶的动态过程中模拟事物的运动变化。所以可通过"观象玩辞","无有远近幽深,遂知来物"。而所谓"圣人立象以尽意"者,并不需要机械地去推测圣人设定卦象的具体意涵,而是要求遵循圣人倡导和践行的道德义理准则去研究分析事物运动变化的时空模式,探其前因,推其后果,借以趋吉避凶。

(4)意象思维的精义在于:观象启意,得意生象。观象启意即形而上求道,得意生象即形而下制器。形而上求道探究理论,着重于知;形而下制器立足实践,着重于行。倘若运用于现代科技领域,则"形上"表现为理论研究,"形下"表现为设计工艺。而这个"形",完全可以由卦象扩展到思路、观念、模式、系统。由此可见,孔子倡导的意象思维一旦超越哲学而自觉地运化于科学,将会对现代社会的文明进步带来巨大的影响。

(5)"易无思也,无为也,寂然不动,感而遂通天下之故。"它告诉我们,可以出神入化的意象思维,其全部秘诀就在一个"感"字。这个"感",是根植于广泛"仰观俯察"、熟读大量文献基础上获得的联想、睿思、直觉与灵感,体现着彻底解放并且符合道德义理的想象力,其最高典范为"七十而从心所欲,不逾矩"的晚年孔子(参见拙著《想象的智慧——〈周易〉想象学发微》,复旦大学出版社,2007 年)。

附:六谛歌诀

总　　纲

天健地顺,万物生长。天人合德,万众泰康。

德以继道,道行德昌。三才大和,万方安祥。

立天之道,一阴一阳。立地之道,一柔一刚。

立人之道,仁义同光。厚德载物,生生自强。

一　谛　生　生

太极开元,宇宙浩茫。两仪显能,运变无疆。

四象错综,进退消长。八卦成列,数来知往。

模拟世界,归类成象。认识世界,形下形上。

化成世界,文明为尚。生生不息,大业兴旺。

二　谛　易　简

乾性平易,情本于真。坤性简单,情本于诚。

性易情真,正大光明。性简情诚,顺从和平。

大明终始,易知有亲。顺和内外,易从功成。
亲久功大,德业双馨。得理成位,无愧一生。

三 谛 通 变

途穷则变,变而复通。通则久远,趋吉避凶。
础润觉雨,月晕见风。显微阐幽,知至知终。
极深致知,知几求用。变起于几,顺时乃动。
通缘于感,位当正中。时中位正,成竹在胸。

四 谛 道 性

人性本然,善恶后分。习性相远,天性相近。
成性存存,道义之门。乾道变化,各正性命。
正命之道,穷理尽性。性尽于善,理穷于真。
性善理真,命美可臻。盛德日新,大道自成。

五 谛 文 化

万物平等,人人相亲。和谐交往,定名为文。
刚柔互文,谓之天文。文明以止,谓之人文。
人文璀璨,天下化成。殊途同归,命运共定。
文涵慧情,化寓理性。情理交融,善美真诚。

六 谛 意 象

立象尽意,意蕴象中。象示变化,意会时空。
天道有常,观象识龙。人事不测,得意断讼。
神以知来,睿思泉涌。知以藏往,明故启蒙。
神而明之,人存慧种。开物成务,意象恢宏。

义 赞

子传《周易》,哲思精微。通变古今,究际天地。
修齐治平,字耀珠玑。吉凶休咎,解惑释疑。
阴阳交和,刚柔相济。殊途同归,毋分东西。
会通世界,广矣大矣。明道至理,万世不易。

第七识　七断占疑

七断指筮占的七种断语：吉、利、无咎、悔、吝、不利、凶。吉凶分居结局的好坏两端，中间点为悔：遇到麻烦即行反思，以期近吉远凶。从好坏程度说，利逊于吉，无咎又次之。不利的危恶程度较凶低，吝又在不利之下。基于事物运变或吉或凶的对立发展趋势，上列七种断语大致可以对未来结局的具体情状作出层次井然的描述。

1. 文本

吉凶者，失得之象也。悔吝者，忧虞之象也。（《系辞上传》第二章）

吉凶者，言乎其失得也。悔吝者，言乎其小疵也。无咎者，善补过也。……辩吉凶者存乎辞，忧悔吝者存乎介，震无咎者存乎悔。（《系辞上传》第三章）

爻象动乎内，吉凶见乎外，功业见乎变，圣人之情见乎辞。（《系辞下传》第一章）

是故易者，象也。象也者，像也。彖者，材也。爻也者，效天下之动者也。是故吉凶生而悔吝著也。（《系辞下传》第三章）

夫《易》彰往而察来，而微显阐幽，开而当名辨物，正言断辞，则备矣。其称名也小，其取类也大，其旨远，其辞文，其言曲而中，其事肆而隐。因贰以济民行，以明失得之报。（《系辞下传》第六章）

柔之为道，不利远者，其要无咎，其用柔中也。（《系辞下传》第九章）

危者使平，易者使倾，其道甚大，百物不废，惧以终始，其要无咎，此之谓《易》之道也。（《系辞下传》第十一章）

八卦以象告，爻象以情言，刚柔杂居而吉凶可见矣。变动以利言,吉凶以情迁。是故爱恶相攻而吉凶生,远近相取而悔吝生,情伪相感而利害生,凡《易》之情,近而不相得则凶。或害之,悔且吝。(《系辞下传》第十二章)

利者,义之和也。(《文言传·乾》)

2. 提要

(1) 断语据象推出:吉凶为失得(失时失位或得时得位)之象,悔吝为忧虞(比应承乘不当)之象。吉凶反映成败得失的两个对立端,悔吝反映较小的问题,无咎反映主观上没有过错,客观上没有灾祸,要达到这一步在于通过悔思而得以震撼警觉,幡然有悟。利或不利则在于言行是否适宜,是否合乎道理。

(2) 爻象内动于无形之蓍占,吉凶外见于有形之现实,据此知几通变,造就功业,从而体现圣人的仁慈之情。

(3) 传言易是"象",象是"像",爻是"效",都好理解。但说彖是"材",则"材"指什么? 韩康伯曰:"彖言成卦之材,以统卦义也。"朱熹也说"彖言一卦之材"。李光地《周易折中》案语还补充道:"材者,构屋之木也,聚众材而成室。彖亦聚卦之众义以立辞,故《本义》谓'彖言一卦之材'。"这就是说,材是"构屋之木"。但构象的是爻,是阴阳刚柔,不是彖。而从文本语气看,所释也并不贴切。唯可推论者,古代文字常通假,"材"通"裁",裁断也。断语即裁断判定之语,简言之为吉凶悔吝之属,总论则归于彖,即卦辞。所以,《系辞上传》第三章说"辩吉凶者存乎辞";《系辞下传》第一章说"圣人之情见乎辞";《系辞下传》第九章说"正言断辞","其旨远,其辞文,其言曲而中"。回顾《系辞上传》第二章,更能深刻体会到"君子居则观其象而玩其辞,动则观其变而玩其占,是以自天祐之,吉无不利"。因此,研察吉凶休咎,绝非简单地获取一个结论,而是要认真观象,明卦爻而辨"曲而中"之文辞,首先要深刻体悟作出整体裁断的彖辞,坚持道德义理准则"以明失得之报";"积善之家必有余庆,积不善之家必有余殃"。所谓"自天祐之"者,

"天"非指主宰之天,而指载道之天,所以《象上传·大有》明言:"君子以遏恶扬善,顺天休命。"顺天者,顺从天道也。休命者,存善性而臻运命之美也。

(4) 七断是果,果则有因。《易传》言果,必析其因。如"保合大和,乃利贞"(《象上传·乾》),利贞在于保合大和;"安贞之吉,应地无疆"(《象上传·坤》),阐明安吉之贞,在于应和大地,承载着万物德合无疆。他如"利有攸往,刚长也"(《象上传·复》),"利涉大川,应乎天也"(《象上传·大畜》),"南征吉,吉行也"(《象上传·升》),"羸其瓶,是以凶也"(《象下传·井》),"复自道,其义吉也"(《象上传·小畜》),"孚于嘉,吉,位正中也"(《象上传·随》),等等,由果探因,明因缘果,这就将占卦断事释疑与传道说理解惑紧密地串合起来,使《易》有圣人之道四焉"之一的"以卜筮者尚其占"与"以言者尚其辞,以动者尚其变,以制器者尚其象"三道交互会通起来了。

(5) 七断中,孔子十分重视"无咎"。他指出:"惧以终始,其要无咎,此之谓《易》之道也。"这里的易道,主指占断之道。卦见终始,事有终始,人生必然要面对终始。如何面对?一个字:惧,修性正命,经常保持端庄戒慎之心。《周易》的"无咎"断语,对孔子触动很大,以至慨叹"假我数年,五十以学《易》,可以无大过矣"(《论语·述而》)。"无大过"就是"无咎",而"无咎者,善补过也"。面对占断,要善于反思,善于补过。面对人生,同样要不断自省,正始慎终。

第八识　八　谓　入　神

八谓指八项称谓,即《系辞上传》第十一章中申述的八条定义,涉及乾、坤、变、通、象、器、法、神。八项称谓,最后进入神的境界,阐释神的要义。

1. 文本

是故阖户谓之坤,辟户谓之乾,一阖一辟谓之变,往来不穷谓之通。见乃谓之象,形乃谓之器,制而用之谓之法,利用出入,民咸用之谓之神。(《系辞上传》第十一章)

鬼神害盈而福谦。(《彖上传·谦》)

观天之神道,而四时不忒。圣人以神道设教而天下服矣。(《彖上传·观》)

天地盈虚,与时消息。而况于人乎?况于鬼神乎?(《彖上传·丰》)

精气为物,游魂为变,故知鬼神之情状。(《系辞上传·第四章》)

阴阳不测之谓神。(《系辞上传》第五章)

显道神德行,是故可与酬酢,可与祐神矣。(《系辞上传》第九章)

惟神也,故不疾而速,不行而至。(《系辞上传》第十章)

是故蓍之德,圆而神;卦之德,方以知。六爻之义易以贡。圣人以此洗心,退藏于密,吉凶与民同患。神以知来,知以藏往,其孰能与于此哉?古之聪明睿知神武而不杀者乎!是以明于天之道而察于民之故,是兴神物以前民用。圣人以此斋戒,以神明其德夫。(《系辞上传》第十一章)

神而明之,存乎其人。(《系辞上传》第十二章)

精义入神,以致用也。(《系辞下传》第五章)

阴阳合德而刚柔有体,以体天地之撰,以通神明之德。(《系辞下传》第六章)

夫大人者,与天地合其德,与日月合其明,与四时合其序,与鬼神合其吉凶。先天而天弗违,后天而奉天时。天且弗违,况于人乎?况于鬼神乎?(《文言传·乾》九五)

昔者圣人之作《易》也,幽赞于神明而生蓍。(《说卦传》第

一章)

神也者,妙万物而为言者也。(《说卦传》第六章)

2.提要

(1)作为构成世界及其万物的基本元素,坤阴与乾阳无形无迹,不可捉摸。孔子恰到好处地运用意象思维,将之比喻为关门与开门。关门,体现静止、柔顺、包藏;开门,体现运动、刚健、开放。关门很简单,彰显坤阴的德性;开门很平易,彰显乾阳的德性。门户开关生动形象地展示乾坤交错,阴阳推移。而适应一开一关的变化顺时出入,自然地通行无阻,从而昭示通变的景象。

(2)门户开关,出入通行,是看得见的,这就是"象"。象是一定认识阶段的产物,来源于出入门户的实践。进一步据象启意,立大门,建高堂,这就是"器"。它体现着"形而下"的过程,即由认识到实践的过程。在此基础上总结经验,研发原理,掌握运用,形成规范准则,这就是"法",它是通过再实践得到的再认识,体现着又一层次"形而上"的过程。把"法"再运用到新的实践中去,得到人民群众的普遍认可,于是称之为"神"。这个"神",指的是被反复实践检验为真理的神。20世纪80年代,在解放思想运动中得出的一项重大成果,即"实践是检验真理的唯一标准"。孔子哲学则早在两千五百年前揭示"精义入神,以致用也"。"精义"是试图反映真理的认识,"致用"则是力求运用实践,不仅是一般的实践,而且更要人民群众的广泛实践并普遍认可,才是检验真理的最高标准。

(3)如上所述,"神"可谓真理的化身。本来,诚如《论语》所说,"子不语怪力乱神",可到了晚年,在研习传述《周易》的特殊岁月里,孔子讲起了性与天道,而且一次又一次地大讲不怪不乱之"神"。因为他深受震撼的是:自己苦苦授业传道,周游列国竟至惶惶如丧家之犬,结果都无功而返。反观《周易》广行于世,普受尊崇,从而更加深刻地体会到:"圣人以神道设教而天下服矣。"孔子认为,《周易》之道便是神道,"观天之神道而四时不忒",神道出乎天,运乎自然。

（4）在孔子心目中,"神以知来,知以藏往"。神不仅是真理的化身,而且是道德的标识。"显道神德行,是故可与酬酢,可与祐神矣";"著之德,圆而神";"鬼神害盈而福谦";"阴阳合德而刚柔有体,以体天地之撰,以通神明之德"……总之,神至则德备,神灵则德行。

（5）"神"的根本特征在于"明":明道,明德,明变,明吉凶,明消息盈虚,明阴阳不测。孔子哲学以无可怀疑的论证,坚定而鲜明地指出:"神而明之,存乎其人",从而将神从天上请回人间。《易传》告诉我们:人是可能达到神的高度的,世界是可以认识的。而不断地接近神明,正是哲学的根本任务。

第九识　九 卦 三 陈

"九卦"指《履》《谦》《复》《恒》《损》《益》《困》《井》《巽》。孔子在《系辞传》中将它们阐解为"九德",形成一个相互联系、完整配套的道德实践体系。"三陈"指三个层次的陈述:首陈明确九卦在道德体系中各具的地位与功能,次陈实践九德的不同表现,三陈九卦德行所要达到的目的。

1. 文本

《易》之兴也,其于中古乎? 作《易》者,其有忧患乎? 是故《履》,德之基也;《谦》,德之柄也;《复》,德之本也;《恒》,德之固也;《损》,德之修也;《益》,德之裕也;《困》,德之辨也;《井》,德之地也;《巽》,德之制也。《履》,和而至;《谦》,尊而光;《复》,小而辨于物;《恒》,杂而不厌;《损》,先难而后易;《益》,长裕而不设;《困》,穷而通;《井》,居其所而迁;《巽》,称而隐。《履》以和行,《谦》以制礼,《复》以自知,《恒》以一德,《损》以远害,《益》以兴利,《困》以寡怨,《井》以辨义,《巽》以行权。(《系辞下传》第七章)

2. 提要

（1）九德的提出，是时代的需要。孔子推测，此时当系"中古"，即商周之际：纣王无道，忠良困陷，社会风尚不正。周文王囚居羑里，顿生忧患意识。他在推演《周易》中发现九卦之德，不免有所感触，留下一些"古之遗言"。孔子通过研析《易象》等文献，完整其说，或亦有所发挥，乃成《系辞传》中的重要一章。

（2）"《履》，德之基也。"九德体系的基础是"履"。《序卦传》云："物畜然有礼，故受之以《履》。"履便是礼。《象上传》则谓："上天下泽，《履》。君子以辨上下，定民志。"《履》的卦象是"上天下泽"，天以时行，泽以润民。从天人合德的准则出发，自然地要求"辨上下"，确立伦理秩序；"定民志"，统一社会观念。这就是礼的功能、礼的价值。子曰："不知礼，无以立也。"所以"履"是九德体系的基础，它表现为"和而至"，和顺地达到目的地，从而通过顺和的行为实现社会的和谐安定。

（3）"《谦》，德之柄也。""柄"即抓手。抓住这一手柄，既是尊严，又有荣光，因为它可以"制礼"，实现礼义规范。

（4）"《复》，德之本也。"复者，"复自道也"。道为德之本，当《复》之初，一阳始生，虽然微小，但已卓然出世，不同凡物，所以说"《复》，小而辨于物"。要义在"自知"，自己认识到回归于道。

（5）"《恒》，德之固也。""恒"体现德行的坚定不移。《论语·子路》记孔子曾以"南人有言"教导弟子："人而无恒，不可以作巫医。"并引《恒》九三爻辞云："不恒其德，或承之羞。""恒以一德。"《恒》表现为面对烦琐复杂的事物与社会现象，始终与人为善，毫不倦怠，从而达到一以贯之地奉行明德。

（6）"《损》，德之修也。""损"作为一项德行，首先要求消损不当的意念，所以《象传》据此提出"君子以惩忿窒欲"。这当然是"德之修"，一项重要的道德修养。开始做比较困难，习以为常便会容易起来，其结果则可"远害"，远离祸害。

（7）"《益》，德之裕也。"益者，益己以善，益人以惠，所以《象传》提出"君子以见善则迁，有过则改"。善德不断增益，不断充裕，长久存善，绝不炒作，始终为社会兴利。《杂卦传》云："损益，盛衰之始也。"而《帛书易传·要》也提到："孔子籀《易》至于《损》《益》二卦，未尝不废书而叹。"认为"《益》之为卦也，春以授夏之时也……损者，秋以授冬之时也"。损益之际，四时转换。如何取舍，应依《象传》所言："与时偕行。"

（8）"《困》，德之辨也。"面对艰难困苦，正是辨识人心、考验德行的时刻。孔子"在陈绝粮"，从者病，莫能兴，子路愠见，曰："君子亦有穷乎？"子曰："君子固穷，小人穷斯滥矣！"悟得"困"之精义，就能"穷而通"，自然"寡怨"，不会满腹愤懑，怨天尤人。

（9）"《井》，德之地也。"井水源源不断惠施于人，当属行德之地。行德之地是固定不变的，而行德的对象和范围则并不限定，不拘远近，从而明辨君子济物无所不及之义。

（10）"《巽》，德之制也。"巽为逊顺，制有规范掌控之义，巽制之德，顺时制宜也，表现为衡量揣度，藏而不露，以求恰到好处地行权。权是一种高层次的道义衡度判断。子曰："可与共学，未可与适道；可与适道，未可与立；可与立，未可与权。"（《论语·子罕》）权的根本要求在于得"中"。《中庸》云："中也者，天下之大本也。"立本之道，即在体悟《巽卦》之德，准确权衡利害得失，力求不偏不倚，不过而未不及。

第十识　十翼时中

《易传》包括《彖上传》《彖下传》《象上传》《象下传》《系辞上传》《系辞下传》《文言传》《说卦传》《序卦传》和《杂卦传》，总计十篇，世称《十翼》。它们以《系辞》为纽带，共同组成孔子哲学的光辉体系，如飞鸟得劲健之翅，带着道义的本体翱翔于无际的时空。

其理论精要已归结于前述九识,其实践基点则在"时中"二字。

"时中"之"时",依《周易折中·义例》所释,着重指"消息盈虚"。消息即阴阳消长,盈虚即刚柔推移。"时中"之"中",指适中、适度、适宜,做到"叩其两端",既能不过,又未不及。

1. 文本

六位时成,时乘六龙以御天。(《彖上传·乾》)

蒙亨,以亨行时中也……初筮告,以刚中也。(《彖上传·蒙》)

位乎天位,以正中也。(《彖上传·需》)

惕中吉,刚来而得中也。(《彖上传·讼》)

刚中而应,行险而顺。(《彖上传·师》)

无咎,以刚中也。(《彖上传·比》)

刚中而志行,乃亨。(《彖上传·小畜》)

刚中正,履帝位而不疚,光明也。(《彖上传·履》)

柔得位得中而应乎乾,曰同人……文明以健,中正而应,君子正也。(《彖上传·同人》)

大中而上下应之,曰大有。(《彖上传·大有》)

刚中而应,大亨以正,天之道也。(《彖上传·临》)

顺而巽,中正以观天下。(《彖上传·观》)

柔得中而上行,虽不当位,利用狱也。(《彖上传·噬嗑》)

君子尚消息盈虚,天行也。(《彖上传·剥》)

刚中而应,大亨以正,天之命也。(《彖上传·无妄》)

颐之时大矣哉!(《彖上传·颐》)

大过之时大矣哉!(《彖上传·大过》)

险之时用大矣哉!(《彖上传·坎》)

柔丽乎中正,故亨。(《彖上传·离》)

刚当位而应,与时行也。(《彖下传·遁》)

睽之时用大矣哉!(《彖下传·睽》)

其来复吉,乃得中也……解之时大矣哉!(《彖下传·解》)

二篇应有时，损刚益柔有时。损益盈虚，与时偕行。(《彖下传·损》)

利有攸往，中正有庆。……凡益之道，与时偕行。(《彖下传·益》)

刚遇中正，天下大行也。姤之时义大矣哉！(《彖下传·姤》)

顺以说，刚中而应，故聚也。(《彖下传·萃》)

柔以时升，巽而顺，刚中而应，是以大亨。(《彖下传·升》)

革之时大矣哉！(《彖下传·革》)

得中而应乎刚，是以元亨。(《彖下传·鼎》)

时止则止，时行则行。动静不失其时，其道光明。(《彖下传·艮》)

进以正，可以正邦也。其位刚得中。(《彖下传·渐》)

柔得中乎外而顺乎刚，止而丽乎明，是以小亨，旅贞吉也。旅之时义大矣哉！(《彖下传·旅》)

刚巽乎中正而志行……利见大人。(《彖下传·巽》)

王假有庙，王乃在中也。(《彖下传·涣》)

亨，刚柔分而刚得中。……当位以节，中正以通。(《彖下传·节》)

柔在内而刚得中，说而巽，孚乃化邦也。(《彖下传·中孚》)

刚失位而不中，是以不可大事也。(《彖下传·小过》)

初吉，柔得中也。(《彖下传·既济》)

小狐汔济，未出中也。(《彖下传·未济》)

含章可贞，以时发也。(《象上传·坤》)

黄裳元吉，文在中也。(《象上传·坤》)

酒食贞吉，以中正也。(《象上传·需》)

讼元吉，以中正也。(《象上传·讼》)

长子帅师，以中行也。(《象上传·师》)

显比之吉，位正中也。……邑人不诫，上使中也。(《象上

传·比》)

幽人贞吉，中不自乱也。(《象上传·履》)

得尚于中行，以光大也。(《象上传·泰》)

不戒以孚，中心愿也。(《象上传·泰》)

以祉元吉，中以行愿也。(《象上传·泰》)

同人之先，以中直也。(《象上传·同人》)

大车以载，积中不败也。(《象上传·大有》)

鸣谦贞吉，中心得也。(《象上传·谦》)

不终日，贞吉，以中正也。(《象上传·豫》)

恒不死，中未亡也。(《象上传·豫》)

孚于嘉吉，位正中也。(《象上传·随》)

干母之蛊，得中道也。(《象上传·蛊》)

大君之宜，行中之谓也。(《象上传·临》)

敦复无悔，中以自考也。(《象上传·复》)

先王以茂对时，育万物。(《象上传·无妄》)

舆说輹，中无尤也。(《象上传·大畜》)

求小得，未出中也。(《象上传·坎》)

坎不盈，中未大也。(《象上传·坎》)

黄离元吉，得中道也。(《象上传·离》)

九二悔亡，能久中也。(《象下传·恒》)

九二贞吉，以中也。(《象下传·大壮》)

受兹介福，以中正也。(《象下传·晋》)

大蹇朋来，以中节也。(《象下传·蹇》)

九二贞吉，得中道也。(《象下传·解》)

九二利贞，中以为志也。(《象下传·损》)

有戎勿恤，得中道也。(《象下传·夬》)

中行无咎，中未光也。(《象下传·夬》)

九五含章，中正也。(《象下传·姤》)

引吉无咎,中未变也。(《象下传·萃》)

困于酒食,中有庆也。(《象下传·困》)

乃徐有说,以中直也。(《象下传·困》)

寒泉之食,中正也。(《象下传·井》)

鼎黄耳,中以为实也。(《象下传·鼎》)

其事在中,大无丧也。(《象下传·震》)

艮其辅,以中正也。(《象下传·艮》)

其位在中,以贵行也。(《象下传·归妹》)

纷若之吉,得中也。(《象下传·巽》)

九五之吉,位正中也。(《象下传·巽》)

甘节之吉,居位中也。(《象下传·节》)

其子和之,中心愿也。(《象下传·中孚》)

七日得,以中道也。(《象下传·既济》)

东邻杀牛,不如西邻之时也。(《象下传·既济》)

九二贞吉,中以行正也。(《象下传·未济》)

天下之理得而成位乎其中矣。(《系辞上传》第一章)

变通者,趣时者也。(《系辞下传》第一章)

若夫杂物撰德,辨是与非,则非其中爻不备。(《系辞下传》第
九章)

柔之为道,不利远者。其要无咎,其用柔中也。(《系辞下传》
第九章)

见龙在田……龙德而正中者也。(《文言传·乾》)

因其时而惕,虽危无咎矣。(《文言传·乾》)

君子进德修业,欲及时也。(《文言传·乾》)

见龙在田,时舍也。(《文言传·乾》)

终日乾乾,与时偕行。(《文言传·乾》)

亢龙有悔,与时偕极。(《文言传·乾》)

大哉乾乎! 刚健中正,纯粹精也。(《文言传·乾》)

九三重刚而不中,上不在天,下不在田,故乾乾。因其时而惕,虽危无咎矣。(《文言传·乾》)

九四重刚而不中,上不在天,下不在田,中不在人,故或之。(《文言传·乾》)

先天而天弗违,后天而奉天时。(《文言传·乾》)

坤道其顺乎,承天而时行。(《文言传·坤》)

君子黄中通理,正位居体,美在其中而畅于四支,发于事业,美之至也。(《文言传·坤》)

大畜时也。(《杂卦传》)

2. 提要

(1)《易传》言"时"与"中"者,以上所录共计115条,其中《彖传》41条,《象传》48条,《系辞传》4条,《文言传》11条,《杂卦传》1条。为什么"时中"之说集中于《彖》《象》《文言》? 这是由于《周易》注重意象思维,常常联系卦象爻象创新概念,阐述精微。常讲卦爻拟之以"时",二、五两爻冠之以"中",使象与意融会贯通,"时""中"由此成为两个重要范畴,如璀璨的明珠,在孔子哲学体系中闪闪发光。

(2)《易传》之"时",并不限指过程的某一节点。就卦时说,有指消息盈虚者,有指事言者,有指理言者,又有以象言者(见《周易折中·义例》),因此认定"四者皆谓之时"。然而,一切事、理、象乃至一切人与物及其运动变化,无不反映与体现为阴阳刚柔的消息盈虚,时空运变的全过程同样自始至终地展示着消息盈虚。所以,孔子提出"消息盈虚,天行也","君子尚消息盈虚"。"时"作为自然规律的天行,以消息盈虚加以定义,总体上是符合文本大旨的。

(3)"时"的根本要求是"顺时""及时""与时偕行"。顺者,随时而动也;及者,早加准备也;与者,同步行进也。蔡元培与梁启超均将"与时偕行"修改为"与时俱进",使《易传》这一精彩论述走进千家万户,并赋以积极进取之义,自有一定的学理价值。但须明白,哲学之行,并非一直向前,而是如《易传》所言:"时止则止,时行则行,动静不失其时,其道光明。"

(4) 孔子一生重"时",《论语》开篇便是"学而时习之",强调"使民以时"。然而把"时"建构成一个重要范畴从而进入哲学的玄深境界,当在其传述研发《周易》的晚年。特别是他将"时"与"中"天衣无缝地融合起来,创造出"时中"的全新理念,从而在生命的晚霞中透出万道夕阳的亮丽光辉。

"时"要求"顺",要求"及",要求"偕行",而最高标准则要求"中"。《易传》既尊"时",又崇"中",《象上传·蒙》更合言"时中"。对照《论语》,言"中庸"者却仅有一次:"中庸之为德也,其至矣乎!民鲜久矣。"(《雍也》)作为至德而绝少提及,这与通篇可见之"仁"形成鲜明的对照。由此推测,"其至矣乎"的中庸之德,或在孔子晚年方受特别重视。此时,孔子之孙子思已有耳闻,又经曾参之教,乃于长成后撰述《中庸》,内录"子曰:'中庸其至矣乎!民鲜能久矣。'"与《论语》所记大体一致。

(5)"中庸"之"庸",一般均释为"平常""普遍"。程颐云:"不偏之谓中,不易之谓庸。中者,天下之正道;庸者,天下之定理。"这就把"庸"与"中"并列起来提到至德的高度。《易传》是"中"说的渊薮,但有"中正""中直""中行""中道""中节"以至"时中"之论而无"中庸"之词。所谓"不易""定理",应归于"恒"德而非另立"庸德"。"庸"古通"用",《说文》曰:"庸,用也。从用从庚。庚,更事也。"所以,"中庸"实即"中用",亦即"用中":运用中道。中庸之道,首推时中。而以中适时,不能"不易"。《中庸》引孔子之言:"君子中庸,小人反中庸。君子之中庸也,君子而时中;小人之(反)中庸也,小人而无忌惮也。"这里的"中庸"亦即"中用"或"用中"。怎样用中?其要时中,即适时选取最合宜、最得当的对策,本质是把握中道,最恰当地及时适应事物的运动变化,求取最优的综合成果。它体现着现代数学的优选法在道德领域的实际应用。

（6）深刻认识与把握时中,必须深刻认识与把握中与正的关系。程颐云:"正未必中,中则无不正也。"其实,中须先正:正心诚意,遵道循理,明辨是非,正确把握事物运变的规律,方能公正地总揽全局,照顾各方,既不过而又未不及地处物断事,取得最佳效益。

（7）孔子哲学的道德论证体系层次井然,周详严密。其总纲是"天人合德":"夫大人者,与天地合其德……先天而天弗违,后天而奉天时。"(据《文言传·乾》)下连道德教化网络的张网四维:元、亨、利、贞,进而旁通九卦三陈的道德实践规范,并广泛延伸到以《彖传》《象传》串合的六十四卦卦德各目,形成纲举目张的道德格局。"时中"则是贯通其间的一条红线:"时"与天应,"中"与人合,以和化四德,以权制九德,以与时偕行会通六十四卦卦德。

第四讲　孔子哲学的鲜明特色

孔子哲学的特色,鲜明地表现于三观、一法、三性。

一、唯物的世界观

世界观是人们对于世界的总体看法和根本观点。孔子哲学的世界观可以概括为简简单单四个字:一极两仪,亦即从前述"一归太极,二分阴阳"两大慧识中,能撷取当代所谓世界观的全部要素。第一,太极是"有",是"存在",是实体中的存在,因而反映着世界本体的"唯物性";第二,太极运动化生阴阳,阴阳作为世界及其万物生成的统一基因,渗透于一切生成过程,从而在精妙地阐明宇宙本体论的同时,合理地解析了宇宙生成论;第三,太极承载着永恒的道,它自然地会通天地人三才,为正确认识和处理人与客观世界的关系,正确认识和处理物质与精神的关系,指明了人类在时空运动中适应变化以求生生不息的历史航向;第四,"一极两仪"既可阐析以量子为代表的微观世界,因而足以在现代科学的创新发展的基础上不断扩大对于现实世界进行哲学归纳的理论视野。

二、中正的人生观

孔子哲学的人生观也可以只用四个字加以表达:"正性休命。"其要旨在于:面对"乾道变化",努力"各正性命"。须知世界万物都在不停地运动变化,人类从维护生命与提高生命质量出发,唯有通过正性,提升自身的人性品质,才能实现自身的发展目标,达到休命的预想结局。《象上传·大有》指出:"君子以遏恶扬善,顺天休命。"遏恶扬善就是正性,以顺应天道,亦即展示变化的乾道,结果当可求得"休命",达到生活美好,命运美好,"开物成务",结局美好。这也就是《说卦传》倡行的"穷理尽性以至于命"。

正确的人生观立足于正确的性命观。性是生命活力之源头,命是生命过程之结局。性反映人的品质,藏于内;命反映人的机遇,见于外。正性可以正命,正命先须正性。《系辞传》云:"一阴一阳之谓道,继之者善也,成之者性也","成性存存,道义之门"。正性就要继道而行,存善于性;正命就要穷究物理,尽性于命。性正而道行,命正而休臻。正性休命,应系人生精义,光明通途。

将正性、休命、继道、存善密切联系起来,达到"穷理尽性以至于命",通过整体权衡与综合考量探求优化人生的适宜途径,体现着把正与中内在结合而求"中正以观天下"。对社会上层言,结果是"大观在上,顺而巽";对社会下层而言,则是"下观而化也"。由此可以体悟到"圣人以神道设教而天下服矣"(《象上传·观》)的哲学教化意义。

三、质朴的价值观

孔子哲学的价值观同样可用四个字概括:"得理成位。"这就是"六谛"之一"易简成位说"的结语:"易简而天下之理得矣,天下之理得而成位乎其中矣。"孔子哲学告诉我们,人生的价值十分平常,十分普通:成位,成其应成之位,成其所能之位。人固有不同禀赋、不同资质、不同性情、不同社会条件,但只要各守其位,各司其职,各负其责,各尽其能,就会实现自己的人生价值。其前提在于"天下之理得"。天下之理,综合为道。循道守位,贯彻始终,意味着在平凡中恬淡地实践着人生价值的基本理念:"成位乎其中。"这里,"其中"涵藏着特定的意义。晋代韩康伯注释云:"通天下之理,故能成象并乎天地。言其中,则明并天地也。"并天地而中者,乾坤之德也。立天地而中者,循道之人也。"乾以易知,坤以简能。"人修乾坤之德,但须平易简单而昭示其价值,则终如《系辞传》所言:"易简而天下之理得矣,天下之理得而成位于其中矣。"

四、圆融的辩证法

孔子哲学的辩证法,同样地以"一极两仪"为根基而与其世界观完全融通。这种辩证法可以包容西来辩证法的三大规律,同时展现自身独特的圆融性:一极之圆融合两仪之变,形成全方位的统一体。两仪之变融入一极之圆,体现全过程的天道观。

孔子哲学的圆融性圆中寓方。"著之德圆而神,卦之德方以知。"[1]圆体现明慧,方体现理智。前者强调中,后者强调正,从而又与其正性休命的人生观融通起来。孔子哲学辩证法的核心是道,一阴一阳之道。"冒天下之道",则尽万物之理。尽万物之理,则成人在天地中之位。因此,孔子哲学的圆融性不仅与其一极两仪的世界观融通,而且也与得理成位的人生观相互融通。

五、深厚的人民性

孔子爱民、为民的思想,《论语》多有记述。《周易大传》则从道德义理的高度,阐发以民为本的思想,直至把人民与神明联系起来。

1. 孔子认为,《周易》可以彰往察来,趋吉避凶,可谓"神物"。神物应当为谁所用?孔子的回答十分明白:所谓"神物",即最美好、最有价值的东西,要首先为人民所用。这就是《系辞上传》第十章所强调的:"是兴神物,以前民用。"

---

[1]　见《系辞上传》第十一章。

2. 什么是"神"？《易传》作过两种解释：一、"阴阳不测之谓神"①；二、"利用出入，民咸用之谓之神"②。前一个"神"显示神通：阴阳不测，"神无方而易无体"③。后一个"神"显示神道，作为"八谓"的结束语，这个"神"表现为经过人民普遍实践利用而得到认可的真理，亦即以门户开关利用出入为比喻的阴阳乾坤之道。把这样两个"神"联系起来，得到的启示是：欲求神通广大，必须遵循神道，以门户为例，面对现实的开关变通，一切象、器以及法制规范皆须利于民用，受人民的实践检验而明其是非真伪。从本质上看，这已经不止于民本，而是在强调民权了。

3. 孔子指出："圣人以神道设教而天下服矣。"④如上所述，"神道"的要义很明确：物为人民所利用，事由人民下结论。而推行神道，首当"设教"。广开教育，这是认识与维护人民应有地位的重要环节，从而真正懂得"以教思无穷，容保民无疆"⑤，懂得"神而明之，存乎其人"⑥。

4. 调动与发挥人民群众的积极性，首先要让人民群众喜悦快乐。《象下传·兑》指出："说（悦）以先民，民忘其劳。说以犯难，民忘其死。说之大，民劝矣哉！"倘使民欢人乐，民众将会不怕辛劳，不惧生死，自觉自愿地奋斗不止。

5. 关系到人民群众切身利益的政策制订，要认真研究"损益"，尽可能做到"损上益下，民说无疆"⑦。诚然，考虑到长远与全局利益，有时亦可"损下益上"。总原则是："损益盈虚，与时偕

---

① 见《系辞上传》第五章。
② 见《系辞上传》第十一章。
③ 见《系辞上传》第四章。
④ 见《象上传·观》。
⑤ 见《象上传·临》。
⑥ 见《系辞上传》第十二章。
⑦ 见《象下传·益》。

行。"①但应特别注意，"节以制度，不伤财，不害民"②。

6. 爱民为民，首当亲民。如何亲民？子曰："君子安其身而后动，易其心而后语，定其交而后求。君子修此三者，故全也。危以动，则民不与也。惧以语，则民不应也。无交而求，则民不与也。莫之与，则伤之者至矣。"③这可以说是孔子提出的一条古代群众路线，告诉我们怎样"从群众中来，到群众中去"，为什么要"修此三者"，三者不修，则后果堪忧。

7. 孔子哲学提出，所有爱民、为民的当政者，在现今，凡为各级领导干部者，如欲跻身圣贤，则应努力"洗心藏密"，做到"吉凶与民同患"④。

六、恒久的偕时性

孔子哲学强调"与时偕行"。"与时偕行"亦即偕时而行，谐和地伴随时代、时情、时势、时局、时机同步前行。

孔子哲学产生于春秋末年，本身就是历史的时代产物、时代的历史结晶。两千多年来，它提出的一系列概念、范畴、命题、理念，诸如太极、两仪、三才之道、天人合德、自强不息、厚德载物、穷理尽性、各正性命、开物成务、日新其德、唯变所适、革故鼎新、立不易方、遁世无闷、保合大和、殊途同归以至"中正以观天下"、"穷则变，变则通，通则久"，等等，始终脍炙人口，振奋人心，如黑夜中亮曙光，海浪里定航向。

在中华民族生生不息的历史进程中，孔子哲学的精湛思想经受了长期实践检验，始终燃烧着真理的熊熊烈火。事实上，它已成为中华优秀传统文化的思想基因，以其无穷的精神能量推动着

---

①　见《象下传·损》。
②　见《象下传·节》。
③　见《系辞下传》第五章。
④　见《系辞上传》第十一章。

时代浪潮滚滚向前，从而显示出它与历史和现实相一致而形成的偕时性。

孔子哲学的偕时性，既表现为纵向的历时性，又表现为横向的共时性。历时，指导着历史前进的方向；共时，倾注着迭代发展的动能。诚若《文言传》所云："终日乾乾，与时偕行。"从而足以指导人们"先天而天弗违，后天而奉天时"，踏准时代的节奏成事立业，生生不息。

七、意念的开创性

孔子哲学的开创性，集中表现于《易传》通过令人信服的阐述论证，使《周易》这部曾经公认的"卜筮之书"合情合理地转化为以哲学为主导的经典文献，在世界学术史上开创了一个杰出的范例。它显示了人类认知革命在轴心时期对于智慧代表者的特殊影响和积极成果，展现了孔子高屋建瓴的思维境界与超凡脱俗的思维潜能，反映出孔子深博无际、丰富多彩的想象力。这种想象力的最高境界在"感"："感而遂通天下之故。"

意念的开发创新，表现为新概念、新范畴、新命题、新观念的源源涌出，实际上来自基于丰富经验和广博知识的想象力。正常的想象力要与妄想、邪念划清界限，必须正确地运用归纳，合理地进行推演，为此要求遵循相应的原理。研读《易传》，大致可归结为下列六条：观象启想、遵道正思、演数效变、审时度位、当名辨物、彰往察来。与此相应，则须掌握以下七门基本功：识卦明象、占断推理、倾听直觉、唤醒灵感、调适环境、洗心养德、丰富知识（参见拙著《想象的智慧——〈周易〉想象学发微》，复旦大学出版社，2007年）。所有这些，用孔子的一句话即可全部概括："从心所欲，不逾矩。"

第五讲　孔子哲学的内禀逻辑

"逻辑"(logic)一词译自西洋,一般指思维规律。我这里借用此词,还要加一层含义:思维因由。即逻辑者,思维规律与思维因由之融合也,或者说"思出以律"并且"律出有因"也。

孔子哲学提出了很多新概念、新命题、新观点,为什么总能得到人们的称赞并得到实践的验证?从文字语言的形式上说,因为它符合公认的规则,所以言之成理。而从文字语言的意蕴上说,它还蕴蓄着一种征服人心的力量,可以说"发之有因"。兼能"言之成理"与"发之有因"者,恰恰在于其文字语言的论述,内禀着一种自然地保持与客观真实一致的独特逻辑,现称之为文化理性。

宋代的理学家,将理与性混同起来,"理即性","性即理"。此"理"本源自孔子哲学,却引申过度而导致从根本上离开了孔子哲学原点,因此含含糊糊,说不清楚。孔子哲学则把"性"与"理"两个概念及其相互关系阐述得很明确。《说卦传》开门见山,第一章云:"昔者圣人之作《易》也,……和顺于道德而理于义,穷理尽性以至于命。"第二章接着补充:"昔者圣人之作《易》也,将以顺性命之理。"即《周易》的根本目的就是通过"穷理",达到"尽性",进而求得"休命"。而贯串其间的一条主线,就是推究、认识与实践和顺性命之理。

性以理主,理是性的枢机;理由性存,性是理的载体。穷理,就是最大限度地掌握理的真知;尽性,就是最大限度地提升性的品质。"一阴一阳之谓道,继之者善也,成之者性也。"①继道而生善德,善德不断积存于性,进一步打开感悟与践行道义的大门,从而不断地走近真理,所以说"成性存存,道义之门"②。

孔子哲学说理,大体可以归为三个方面:易简之理、通变之理、恒常之理。如郑玄《易赞》所云:"易之为名也,一言而函三义:简易一也,变易二也,不易三也。"易简之理,源于乾坤之性情,前者平易,后者简单。通变之理,要旨在"知几",显微阐幽,数往知来。恒常之理,亦即常道,依借一阴一阳,会通三才。从本质上看,这三方面的理说到底都是阴阳之理。常道固不待言,所谓易简之理,亦即乾坤之理,而乾坤为阴阳之表征。通变之理,在于掌握"动之微",亦即阴阳消息之微妙趋势。由此可见,孔子哲学之理,归根结底落实于一阴一阳之道。那么,怎样穷阴阳之道,尽善良之性,求休美之命呢?前提为"和顺于道德而理于义",即通过修养道德而顺人心,践行体现正义之理。所以,孔子哲学的理性,要求以理正性,以性休命。这与《象上传·乾》"乾道变化,各正性命"的论断是完全一致的。而乾道即天道,天道要求人们面对运动变化的世界,各自自主地修正性命,亦即《象上传·大有》提出的"君子以遏恶扬善,顺天休命"。"遏恶扬善"就是"正性"、修性、存性。"顺天"就是顺和天道,顺和天理,顺和天行。最终则得益于命:休命,美好之命,求得人生理想的美满成果。它也与"易简而天下之理得矣,天下之理得而成位乎其中矣"的论证相互呼应。

如上所述,孔子哲学的理性立足于阴阳之道,循道继善而存于性。其精义则在阴阳交合:"刚上文柔","柔来文刚"。在自然界,刚柔相文形成天文。在人类社会,刚柔相文"止于文明",形成人文。而"观乎人文,以化成天下",便是文化的原初本义。由此

---

① 见《系辞上传》第五章。
② 见《系辞上传》第七章。

可知，孔子哲学的理性，可谓文化理性。其特点是：它既贯通阴阳运变之理，同时融入阴阳交和之情，理以导情，情以合理，使理性的功能得到进一步的完善和发挥。

18世纪德国著名的哲学家康德，将理性划分为纯粹理性与实践理性。前者开启认知功能，后者开启意志功能。前者指向求真，后者指向求善。至于求美，则凭借人的"判断力"。孔子哲学的文化理性，恰恰融合了求真、求善、求美的整体功能，不仅在理论上令人耳目一新，而且在实践中令人受益无穷。

为什么康德的纯粹理性只能求真，孔子的文化理性却能包容真善美三者？因为康德"为自然立法"的十二个范畴都局限于知性对于经验的一定范围的归纳①，而孔子"为自然立法"的一系列概念、范畴和命题则凭借形而上与形而下的双向会通，展示出不容置疑的内在公理性。这种具有公理性的命题，我们可以从《易传》中整理出至少以下十二项来供研析比较。

1. 天人合德

它以"天地之大德曰生"为根据，以生命、生存为基础，将天德与人德十分自然而和谐地统一起来：天地无私，而以孕育、萌发、护佑生命为其大德，人类当然应该以天地为范，修行善德以利其生。

2. 阴阳之道

它揭示世界及其万物生成、运动与发展的本质与规律，侧重于促进对立双方的和谐统一，避免相互疑忌，不仅指引求真，而且倡导求善。而阴阳在形式上的协调与内容上的谐和，则自然地表现为形式美与内在美。

———————————

① 康德《纯粹理性批判》提出的十二个范畴，每三个一组，列为四组。第一组为量的范畴：单一性、多数性、全体性；第二组为质的范畴：实在性、否定性、限制性；第三组为关系范畴：实体与偶性、原因与结果、主动与被动；第四组为模态范畴：可能与不可能、存在与非存在、必然性与偶然性。

3. 生生之谓易

生生需要知识，借以求真。生生又需要品德，由此求善。生生还要不断提高生命的品位与生活的质量，从而萌生对美的追求。

4. 各正性命

各者，自主自立，自由自在也。正性者，存知识、存善德、存审美感于人性也。正命者，顺天休命也。休为美好，与真、善同归于性和命。

5. 元亨利贞

元者，以"善之长也"而引领诸德。亨者，以"嘉之会也"而集聚善美。利者，以"义之和也"而和合道义。贞者，以"正也，事之干也"而直道前行，在积善中务实求真，共聚嘉美之会。

6. 易简成位

乾的性情平易而受人亲，坤的性情简单而引人从，由此修习践行，终将德业双馨，得天下之理而成位其中。它生动地反映了充满真善美关切的情理交融过程，也可以说是文化理性由萌发而成熟的过程缩影。

7. 知几通变

几为运变之初微，会通变化之认识基础，可以由此做到"上交不谄，下交不渎"。因此，知几通变既涵知性，又涵德性，以真致善，由善达真。

8. 消息盈虚

实质指时空运动变化，是"天行"。这种对于阴阳刚柔此消彼长、彼进此退的描述，表现着对立双方必须维护统一的外在形式，同时表现着为此目的而对于真和善的内在关切。美则外见于象，内涵于意。

9. 穷—变—通—久

《系辞下传》指出："易，穷则变，变则通，通则久。"这是孔子哲学概括事物运动变化全过程而得出的普遍公式。此公式的原初模型是"黄帝尧舜垂衣裳而天下治,盖取诸乾坤"。因此实际上体现乾坤之道,突出的是德,注重的是治,追求的是生活美好。

10. 与时偕行

时的本质为消息盈虚。"时行则行,时止则止",实际上就是与阴阳运变相适应,亦即"唯变所适",目的在维护生命,优化生存,立身立业。寻根究源,仍在依循阴阳之道,修德增智。

11. 中正以观天下①

孔子指出:"柔丽乎中正,故亨。"②"刚遇中正,天下大行也。"③中与正指主体所居之位适宜与正当。中还指适合时宜,即"时中"。《周易折中·义例》认为:"刚柔中正不中正之谓德。"并引程颐言:"正未必中,中则无不正也。"所以,"正尤不如中之善"。其实,中须先正,正而后方可求中。系统唯有各组成部分皆正,才可经过权衡而得中。所以孔子有论:"能以众正,可以王矣。"④无论如何,中与正相辅相成,构成孔子哲学道德体系的最高准则,在诚以求善的同时,持正求真,和中求美。如《文言传·坤》所云:"君子黄中通理,正位居体,美在其中,而畅于四支,发于事业,美之至也。"

12. 神而明之,存乎其人⑤

《易传》多处言"神":"阴阳不测之谓神。"⑥"知几其神乎!"⑦"神以知来,知以藏往。"⑧"圣人以神道设教而天下服矣。"⑨这些论述表明:神具有判断不确定性的玄妙能力;神能够会通变化,见微

---

① 见《彖上传·观》。
② 见《彖上传·离》。
③ 见《彖下传·姤》。
④ 见《彖上传·师》。
⑤ 见《系辞上传》第十二章。
⑥ 见《彖上传·师》。
⑦ 见《系辞下传》第五章。
⑧ 见《系辞上传》第十一章。
⑨ 见《彖上传·观》。

知著；神能够数往知来。孔子哲学更明确指出，神非世外玄虚，而是人的明慧理性，亦即文化理性。其表现为"神"，其本原为"明"，所以说"神而明之，存乎其人"。

上述孔子哲学十二项命题所体现的文化理性与康德以十二个范畴申述的纯粹理性，其间存在明显的差别。

第一，文化理性具有全面追求真、善、美的功能，纯粹理性则局限于求真。

第二，纯粹理性虽然强调先验统觉而独立于经验，但必须凭借经验求知，不能最终认识物自体。文化理性则可以会通形下与形上，从事物运变的不确定性推究其确定性，力求"神而明之"，由相对真理不断向绝对真理靠近。

第三，如果说基于纯粹理性的十二范畴，用以"为自然立法"，那么，基于文化理性的十二命题不仅为"自然立法"，而且"为社会立法"。通过这样的立法，确立其拥有无须证明的公理性地位，从而足以成为现代逻辑所谓三段论式的大前提。（如《象传》正是以"天人合德"为大前提，推导出六十四卦的道德论述。如《乾卦》，大前提为"天人应当合德"，小前提为"天行健"，结论于是顺理成章："君子以自强不息。"）

由此可知，如果说源自古希腊"逻各斯"的西方传统哲学旨在秉持和倡扬理性，那么，以孔子哲学为根基的中国哲学则旨在秉持和倡扬文化理性。

诚然，文化理性具有纯粹理性难以达到的高度，但并不由此排斥后者。因为文化理性倡导包容，主张"天下同归而殊途"。遗憾的是，康德苦思冥想力图承前启后的纯粹理性，如今在西方已经异化为机械理性、工具理性，而后现代主义则正在广泛的层面上对它加以否定。与此相反，孔子哲学的曙光正在照亮东方的黎明，伴随着新时代的滚滚潮流，它将在历史征程中展开新的一轮"与时偕行"。

第六讲　回归孔子哲学

——当今儒学的康庄正道

孔子汇集了春秋后期及其前两千余年的中华经典文化,首设私教,创立儒家,同时开启了此后战国时期诸子百家的学术思考大门。

孔子哲学的完整思想体系毕其一生之功而终成于编修六经,特别是精心传述《周易》的晚年,长期以来对其博大精深的哲学成果缺乏完备的、体系性的关注与研究。这是由于:第一,大器晚成,识者较少,甚至像子贡这样富有识见的孔门高足也一度对此疑虑重重;第二,儒学主流历来专注于《论语》,重心不在《易传》;第三,易学界固然重视《易传》,但孔子居"三圣"之末位,传只能注解经而不能超越经,朱熹将《周易》划分为"伏羲之《易》""文王之《易》""孔子之《易》"与"伊川之《易》",使孔子哲学屈居三等,即为例证;第四,一些学者对《易传》述作者的身份提出怀疑,近代以来尤甚,然囿于文论言辩,疑而难证,遂成疑案,长期不决,高高挂起。所幸近年来关于历史文化的专业研究取得大量成果,特别是考古发现,包括马王堆汉墓发掘得到的帛书等文献资料足以明证孔子晚年精心传述《周易》之史实,但有分量地进行阐解与传播尚需较长过程。即如著名考古学家、古文字学家李学勤先生的《周易溯源》以无可辩驳的考古论据证实"他(孔子)作了《易传》"[①],而对于笔者也只是近年友人偶予馈赠该书方闻其说。总的看来,学界(尤其高等学府)与有关方面对于《周易》孔子哲学的重大意义

---

① 　见李学勤《周易溯源》第五章"论帛书《周易》经传",巴蜀书社,2006年,第379页。

尚乏足够认识。因此,认真而系统地研究发掘蕴藏于《易传》的孔子哲学,犹处万里长城征行之始。

子曰:"得一而群毕。"①得孔子哲学之一,群经之要毕矣,诸子之议毕矣。诚如马一浮先生所言:"天下之道,统于六艺而已。六艺之教,终于《易》而已。学《易》之要,观象而已。观象之要,求之《十翼》而已。"②当今,世界正在发生剧变。促进儒学走出某种模棱两可、是非莫辨的困境,求得"与时偕行",以期"开物成务,冒天下之道",向人类社会提供"生生"的现实愿景,则正本清源而回归孔子哲学,应系儒学实现创造性继承与创新性发展的光明正道,它将可能为构建中国哲学奠定历史文化的深厚基础。

曙光在前,时不我待。兹粗发十端,以供参酌。

一、跳出汉儒"天人合一"玄念,回归《易传》"天人合德"意境。前者寄望于天而难制天,入世而未能济世;后者究道于天而不违天,谋事而可以成事。尤应明白:天为自然之存在,人为社会之存在。天人可以合道,可以合德,但不可以合一,因为这将模糊主体与客体的界限,不知不觉地丧失人的主体精神。大凡理性的学术,必"究天地之际",探究主体与客体的差别和相互关系,探究客体如何影响主体而主体如何适应客体,乃至保护客体,以谋求共存互益之道。科学的环境学说即由此萌生。汉儒的"天人合一","天"是具有意志的天,人是听天由命的人。而欲以天慑君,亦难如愿。它不同于庄子的"天人合一"。后者的天是自然的天,人是自由的人,天自苍茫,人自逍遥,悠然出世,世何言哉!"天人合德"的天既是自然的天,也是道义的天。因此,孔子哲学不认可汉儒始作而贻误后世的"天人合一",却欣赏庄子的"天人合一",更赞赏荀子的"制天命而用之",制者,认识自然规律以合理掌控也,

① 《帛书易传·要》。

② 见马一浮《复性书院讲录·观象卮言·序说》。

它不可能在"合一"的超然条件下去实现。哲学固然不是科学，但也有责任阐释科学发展的形而上机理，启示从真善美的人文维度和思想创新的本原境界推动科学技术朝着正确的方向前进。

二、以孔子哲学为依据，校正《中庸》与其他儒家学说关于性命及其与道的关系的错误阐解。重点在于坚持循道正性而非率性达道。须知世界是运动变化的，性命也是运动变化的。因此，绝无一成不变的"天性"，亦无始终不改的"天命"。必须从"性命"这个人的根本处入手，践行"唯变所适"①，由此落实"顺天休命"②，落实"乾道变化，各正性命"③，落实"一阴一阳之谓道，继之者善也，成之者性也"④，落实"顺性命之理"⑤，"穷理尽性以至于命"⑥。

三、以中正为道德网络之总纲，举纲以张诸德之目。杨万里云："《易》者，圣人通变之书也。""得其道者，蛊可惷，懑可淑，眚可福，危可安，乱可治，致身圣贤而跻世泰和，犹反手也。斯道何道也？中正而已矣。唯中为能中天下之不中，唯正为能正天下之不正。中正立而万变通。此二帝三王之圣治，孔子颜孟之圣学也。"⑦无论从国情、社情、历史沿革或当今世界之剧变看，都应奉中正为道德体系的最高准则。不正，尤其是失中，已成为人类社会自身酿造的最大祸害。就儒学言，自汉武帝"独尊儒术"始，今文经学与古文经学之争、易学的象数与义理之争、佛道入儒与儒化佛道之争、道统与道体之争、程朱理学与陆王心学之争，直至清代的汉学与宋学之争，缘由皆在各以为正而实失其中。近代应时萌发之新儒学方兴而聚讼不已，亦因各自为正而恰失其中。看

---

① 《系辞下传》第八章。
② 《象上传·大有》。
③ 《象上传·乾》。
④ 《系辞上传》第五章。
⑤ 《说卦传》第二章。
⑥ 《说卦传》第一章。
⑦ 见《诚斋易传·原序》。

来,左顾右盼、或左或右、时左时右,已成为政治思想与文化学术领域的一大忧患。为此,必须大力倡导中正,懂得"能以众正,可以王矣"①,"柔丽乎中正,故亨"②,而"刚遇中正,天下大行也"③。

四、从帝王为中心向人民为中心发展。历史上,儒学的重要功能之一是辅助治国理政。限于历史条件,儒家只能将民富国强的希望寄托于圣主明君。孔子晚年也仍然怀念"先王",但不是宣扬"君权天赋",而是树立道德典范,赞赏他们公而无私,为国为民。最终他更明白了:对于那些昏主暴君,可以改变其"天命",从而提出了"汤武革命,顺乎天而应乎人"的开创性命题。他还通过阐述"乾、坤、变、通、象、器、法、神",将现实生活中人民的地位提升到"神"的高度。而《系辞下传》更以《益卦》上九为誉,提出了君子对待民众的三项准则:"安其身而后动,易其心而后语,定其交而后求。"如能融合时代精神加以诠释发展,结论将是:安身于为人民服务之位而后行动,专心于为人民利益而后言语,深明于民生民意而后共谋,使儒学由"以民为本"化生到"尊民为尚""听命于民"、真正把人民当主人的新高度。

五、进一步阐发"形上形下"学说,将"二气"之理演进至"逻辑"之理,汲取西方逻辑学之养分而开发具有东方特色的逻辑学,拓展物质与精神相互依存、相互生发的多维思路与认识空间,丰富人文,启引科学。

六、破除条条框框,研发意象思维。以元宇宙的世界新槌敲响象宇宙的中华古钟,借象宇宙的道德伦理指导元宇宙的机制建构,并在实践中锻炼"感而遂通世界之故"的应变力,以面向未来,决胜未来。

---

① 《彖上传·师》。

② 《彖上传·离》。

③ 《彖下传·姤》。

七、不唯上,不唯名,不唯本本,而"唯变所适"。在不断深化对于真理(道)认识的基础上,坚持以人民的实践并普遍认可作为检验真理的终极标准。

八、从泛谈仪礼转向阐发礼制与法治的内在联系,相互促进。按照"刚柔分,动而明,雷电合而章"①的原理,认真落实"明罚敕法"②,坚持"节以制度,不伤财,不害民"③。

九、少喊秀才空口号,多做大众平实事。要注意降低"内圣外王"调门,增强"内直外方"声频。圣者,少数人之期盼也;王者,个别人的梦想也。内直外方者,"君子敬以直内,义以方外"④也。

十、高举文化理性的旗帜,修善以求真化美,探真以审美致善,臻美以好善乐真。及时"进德修业",全面践行"元亨利贞"。

以上十端倘能取得共识,协力实践,则儒学将焕然一新,从而通过文化与思想境界的提升,促进经济基础的稳定,推动上层建筑的进步,保合大和,国泰民安。

《彖上传·观》曰:"中正以观天下。"由是推敲得诗云:九州生气恃风雷,死啃陈文究可哀。何事朱王争不息?唯凭中正论三才。

---

① 见《彖上传·噬嗑》。
② 见《彖上传·噬嗑》。
③ 见《彖下传·节》。
④ 见《文言传·坤》。

附录

闲 庭 小 记

王琳琳

　　缘起于 2014 年,因为工作关系,我有幸结识章老,成为章老的文字助理,在接下来的五年时间里,平均每周一次往返于章老寓所和我的办公室之间。于我而言,每次与章老的会面,都是一次学习和成长的机会,内心得到洗礼,那是一段类似于孩童时期单纯和美好的时光。

　　在参与举办多场国内外易学研讨会的同时,也有幸参与了章老《周易正学》与《孔子哲思百题解》两本书的出版,章老在书中这样写道:"惟愿会通读者认识孔子之《易》的真谛及其普世价值与现实意义,信仰天道,践行人道;齐心'保合大和',协力'开物成务';促进中华民族伟大复兴,永续炎黄子孙生生不息。""最大心愿唯在尽绵薄之力,参与推动构建中国特色哲学社会科学的时代巨轮滚滚向前。"这是怎样的一种家国情怀和使命担当! 一位德高望重、博古通今、心系天下而又温文尔雅、谦逊低调、宽厚慈悲的长者,学为人师,行为世范,以他的言行举止和待人接物,润物细无声地熏陶着末学……

　　2020 年,新冠肺炎疫情多地发生,和章老见面学习的机会少了。那段时间,章老借助网络宣传孔子哲学思想,日传一文于世界汉学 WACS-1 等网,"倏忽逾年,意犹未尽,而时宜暂止",于是写了《孔子哲学网宣感言》。我照常打印好文稿给章老送去,莫非是量变产生质变？那日见面开口说话的瞬间，居然热泪盈眶，似乎内心被唤醒，想拜章老为师，系统学习和传承《周易》孔子哲学思想。

第二天，我鼓起勇气给章老表达了向学之心，章老慈悲应允，并鼓励末学：只要有心，事皆可成。我大学学的是哲学专业，所有的哲学二级学科都要学：中国哲学、西方哲学、马克思主义哲学、美学、伦理学、逻辑学、宗教学等，唯独对中国哲学情有独钟，研究生报考厦门大学中国哲学专业，笔试通过，面试被刷，调剂到浙江工业大学科技哲学专业。在校的学习是被动的，出于学业的需要，或许打了一点基础，但自感腹空心虚，就像一个文化的侏儒，还得从头学起。如今善根福德因缘具足，得遇明师指点，拨云见日。

接下来的日子，内心也曾纠结，甚至有些忐忑，觉得自己的想法欠妥：毕竟章老已经八十多岁高龄了，精力有限，需要休养身心。未曾想章老非常重视和认真，发布《全国首立〈周易〉孔子哲学专业私教招研启事》，决意以耄耋之身开课讲学。一堂课程两个小时，章老准备了厚厚的一沓稿纸，必定花费了很多时间备课。学生百感交集：既感动，又惭愧，还受到激励……

2月23日，《周易》孔子哲学思想研究班如期开课，首讲题目"《周易》孔子哲学源流"。细心的马琳老师手捧一簇鲜花入座，满室增辉。章老指出，招研启事提到此学科"全国首立"，语若狂妄，然系事实，目的唯在大扬纲领性经义，促进有关方面深思熟虑，举旗抓纲，弃旧图新，正确继承发展中华优秀传统文化。在介绍课程缘起的同时，章老对我们这个研究班寄予厚望，谓之"小而精"，规模虽小，意义重大，星星之火可以燎原。章老梳理了《周易》孔子哲学思想的发展脉络，让我们对易学历史有了进一步的认识：从伏羲之"奇"、文王之"巧"、孔子之"妙"、两汉之"神"、魏晋之"玄"、隋唐之"正"、宋《易》之理、元明之"平"、清代之"朴"直至近代之"活"，无不具有相应的时代背景和环境条件，可谓"唯变所适"。章老为研究班制定了完备的学习计划：首辅专精学习一年，续以自学相关典籍一年，论文选题拟写一年。点点滴滴蕴涵着章老的良苦用心。课后，马琳老师提议下次课程结合到讲堂参加孔子立像仪式，获一致同意。

3月2日，研究班在乾宁书院泰宜读经堂参加孔子立像敬香仪式后，章老开讲第二课"《周易》孔子哲学入门要领"：掌握四项公理，明白五条义例，胸怀五大思路，进而坚定信念，四道齐进。最后，章老以同赏杨万里诗共勉："万山不许一溪奔，拦得溪声日夜喧。到得前头山脚尽，堂堂溪水出前村。"章老感慨：时代潮流不可阻挡，《周易》孔子哲学这门学科作为新生事物，初时必遇障碍，但假以时日，小溪之水有可能流向九州，流向四海，流向全世界！同学们学习热情高涨，听课十分认真。

感谢马老师为我们创造殊胜的学习场地、浓厚的学习氛围，让我们得以浸泡在这样的时空当中，聆听章老的谆谆教诲，感悟圣人的哲思智慧。初识马老师应该是在2017年，听章老说，马老师曾是天长小学的一名优秀语文老师、省级教坛新秀。2000年马老师接触读经教育理念，毅然辞职卖房，追随国学大师马一浮先生，一心推广读经教育。那是一个周六的早晨，章老带领末学前往坐落在吴山广场的泰宜书院参观。稚嫩而不失洪亮的读书声声声入耳，身着蓝色汉服的小朋友可爱至极。我们品尝了书院甘甜的米汤，聆听了章老谱写的《孔子哲思歌》的钢琴弹奏，马老师那一句"吾道一以贯之"至今响彻在耳边，浮现在眼前的是一幅"德以继道，道行德昌""天人合德，万众泰康"的生动景象。

吾辈必将相互勉励、同修共进，通过学习和传承中华民族优秀传统文化，尤其是《周易》孔子哲学思想，以期点亮我们心中的明灯，为往圣继绝学，为万世开太平。

2021年3月于竹园励志亭

后　记

　　由于历史的原因,我对《周易》及蕴涵其中的孔子哲学不仅十分崇尚,而且怀有一种特殊的感情,因为它通过意象与义理,四度救我之命。2001年我开始退休生活,抓紧时间整理历年散诸报纸杂志的旧作,陆续出版了三册诗歌、散文后,即下决心转变原有的文学爱好,集中晚年精力于回顾感悟并全身心弘扬《周易》孔子哲学的人生使命上来。继《周易新义与日用》初始迸发的思想火花,先后推出《想象的智慧——〈周易〉想象学发微》《意象悟道》《周易正学》《孔子哲思百题解——〈周易〉大传精粹》等五本易学著述。时或反省,固敝帚自珍,唯觉欠缺一部深度融和象数义理而全面会通《周易》与孔子哲学的主导性力作。偶图试笔,但恐耄耋之年力不从心。左思而唱:"苦吟长汉雨如晴,体用纷争消未停。求佛西天何足否,僧归唐土复真经。"右想则诵:"水复山重大道开,风高云暗莫徘徊。三千寺庙香烟里,心觉真经佛自来。"犹豫顾盼之际,2021年春节悄然来临。适有客到访,为浙江人文经济研究院科技哲学硕士王琳琳女士。多年来她为我审稿发文,才思敏慧,不料这次忽然提出要研学《周易》孔子哲学,希望成为我的"关门弟子"。感其真诚,我于是决意一试。此事又为泰宜学舍掌门人马琳得知,亦望加盟。她原是杭州一所知名小学的骨干老师、省级教坛新秀,因在电视上得知马一浮先生的精湛学术和高尚品格,竟然辞去现职,卖掉住房,租来市区一处高价商住房办国学教学。我阅读到《钱江晚报》对这件事的专题报道,经记者联系与她相识。本为相互切磋,如今共研经典,教学相长,亦系一缘。于是共同商议,增设旁听生十余名,并借助网络,线上线下结合开展讲学,扩大影响。然心事浩茫,乃成一绝云:"耄耋唯期圣思辉,山门晚启望梅开。仰观俯察心明日,为伴暗香神自来。"

《周易》孔子哲学研究班自 2021 年 2 月开讲,历时一年半,已基本完成原定课程。正当我整理讲稿打算出书交流时,家人发现我行走变得迟缓,于 8 月 4 日立送医院,确证"脑梗死"。十天后出院,仍一头钻进故纸堆里,因为这将是我关于易学系列付梓的第六本著作,旨在打开《周易》大门,铺设进入孔子哲学殿堂的正直通道,自谓意义非凡。虽家人劝阻,亦立愿难移,固知康复重要,然弘道岂可迟疑?回顾 2013 年 4 月我肺部开刀回家,恰逢复旦大学出版社将编审完毕的《意象悟道》书稿送来复校,当时直觉令我感叹:"天之将丧斯《易》也,后死者不得与于斯《易》也;天之未丧斯《易》也,邪症其如予何?""斯《易》,指孔子之《易》。两千多年来,几千种易学著作各尽所思,各定其义,岂'二派六宗'所能简单概括哉?"(《意象悟道·后记》)事实上,孔子通过《易传》阐发的精深哲学,已经四次救了我的命,就义理说,"命"之于我已"心无挂碍"。"无挂碍,故无有恐怖",乃能明《象传》之训:"泽中无水,困。君子以致命遂志。"君子困于病但欲弘道,致命而已矣。此致命之说,非必止于涅槃。历经四命,可资参证。

我与《周易》始结童稚之缘。1943 年,我刚七岁,生活极度困难,父亲受朋友之助,自杭州紫阳山麓迁居至艮山门内头营巷 14号一处免付租金的深宅大院里,这里气境森森,夜多莫名响动。父亲让四哥爬上屋脊,在高耸正南的风火墙内侧画起一个黑白分明的大八卦。我好奇地询问原由,父亲的回答是"八卦趋吉避凶"。何以故?父亲笑言:"你看八卦,多么端庄中正!"他还要我们经常保持中正:"坐如钟,立如松,卧如弓,行如风。"使我最初想当然地将中正理念与身态姿势混同起来,刻意钟坐松立。入冬后的一个星期天,比我年长三岁的小哥哥领我到坝子桥河下浮运的大片木排上玩耍,他前跑,我后追。忽然"扑通"一声,我掉进了两列渐渐移开的木排之间。奇怪的是我竟毫无恐惧,只是一心保持身躯中正,但觉缓缓下沉,眨眼见得一派青绿,随即全身上浮,举手触到木排的一个梢头。恰逢哥哥闻声返救,拼尽力气把我拉上木排。此后回想:中正果然灵妙。其实,当时我穿着的棉衣裤,内装揉松的旧驼绒,一经水沾,立刻膨胀,人未沉至河底即行上浮,加以身姿中正,避免了游移木排之下而受溺之危险。

第二次命悬一线而又得救,发生于1945年秋。其时我突染伤寒,二哥陪母亲送我到下城区石板巷一位名中医家就诊,被拒开方,暗示应即料理后事,我便由楼上移卧楼下。此日傍晚,住在13号的邻居,一位坐堂郎中方云卿先生闻讯前来"四诊"处方,竟然药到病除,妙手回春。事后听母亲说起,方先生深谙易道,他认为:"医者,易也。《易》有生生之心,医尽护生之职。岂能保名忘义,见死不救!"其中正之情,溢于言表。我受益于方先生,实受益于他奉行的中正之道。

第三次得救者,是我的技术生命。时当1969年夏,我们在金华地区五七干校接受劳动再教育的一批学员突然接到校党委通知:去地区革委会生产指挥组报到,按中央指令"大办电子"。具体办什么,怎么办,均不明确。我受命参加新厂筹建七人领导小组,组长是四明山打过游击战的老同志周登,平易朴实,正直谦和。由于我是众人里专业职称最高的三级技术员,长期从事机电工业管理,老周要我带头构思,拿出"大办"方案。只是我原学机械制造,不懂电子,当时浙江高校亦无此专业可供咨询,踟蹰再三,忽思其事难成而联想到《未济卦》,《象》曰:"未济,君子以慎辨物居方。"如何辨明物情而择处适宜之方? 我想到首先应组织参观,了解时情,于是建议老周带着我们四个技术骨干先后跑了广州、上海、天津,接触了一批电子"高精尖"项目。又转回杭州,走访了几家服务电子产业的一般设备厂。总的感受是:我们完全缺乏资源筹办具有竞争力的电子企业，却可另辟蹊径，创建独具特色的专用装备厂。这种特色，表现为主要产品结构的机电一体化，由此而将新厂定名为金华地区五七无线电专用设备厂。但我始终忐忑不安，日有疑虑，夜不成寐。须知前景朦胧的产品构想存在着很大不确定性，而且事关企业发展方向与经营路线。在那个高举大批判旗帜的年代里，方向路线错了，后果不堪设想。正当思虑不安，憧憧往来之际，忽然想起朱熹关于"圣人观象画卦"、"以决嫌疑，定犹豫"之说，决意一试占断。唯据义理取象，即以机械为金，象乾；电子为火，象离。合而观之，离上乾下为《大有》："元亨。"乾上离下为《同人》："于野亨。"当下精神一振，即托浙师院（现浙江师范大学）友人从学校图书馆借来一册厚厚的《半导体》，足足啃读两个星期，竟然发觉"与门""阈门"的典型线路，和《系辞传》以门户开关比拟乾坤交合的理念如出一辙。鉴于设在安地的金华晶体管厂由于封装工艺落后造成大量废品的情况，随即确定试制配有电子液压控制系统的半自动小功率晶体管封帽机。孔子哲学强调"同人于野"是"乾行"，表现为"文明以健，中正而应"。联系当时实际，提醒我在技术实践中重视协同，防止派性。为此成立了联合工作小组，自己负责新产品的总体设计与机械部件分装，又委请浙大电机系毕业的黄祖寅同志负责电器部件分装，对无线电研发情有独钟的金二中数学老师王樟森则负责电子部件分装，相互沟通，密切配合。经过周登同志的组织发动和全厂上下的齐心奋战，终于在半年内完成了新产品试制任务，并开始投入批量生产。从1970年起，在电子工业部主办的历届全国订货会议上成为供不应求的热门品种。全厂职工总数也在一年多时间里从初期二十余人发展到一百零八人。它不仅给我这个"站错队"者戴上"五好战士"的桂冠，更让我的技术生命在原先枯萎的环境里长出新枝，直至1981年被评定为金华地区首批晋升十九名工程师的领衔者。这一技术创新展示的成果，反映着中正理念的技术实践成果:不迷于五光十色,坚守原学的机械专业,扎根本行,这就是"正";依据时情,充分发挥电子优势,争取产品功能与效益最佳化,这就是"中"。

《周易》孔子哲学第四次所救者是我的政治生命。那是1986年,我正在中央党校学习,偶然得到一则消息:家乡金华突发三件大事:"二二三""六七五""《三月》主编赚大钱"。"二二三"指二月二十三日举办灯会过程中发生踩踏致死三十余人的意外事故;"六七五"指市协作办被骗巨款六百七十五万元;《三月》则是一位机关干部创办的小小说月刊,影响颇广,据说怠慢了一位贵人而挨批,还牵连到"后台"。此时,我深切体悟到孔子哲学之"感":"感而遂通天下之故。"尤于"六七五"感之最深,因为我自1984年初任金华地区行署副专员,即分管计委、经委与城建工作,至1985年任金华市副市长,虽分管工业,亦与协作办相关。但实际上,"六七五"从立项到签约,我从未受命参与。直到项目资金周转发生困难,协办主任才按市府主要领导指示找我商处。初析来龙去脉,便觉项目一次性标的太大,预期收益过高,资金很难解决,必须认真防范风险,遂再三动员协办主任将规模减缩一半,由原订一千三百五十万元压至六百七十五万元,其中五百万元系外地已到账款,尚缺一百七十五万由我协调银行商贷。同时,委请外贸局派出一位专业干部随同协办主任赴广州验证有关批文。不料所称"批文"未交专业人员审阅,造成误判而上当受骗。我立刻向主要领导报告,被授权处置此事,乃即召开紧急会议,全力追款,初见成效。但我去中央党校学习后,进入查处事件、追究责任阶段,疑说四起。我临事感"几",警觉于《系辞传》所言:"君子上交不谄,下交不渎,其知几乎?几者,动之微,吉之先见者也。君子见几而作,不俟终日。"于是我即就"六七五"所知事实,"不谄不渎",平心静气地向有关部门主动提交书面报告。此后,"三大事件"查处完毕,召开金华市第一届党代大会,我也当选代表,进入班子,踏上新的政治征程。这是自己又一次中正处事的结果,也是组织上中正执行政策的结果。

回顾四度临命,根本在如何践行《象传》所揭示的"乾道变化,各正性命"。正命当须正性,心向中正,直道而行。南宋政治家、易学家、诗人杨万里将《周易》之道简明地归结为"中正",认为"得其道者,蛊可蛊,噩可淑,眚可福,危可安,乱可治,致身圣贤而跻世泰和,犹反手也"。事实上,如果说我第一次溺水得救缘于幼稚地以形象理解中正而歪打正着,那么,从 20 世纪 50 年代跨出校门,走进工厂,融入社会,则始终感受着中正本有的义理力量。在我不断获得"先进生产者""优秀工作者"和"社会主义建设积极分子"等荣誉称号的征途上,留下了中正行进的脚印。1958 年春天,我作为浙江省代表团成员坐着半夜从衢州出发的铁路货车赶赴上海出席全国青年工人代表会议,至今还记着胡耀邦同志所作的主题报告:《人是我们伟大事业的决定性因素》。当人群涌向健步走下讲台的耀邦同志争取和他握手时,我却在思考什么是成为一个"人"的决定性因素。或许正如杨万里所言:"中正而已矣!"因为"中正立而万变通,此二帝三王之圣治,孔子颜孟之圣学也"。此后我学习《毛选》,时或结合《易传》思考,深切地感受到二者在唯物观、辩证法、人民性等根本理念上的本质性一致,而中正更是反"左"防"右",制订与实施正确路线之准则。事实上,毛泽东思想正是马克思主义基本原理与中国具体实际相结合的产物,亦即正与中相结合的产物。《易传》阐述中正达数十处之多,倡导"中以为实","正位凝命","中正以观天下"。由此,中正可视为"立功之道":中,统筹兼顾,利大益众;正,公平合理,务实求真。"立天之道",阴阳为体;"立地之道",刚柔为质;"立人之道",仁义为德;"立功之道",中正为用。"中用"即"中庸",实践之大本。实践合乎中正则功成,表现为坎上离下的《既济》卦象,六爻皆持中守正。实践违反中正则功亏,表现为离上坎下的《未济》卦象,六爻皆不中不正。尤其需要指出：中正反映着孔子哲学的文化理性，蕴涵着生生不息、与时偕行的文化基因。综观风云变幻之世，不禁感慨系之，乃搦管为诗云：

稚顽偶结象牵缘，沧海桑田六位圆。阅尽春秋终见正，中常平易始知乾。艮山高悬连山符，坝水深寻祛水丹。忽觉盈虚消息际，密云带雨出西山。

值此文稿行将付梓之际，我谨向复旦大学出版社宋文涛先生诚致谢意。十余年来，他将大量心血倾注于我的四部易学著作，大至书名，小至标点，编校查核，补漏正误，显示出深厚的学术素养与纯正的专业精神。默默无闻，拳拳有情。愿其不言之价值与书同存。

2022 年 11 月

图书在版编目(CIP)数据

经典新读:《周易》暨孔子哲学讲义/章关键著. —上海：复旦大学出版社，2023.6
(卿云文史丛刊)
ISBN 978-7-309-16563-0

Ⅰ.①经… Ⅱ.①章… Ⅲ.①《周易》-研究 Ⅳ.①B221.5

中国版本图书馆 CIP 数据核字(2022)第 198652 号

经典新读:《周易》暨孔子哲学讲义
章关键 著
责任编辑/宋文涛

复旦大学出版社有限公司出版发行
上海市国权路 579 号 邮编：200433
网址：fupnet@ fudanpress.com http://www.fudanpress.com
门市零售：86-21-65102580 团体订购：86-21-65104505
出版部电话：86-21-65642845
江阴市机关印刷服务有限公司

开本 890×1240 1/32 印张 14.625 字数 354 千
2023 年 6 月第 1 版
2023 年 6 月第 1 版第 1 次印刷

ISBN 978-7-309-16563-0/B · 767
定价：68.00 元